2014
辽宁省交通运输发展研究

Liaoning Sheng Jiaotong Yunshu Fazhan Yanjiu

刘焕鑫　主编

人民交通出版社股份有限公司
China Communications Press Co.,Ltd.

内 容 提 要

本书遴选了辽宁省交通厅2014年交通运输工作考察报告、调查报告和技术研究等，详细介绍了辽宁交通运输各行业、各领域对相关工作的研究、思考和探讨。

本书可作为交通运输系统的培训用书，也可供广大职工参考使用。

图书在版编目(CIP)数据

2014辽宁省交通运输发展研究/刘焕鑫主编.—北京：人民交通出版社股份有限公司，2015.6

ISBN 978-7-114-12304-7

Ⅰ.①2… Ⅱ.①刘… Ⅲ.①交通运输发展-研究-辽宁省-2014 Ⅳ.①F512.731

中国版本图书馆CIP数据核字(2015)第127380号

书　　名：**2014辽宁省交通运输发展研究**
著 作 者：刘焕鑫
责任编辑：赵瑞琴
出版发行：人民交通出版社股份有限公司
地　　址：(100011)北京市朝阳区安定门外外馆斜街3号
网　　址：http://www.ccpress.com.cn
销售电话：(010)59757973
总 经 销：人民交通出版社股份有限公司发行部
经　　销：各地新华书店
印　　刷：北京市密东印刷有限公司
开　　本：787×980 1/16
印　　张：25
字　　数：405千
版　　次：2015年6月 第1版
印　　次：2015年6月 第1次印刷
书　　号：ISBN 978-7-114-12304-7
定　　价：50.00元

编　委　会

前言

2014年，我国发展面临的国际国内环境严峻复杂，全球经济复苏艰难曲折，国内经济下行压力持续加大。面对新形势、新任务、新挑战，辽宁交通运输系统坚持稳中求进的工作总基调，按照稳增长、促改革、调结构、惠民生、防风险的总体要求，以开展"管理提升年"活动为抓手，狠抓各项工作措施的落实，实现了交通运输事业持续健康发展，为新一轮辽宁老工业基地全面振兴提供了有力支撑。

为加快推进综合交通、智慧交通、绿色交通、平安交通发展，辽宁交通运输系统坚持问题导向，在全系统深入开展调查研究活动，形成了一批具有较高价值的理论学习和业务研究成果。在这一背景下，我们编辑了《2014辽宁省交通运输发展研究》一书，并面向社会发行。全书包括5个部分49篇文章，系统总结了一年来辽宁交通人的探索与思考，将理论与实践紧密结合，突出了系统性、操作性和指导性，具有较好的借鉴和参考价值。

在经济发展进入新常态条件下，辽宁交通运输系统坚持以"四个全面"战略布局为统领，紧紧围绕全面建成小康社会的宏伟目标，全面深化改革，推进法治建设，加快转型升级，努力推动交通运输工作有更大的作为、取得更大的成绩。希望通过本书的出版，进一步增强全系统发现问题、研究问题、解决问题的能力，并对社会各界研究交通运输工作有所帮助。书中疏漏之处在所难免，敬请各界人士批评指正。

编　者

2015年5月

前言

Preface

[illegible]

2015年

第三部分

第四部分

第五部分

实现新常态下交通运输科学发展安全发展可持续发展※

刘焕鑫

一、2014 年交通运输工作总结

2014 年，是全省交通运输发展任务复杂艰巨的一年。在省委、省政府的正确领导下，在交通运输部的大力支持下，全省交通运输系统坚持稳中求进工作总基调，按照稳增长、促改革、调结构、惠民生、防风险的总体要求，以开展“管理提升年”活动为抓手，狠抓工作措施落实，全面完成了各项目标任务，交通运输事业实现持续健康发展。

——建设投资再创新高。交通基础设施建设完成投资 451.9 亿元，同比增长 12.9%，为年计划投资 440 亿元的 102.7%。其中，高速公路建设完成投资 102.9 亿元，普通公路建设完成投资 138.2 亿元，港口建设完成投资 203.7 亿元，运输场站建设完成投资 7.1 亿元。此外，铁路建设完成投资 294 亿元，实现了年度计划目标。

——交通运量保持平稳。公路运输客运量 8.08 亿人次，旅客周转量 375.6 亿人公里，同比分别增长 3.4%和 3.6%；货运量 18.9 亿吨，货物周转量 3074.9 亿吨公里，同比分别增长 9.4%和 10.1%。水路运输客运量 542 万人次、旅客周转量 6.5 亿人公里，同比分别增长 1.5%和 0.1%；货运量 1.38 亿吨、货物周转量 7979.5 亿吨公里，同比分别增长 3.2%和 1.8%。港口货物吞吐量 10.37 亿吨，同比增长 5.4%，其中集装箱吞吐量 1859.6 万标准箱，同比增长 3.4%。高速公路通行费收入 110.5 亿元，同比增长 3.9%。

——结构调整步伐加快。道路客运集约化运营线路达到 609 条、车辆达到 6117 辆，比重分别为 8.9%和 40.6%，同比分别提高 0.4 个百分点和 1 个百分点；规模化集装箱运输企业达到 235 家，比重达到 43%，同比提高 4.2 个百分点；新增和更新中高级客运班车、中高级客运包车 712 辆和 735 辆，比重分别为 65%和 99%，同比分别提高 2.3 个百分点和 2.4 个百分点。全省万吨级大型船舶达到 740 万吨，占总运力比重为 92.3%，同比提高 5.9 个百分点。

※ 此文为作者于 2015 年 1 月 26 日在辽宁省交通运输工作会议上的讲话。

一年来,重点做了以下几方面工作:

(一)抢抓重大历史机遇,强力推进交通基础设施项目建设

深入贯彻"稳增长"的一系列政策,全面落实支持东北振兴若干重大政策举措,加快推进了一批重大交通基础设施项目建设。一是强力推进高速公路项目建设。兴城至建昌、灯塔至辽中、盘锦港疏港3条高速公路建成通车,全省所有陆地县实现"县县通高速"。高速公路新增通车里程149公里,通车总里程达到4172公里。沈阳至四平改扩建、营口仙人岛疏港高速公路开工建设,辽宁中部环线铁岭至本溪段、丹东大东港疏港高速公路建设启动实施,沈康高速公路三期工程进展较快。丹东至通化、阜新至盘锦、沈阳绕城高速公路改扩建及阜新至盘锦北延伸线4个收尾项目全部完成。沈阳至山海关高速公路通道扩容工程前期工作取得重要进展。二是强力推进普通公路项目建设。完成县级以上公路建设改造工程3850公里。大连长海县长山大桥、本溪丹霍线千金岭隧道、鞍山出海通道沟海铁路地道桥建设全部完工,沈辽产业大道辽阳段一期工程和沈彰产业大道沈阳段、阜新段基本贯通,铁岭市新三线二期、朝阳燕山大桥、长海县环岛路广鹿岛段项目开工建设。实施公路铁路道口平交改立交工程11项,已完工5项。三是强力推进港口项目建设。丹东大东港区20万吨级矿石泊位、锦州港航道扩建等10个项目完工并试运行,大连港大窑湾港区四期和北岸汽车物流中心配套码头、营口港鲅鱼圈钢材泊位等41个续建项目加快推进。庄河港区将军石作业区防波堤工程等13个项目开工建设。绥中港正式开港,大连港长兴岛港区总体规划获省部联合批复。全年新增生产性泊位15个,达到397个;新增港口综合通过能力3155万吨,达到5.6亿吨。四是强力推进运输场站项目建设。沈阳市南站综合交通枢纽、锦州市龙栖湾客运站、鞍山龙基物流园区等17个项目按计划推进。沈阳经济区综合客运枢纽站、辽阳综合客运枢纽二期等6个项目正在抓紧前期工作。8个市县级客运站和1个市级物流园区、5个农村客运站、416个农村客运候车亭按期建成。五是强力推进铁路项目建设。实施项目19个。积极筹措征地拆迁资金,强力推动征地拆迁工作,为项目实施创造良好条件。沈丹客专、丹大快速铁路分别完成总投资的82%和65%。京沈客专辽宁段、锦阜高铁路新邱至义县段和义县至薛家段扩能改造工程开工建设,其中京沈客专辽宁段完成投资81亿元,占总投资的17.8%。通辽、赤峰至京沈客专连接线项目建议书已报国家发改委审批。

(二)全面深化交通运输改革,积极推进法治政府部门建设

认真落实全面深化改革的决策部署,加快交通运输重点领域改革步伐,增强交通运输发展活力。一是推进农村公路管理体制改革。深入推进阜新市、黑山县农村公路改革试点工作,完善《辽宁省农村公路管理办法》配套制度,建立以县级政府为责任主体、交通行政部门具体负责、县乡村三级分级负责的农村公路管理体制,健全农村公路考评、奖惩机制和资金保障、支付、监管机制,形成了具有辽宁特色可复制、可推广的改革经验。二是深化行政审批制度改革。加大简政放权力度,取消、转移和下放行政审批和行政职权事项22项,保留行政审批事项15项,其中12项纳入交通厅行政审批大厅办理(8项实现网上审批),建设区域性行政审批大厅88个,实现了"一窗式受理、一站式审批、一条龙服务"。同时,制定了行政审批规范,取消部分行政审批前置要件,建立了行政审批权力清单。三是全面推行农村公路"七公开"制度。明确了农村公路建设公开的范围内容、主体责任和方式渠道,向全社会公开项目建设计划、招投标、资金来源和使用等7个方面内容,让群众监督项目实施,确保农村公路建设资金安全、干部廉洁、群众满意。与此同时,高度重视法治建设,坚持一手抓科学立法,一手抓依法行政。针对全省出租汽车管理中的矛盾和问题,研究起草了《辽宁省客运出租汽车管理条例(草案)》,提交省人大常委会审议。组织起草了《辽宁省治理货物超限超载运输条例(草案)》、《辽宁省公路水路工程质量安全监督办法(草案)》和《辽宁省高速公路管理条例(修正案)》,列入省政府法制办年度立法计划。加大执法人员教育培训力度,开展了基层执法站所"三基三化"试点工作,推进了"罚缴分离"和执法车辆整顿,组建了农村公路路政执法队伍。对全系统18个市级交通运输主管部门、6个厅直执法单位开展了交通行政执法评议考核,对交通执法资格进行全面核查。依法做好信访维稳工作。积极推行政务公开,主动接受社会监督,让权力在阳光下运行。

(三)做好交通运输保障,交通运输服务能力进一步增强

加强道路水路运输组织调度,保持交通运输运行平稳有序。一是加快城乡客运发展。出台了《关于城市优先发展公共交通的实施意见》,制定了全省城市公交优先发展水平考核评价办法。全省公交车辆达到22500辆,同比增长3%;市区公交车万人拥有率达到12.7标台,同比提高0.3标台;城市公交平均分担率达到24%,同比提高1个百分点。沈阳、大连"公交都市"建设加快推进,完成5条沈阳至抚顺城际客运线路公交化改造。二是推动物流业发展。制定了《关于加快辽宁省交通物流业发展四年行动计划(2014—2017年)》,编制了《辽宁省交通促进物流业发展规划》,建立了交通物流联席会议制度。全省交通物流公共信息平台建设加快推进。开工建设物流园区25个,培育交通物流骨干企业43家、邮政快递企业9家。全省1648个邮政网点联网代售汽车客票,7个客运站叠加邮政便民服务,55条线路开展代运邮件业务。辽宁省在全国率先实现县级以上汽车客运站联网售票。三是加强重大节假日等特殊时段运输保障。全力抓好春运工作,加强运力组织和调配,适时增开加班车船,重点保证学生回家和农民工返乡。面对夏秋时期的严重旱情,全系统加强应急运力调度,加快组建应急保障车队,调整优化应急运力结构,保障旱区道路畅通,竭尽所能为灾区提供援助。

(四)开展"管理提升年"活动,交通运输行业管理水平得到提升

狠抓重点领域和薄弱环节管理,全方位提升行业管理和服务水平。一是高速公路管理得到加强。建立"一处一公司"养护模式,实施养护工区标准化建设,高速公路路面养护优良率达到96.4%。对68个服务区进行维修改造,全面推行卫生间5S等级管理和24小时不间断清扫,在西海服务区开展了多元化经营试点,提升了服务区管理服务水平。二是普通公路管理得到加强。探索和完善行业管理,建立项目储备库制度,在"一市一县"实施了专业化养护试点。搭建了路况基础信息平台,开发应用拌和站远程实时监控系统、养护巡查系统和财务管理系统,进一步提高了行业管理信息化水平。加强行业精品工程和示范工程建设,公路工程建设和养护管理水平全面提升。辽宁省在交通运输部2014年度国道路况监测中,取得了全国排名第一的历史最好成绩。三是工程建设管理得到加强。强化工程设计管理,进一步提高设计质量。完善招投标和设计变更管理制度,严格项目设计审批,规范建设市场主体行为。强化工程造价管理,对12个高速公路项目和31个设计变更项目实施造价审查。狠抓设计、材料、施工等全过程监管,对沈康三期等4个项目实施"管控一体化",建立业主中心试验室,对原材料实行市场准入制度。深入推进"施工标准化",强化工程质量检测评定。全省公路水运工程质量监督一次性抽检合格率达到95.9%,同比提高0.1个百分点。四是公路路政管理得到加强。大力开展路域环境综合治理,打击公路违法行为。创建路政管理规范路1124公里、规范村63个。联合公安部门加强严重超限车辆治理,严格超限车辆先卸载、后处罚管理,进一步提高了路面治超监管水平。全省建成18个一类固定治超检测站、104个超限货物分卸载场,依法处罚超限车辆2.7万台,卸载货物79万吨。五是运输市场管理得到加强。开展道路客运非法营运、道路货运违法行为专项整治,检查车辆25万辆次,查扣"黑车"4718辆。源头治超全面启动,完成13个市、2个省管县重点货运源头单位核查,在3个市级运管机构及4家重点货运单位实施首批源头治超试点。六是资金管理得到加强。积极争取省补助资金和地方财政债券投资,组织14家银行开展了新一轮建设项目融资,保障了建设资金需求。开展存量贷款融资再安排,适度延长债务期限、调整偿债额度,有效缓释偿债压力。对厅属8家企业进行审计,对行政事业单位实施内部控制管理,从源头上加强了资金管控。

(五)加大科技创新力度,推进绿色交通发展

强化科技对交通运输发展的支撑作用,大力推进低碳交通建设。一是加强科技成果研发应用。公路桥梁诊治技术交通运输研发中心申报成功,高速公路养护技术重点实验室通过评估。沈阳至山海关高速公路通道扩容工程关键技术研究进展顺利。温拌、再生、橡胶沥青和冷补等23项成熟适用技术得到推广应用,季冻区桥梁修补材料、沥青路面裂缝防治、融雪防冰型路面材料等技术研发全面推进。二是加强交通信息化建设。建设了交通云基础设施平台、公路水路应急指挥平台、桥梁隧道管理系统、道路客运站联网售票和网上售票系统。加快"全省交通出行服务系统"建设,实现了网站和移动客户端多种方式展示。开展区域物流公共信息平台建设、高速公路路网动态监测研究,加强交通电子政务建设,完善了地理信息、卫星定位、图像等共享平台。三是大力推进节能减排。完成2460台城市公交车和7138台城市出租汽车清洁能源和新能源应用,城市公交车和出租汽车"油改气"比例达到36.4%和76.5%,分别提高了16.3个百分点和21.3个百分点。引导客货运输企业推广应用节能产品,引进绿色维修项目4项,更新绿色维修设备121套。建设改造绿色拌和站3个,建设节能减排示范路359公里,干线公路沥青路面可利用旧料回收率达到85%、循环利用率达到60%。辽鲁陆海货滚甩挂运输大通道正式通航。鞍山市获批全国绿色循环低碳交通运输示范城市,大连港被确定为全国节能减排主题性试点港口。

(六)深化"平安交通"建设,交通运输安全生产形势保持持续稳定

坚持"红线"意识和"底线"思维,着力加强安全监管,进一步提高安全生产管理水平。一是强化责任落实。严格督促企业落实安全生产主体责任,促进企业依法依规从事安全生产活动。狠抓第一责任人、管理部门和关键岗位安全生产责任落实,提高了交通运输安全发展的预防、管理和控制能力。制定了安全生产约谈办法、重点监管名单管理办法和事故责任追究办法等一系列规章制度,规范了安全生产履职和追责问责机制,实现了安全生产依法治理。二是开展集中整治。狠抓道路危险品运输、港口危化品罐区安全管理和公路隧道事故等隐患排查整治,严格落实长途客运班车4小时休息制度和凌晨2点至5点停运或接驳运输制度。制定了港口危化品建设项目安全审查流程,督促企业高标准配备安全设施,确保建设项目本质安全。组织专业机构对普通公路隧道实施检测,完善了交通安全标志,保障了公路隧道运行安全。三是加强风险管理。加强重点行业领域和季节性安全生产形势研判,认真分析影响安全生产的因素和规律,做到提前预警、提前预防。强化风险源辨识、评估和管控,梳理出7个安全生产风险点,制定了6项防控措施,确保风险点可测可控。加强部门联动,与公安交管部门建立了信息通报制度,与气象部门建立了信息合作机制,为及时防范和应对险情创造条件。四是抓好应急保障。加强"一案三制"建设,及时完善应急预案和联络手册,建立了全省路网监测和应急指挥信息系统,切实提升了应急管理水平。重大节假日期间,严禁危化品运输车辆上高速公路行驶,保障了高速公路通行安全。与部救助打捞局签署了合作协议,协助处置重大交通事故、灾害等应急突发事件。

(七)大力实施民生工程,不断满足广大人民群众出行需求

始终围绕满足城乡群众需求这个核心,加快民生工程建设,提高交通运输公共服务水平。一是推进民生工程建设。完成农村公路维修改造工程4652.8公里,配合辽宁省农村综改办完成“一事一议”财政奖补村内道路建设4862.9公里,均超额完成年度计划。辽河生态文明示范路一期工程完成228公里年度建设任务。凌河路52.1公里全部建成通车。完成大伙房水源保护区风险防范设施建设工程。完成水毁恢复工程建设任务。阜新200万亩现代农业示范带主干路建设加快推进。积极落实扶贫帮困项目51项,惠及全省11个市26个县30多个乡(镇)。推动丹东大鹿岛至獐岛客运航线试运行,促进海岛旅游经济发展。二是加强公路养护绿化。普通公路完成县级以上养护管理示范路500公里、乡村公路标准化养护工程2016公里;高标准完成县级以上公路绿化精品工程510公里,实施农村公路新植绿化2315公里,均超额完成年度计划;实施公路出口养护提升工程20处,有效改善了沿线路域环境。同时,高质量完成高速公路绿化养护与景观提升工程。三是认真落实惠民政策。全面开通12328交通运输服务监督电话,进一步拓宽交通为民服务渠道。落实高速公路免费通行政策,减免“绿色通道”、节假日小型客车等车辆通行费14.2亿元。加强便民服务工作,提供拖车服务3595台次,送油品、配件、食品1744次。全省开通220个收费站453条ETC车道,ETC站点覆盖率达到76.4%,成为全国第一批14个省市ETC联网省份。认真解决群众诉求,全厅共承办人大代表建议、政协委员提案111件,满意率100%;全系统办理“民心网”群众诉求3189件,处理互动平台群众留言5295条。

(八)深入开展党的群众路线教育实践活动,党风廉政建设和行业文明建设取得新成效

加强党风廉政建设和行业文明建设,巩固扩大教育实践活动成果,树立交通运输行业新风。一是坚决整治“四风”问题。认真抓好第一批教育实践活动整改落实,逐条逐项落实“两方案一计划”整改项目,做到有目标、有措施、有时限。抓好辽宁省路政局13个市局第二批教育实践活动,用制度规范领导干部、机关工作人员、执法人员、服务窗口人员行为,形成作风建设长效机制。二是抓好党风廉政建设。认真落实“一岗双责”要求,在召开全省交通运输工作会议的同时,一并召开全系统廉政工作会议,实现了廉政工作与业务工作同部署、同落实、同检查、同考核。加大廉政风险防控力度,对工程招投标、设计变更、材料采购、行政执法和客运线路审批实行重点防控，努力从源头上化解廉政风险。丰富完善廉政手机报内容，促进了廉政教育常态化。三是推进行业文明建设。深入开展“三型”党支部创建活动，认真落实党建责任制。积极帮扶凌源市刀尔登镇柏杖子村脱贫。加强行业先进典型选树，全系统涌现出“全国十佳最美养路工”——本溪市奚堡道班班长赵忠平和党员干部优秀代表郑大庆等一批先进典型，树立了辽宁交通的良好形象。

一年来，邮政系统广大干部职工认真落实交通运输部、国家邮政局和省委、省政府决策部署，围绕“改革促发展，服务惠民生”这条主线，加大工作力度，实现了邮政业发展的新突破。主要指标大幅增长，邮政业务总量增长18.6%，是近年来增长最快的一年。服务水平显著提高，全省城区营业时长和投递频次达标率均达到100%，快递业务覆盖率达到76.3%。“交邮”合作持续深入，邮政网点代售汽车客票、客运班车代运邮件业务得到加强。同时，铁路、民航系统积极支持和配合交通运输部门，做了大量卓有成效的工作，为辽宁交通运输事业发展做出了重要贡献。

回顾一年的工作，我们遇到的困难比预料的多，取得的结果比预想的好。面对复杂形势，全系统广大干部职工认真贯彻落实省委、省政府和交通运输部工作部署，统筹谋划、凝心聚力，锐意进取、攻坚克难，保持了交通运输事业持续健康发展的好势头，为全面完成“十二五”规划目标打下了坚实基础。成绩来之不易，需要倍加珍惜。这是省委、省政府正确领导的结果，是交通运输部和国家有关部门大力支持的结果，是中省直有关单位和地方党委、政府积极配合的结果，是全系统广大干部职工共同努力的结果。在此，我代表辽宁省交通厅党组，向一直以来关心和支持交通运输工作的各级党委、政府和有关单位，向奋战在交通运输一线的广大干部职工，表示诚挚感谢！

二、交通运输工作要主动适应经济发展新常态

中央经济工作会议做出了我国经济发展进入新常态的重大判断。经济发展进入新常态，是我国经济发展阶段性特征的必然反映，是经济规律、社会规律、自然规律作用的客观体现，意味着经济增速从高速增长转向中高速增长，经济发展方式从规模速度型粗放增长转向质量效率型集约增长，经济结构从增量扩能为主转向调整存量、做优增量并举的深度调整，经济发展动力正从传统增长点转向新的增长点。

作为经济社会发展的基础性先导性服务性行业，交通运输在新常态下正在呈现新的特点。从运输生产增速上看，交通运输经济下行压力加大，不平衡、不协调、不可持续问题依然突出，在经济增速转入中高速增长后交通运输生产也

在向中高速增长转变。从运输结构变化上看,随着运输结构调整步伐加快,公路、水路运输结构仍有待优化,高附加值运输需求快速增长,特别是高端出行增长较快。从发展要素上看,资金、土地、资源、环境的刚性约束进一步增强,建设成本不断上升,资金筹措难度加大,交通运输可持续发展面临严峻挑战。同时,还要看到,交通运输门类多、潜力足、韧性好,随着新型工业化、信息化、城镇化和农业现代化的推进、现代服务业的发展和新一轮科技革命带来的技术进步,加上融入"一带一路"交通基础设施互联互通、京津冀协同发展交通率先突破,交通运输在新常态下仍有充足的发展动力。我们要积极克服新常态带来的新问题,抓住用好新常态蕴含的新机遇,认识新常态、适应新常态、引领新常态,把学习贯彻中央经济工作会议精神与学习贯彻党的十八届三中、四中全会精神结合起来,认真研究新思路,寻求新举措,体现新作为。围绕做好全省交通运输工作,进一步统一思想、凝聚共识、明确方向,牢牢把握"三个坚持"、"五个更加"的基本原则。

"三个坚持":一是坚持把全面深化改革作为交通运输的工作主线。围绕"交通运输治理体系和治理能力现代化"这个目标,以市场化改革为基本方向,加快推进综合运输体制、投融资体制、行政审批制度、农村公路管理体制等重点领域改革,不断激发市场活力,把改革红利更多地转化为交通运输发展新动力。二是坚持把推进法治建设作为加快交通运输发展的根本保障。坚持依法行政,健全完善依法决策机制,深化交通运输行政执法体制改革,坚持严格规范公正文明执法,全面提高运用法治思维和法治方式深化改革、推动发展、化解矛盾、维护稳定的能力。三是坚持把服务经济社会发展作为交通运输的第一要务。主动服务国家战略和全省经济社会发展大局,加大交通基础设施建设力度,发挥好交通运输在推进新型城镇化和促进旅游业、物流业发展中的关键作用,让人民交通实践好、维护好、发展好人民的根本利益。

"五个更加":一是更加注重综合交通运输体系建设。积极融入国家"一带一路"和京津冀协同发展战略,坚持交通基础设施先行,推动区域间互联互通,构建综合交通运输大通道,促进辽宁对外开放形成新格局。二是更加注重转方式调结构。主动适应经济发展新常态,以提高交通运输发展质量和效益为中心,着力优化投资结构、运输组织结构、市场主体结构,加快"绿色交通"发展,推动交通运输提质增效升级。三是更加注重依靠创新驱动。坚持把"智慧交通"建设作为主战场,加大创新型人才培养、引进和使用力度,加快完善科技创新体制机制,推广应用云计算、大数据、物联网等现代信息技术,提高科技创新对交通运输发展的贡献率。四是更加注重可持续发展。把可持续发展理念贯穿于规划、设计、建设、养护、运营、管理全过程,加快绿色循环低碳交通运输建设,提高资金投入产出效益,做到生态环境可持续、经济可持续和社会可持续。五是更加注重保障改善民生。把发展"民生交通"作为评判交通运输工作好坏的标尺,围绕道路建设、车船运营、交通服务等重点领域,加快完善交通基础设施,不断改善公共交通供给质量,切实提高交通公共服务水平。

三、2015年交通运输工作安排

2015年,是全面深化改革的关键之年,是全面推进依法治国的开局之年,是完成"十二五"规划的收官之年,也是实施新一轮老工业基地全面振兴的重要一年,做好交通运输工作意义重大。

全省交通运输工作的总体要求是:全面贯彻党的十八大和十八届三中、四中全会以及中央经济工作会议精神,认真落实省委、省政府和交通运输部关于交通运输工作部署,坚持稳中求进工作总基调,坚持以提高交通运输发展质量和效益为中心,坚持以解决突出矛盾和问题为导向,主动适应经济发展新常态,狠抓改革攻坚,强化法治建设,推动转型升级,全面完成"十二五"规划蓝图,加快推进综合交通、智慧交通、民生交通、绿色交通、平安交通发展,为全省经济社会发展和人民群众安全便捷出行提供交通运输保障。

主要预期目标是:

1.投资计划目标。交通基础设施建设计划投资460亿元,同比增长2%左右,力争完成得更好一些。其中,高速公路建设计划投资76亿元,普通公路建设计划投资176亿元,港口建设计划投资200亿元,运输场站建设计划投资8亿元。此外,铁路建设计划投资300亿元左右,与上年基本持平。

2.运输生产目标。公路运输完成货运量20亿吨、货物周转量3259.4亿吨公里,同比均增长6%;客运量8.2亿人次、旅客周转量384.2亿人公里,同比分别增长2%和2.3%。水路运输完成货运量1.4亿吨、货物周转量7980亿吨公里,与上年基本持平;水路运输完成客运量542万人次、旅客周转量6.5亿人公里,与上年基本持平。高速公路通行费收入力争完成113亿元,同比增长2.3%。

3.港口生产目标。港口货物吞吐量10.5亿吨,同比增长1.3%。其中,集装箱吞吐量1900万标准箱,同比增长2.2%。增加港口生产性泊位10个,总数达到407个。新增吞吐能力1100万吨,达到5.7亿吨。

2015年,要重点抓好八个方面工作:

第一,扎实推进交通基础设施项目建设,为全省"稳增长"做贡献。全面落实支持东北振兴若干重大政策举措,突出抓好交通基础设施项目建设。一是加快推进高速公路项目建设。实施13个项目、总里程782公里。加快推进沈阳至四平高速公路改扩建、辽宁中部环线铁岭至本溪段、营口仙人岛港疏港和丹东大东港疏港等4个高速公路续建项目，确保沈康高速公路三期工程建成通车。完成兴城至建昌、灯塔至辽中、盘锦港疏港等4个高速公路项目收尾工作。同时，实施毛家店收费站改造、杏山互通立交建设及高速公路养护维修等工程。二是加快推进普通公路项目建设。完成干线公路维修改造工程3077公里。完成鞍山腾海大道、锦州阜锦线义县外环段、阜新万人坑纪念馆道路、铁岭新三线二期、朝阳燕山大桥建设，继续做好辽河生态文明示范路一期工程、沈彰产业大道新民至彰武段、沈辽产业大道辽阳段等公路项目收尾和续建工作。启动本溪钢铁大道与沈本产业大道连接线、铁岭市孤懿线朱尔山辽河特大桥建设。三是加快推进港口项目建设。实施港口建设项目58个，其中续建项目36个、新开工项目22个。加快推进营口港仙人岛港区多用途泊位、盘锦港荣兴港区通用泊位等项目前期工作，重点建设大连港大窑湾港区集装箱码头四期工程、锦州港煤炭码头一期工程等大型专业化泊位建设。四是加快推进运输场站项目建设。实施项目29个。其中，续建市县(区)级客运站项目5个、物流项目4个，新建和改造市县(区)级客运站项目8个、物流项目4个；新建农村客运站项目8个。重点完成沈本新城客运枢纽站、建昌县汽车客运站、抚顺市南站客运站、瓦房店中心汽车站、凤城市通远堡中心站建设和黑山县客运站改扩建工程。五是加快推进铁路项目建设。重点抓好17个续建项目建设，力争沈丹客专、丹大快速铁路等8个项目建成通车。加快推进盘营客专至京沈客专连接线前期工作，力争通辽、赤峰至京沈客专连接线开工建设。积极筹措建设资金，搞好地方资金配套。加大协调力度，为项目实施创造良好条件。

第二，全面深化交通运输改革，加快推进法治政府部门建设。加大交通运输改革力度，扎实推进重点领域改革，不断增强交通运输发展活力。一是深化农村公路管理体制改革。按照“既积极、又稳妥”的原则，全面总结“一市一县”试点经验，在全省23个县区推行改革试点，进一步扩大农村公路改革试点范围。科学制定农村公路改革方案，指导县区筹措建设资金，健全管理体制和运行机制。加强农村公路管理配套制度建设，完善农村公路管理考核体系，为全面推进改革奠定基础。二是深化行政审批制度改革。认真落实已取消和调整的行政审批项目，推进省市县行政审批事项进大厅，加快网上审批平台和行政审批电子监察系统建设。按照“能简则减、应放尽放”的原则，全面清理审批事项和前置要件，能下放的要坚决下放。确需保留的审批事项，能上网审批的要坚决上网审批；不能上网审批的，要全部进入行政审批大厅审批。各项招投标业务，要逐步进入公共资源交易平台。建立辽宁省交通厅行政权力清单，加强事中事后监管，规范服务行为。三是深化高速公路管理体制改革。调整优化高速公路直属机构设置，完善管理机构职责，强化直属机构事项决策和执行落实。

创新高速公路管理模式，解决管理重心下移、权责匹配、强化监督等问题，明晰管理职权、划清管理界面、理顺管理体制，进一步提高管理质量和服务水平。四是深化交通运输系统国有企业改革。按照省委、省政府部署，抓紧研究制定实施方案，加快推进交通运输系统国有企业改革步伐，年内要完成改革任务。深入研究交通运输系统管理体制调整优化问题，为省委、省政府决策提供参谋意见。与此同时，各级交通运输部门要坚持在法治轨道上开展工作。争取出台实施《辽宁省客运出租汽车管理条例》。研究制定《辽宁省治理货物超限超载运输条例》、《辽宁省公路水路工程质量安全监督办法》，修改完善《辽宁省高速公路管理条例》。启动《辽宁省水上运输管理办法》、《辽宁省地方铁路管理办法》等立法项目前期准备工作。依法全面履行部门职能，深化交通行政执法体制改革，加强对部门内部权力的制约，全面推进政务公开，建立权责统一、权威高效的依法行政体制。

第三，加快结构调整步伐，推动交通运输发展方式转变。积极适应转型发展需求，推进交通运输集约化、信息化、智能化和低碳循环发展。一是加快综合交通运输大通道建设。建设以大连港、营口港为起点，途经内蒙古满洲里，再到欧洲的“辽满欧”综合交通运输大通道；以锦州港、丹东港为起点，途经蒙古国乔巴山，再到达欧洲各地区的“辽蒙欧”综合交通运输大通道。建设以大连港为起点，至白令海峡向西航行，最终前往欧洲各港口的北极东北航道。加快建立沟通协商机制，促进水运、公路、铁路、航空等运输方式高效衔接，实现互联互通。搞好大通道物流节点布局，推进现有货运场站改造升级。二是转变道路运输方式。协调各市抓紧编制城市公共交通专项规划，建立城市公共交通联席会议制度，继续做好沈阳、大连两市“公交都市”创建工作。完成31条客运班线集约化改造，推动具备条件的城市建设快速公交系统（BRT）。加快9个公路物流基地建设，重点培育22家交通物流企业。引导邮政快递企业利用农村乡镇客运站及农村邮政网点等条件，拓宽农村物流配送渠道。三是调整运力结构。鼓励货运企业重点选用道路运输燃料消耗量达标车辆及集装箱、厢式、多轴重载、专用车辆等优先发展车型，进一步降低能耗、提高运输效率。以提高乘坐舒适性、运行可靠性和确保道路客运安全为目标，努力提高中高级车辆比例，促进干线公路客运车型高档化。全省道路客运中高级班车比例达到66%，中高级包车比例保持99%以上。四是加快海运业发展。深入研究支持海运业发展的扶持政策，加强大连集装箱运输、邮轮母港和内陆无水港建设，打造大连东北亚重要国际航运中心。加快大连船舶交易市场建设，稳步开展船舶评估、修造估值等增值业务。引导和发展船舶融资租赁，积极搭建银企投融资平台。鼓励和支持国际班轮公司开辟新航线。加快淘汰老旧运输船舶，大力发展节能环保、经济高效船舶。加强沿海客船、危险品船舶运力调控,引导运力有序投放、合理增长。推动港口资源整合和转型升级,促进港口集约化、一体化发展。

第四,突出创新驱动,推动“绿色交通”发展。坚定不移地走科技引领、创新驱动之路,推动交通运输转型升级。一是加快科技创新步伐。加快沈山高速公路通道扩容工程关键技术研究,推进渤海海峡跨海通道与环渤海地区交通运输发展研究。继续搞好高速公路养护技术重点实验室建设,确保“桥梁诊治技术研发中心”二期工程完工并投入使用。加强与国内外高等院校、科研机构和企业的横向联合,探索政企合作新模式,建立科技合作长效机制。加快全省公路水路建设市场、运输市场信用信息服务平台建设,完成云基础平台测试和初期应用。推进全省重型载货汽车及半挂牵引车卫星定位系统安装使用工作,确保全省三类以上线路全部实现客运联网售票。二是推进交通节能减排。认真落实城市公交“油改气”车辆补贴政策,推进城市客运行业“油改气”,鼓励班线客运、旅游包车和货运企业优先使用天然气等清洁能源车型。加大新技术、新设备、新工艺推广应用力度,争取把沈山高速公路打造成全省第一条低碳公路,列入国家节能减排主题性项目。积极申报“绿色拌和站”低碳公路主题性试点,全力推进绿色循环低碳交通运输示范省建设。三是加快发展“绿色交通”。优化工程规划设计方案,提高土地、岸线等资源利用效率,积极推广绿色环保施工材料。推广应用节能环保运输设备,加快发展甩挂运输等高效运输方式。加大新能源和清洁能源推广力度,逐步淘汰传统高耗能、高污染设施。

第五,开展“质量安全年”活动,强化交通运输基础工作。质量和安全,是做好交通运输工作的两大基石。要通过开展“质量安全年”活动,全面提升工程质量,确保交通运输安全生产形势持续稳定。首先,要加强工程质量管理。建立健全质量安全管理制度,从建设、施工、监理和试验检测入手,严格执行制度规范,确保建设工程质量。深入实施工程质量通病治理,进一步扩大治理范围和内容,发现问题及时整改,确保工程质量安全。大力开展施工标准化管理,强力推行“管控一体化”,严格控制工程重点部位和关键工序质量。强化项目施工安全风险评估,从源头上降低安全风险程度。加强工程精细化管理,努力实现管理创新、项目创优、企业创品牌。加大质量监督检查力度,严肃查处质量安全问题。加强工程造价管理,控制工程建设成本。以干线公路迎国检为契机,加强内业规范化管理、公路养护整修、路域环境整治等工作,提升公路综合服务能力。其次,要加强安全生产管理。进一步强化“红线”意识,完善落实“党政同责、一岗双责、齐抓共管”的安全生产责任体系。深入宣传贯彻新《安全生产法》,强化基础监管执法力量,严肃事故查处和责任追究。继续深化重点行业领域安全生产专项治理,突出抓好长途客运和旅游包车、危险化学品运输、人员密集场所、港口危化品罐区和油气码头、渡口渡船、消防等重点部位隐患排查，打好隐患整治攻坚战。夯实安全生产基础，继续开展企业标准化建设，强化安全教育培训，提升科技和资金保障能力。积极开展重点货物运输源头治理和路面执法专项治理，对重大涉路工程实施质量与安全评估，保持依法严管的高压态势。健全完善安全监管体制机制，创新监管方式方法，完善应急救援体系，提高安全生产管理水平。这里要特别强调，抓安全生产工作落实要做到三个“不怕”和三个“更加”：即不怕兴师动众、不怕麻烦反复、不怕投入花钱；更加注重发现苗头、更加注重解决具体问题、更加注重加强基础工作。

第六，大力实施民生工程，让交通运输发展成果更好地惠及广大人民群众。认真解决群众反映强烈的热点难点问题，推进重点民生工程建设，让群众共享交通运输发展成果。一是加快农村公路建设。实施农村公路维修改造 4500 公里，配合辽宁省农村综改办抓好“一事一议”财政奖补村内道路建设。创建乡村公路标准化养护工程 2000 公里、绿化工程 2000 公里。开展春秋两季养护集中会战，组织沿线村民完善路基、整修边坡、清理边沟、整治路域环境，进一步美化路容路貌、改善通行条件，建设“美丽乡村”。二是推动农村客运发展。加快农村客运设施建设，建设 8 个农村客运站和 561 个农村客运候车亭。推进农村客运集约化发展，采取收购、兼并等方式，推动农村客运车辆进入企业集约化经营。落实农村客运燃料补贴政策，做好农村客运班车燃油消耗审核、申报和发放工作。三是及时解决群众诉求。认真办理人大代表建议和政协委员提案，多角度、多渠道收集民意，认真办理群众来信来访和“民心网”诉求，帮助群众解决实际困难和问题。严格落实鲜活农产品“绿色通道”和重大节假日小型客车免费通行政策。加快 ETC 车道建设，实现全省 ETC 收费站“全覆盖”。

第七，加强对交通运输发展重大问题的研究，组织编制完成辽宁省交通运输“十三五”发展规划。交通运输发展规划是国民经济和社会发展规划的重要组成部分，是引导全省交通运输行业发展的纲领性文件。一是正确把握面临的新形势、新要求。交通运输“十三五”发展规划，是在经济发展新常态、全面深化改革、全面推进依法治国条件下的第一个五年规划。要正确理解和把握新常态下交通运输发展的阶段性特征，牢牢抓住转型升级、提质增效这个主要任务，做到观念上要适应、认识上要到位、方法上要对路、工作上要得力。在规划中要充分体现改革的时间表、路线图，并把法治政府部门建设和提高依法行政能力作为交通运输工作的重点，不折不扣地落实到交通运输发展规划之中。二是扎实做好交通运输重大课题研究。着眼于全面建设小康社会总目标，坚持问题导向，深入研究和思考综合交通运输大通道建设、农村公路建设、综合交通运输体系建设、交通运输转型升级、深化交通投融资体制改革、加快发展城市公共交通、港口发展、助推新型城镇化、促进物流业发展、智慧交通建设等事关全省交通运输发展全局的重大问题，着力提高研究的深度和质量，为编制交通运输“十三五”发展规划奠定基础。三是科学编制交通运输“十三五”发展规划。按照“到2020年基本形成安全、便捷、高效、绿色的现代综合交通运输体系”的要求，全面总结“十二五”规划执行情况，深入分析“十三五”发展阶段性特征。研究确定综合交通运输“十三五”发展规划体系设置方案，科学设定规划目标任务。自觉融入国家发展战略，统筹辽宁沿海经济带、沈阳经济区和突破辽西北三大区域发展战略在交通运输领域的贯彻落实，提出“十三五”重大项目、重大工程和重大举措。

第八，加强党风廉政建设和行业文明建设，全面提升行业发展软实力。坚持党要管党、从严治党的方针，加强党风、政风、行风建设，努力营造风清气正、干事创业的良好氛围。一是抓好党的建设。认真履行管党治党责任，坚持党建工作和业务工作一起谋划、一起部署、一起考核，加强党建基层基础工作，严肃党的纪律，严格党内生活，确保把从严治党的要求落到实处。建立健全党建工作考核机制和考核办法，加大对党员领导干部考核的党建权重。开展“三型”支部建设、“党建重点项目”、“共产党员先锋工程”和在职党员进社区活动，推动基层党组织在强化交通运输服务中更好地发挥领导核心和政治核心作用。二是抓好党风廉政建设。各级领导班子要切实履行主体责任，强化“一岗双责”管理。纪检监察部门要切实履行监督责任，进一步转职能、转方式和转作风。严格执行党风廉政建设和反腐败工作各项规定，各级领导干部要做到“五不准”，即不准干预招投标、不准干预设计变更、不准干预原材料采购、不准干预客运线路审批、不准干预路政执法。坚持把党风廉政建设和反腐败工作融入日常工作之中，做到时刻提醒、警钟长鸣，引导党员干部守住“底线”、不碰“红线”。开展廉政约谈工作，发挥提醒、教育、警示作用。三是抓好行风政风建设。持之以恒地抓好作风建设，建立整治“四风”问题的长效机制，做到长期抓、抓长期。加强行业文明创建工作，深入开展“学习赵忠平、郑大庆等先进模范精神、争做交通先锋”主题活动，把行业核心价值体系贯穿于干部职工教育的全过程。大力开展职业道德教育，培养敬业爱岗、团结奉献、文明服务的从业素质。深化机关效能和行风建设，严格落实各项规定，努力形成“党风正、人心顺、事业兴”的良好局面。

面对复杂形势和繁重任务，我们要善于把握大势大局，自觉谋长远、抓大事，创造性地做好交通运输工作。一要立足大局、紧扣职责，把思想和行动统一到中央和省委、省政府决策部署上来。牢牢把握交通运输发展的新形势、新任务、新要求，紧紧围绕各级党委、政府的中心任务，找准工作定位、积极主动作为、发挥职能作用。二要直面问题、敢于负责，增强攻坚克难的责任担当。把坚持问题导向贯穿于日常工作之中，面对困难和矛盾不回避、不遮掩、不推诿，以坚决的态度、法治的思维、创新的举措化解矛盾、破解难题。三要加强协调、合力攻坚，凝聚交通运输创新发展的强大合力。加强工作融合，密切沟通衔接，把方方面面的积极性充分调动起来，形成发展合力，提升交通运输整体质量和效益。四要强化管理、完善机制，推动交通运输管理规范化、制度化。突出抓好重点领域和关键环节管理，完善和落实相关制度，形成管理的长效机制，切实把权力关进制度的笼子，实现用制度管权、管人、管事。五要求真务实、真抓实干，以昂扬向上的精神状态抓落实。牢固树立务实为本的政绩观，弘扬崇尚实干、狠抓落实的正能量，激发锐意创新、善于落实的创造力，全力以赴抓好工作落实。

第一部分

辽宁省高速公路运营管理信息化顶层设计思考

自1984年“神州第一路”——沈大高速公路建成开始，辽宁省高速公路的网络规模持续增长。经过三十年的大规模建设，已经形成了4172公里的高速公路网络，基本实现了“县县通高速”的目标，在全国的高速公路建设工作中始终位于前列。作为辽宁省高速公路的管理主体，辽宁省高速公路管理局始终贯彻省委、省政府提出的“集中统一，高效特管，各方协作，各司其职”的方针，在省交通厅党组的正确领导下，坚持集中统一的管理体制，不断提高管理水平和服务质量，确保了三十年来辽宁省高速公路网络的高效、安全、平稳运行，为东北老工业基地的全面振兴及环渤海、黄海经济区的快速发展提供了强有力的支撑和保障。

伴随辽宁省高速公路大规模建设时代的结束，高速公路管理工作的重点由原来的建设管理向养护管理和运行管理转变。为适应新形势下的高速公路管理需求，辽宁省高速公路管理局积极探索新的信息化管理手段，对管理工作起到了很好的推动作用。近年来，随着经济的快速发展和社会各界对管理水平要求的不断提高，高速公路管理需求进一步向智能化养护管理和高质量对外服务转变。一方面，管理工作涵盖的内容越来越细致，涉及的部门越来越广泛，对精细管理、科学管理、高效管理和协同管理的要求越来越高，传统的管理手段已经难以适应；另一方面，出行者对出行质量的要求已由基本的“连通、安全”向“畅达、舒适”转变，对外服务的质量要求不断提升。面向全新的管理需求，辽宁省高速公路管理局开始重新审视现有的运营管理状况和信息化建设策略，从工作实际出发，站在对全省高速公路进行现代化科学管理的高度，对信息化建设工作进行统筹规划，以提高高速公路管理的科学化、信息化、网络化、智能化程度，提升管理的核心竞争力。

一、辽宁高速公路运营管理发展方向

根据省交通厅提出的建设“五个交通”的全新管理格局和全面实现高速公路管理现代化的未来发展目标，分析现代高速公路管理的基本特征，提出辽宁省高速公路运营管理发展方向：

(一)注重前瞻性，变被动管理为主动管理

改变传统的“出现问题再解决”的被动式管理模式，实现“防患于未然”的

主动式管理。强调管理中“理”的作用的发挥，即准确把握管理对象（交通基础设施、人、车等）的客观规律，科学预测其未来发展趋势，准确把握时机，科学制定管理计划，主动采取具有预防（见）性、超前性的管理措施。在现代高速公路运营管理工作中具体体现为适时进行设施预防性养护、科学制定设施（设备）养护维修计划、提供超前性的公众信息服务等。

（二）可控性、闭合式，变静态管理为动态管理

管理的可控性目标包括管理过程可控和管理效果可控两个方面。管理过程可控体现为高速公路管理的业务流程可控、调度指令的执行情况可控、建设项目的工程进度可控、管理人员活动可追溯等，最终实现全过程闭合式管理；管理效果可控体现为工程建设质量可控、设施运营状况可控、交通运行状况可控、设施安全状况可控、预算规模可控等，强调改变传统的静态管理模式，通过对管理对象的动态监控与管理始终将管理效果保持在较高水平。

（三）长效性、模块化，变复杂管理为简单管理

强调管理中“管”的作用的发挥，是管理对象日益多样化、管理内容日益复杂化发展趋势下现代高速公路管理工作的必然选择。长效性可体现为相关养护维修规划、计划制定的长效性、高速公路管理机制和规章制度的长效性等，以此避免管理上的短视行为和由此带来的政策措施的短视性，确保总体管理战略的可持续。模块化具体体现为规范的管理流程和模块化的管理形式，通过明确、清晰的管理流程的制定和分类、分层的管理模块的拆分与集成避免面对复杂管理对象时出现的管理过度分散、庞杂等问题，变复杂管理为简单管理。

（四）全息化、智能化，现代信息技术帮助实现管理目标

全息化、智能化是针对上述管理目标实现的信息化技术手段提出的，是信息化建设的直接目标。全息化是指对路面、桥梁等管理对象，建设、养护等管理过程和设施运行状况、交通运行状况等管理结果采用先进的数据采集、通信、存储等信息化技术手段进行全方位、数字化的管理，以实现对这些管理对象和结果的全维度、精准化的信息描述。智能化则是在全息化基础上，运用高速公路设施运行管理等行业核心理论和先进的数据挖掘、模型构建等关键技术实现对管理对象状态的智能感知、未来发展规律的科学预测以及相关管理策略、措施的系统优化等。以全息化、智能化的信息化建设支撑未来高速公路科学管理、高效管理、精准化管理的迫切需求，最终帮助实现前述管理目标。

图1为辽宁省高速公路信息的建设目标结构图。

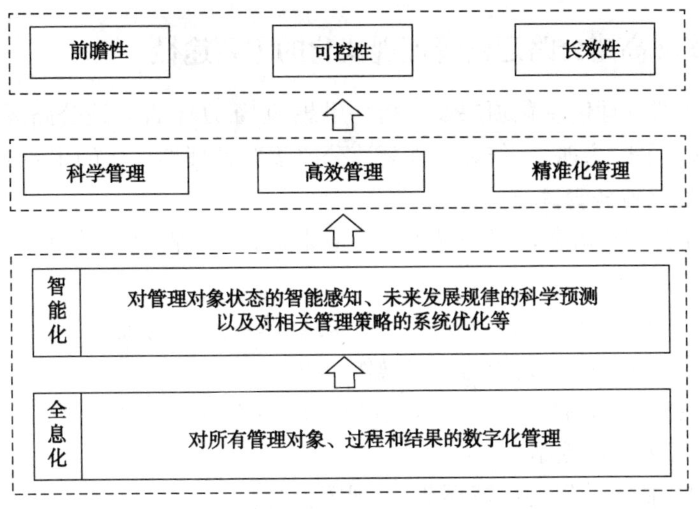

图1　信息化建设目标结构图

二、辽宁高速公路运营管理信息化顶层设计指导思想

充分考虑业务管理与信息化建设现状，结合辽宁省高速公路运营管理发展方向，辽宁省高速公路管理局提出辽宁高速公路运营管理信息化顶层设计指导思想。

（一）确立现代理念，实现全新管理境界

以信息技术全面应用为手段，以完善的技术规范规程、先进的技术理念为基础，以科学的人才培训制度、健全高效的长效管理机制为保障，以信息化促进公路管理的现代化、科学化，支撑省交通厅提出的综合交通、智慧交通、民生交通、绿色交通、平安交通建设任务的实现。

（二）以需求为导向，以数据为核心

信息化建设工作必须与辽宁省高速公路管理局的业务管理和行政管理工作紧密结合，以实际管理工作中出现的信息化建设需求为导向。数据是信息系统运行的基础，优良的数据质量、高效的数据分析技术、统一的信息网络共享平台和完善的信息共享机制应当成为信息化建设工作的核心内容。

（三）总体战略一致性，统一规划，分步实施

根据辽宁省高速公路的发展规划，通盘考虑组织和业务流程，确定信息化需求，制定全局的信息技术战略，统一规划，分步实施。综合考虑发展规划、业务架构和信息化架构三者的一致性，是辽宁省高速公路运营管理信息化建设顶层设计遵循的路线（如图2）。

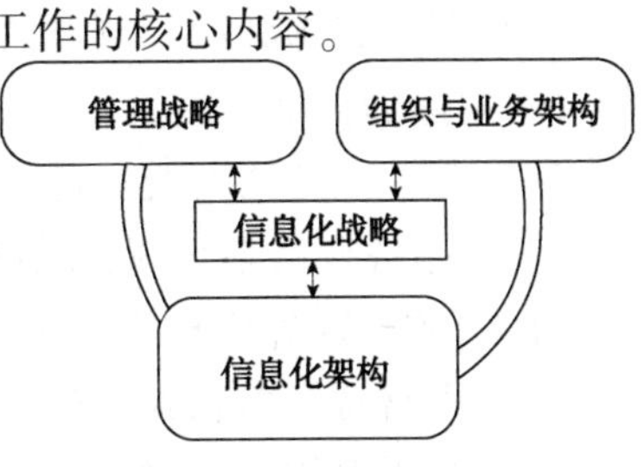

图2　信息化建设战略一致性路线示意图

三、实现高速公路运营管理现代化的主要途径

遵循运营管理信息化顶层设计指导思想，基于辽宁省高速公路运营管理现状，以信息化手段为抓手，作为实现高速公路运营管理现代化的主要途径。

（一）优化业务管理流程

优化业务管理流程的目的是为了适应未来高速公路动态管理、简单管理的现代化需求。

（1）明确数据的采集、上传/上报流程，具体包括明确规定各类数据的采集内容、格式、上报时间和具体的数据操作流程。

（2）完善或增加业务/指令执行过程监控环节，通过监控掌握业务/指令的执行情况，实施过程控制。

（3）增加执行结果的反馈环节，实现闭合管理。

（二）完善数据基础

这样做是为了提高数据利用水平，实现数据共享，为各项管理和决策工作提供数据支撑。

（1）搭建统一的数据中心。

（2）建立数据接入标准和数据共享机制。

（3）采用先进的数据采集、存储、处理、挖掘等大数据分析技术，提升数据的管理效率和利用水平。

（4）适应闭合式的业务管理需求，改善数据采集技术手段，规范数据采集流程，研发业务/指令执行过程实时监控技术。

（三）对各业务应用系统进行统一规划

（1）实现信息化管理对各项管理工作的全覆盖。

（2）整合既有和新建系统，解决重复建设、功能交叉、新老系统不能兼容等问题。

（四）提升信息化系统的科学预测和辅助决策支持能力

（1）优化设施状况预测方法与模型，完善交通基础设施辅助决策支持系统，提升对实际养护维修决策工作的支撑效果。

（2）建立高速路网交通运行状况评估方法与预测模型，构建可支撑网络综合决策的指挥调度系统、路政管理系统等业务应用系统。

（五）提升对外信息服务水平

（1）丰富对外信息服务技术手段，增加对外服务渠道。

（2）利用大数据挖掘技术，提取更有价值的交通信息，为出行者提供更多的增值信息服务。

(3)进一步提高行政许可审批、科研项目申报等服务的便利性。

(六)优化信息化管理保障体系建设

(1)优化管理机制。变部分业务的局部、分散决策为整体、综合决策;明确各部门、各层级间的分工界面,确保各个工作岗位职责明确;准确定义各项业务的管理对象、管理内容和管理边界,明确管理的权利与责任,做到权责一致;规范对外协作机制。

(2)完善管理制度。填补制度空白,确保各项管理工作都有章可循;规范各项业务工作的具体操作流程,提高已有制度的针对性和可操作性;加强制度执行情况监督,建立相应的奖惩措施,提高制度对管理行为的约束力。

(3)加强人才队伍建设。建立人才全过程管理机制,改善人才招聘制度,实施全员绩效考核,加强人员上岗培训,培养造就一支既懂管理又懂信息化的人才队伍。

四、辽宁高速公路运营管理信息化顶层设计总体框架

运营管理信息化顶层设计应根植于辽宁省高速公路运营管理工作需要,做到与业务管理与行政管理工作的密切结合,力求"实、全、灵":"实"——目标引领,需求导向。运营管理顶层设计作为管理目标实现的技术手段,应当根据高速公路运营管理的需要,以各项业务管理工作中的信息化管理需求为导向,讲求实效。"全"——管理工作全覆盖。信息化建设应当覆盖局(6个业务主管部门和5个行政管理部门)、处、站三级管理部门的所有业务管理和行政管理工作的信息化建设需求。"灵"——稳定、长效、灵活、适应性强。信息化建设框架应面向业务管理与行政管理核心需求进行设计,不依赖于工作的执行部门和机构的组织形式,采用开放式的框架结构,能够充分适应未来五年甚至更长时间内组织机构变革、管理需求演变和技术发展进步。

遵循上述"实、全、灵"信息化建设框架设计原则,以实现高速公路管理现代化为目标,辽宁省高速公路管理局的信息化建设总体框架为:以统一的高速公路云数据管理中心为核心,以支撑高速公路运营管理的资产管理、养护决策、交通监控、路政、收费、指挥调度与应急管理等对内应用系统平台为内圈层,以支撑公众服务的出行信息服务、路政审批、MTC/ETC、科研项目申报等对外服务平台为外圈层,形成"一个中心、两个平台"的总体应用框架结构,可形象地概括为"两个圈层一朵云"——"两个圈层"即为对内、对外两个应用平台,"一朵云"即云数据管理中心。

1.统一的云数据管理中心——"云"

统一的云数据管理中心是整个信息化建设框架的核心所在。数据管理中

心将以高性能的网络连接设备、数据存储设备、科学计算设备、信息展示设备等作为硬件支撑,以基础应用软件、数据库软件等作为软件支撑,以GIS-T平台作为基础信息平台,采用先进的云存储技术、数据清洗技术、数据挖掘技术等,通过统一建设的信息汇集模块、交换共享模块和标准化的数据接口实现对目前分散于各部门、各应用系统的基础数据、分析评价数据、决策结果数据等的接入、整合和管理,并为未来新数据的接入预留接口。云数据管理中心将实现对设施、交通、行政和其他与高速公路运营管理相关数据的统一管理,将为对内、对外两大平台的应用系统和服务提供一致的数据统计口径和决策分析基础,是实现信息化建设"全息化"目标的重要保障。

2.对内应用系统平台——"内圈层"

对内应用系统平台面向局内部管理人员建立,主要由一系列的业务管理和行政管理系统构成,包括资产管理系统、养护辅助决策支持系统、建设项目管理系统、路政管理系统、收费管理系统、路网交通监控系统、综合指挥调度和应急管理系统、科研项目管理系统和行政办公系统等。对内应用系统平台的建立以行业基础理论和模型为核心,通过科学评估、准确预测和决策优化等为管理者提供辅助决策支持,是信息化建设"智能化"目标实现的基础。

3.对外服务平台——"外圈层"

对外服务平台是对内应用系统平台的外延,是展示辽宁省高速公路管理部门良好形象的重要窗口,也是面向大众、服务大众,实现政务公开的有效手段。以便民为根本,提升管理效率,提高公众满意度,是对外服务平台建设的目标。对外服务平台面向社会公众和各类社会机构提供高速公路的服务咨询、投诉接待、信息查询、业务申办等公共服务,以及政策法规、工作动态等信息发布等,从而实现优质服务、互动交流,沟通管理。

(执笔人:辽宁省高速公路管理局　董　磊　刘云峰　万澄宇)

辽宁省普通公路投融资工作研究

从2008年推行成品油税费改革和取消政府还贷二级收费公路以来，辽宁省普通公路投融资的渠道发生了根本的变化，原有的普通公路投融资体系已经被打破。随着物价上涨以及人工成本的逐年增加，普通公路建设成本也在不断地攀升。为此辽宁省根据对普通公路近5年的投融资情况的分析，努力探寻适合辽宁省普通公路投融资发展的模式。

一、辽宁省普通公路投融资现状

辽宁省普通公路实行的是补贴投资管理模式，各市、县地方政府负责实施路基工程、征地拆迁、投工投劳，由省以上投资实施路面工程。

（一）“十二五”全省普通公路省以上资金筹措情况

全省普通公路资金来源分为中央财政性资金、省级财政性资金、银行贷款等。

中央财政性资金主要为中央车购税资金，每年年初上报当年公路建设项目，由交通运输部审核后每年中旬下拨，主要用于全省普通公路新改建项目的投资，为国家补贴性质的投资。

省级财政性资金主要为中央燃油税返还资金用于全省普通公路建设部分，每年中旬上报下年度预算，由省政府审核批准后执行，用于全省普通公路基本支持、小修保养、大中修工程、安保工程等支出。

银行贷款是辽宁省普通公路解决资金缺口现行的主要途径，解决部分暂未列入预算的建设项目，待来年列入年度预算偿还贷款本金及利息。

2010—2014年全省普通公路生产建设支出417.2亿元，其中燃油税投资239.5亿元、车辆购置税等中央补助162.7亿元、地方政府债券15亿元（如图1）。“十二五”期间各年度普通公路生产建设投资情况如图2所示。

整体来说，辽宁省普通公路生产建设投入在不断增加，但除了国家车辆购置税投资、燃油税投资和地方政府债券投资外，没有其他的省级财政投资，投资形式较为单一。

（二）“十二五”地方政府配套情况

辽宁省普通公路长期以来一直实行补贴投资政策，省补贴工程直接费占

75%~80%,其余部分由市县配套补齐,配套形式多种多样。

(1)地方政府财力补助。部分地方政府配套资金列入地方财政预算,市、县财政部门根据人代会批复预算拨付市县交通部门。

(2)税费政策。一是政府豁免交通部门应缴税费;二是交通部门缴纳税费又通过财政部门返还到交通部门,用于补充地方政府配套部分。

(3)土地等相关政策。这部分所占比例较大,通过减免征地或拆迁其他设施相关费用替代配套投入。

地方政府的配套投资很少以货币的形式体现,主要还是政策补助为主。

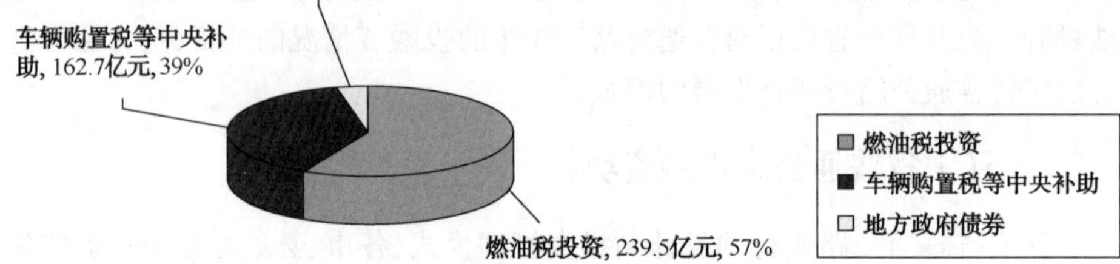

图1 “十二五”省以上投资汇总图

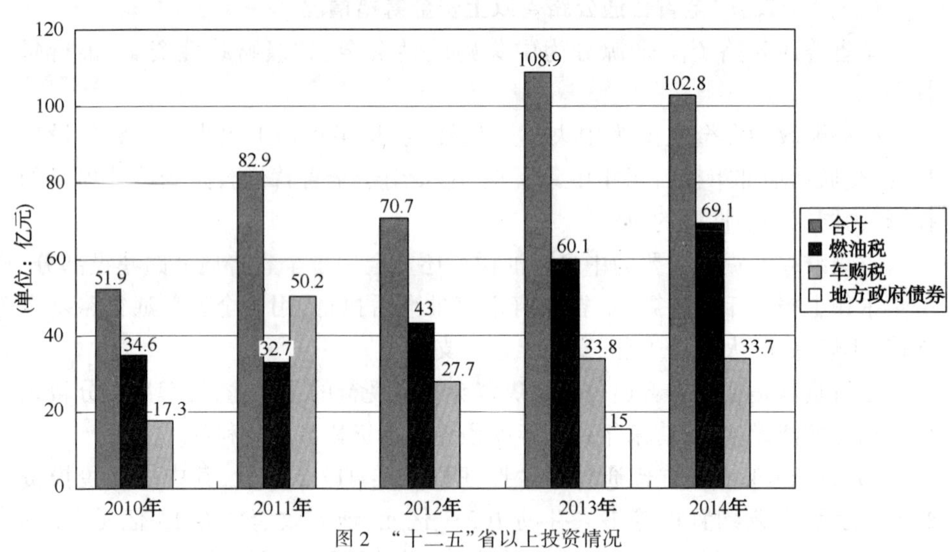

图2 “十二五”省以上投资情况

二、现行投融资模式存在的主要问题

辽宁省现行的投融资模式相对较为单一,普通公路建设项目资金需求较大,资金来源主要依靠国家、省级财政补助,而市、县地方政府因财力关系配套力度不够。于是,当普通公路建设资金短缺时仅能通过银行贷款进行周转,对银行依赖度较高,而当国家进行整体调控时则缺乏其他融资途径。

三、辽宁省普通公路投融资问题的解决途径和展望

辽宁省普通公路要建立以公共财政为基础、各级政府责任清晰、财力和事权相匹配的投融资长效机制,应从以下几个方面入手:

(1)以政府公共财政投入为主,积极争取地方政府政策支持,加强地方政府配套力度。

坚持成品油价税费改革的四不变原则,保证燃油税养路费替代部分专款用于普通公路建设、养护和管理。同时,省市级财政部门还要加大一般公共财政预算对国省干线公路新建、改扩建等工程预算投入,县级政府部门在保证省市农村公路补助资金全部用于公路建设养护的同时,也要多渠道、多形式筹措资金,保证农村公路持续健康发展。

逐步建立高速公路与普通公路统筹发展机制,新建、改扩建高速公路应将与之密切关联、提供集散服务的普通公路纳入项目范围,统一规划、统一建设。

各级政府的相关组成部门也要以不同形式加大对普通公路的支持力度。一是对普通公路建设、养护工程,通过豁免交通部门应缴税费或税费返投方式投入;二是为交通部门提供质高价低的材料,有效降低公路建设养护成本。

在规范政府性债务管理和风险可控的条件下,以省政府的名义发行辽宁省公路建设债券,通过发行长期公路建设债券筹集资金,以缓解日益加剧的全省普通公路资金供求矛盾。合理地发行长期债券,避免集中还款,编制预算偿还本金利息,可以避免高额的银行贷款利息,保证全省普通公路建设资金的需求。

(2)建立多渠道筹措、鼓励社会各界共同参与的公路建设、管理养护资金筹措机制。

及早与银行协商,以省交通厅的名义申请最高额担保贷款。最高额担保贷款即一次申请贷款额度,分期分次使用,一方面保证资金的应急需求,一方面降低承担的贷款利息,又避免了临时短期贷款的高额利率。

整合全省普通公路优质资产,成立辽宁省公路建设总公司,将各市、省局控股公司置于该公司旗下,优化资产配置,在政策上给予优惠,保证长远发展,并作为融资主体,在公司发展得以保障的基础上垫付部分工程款。规模发展壮大后,将优质资产整体上市,接收社会资本注入。

全面放开普通公路公益性质的融资市场,加大普通公路宣传力度,鼓励社会各界以捐赠、投资等多种方式支持和推动普通公路发展。

充分利用普通公路的养护道班房,通过对道班房的整体规划,建立高速公路服务区式的综合服务区域。在车流量较大的公路养护道班房建立集餐饮、住

宿、娱乐、车辆维修等多功能为一体的园林式养护站，既增加普通公路的收入，又充分利用了闲置的场所，解决了当地的就业问题。

(3)进一步加强普通公路建设资金使用的监督管理力度。

科学制定普通公路建设、养护规划，合理安排年度生产建设计划，因地制宜组织工程设计等前期工作，严格组织工程招投标，选择优质施工队伍，进一步把控材料质量关，有效延长公路寿命周期；严格执行国家财经法律法规，加大资金监管，保证资金专款专用，不被挤占挪用；严禁各级交通部门违规提供担保或进行变相担保，降低系统财务风险。

总之，辽宁省正在借助国家和地方政府的政策扶植，不断探索和创新，寻找适应辽宁交通发展的投融资管理模式，为全省普通公路的发展提供有力的资金保障，保证全省普通公路的健康发展。

（执笔人：辽宁省交通厅公路管理局财务处　夏远舰）

高速公路 BT 建设模式管理研究

为确保辽宁省高速公路“十二五”规划的有效实施，在宏观调控中仍要有所作为，辽宁省交通厅积极探索新的高速公路建设模式，拓宽高速公路融资渠道，采取 BT 模式实施建设了兴城至建昌、灯塔至辽中、盘锦港疏港 3 条高速公路。BT 模式建设高速公路，具有有效解决资金短缺、合理分担风险、提高建设效率、降低管理成本、缩短建设工期等优势。但由于 BT 模式在国内建设领域实施尚处于起步阶段，法律环境相对缺失，参与主体法律关系复杂，存在监管难度大、组织管理层次不清、工程质量无法保证、工程不能按期完工等风险。

鉴于 BT 模式投资建设的特点，辽宁省采取了一些做法，在此以兴城至建昌高速公路项目(建设期间简称建兴高速公路，以下称兴建项目)的建设管理为例做以介绍。

一、组建机构，明确监管职能

兴建项目位于葫芦岛市境内，路线起于兴城市东侧与滨海公路连接处，止于建昌县石佛乡省道朝青线 K114+300 处，路线全长 90.03 公里，其中高速公路建设的路段长 82.9 公里，兴城连接线按一级路建设标准，长 7.13 公里。项目采用 BT 模式建设，概算总投资 52.96 亿元，建设工期 30 个月，计划 2014 年 10 月 31 日通车。

BT 模式建设高速公路在辽宁省尚属首次，考虑原有管理模式比较成熟、管理团队专业，而 BT 含施工总承包方往往缺乏相应的组织管理体制及工程总体筹划能力，因此，省交通厅授权辽宁省高等级公路建设局(以下简称省高建局)作为 BT 项目建设管理的主体单位代表省交通厅全面履行建设监管职责。省高建局成立兴建项目指挥部，参照辽宁既有的高速公路管理模式及相关的管理办法组织管理。兴建项目指挥部主要完成项目勘察设计、投资人及施工监理等招标及管理工作，签订 BT 投资建设协议及 BT 建设移交合同，组织协调地方政府的征地动迁工作；全面完成项目建设期及回购期的监管工作，包括资金、质量、进度、安全、环保等全方位的监管。

明确了监管单位和沿用辽宁比较成熟的管理模式及办法，确保了兴建项目顺利实施。

二、邀请招标,选择优秀企业

选择BT投资人无规定可依。鉴于BT项目涉及资金额大,为避免出现投资人融资能力差、项目实施时资金不足、工程进度缓慢,甚至不能继续实施的现象,兴建项目采用邀请招标的方式,邀请资金实力较强、交通基础设施建设管理水平较高及在国内具有良好信誉的国有大型企业参与投标,并要满足下述条件:注册资本(实收资本)4亿元以上,总资产50亿元以上;2008年至2010年连续三年每年均为盈利,且年度财务报告应当具有法定资格的中介机构审计;财务状况良好,近三年经营性现金净流量均为正值,没有处于财产被接管、冻结、破产或其他不良状态、无重大不良资产或不良投资项目;具有不低于项目总投资概算的投融资能力,其中2010年末净资产不低于13.5亿元,并能提供银行或其他金融机构不少于39.5亿元的资金证明、授信额度证明、贷款承诺书或意向书;具备住房和城乡建设部(原建设部)颁发的公路工程施工总承包特级资质或同时具备公路工程施工总承包一级、隧道工程专业承包一级、桥梁工程专业承包一级、路面工程专业承包一级资质,并已进入交通运输部公布的《公路工程施工一级以上资质企业名录》等较为严格的资格要求。此外,要求项目融资渠道由投资人自行解决,省交通厅及高建局不承担任何协助解决融资款项的责任和义务;项目投资方所投入的资本金应不低于项目投资概算的25%,资本金回报不能高于中国人民银行公布的三年至五年同期同档贷款基准利率上浮10%的标准;项目融资贷款原则上按省厅和投资方与银行商定的实际贷款利率计算,转贷不能加价;投资方成立项目管理公司,并签订建设移交合同,由投资方负责项目总承包,工程验收合格后由省交通厅回购,省交通厅有权通过协商提前回购等。评标采用综合评估法,评标因素包括投标报价、投融资能力、资金筹措方案、投融资、建设管理经验、项目公司组建方案、项目建设方案、项目移交方案等项内容。

最终,大型央企中交一公局中标作为投资人,并承担工程施工任务。

三、建立规章,捋顺管理程序

兴建项目指挥部设指挥1人、副指挥3人、总工1人,设工程部、合同部、综合部,人员精干,职责清晰,管理覆盖无缝隙,靠前指挥,全面监管。项目指挥部组建后积极督促投资方在最短的时间内完成了“中交一公局(葫芦岛)建兴高速公路投资建设有限公司”的注册和组建工作,并承担起了项目法人的职责。项目指挥部还会同项目公司、监理和总承包部专门召开四方会议,确立了参建各方的基本关系,即:省高建局为项目主管单位,项目公司为项目法人单位,总承包部为施工单位。为减少管理环节,项目监理直接对所辖标段进行监督管理;明确了各方的职责和权限,形成了清晰的项目管理责任框架。为保证各方管理有据可循和规范各方管理行为,项目指挥部会同项目公司、监理等单位对各项管理办法进行研究,依据辽宁省高速公路建设管理办法并结合本项目实行 BT 建设管理的实际,编制了兴建项目计划、质量、安全、计量、支付、环保、设计变更、工程内业、工程评比等各项管理办法、施工指南和工作流程等,由项目公司统一印制下发执行。这些管理办法、规定的制定为项目管理和项目监管奠定了坚实的基础。

项目建设过程中,项目指挥部以 BT 及施工总承包合同和管理办法为基础、以项目监理为主干、以日常检查为手段,对项目进行了有效的监管,保证了项目指挥部意图、指令的执行。

四、科学安排,推进建设前期

要成功实施 BT 项目,必须在项目提出、规划、可行性研究、设计方案、开工建设等各个环节保持一致性和前瞻性。特别是相关手续的审批速度,以及质量、设计的稳定程度和深度对项目的成功实施与否影响极大。兴建项目前期工作由省交通厅和省高建局组织协调,发挥了行业部门的优势,国土、林业、环保、铁路等手续的办理齐全迅速,设计方案合理,设计质量较高,无重大设计变更。

兴建项目的征地动迁、地方协调工作由省交通厅代表省政府与葫芦岛市政府签订投资协议,由市征迁办负责组织实施,项目指挥部负责协调督促。开工前项目指挥部会同省高建局征迁处对项目征地拆迁数量、金额进行了严格认真的核定。进场后积极与市征迁办进行沟通,督促推进征迁进度。协调解决由于设计、征迁、施工原因引起的阻工问题。葫芦岛市政府对兴建项目的征迁工作非常重视,制定了可行、有效的动迁办法和考核机制,在短短几个月内完成了全线征地拆迁工作,为辽宁省高速公路动迁工作树起了一面旗帜。征地拆迁、三改工程等工作交由地方政府主导实施,充分发挥政府行政职能和协调能力,尽早、快速启动拆迁程序,为项目顺利建设提供了良好的施工环境。

五、加强监管,控制工程投资

如何在 BT 模式下进行项目投资控制管理,在保证工程质量的前提下,最大限度做到科学合理地控制好建设投资,成为摆在参建各方面前的又一关键性问题。考虑项目公司人员原为施工企业人员,进行建设单位的财务管理稍显生疏,省高建局提出了如下要求:

(一)财务机构及职责

项目公司应根据《公司法》、《关于进一步加强公路项目建设单位管理的若干意见》(交公路发〔2011〕438号)设置财务机构。财务负责人应熟悉、掌握财经法规和基本建设财务制度,具有中级以上职称及高速公路项目的财务管理经历。项目公司的财务机构和人员不得与总承包单位项目经理部的财务机构和人员重复。严格执行国家有关基本建设的法律、法规、规章制度。建立健全内部控制制度。依法、合理、及时筹集建设资金。按时编报财务决算和竣工财务决算。依法接受审计和检查。定期或不定期向省高建局报送规定的文件、报表。做好与银行、工商、税务等相关部门的协调、配合工作。

(二)资金筹措

项目公司应根据“项目实施计划”及时向投资人申请项目资本金,省高建局对资本金单位和使用情况进行监督。项目公司应根据年度资金支出预算制定合理的年度融资方案,经省高建局审核同意后,开展融资工作。项目公司在签订贷款合同前,应将借款金额、期限、利率、罚息、提款计划、还款计划等主要条款以正式文件的形式报送省高建局。省高建局及时报送省交通厅财务处审批。项目公司应采取有效措施防止资金筹措不力,造成项目建设资金链中断。

(三)资金支付

项目公司负责施工总承包合同项下的资金支付,负责将指定费用拨付至省高建局,负责编制年度、季度资金支出预算。项目指挥部以BT及施工总承包合同、施工规范和公路工程建设程序为基础,借鉴辽宁省以往高速公路项目的管理经验,与项目公司、监理联合制定了“兴建项目工程计量程序”,基本思路是:施工单位提出报验和计量申请后,工程计量签认以监理为主体负责、项目公司和项目指挥部监督的方式进行控制,就是由三方共同进行监控、监督和管理。

(四)资金监管

项目公司、经办银行、省高建局签订《资金管理协议书》,约定资金管理的内容、三方的权利和义务,确保项目资金专款专用。省高建局财务部门、计划部门定期或不定期到项目现场检查工程形象进度,确保项目公司按照工程进度拨付建设资金;检查项目公司的账务、银行对账单,从资金来源、资金到位、资金拨付等方面保证建设资金的安全。

(五)变更管理

设计变更的管理必须严格执行省交通厅设计变更管理办法规定。工程变更方案的确定必须有项目指挥部、设计代表组、总监办、项目公司、项目经理部各方负责该项工作的人员到场,实地勘察研究后确定,并按规定程序上报省高建局审批。同样,征地动迁变更设计必须有项目指挥部、设计代表、市县征迁办、项目公司负责该项工作的负责人到场,现场勘察后研究确定,并按规定程序上报省高建局审批。

通过有效地财务监督管理,兴建项目虽然是BT项目,但没有比一般项目增加更多的成本,总体投资能控制在预算范围内。

六、积极调度,实现工期目标

(一)明确计划目标,积极监督实施

兴建项目建设工期短,实际有效施工时间只有20个月。为此,项目指挥部明确了各阶段性工期目标,并要求项目公司对目标进行量化和细化,以日保旬、旬保月、月保年的方式保证年计划和整个项目计划的完成。在强化计划管理的同时,进一步强化保证措施。一是强调计划的严肃性,督促项目公司建立了的考评奖惩制度,制定刚性的考评指标,严格考评,重奖重罚;二是加强队伍、机械、人员的提前准备,并适时掀起大干高潮;三是建立日报、五日报制度,对计划的执行情况随时掌握,灵活调度,以保证各节点计划的实现。

(二)加强施工调度,发挥BT优势

项目指挥部在加强日常巡查的基础上,实行了五日报制度,由工程监理负责填写上报。同时项目公司实行施工进度、混凝土产量、隧道、预制场等重点工程进度日报和五日报制度,及时统计项目进度并整理发送给项目相关人员和各施工单位上级领导和主管部门,使各级人员时时掌握项目施工进度。对于滞后工程全面分析原因,找出解决的办法、途径,督促项目公司及时进行调度解决,发挥集团作战、统筹安排、资源整合、立体施工、资金及时支付等优势加快施工进度。

(三)关注节点工程,专项督促协调

兴建高速公路的关键工程部位主要为丁家沟、东八里、李屯3处跨铁路桥和元台子枢纽立交以及隧道工程等。这些关键工程不但建设环境复杂,且施工难度大,直接决定项目能否按时通车。项目指挥部对此实行了重点关注,指定2名副指挥逐工序环节亲自督导、协调。项目成立了各方组成的专门的领导小组,对施工详细计划、节点工期、手续督办、设备准备、施工方法等关键环节直接进行参与研究,并对各类进度实时掌握,及时督促、协调,保证了几个关键部位的开工和施工的顺利进行,为项目提前建成通车提供了保证。

(四)借助力量影响,推进建设速度

认真、真实地编写、报送项目监管报告,使领导及时了解项目建设存在的问题。及时约谈或函送项目公司上级主管单位领导,促使中交一公局加强对项目的关注和指导。项目进行过程中,几乎所有的中交一公局的局领导都到过施工一线,解决实际问题,保证了项目建设的资金、人力、设备、管理力量的投入和管理,从根本上保证了项目建设速度的大力推进。

兴建项目克服了施工条件复杂、有效施工时间短等困难，提前一个多月通车。

七、多措并举，提升工程质量

兴建项目不同于高建局直接作为项目法人的项目，项目指挥部主要职能为监管，且不设质检大队，对项目建设资金拨付、奖惩评定、经理部人员组织等均无控制权，要做好质量监管工作难度非常大。为此，项目指挥部对质量管理采取如下措施办法：

(一)奠定管理基础，完善自检体系

工程是干出来的，要把工程做好，必须发挥项目公司和项目经理部自身的管理功能。项目指挥部会同项目公司共同制定下发了《项目公司管理制度汇编》和《兴建项目质量管理办法》，成立现场质量巡查小组，明确兴建项目质量隐患整改处理流程，实行经济奖罚和名誉奖罚(每月综合考评结果通报给中交一公局及各合同段上级单位)相结合的机制，提高质量隐患的整改效率并降低质量通病问题出现的频率。通过日常巡检和检查整改闭合，保证工程质量达标。项目累计排查整改质量隐患 553 项、质量隐患罚款 329 万元。对兴建项目的钢筋、水泥、玄武岩、沥青、钢绞线、锚具、支座、伸缩缝等关键材料，项目公司要求总承包部直接与厂家对口联系并集中统一招标采购。对重要和技术性较强的采购业务，组织相关专家进行论证，实行集体决策和审批，防止关键材料进货鱼龙混杂，保证了关键材料进场质量。

施工单位致力于提高信誉评价等级，自控体系的作用明显加强。出于中交一公局自身发展和树立品牌形象的需求，各施工单位全力以赴集中精力搞好建设，并提出了“资金确保化、人员择优化、场站标准化、施工规范化、质量优质化、生产安全化、环保合法化、移交准时化”的具体要求。相对于以往非 BT 项目，施工单位自身提升了工程建设管理水平。

(二)强化监理作用，严格监理管理

项目指挥部并非项目法人，而投资人与施工总承包方属于同一家单位。项目指挥部明确了监理职权，强化了监理作用，提高了监理取费标准，要求监理必须对质量、安全、进度、计量、环保等进行全面的严格管理，严把材料进场、技术交底、首件、转序等各道关卡，发现问题不但要不退、不推、不躲，对质量问题要敢抓敢管，并及时进行处理。这项措施的实行，激发了监理工作热情、责任感，监理水平得到大大的提高。

同时，项目指挥部制定了严格的监理管理考核办法，建立监理考核台账，对每个监理的工作质量、劳动态度进行考核，对不负责任、不合格、劳动态度不积

极或有问题的监理人员坚决清除出场。对应项目指挥部的要求，总监办强化了监理行为管理，开展了不定期的监理行为教育，杜绝了吃、拿、卡、要，保证了各个关卡的严谨有效。

(三)依托专项整治，消除质量通病

在施工过程中，项目指挥部组织各参建单位对路基填筑、台背回填、路基强夯、梁板预制、桥面系施工、防撞墙施工、隧道施工、路面工程原材料、路面铺筑、桥梁伸缩缝、交通安全设施等进行了多次专项检查和整治。通过专项检查和巡回检查及时发现施工现场存在的质量问题，提出处理意见，确定整改时限，跟踪落实情况。对于执行能力较差的施工单位，项目指挥部采用"通报批评、限期整改"等办法督促完成。问题较大或整改不力时，项目指挥部、总监办、项目公司的领导现场共同蹲点，组织协调，扭转被动局面。尤其是结合项目曾一度出现的混凝土外观质量问题，项目指挥部开展了混凝土外观质量专项整治活动，组织专门人员进行研究，找出了主要原因(减水剂种类、剂量和配合比)，提出了改善外观质量的具体措施，形成了书面的《混凝土外观质量控制总结报告》，使混凝土结构物外观得到明显改善。按照高建局开展"隧道工程质量通病专项治理"的部署，对兴建项目 5 座隧道的设计进行了完善，对开挖、喷锚、支护、衬砌和防排水等施工工艺进行专项治理，全面按照设计要求、规范标准实施，隧道工程质量有了明显提高，建设期间和通车后经历了一个冬季，尚未发现质量通病出现。

(四)积极开展活动，提升施工水平

根据省高建局开展高速公路施工标准化活动的要求，项目公司以项目管理标准化为基础，提前介入各项目的前期策划环节，合理规划、统一布局，实现了工地建设标准化。在首件工程认可制中植入施工标准化要求，逐步实现施工工艺标准化。

项目公司还在项目指挥部的要求下，开展了打造亮点工程活动，各施工单位按指导意见进行打造，通过验收后全线学习推广并给予适当奖励。累计打造亮点工程 43 个，奖励 498 万元。从效果上看，亮点工程的打造对项目标准化、精细化施工有推动作用，能有效提升工程质量和项目的施工管理水平。

为全面落实《辽宁省高速公路路面工程"质量提升年"活动实施方案》要求，兴建项目对路面、交安的原材料控制和施工工艺、设备、人员提出了严格要求，对路面横纵坡、纵断高程、平整度、沥青改性、交安钢立柱、护栏板钢板厚度、浸铝镀层厚度、标线厚度等重点指标与关键环节组织技术力量进行专题研究，针对每个关键指标以作业指导书的形式落实到一线作业队，实现了路面工程实体质量控制强制性目标。2014 年，3 个 BT 项目的路面工程交工合格率达到 99.6%，创历史新高。

（五）发挥技术服务作用，确保施工质量

在兴建项目建设过程中，项目指挥部注重发挥路面技术咨询、交安第三方检测、隧道第三方检测、桥梁第三方监控、管控一体化等现场服务机构的作用，要求服务小组做好现场服务工作，严格履行服务协议要求，及时出具各项监控、检测报告。根据工程进展情况组织现场服务机构对路面原材料、改性沥青加工、沥青混凝土拌和、路面施工工艺、路面施工质量，交安工程成品、半成品材料、交安工程施工质量进行专项检查，组织隧道第三方监控和丁家沟转体桥施工监控对隧道施工和转体桥施工进行专项检查，及时发现施工中存在的问题并加以解决。采用EVD检测设备对路基填挖结合部、高填方、鸡爪沟和台背回填压实质量进行了普查，建立了检测档案，对日常巡查反馈信息中缺陷较多的地段指定具体桩号，要求进行见证强夯处理，有效提高了路基工程整体质量。项目公司要求支座生产厂家进场两台桥梁检测车和两个专业队伍，对项目所有的板式支座、盆式支座进行了逐个排查，对一些由于施工原因造成破损的支座进行了更换，提升了桥梁工程整体质量。项目指挥部在做好各方协调工作的同时，对一些好的经验、做法进行推广，使项目质量均衡发展。

（六）借助检查东风，推进质量工作

项目公司严格执行了辽宁省有关高速公路建设的质量标准和规定，认真对待省交通厅、省质安局以及省高建局的每次定期或不定期的检查。项目指挥部适时抓住机会，借助各方检查的东风对存在的问题严肃处理，从不姑息、迁就，以提高施工单位质量意识。例如，质安局抽检时发现部分隧道电缆沟盖板钢筋不足，项目指挥部将6000余块全部废除，对监理人员进行了处罚。项目指挥部针对每次检查出的问题组织监理、项目公司、项目经理部进行梳理，查找原因，制定解决办法、防治措施，使工程质量得到稳步提高。

八、高度重视，确保工程安全

安全责任重于泰山，它不但涉及所有参与施工者的人身安全，也涉及周边百姓的生命财产安全。保证安全才能保证工程建设顺利进行。项目指挥部将安全监管放在与质量监管同等地位来抓。

（一）制定安全管理办法

项目指挥部组织项目公司编制了项目安全工作管理办法和项目安全管理工作细则，由项目公司行文下发执行，督促监理单位编制了项目安全监理指南。

（二）建立安全管理网络

项目指挥部1名安排副指挥并设工程部管理质量、安全工作；项目公司安排1名副经理并设质安部负责质量、安全管理工作；监理单位指定1名副总监负责安全监理工作,各驻地办安全监理责任到人;项目经理部安排1名副经理并设质安部负责质量、安全管理工作。另配备一定数量的专、兼职安全员负责安全检查等工作。

(三)开展平安工地活动

为贯彻落实2012年辽宁省交通厅关于《辽宁省公路水运工程“平安工地”建设规范提升年实施方案》,全面落实安全生产责任,实施规范化、标准化的项目安全生产管理,兴建项目开展了平安工地建设规范提升年活动,下发了活动方案和平安工地建设考核验收标准。结合平安工地活动,开展安全生产知识、警示教育,技术交底、安全交底和安全演练,通过教育、交底、演练提高全员安全生产意识和防范技能。

(四)推行安全风险评估

兴建项目大力推行、开展了桥梁、隧道的安全风险评估工作。以评估结论要求强化日常安全管理工作,落实了重大风险源的管控措施。

(五)完善安全管理措施

项目指挥部在日常巡回检查的基础上,加强了安全设施完善情况的检查,要求施工单位按照安全管理实施细则完善安全防护设施(如桥涵围挡、基坑防坠落围挡、便道安全提示、预制场围挡、防火防电、车辆禁行、通行指示等)。每个隧道施工进口全部设立了电子门禁系统,施工面完善了通风、地质超前预报、照明、逃生系统和事故发生后维持人员安全的简易医疗设备、水和食物输送通道系统。项目公司还高薪聘请了专业保安公司对全线进行交通管制等。

(六)及时处理安全问题

项目指挥部发现安全问题,除现场责令施工单位在规定时限内整改,并责成监理人员监督外,还将问题汇总后函送项目公司,责成项目公司发文强化安全管理。对存在安全隐患的坚决停工进行整顿。例如,隧道工程曾出现二衬距掘进面距离超出安全规定问题,项目指挥部果断要求项目公司对存在此类问题的隧道停止掘进并加快二衬施工。

完善的安全管理办法和完善的安全管理措施及严格的安全监管,细致的安全检查和隐患排查,坚决的处理手段,平安工地活动的开展,保证了项目生产安全,提高了项目安全生产管理的规范化、标准化,使兴建项目实现了安全生产“零事故,零伤亡”。

九、减少破坏,保留绿水青山

兴建项目所在的辽西地区生态比较脆弱,一旦破坏,很难恢复。项目开工伊始,项目指挥部就不断地贯彻对“环境最小的破坏就是最大的保护”和“最小程度的破坏、最大程度的恢复”的环保理念,要求施工单位在施工中采取措施,对周边环境进行保护,控制扬尘污染和噪声污染,要求监理结算时对必需的取弃土场和临时占地要留足恢复资金,订立恢复标准;督促施工单位对开山放炮震坏的百姓房屋等给百姓造成的损失给予合理的赔偿;同时要求路基边沟、跨越河道下排水必须通畅,防止水淹农田,保证汛期泄洪。目前兴建项目已建成通车,施工单位弃土场、预制场、便道等临时占地恢复工作完成得较以往项目及时,质量较高,令当地政府和人民满意。

为确保兴建项目青山工程及绿化工程总体效果,设计单位坚持“适地适树、经济合理”的基本原则,并综合考虑沿线地域差异、季节差异、坡面工况等实际特点。绿化方案先后经省交通厅、省高建局、设计单位等各方多次比对论证,最终确定对土质坡面主要采取“植草灌”方式进行恢复及其余部位的绿化工程方案。植草灌的绿化模式已在辽宁高速公路绿化工程大规模推广应用多年,经济性十分突出,植被恢复效果也较为良好。除此之外,在兴建项目中分带、填方边坡、立交区、服务区等视觉敏感区域的绿化方案确定过程中,设计单位充分利用不同部位空间营造的视觉差异,通过栽植油松、云杉、五角枫、苹果树、梨树、樱桃、丁香、榆叶梅、连翘等多样化的苗木树种,营造了开敞、半开敞和封闭相互结合的多层次的绿化格局。建成通车后沿线的绿化工程有效提升了高速公路与周边自然环境的融合度。

十、和谐共处,形成项目文化

BT 模式建设高速公路,对管理策略和运行机制提出了更高的要求。一方面是以省交通厅、省高建局、项目指挥部,工程监理为代表的辽宁管理模式,另一方面是项目公司、总承包部为代表的中交一公局的经营理念,两种不同的文化如何实现有机结合直接影响项目的正常实施。对此项目指挥部采取了吸收精华、取长补短、合理整合、完善管理的管理策略,编制了项目的各项管理办法、制度,构建了管理基本框架,确定了各项报批程序,使不同的管理模式、理念得到了合理的整合。如在临时设施标准化建设方面,项目公司及施工单位采用了中交一公局临时设施建设的有关规定,同时又满足了辽宁省交通厅关于标准化建设的相关要求。项目指挥部要求项目公司、监理等单位加强宣传教育,激发正能量,树立正确的建设理念。项目公司成立了专人负责的宣传机构,建立了兴建项目网站,将项目建设的管理办法、规章制度、工程进展、质量动态、安全整治、征地动迁、先进事迹等情况通过网络、广播电视、报纸、杂志、简报形式进行正面报道、宣传。网站上刊载文章 1283 篇,各类报纸、杂志、网站发表文字稿件 2000 余篇,刊发各类工程照片上千幅,制作各类宣传展示板、宣传条幅、标语、宣传册数百幅(册)。参建各单位相关人员多次接受辽宁广播电视台和葫芦岛电视台新闻栏目的采访。各参建单位还积极开展了各种竞赛活动,丰富了职工生活,促进了工程的推进。

尽管多种理念文化交织在一起,存在种种矛盾,但项目指挥部在管理中通过诚意的沟通,在不改变机构、人员设置和监管职能的前提下,直接介入了项目的建设管理,使项目指挥部、工程监理、项目公司、征地动迁办 4 方管理单位形成了合力,拧成了一股绳。各方围绕项目建设的主体目标,按照各自的分工,各自努力工作,和谐相处,形成了独具特色的 BT 项目文化。

虽然兴建项目是辽宁省的首个 BT 项目,规模较大,项目齐全(包含隧道、跨铁路、跨高速公路等)且无相关经验可以借鉴,但省高建局代表省交通厅对项目进行全面监管,发挥了项目公司和总承包部施工管理的优势,强化了监理单位的作用,调动了地方政府的积极性,确保了工程质量全面提升、工程项目提前交工,实现了辽宁省陆地县全部通高速。灯塔至辽中、盘锦港疏港 2 个 BT 模式建设的高速公路一并提前通车,证明辽宁省 BT 模式建设高速公路是成功的,同时也为高速公路建设管理体制改革和 2015 年辽宁省交通厅开展交通运输“质量安全年”活动提供了宝贵经验。

(执笔人:辽宁省高速公路建设前期工作办公室　张朝旭)

全面深化港口体制改革思路研究

一、辽宁港口体制改革情况

辽宁是中国东北地区唯一的沿海省份,共拥有海岸线 2732 公里。其中,大陆岸线东起东鸭绿江口,西至辽冀分界线,全长 2110 公里,占全国大陆海岸线的 12%;岛屿岸线长 622 公里,占全国岛屿岸线总长的 4.4%。辽宁省现有大连港、营口港、丹东港、锦州港、盘锦港、葫芦岛港六大港口,东接朝鲜,北近俄罗斯,南望日本、韩国,处于东北亚地区的中心位置,具有得天独厚的资源优势,是东北三省和内蒙古东部地区内外贸易最便捷的海上通道。

2001 年,国务院办公厅转发交通部等部门《关于深化中央直属和双重领导港口管理体制改革意见的通知》(国办发〔2001〕91 号),自 1985 年首次港口体制改革后,再次启动了新一轮的港口体制改革。按照这次改革的总体思路,辽宁省将原中央直属港口、中央和地方双重领导港口直接下放由港口所在地人民政府进行管理,并针对原"港务局"体制实行政企分开,建立和完善港口行政管理体系,促进建立现代企业制度,对推动辽宁沿海港口建设和发展起到了至关重要的作用。截至 2004 年,辽宁主要港口基本完成体制改革。2007 年,引航管理体制完成改革。自改革实施以来,随着国家振兴东北老工业基地战略的实施,辽宁港口行业也进入了高速发展的快车道。在省、市各级政府的领导和支持下,全省相关主管部门和港航企业共同努力,抓住了辽宁沿海经济带开发开放和建设大连东北亚国际航运中心的历史机遇,掀起了新一轮港口建设和发展的新高潮。

预计到"十二五"期末,全省将拥有生产性泊位 407 个,其中万吨级以上泊位 220 个,港口通过能力 5.9 亿吨。预计 2015 年全省港口货物吞吐量将达到 10.5 亿吨,集装箱吞吐量达到 1900 万标准箱。与体制改革前(2000 年)相比,泊位增加了 149 个,万吨级以上泊位增加了 138 个,通过能力增加了 4.65 亿吨;货物吞吐量是改革前的 7.7 倍,集装箱吞吐量是改革前的 15.6 倍。

二、港口管理体制现状

2001 年体制改革后,辽宁省港口行政管理实行省、市、县三级管理体制。省级港口行政管理部门在省本级的权限范围内承担以下有关职责:全省沿海港口的规划管理，包括全省沿海港口布局规划、各港区总体规划、新开发港口总体规划、中长期发展规划；建设管理，包括岸线评估及备案、初步设计、招投标、竣工验收；经营管理，包括理货行业市场准入、经营行为和经营秩序的监管；统计工作，包括港口生产、固定资产投资、环境保护等；港口安全，包括港口行业安全生产、港口危险货物安全监管等。省级港口行政管理部门为辽宁省交通厅，其所属的港航管理局具体承担上述工作。

改革以来，市级港口行政管理部门中的大连、锦州、盘锦、葫芦岛市先后成立了专门的港口与口岸局，分别行使辖区内港口行政管理职能。其中，大连市作为计划单列市，部分区、县设县级港口行政管理部门；丹东、营口港口行政管理职能由交通局行使；葫芦岛市下辖的绥中县在2011年经强县扩权成为省管县，于当年成立绥中县港航管理局，行使县辖区内港口行政管理职能。由于历史原因，丹东、营口市设航道管理处，隶属当地交通局，受省交通厅的委托，分别负责鸭绿江航道和辽河航道具体的建设、养护和管理工作。通过不断完善港口行政管理部门的内部结构和管理体制，目前辽宁省港口行政管理体系较为顺畅，能够较好地履行管理和服务职能，为维护港口建设发展和市场经营秩序提供有力保障。

在港口企业中，全省现有大连港集团、营口港务集团两大国有港口集团，下辖锦州港股份有限公司、盘锦港集团、绥中港集团；有丹东港集团、葫芦岛港集团两家民营港口企业，以及辽渔集团、北良公司等一批专业化中小型港口企业。2006年4月，大连港集团在香港成功上市；2010年12月，大连港集团在上交所上市。目前，大连港集团已成为东北最大的集装箱、汽车、油品及液体化工品码头运营企业，并在大连东北亚国际航运中心建设中起到举足轻重的作用。2002年1月，营口港股份有限公司A股在上交所挂牌上市，成为营口地区首家上市公司。2003年5月，营口港务集团有限公司正式挂牌，其国有资产授权营口港务集团有限公司经营，并以营口港务集团有限公司为母公司，组建营口港务集团。2005年2月3日，丹东市人民政府、美国纽约港务发展公司、美国罗森全球投资公司、中国日林建设集团有限公司四方就丹东港整体改制及合资重组事宜达成协议，四方共同出资组建“丹东港集团有限公司”。1998年5月和1999年6月，锦州港股份有限公司先后在上交所发行了B股、A股，成为我国港口业第一家上市公司和同时发行A、B股的上市公司。2009年3月锦州港完成向大连港集团增发股本，大连港集团成为该公司第二大股东，并于2013年成为第一大股东。

三、港口体制改革成果

1.建立现代企业制度

根据中央关于建立社会主义市场经济体制的若干决议精神，在各级政府的推动和企业的自觉执行下,辽宁省港口在建立现代企业制度方面取得了初步成果,主要表现在三个方面:一是引入了多元化的投资主体。港口企业不再是国有资本一股独大,逐渐与外商投资、民营资本在内的多种经济成分有机结合,改造成为以国有资本为主体的混合所有制企业,增添了企业内在活力。二是加快建立公司法人治理结构。法人治理结构是国有企业进行规范的公司制改革的重要内容,主要包括建立健全董事会制度,通过市场选聘职业经理人制度,完善对经营者的激励和约束机制等。三是各级政府和港口企业始终积极探索建立有效的国有资本管理、运营和监督体系,保证国有资产的保值和增值。

2.建立港口规划体系

体制改革以来,辽宁沿海港口在规划布局优化、功能结构调整等方面取得了重大进展。在港口规划方面,省交通厅全面贯彻落实省委、省政府关于实现港口新一轮高水平、大规模发展的战略构想,结合区域经济发展,对全省沿海港口科学规划,加快全省港口特别是新开发港区的建设,完善和加密港口分层次布局。2014 年 2 月,科学指导未来 20 年港口发展的《辽宁省沿海港口布局规划(2010—2030 年)》由省政府正式颁布实施。

按照新修订的《辽宁省沿海港口布局规划》,辽宁沿海港口形成了以大连港和营口港为主要港口,锦州港、丹东港、葫芦岛港和盘锦港为地区性重要港口的分层次布局。大连港以集装箱干线运输为重点,通过老港区改造和大窑湾、长兴岛港区开发建设,全面建设石油、矿石、散粮、商品汽车等码头,成为大连东北亚国际航运中心的核心载体;营口港以发展内贸集装箱、钢材、铁矿石运输为重点,大力建设鲅鱼圈港区和仙人岛港区,提升对辽宁中部城市群的服务能力;丹东港、锦州港加快散杂货、内贸集装箱运输和石油、煤炭、粮食码头建设,区域发展优势显著;盘锦港依托辽河油田,进行海港区的规划和建设;葫芦岛港新建港区初具规模。

3.推动港口资源整合

按照《辽宁沿海经济带发展规划》中“整合港口资源,优化港口功能分工,打造现代化港口集群”的总体要求,辽宁沿海港口以实现又好又快发展为目标,通过港口企业之间互相联合和引进战略投资者,科学利用资源,扩大港口规模,提高全省港口的整体竞争力和企业经营管理水平,形成比较合理的沿海港口功能布局。在省政府的领导下,省交通厅积极推动相关整合工作并取得显著成效。2006 年,锦州港股份有限公司与大连港集团签订了《战略合作框架协议》,大连港集团通过认购锦州港增发股份成为其第二大股东(2013 年成为第一大股东),并与锦州市政府等多方合资开发建设龙栖湾港区。营口港务集团与盘锦市政府深入合作共同开发建设的荣兴港区已于 2010 年 9 月开始运营。2012

年3月,大连港集团与营口港务集团正式签署了《战略合作框架协议》,为今后辽宁沿海港口深入开展资源整合工作奠定了坚实的基础。2014年9月,由营口港务集团主导开发的葫芦岛港绥中港区正式投产试运行。通过上述整合工作,全省港口已从计划经济时代的被动发展转为主动发展,港口规模与能力从以往的不够适应经济发展的需求转为目前的基本适应,港口服务功能、科学技术水平等指标均已达到国内先进水平,基础条件有了显著提升。

4.提高港口运行效率和服务水平

体制改革以来,辽宁沿海港口以港口企业为主体,积极改进装卸工艺、提高作业效率、降低运营成本,努力缩短船舶在港作业时间、降低货物作业损失率、减少能耗和排放量,挖掘企业向效率要效益的潜力。在经营方面,各港口企业在服从总体规划的基础上,系统地开发、利用港区及周边区域的土地,开展多样的涉港经营业务,为货运提供具有一定增加值的服务,也培育了新的利润增长点。通过建立信息平台进行数据传输和交换实现快速、准确、高效的运营,同时为货物提供保税、包装、加工等更为丰富的增值服务,扩展赢利范围、提高赢利能力。在服务方面,港口企业不断改善服务水平,提高服务质量,尽力维护货主、船东的利益,在经济形势不断变化的大环境下,坚持码头公用性质的前提下,加强港口建设与临港产业发展的全方位合作,为港口带来货源,并努力确保货源稳定、价格稳定、营业收入稳定,进一步提高对腹地经济的支撑保障能力。

四、当前港口体制存在的问题

当前,全国港口管理体制基本是“一城一港一政”的模式,这种模式明晰了港口经营管理的层次和结构,有利于集中港口所在城市的力量,在一定时期内加快了港口建设和发展。应该说,这种模式在实施之初是非常成功的,并为近十多年来我国港口行业快速发展做出了巨大的贡献。但也必须看到,随着港口行业逐渐发展壮大,现行的管理体制已经逐渐难以适应行业和国民经济发展的需要。各地港口在蓬勃发展的同时,也暴露出了一些问题,突出体现在港口行业竞争激烈,高速增长掩盖了港口能力出现过剩的趋势,港口行业尚未充分发挥经济发展引擎作用等。

为此,港口行政管理部门曾多方面进行控制和管理,但效果并不明显。难以见效的原因在于:《中华人民共和国港口法》并未赋予省级港口管理部门相应的行政管理职能,也就不可避免地弱化了港口城市之间开展区域协调、合理分工、有机整合的能力;市级港口行政管理部门力量薄弱,企业主导的港口发展存在一定的短期性和盲目性。港口行业固然需要市场化建设,但其天然垄断的性质和交通基础设施的地位决定了它不应该实行完全放任的自由竞争和市场化,必须按照地区、区域、全局的层次进行综合管理。

五、深化港口体制改革的思路与措施

根据习近平总书记提出的"四个全面"指导思想,为深入贯彻落实全省经济工作会议精神,港口行业必须充分借助当前经济结构调整转型的有利时机,进一步深化港口体制改革,为大连东北亚国际航运中心建设、辽宁沿海经济带战略实施,以及老工业基地新一轮振兴提供重要的服务和保障。

(一)深化港口体制改革的思路

现行的"政企分开"模式,主要是部分借鉴了欧美日等发达国家的经验,但并不彻底。实践证明,经过长达上百年的积累和演进,欧美日等发达国家已经形成了一套完整、系统、先进的港口体制,即"港口当局制"。

"港口当局制"的核心是由政府下设的港口行政管理部门(即"港口当局")全面掌控港口、港区范围内的全部公共和经营性资源(非行政区划,类似开发区、经济区),主要承担政府职责,即负责规划、开发、建设港口基础设施。港口行政管理部门在符合相关法律法规及标准的前提下,享有高度的招商、开发、审批等自主权(不受平级相关部门干预)。港口码头、仓储等基础设施的主要经营人是港口企业,港口企业不拥有港口资产,只是向港口行政管理部门申请租赁使用码头等设施设备,定期或一次性支付使用成本,自负盈亏。

这种体制的优点是既明确了港口作为国家重要战略资源的公共属性,又充分体现了社会化运作的商业模式。由于港口的所有权和管辖权由政府控制(美日通常是州政府),也便于省、市政府在较高层面实施统筹规划、统一管理、协同分工、协调运作。

在实施"港口当局制"的同时,港口企业作为经营人,也相应地实施机制创新,重点是产权结构的转变。前期是将所有固定资产和土地、岸线等资源收归政府所有。一种方案是港口企业在产权结构上全部统一到省级层面;另一种方案是将港口企业全部推向社会,实行充分的市场化运作。这两种方案下,港口企业都是一个纯粹的经营人角色,效率和效益将逐渐成为主要追求目标,而以往的重复建设、恶意竞争将逐渐被市场所淘汰。

(二)深化港口体制改革的主要措施

1.建立统一、高效的港口行政管理服务体系

在现行体制下,在港区范围内号称"多头为政、九龙治水",港口资源难以实现有序开发和管理。同时,临港开发区、产业区普遍急功近利,引入的项目往往与港口关联度较低,割裂了港口通过产业与腹地经济的密切联系。而改革后的"港口当局"是深化港口体制改革的核心部门,应当充分整合港口所在地的港口

行政管理部门、临港产业部门、社会管理机构,形成一套完整的行政体制,实行整体运作。同时,在省级建立相应的管理和协调机构,逐步推动建立上下顺畅、政令统一的规范化港口行政管理体系。

2.以市场为导向,进一步释放港口企业活力

在现行体制下,港口企业不仅负责经营性基础设施的建设和营运任务,还承担着大量的公共基础设施建设和运营;不仅要完成地方政府下达的生产任务,还要履行繁重的社会责任。深化改革的意义,就在于突出企业在市场中的真正主体地位,完全独立自主地开展经营,全力以赴投入到为社会提供运输服务之中。在不受外力的作用下,企业才能够想方设法地满足客户和腹地经济需求,主动实施结构调整和转型升级,自由地开展公平竞争与合资合作。也只有港口企业完全具备自主能力,港口资源整合才有望在真正意义上取得突破。

3.出台港口公用基础设施维护和管理的办法

深化改革后,港口公用基础设施建设、维护和管理将全部由政府负责。省市政府应当用好用足港口经营人租赁港口资源的收益,整合港口建设费地方留成部分,尽快出台相关政策和办法,使公用设施处于良好运行状态,依法为港口建设发展提供必要的保障。这也是逐步实现港口法治化的重要步骤。

(执笔人:辽宁省交通厅港航管理局　裴　松　田　浩)

辽宁省交通运输安全生产工作对策研究

安全生产是交通运输行业持续快速发展的底线和红线。党的十八大以来，党中央、国务院和省委、省政府高度重视安全生产工作。习近平总书记就做好安全生产工作作出重要指示："发展决不能以牺牲生命为代价，必须作为一条不可逾越的红线"，并强调"要始终把人民生命安全放在首位，以对党和人民高度负责的精神，完善制度、强化责任、加强管理、严格监管，把安全生产责任制落到实处，切实防范重特大安全生产事故的发生。"李希省长对全省安全生产有关工作做出批示："安全生产只有起点，没有终点。要牢固树立以人为本、生命至上的理念，进一步强化红线意识和底线思维，全力抓好安全生产工作，坚决杜绝重特大安全事故的发生，确保全省安全生产形势稳定。"

按照党中央、国务院和省委、省政府关于安全生产的部署和省交通厅的有关工作要求，省交通厅安全生产监督处于近期对全省交通运输行业安全生产工作进行了深入调研，并通过总结和梳理，明确了今后安全生产管理的工作思路和目标任务，制定了保障措施。

一、全省交通运输安全生产运行情况

近年来，在省委、省政府的正确领导和交通运输部的大力支持下，全省交通运输行业按照稳增长、调结构、促改革、惠民生的总体要求，坚持以科学发展、安全发展为核心，以加快转变发展方式、发展现代交通运输业为主线，全力推进综合交通、智慧交通、民生交通、绿色交通、平安交通（即"五个交通"）建设，全省交通运输保障体系不断完善，行业管理和服务水平显著提升，始终保持持续健康稳定的发展态势，为全省经济社会发展和群众出行提供了良好的交通运输保障。

经过多年来的强化管理，全系统各单位、各部门均设置了安全生产管理机构，配备了安全管理专职人员和必要设备，建立了一把手负总责、分管领导具体负责、责任部门全面负责的安全生产责任体系和职责清晰、统一协调的安全生产管理运行机制，开展了"平安交通"、安全风险管理、企业安全生产标准化、安全生产突出隐患专项治理等一大批重点工作，交通运输安全生产形势持续稳定。

2014 年，全省道路运输行业共发生死亡 1 人以上行车事故 14 起，死亡 27 人、受伤 17 人，与 2013 年相比事故起数、死亡人数和受伤人数分别下降 26.3%、27%和 62.2%，未发生重大以上道路运输行车事故；发生水上交通事故 2 起，1 人死亡、1 人失踪；未发生公路水运工程建设项目安全生产事故。全系统共排查出重大安全生产隐患 9 项，整改销号 7 项，累计落实整改资金 4399.5 万元。安全生产各项指标均控制在省政府下达省交通厅的考核评价目标之内，总体来看呈现出安全生产形势持续稳定向好的发展态势。

（一）强化责任落实，健全完善安全生产责任体系

（1）明晰安全管理层级责任。督促指导各级交通部门按照法定权利、义务以及职责，明确安全监督管理工作职责，合理设置安全生产管理机构，配备安全管理专职人员，建立"一把手"负总责、分管领导具体负责、具体部门全面负责的安全生产责任体系。目前，全省所有的市、县级交通主管部门均建立了安全管理工作机构，配备了专职人员，保证了安全生产监督管理工作的有效开展。按照"党政同责"的要求，省交通厅调整充实了安委会领导机构和组织体系，由省交通厅党组书记、厅长刘焕鑫同志担任厅安委会主任。厅直各单位严格按照《辽宁省交通厅直属单位及厅机关处室安全生产工作职责规定》，狠抓了安全生产第一责任人、综合管理和专业管理部门、关键岗位的责任落实，进一步提高了交通运输安全发展的预防、管理和控制能力。

（2）完善安全生产监管制度。着眼根本性、基础性、长远性的安全生产长效机制建设，充实了综合安全生产监管制度，制定下发了安全生产约谈办法、重点监管名单管理办法等制度，保证了安全生产依法治理。制定下发了建设项目安全设施监督管理办法、公路桥隧施工安全风险评估实施细则等专项监管制度，扩宽了安全监管的覆盖面。制定下发公路安全生产事故隐患排查治理手册等标准规范，有效支持了安全生产各项监管工作的顺利开展。

（3）严格安全生产问责追责。制定下发了《辽宁省交通厅安全生产事故责任追究办法》，强化了安全生产"一岗双责"，规范了安全生产履职和追责问责机制。对在规定期限内安全生产标准化考评应达标而未达标的企业，采取停业整顿、限期整改、关闭取缔等措施，加强了对企业及其相关责任人的追究，确保企业真正履行安全生产主体责任。

（二）创新工作方法，深化安全生产隐患排查整治

（1）创新方法抓整治。省交通厅运输局探索建立了"领导包片、处长包市、全员参与"的安全生产隐患排查督查机制。省交通厅公路局下达公路事故隐患治理督办任务 495 项，对 33 项干线公路事故黑点落实资金 450 万元，对 337 处钢护栏高度不足路段逐段制定整改方案进行整改，对排查出的 125 处公铁平交道口安全隐患逐一落实整改措施,确保了普通公路安全畅通。省交通厅建立了5个专业类别共300余人的全省交通系统安全生产督查专家数据库,按督查检查工作需要,抽取专家全程参与,提高了督查工作的专业化水平。

(2)突出重点抓整治。每年都抽调督查专家,针对全省交通运输安全生产的重点领域和重点场所,组织开展了市际间交叉互查活动,并依据督查结果对各单位进行评分排名,在全省范围内进行通报。2014年,按照工作计划和上级部署,省交通厅先后组织开展了道路运输、水上交通、地下管网、公路隧道和危险化学品道路运输等安全生产专项整治活动11项,组织安全生产检查、督查组2631个,参加人员6909人次,共检查交通运输企业2922家,排查出一般安全生产隐患2378项,完成整改2375项,整改率为99.8%。针对排查出来的事故隐患,各级交通部门严格执行重大隐患上报备案、挂牌督办制度,确保隐患整改责任、措施、资金、时限和预案"五到位",并通过开展整治活动"回头看"等形式,巩固整治成果,确保整治措施落到底、整治成效不反弹。

(3)加强配合抓整治。省交通厅公路局与路政局联合开展了桥梁清障行动,对全省国省干线及县级以上公路桥涵进行清障,下达违法行为通知书79个,清理188处共2779平方米,切实消除了桥梁事故隐患。抽调专业人员,积极配合省安委会、省反恐办、省消防总队等部门进行综合性安全生产督查、反恐安保检查、消防安全检查共9次,确保了各项安全生产综合整治措施的落实,及时消除了行业内的涉恐安全隐患和消防安全隐患。

(三)坚持问题导向,切实解决安全生产突出问题

根据省政府开展安全生产"六打六治"专项行动和交通运输部开展安全生产集中整治活动的要求,针对辽宁省交通运输安全生产方面存在的突出问题和薄弱环节,梳理出安全生产存在的10个方面的主要问题,有针对性地提出了42条整治措施,组织开展了全省交通系统安全生产突出问题集中整治活动。严格落实了停产整顿、关闭取缔、上限处罚、追究法律责任"四个一律"的措施,切实解决了一批长期得不到解决的安全生产顽疾固症。

(1)确保全力推进。在集中整治活动开始前,举办了全省交通运输系统安全管理干部培训班,邀请交通运输部专家授课,对全省交通系统200余名安全管理干部进行了集中培训,并对集中整治活动作了动员部署,提高了安全管理干部的能力和水平,确保了各项工作要求真正落实到位。

(2)确保解决问题。狠抓了道路危险品运输、港口危化品罐区安全管理和公路隧道事故等隐患的排查整治,确保对症下药、药到病除。会同公安交警部门对落实长途客运班车4小时休息制度和凌晨2点至5点停运或接驳运输制度情况进行了检查,对发现违规行为的企业进行了约谈。制定了港口危化品建设项目安全审查流程，督促企业高标准配备安全设施，确保建设项目本质安全。组织专业机构对所有普通公路隧道实施检测，投资 2500 余万元对铁背山隧道等 33 座公路隧道进行了结构维修或增设了照明、消防设施，完善了交通安全标志，保障了公路隧道运行安全。

(3)确保取得实效。集中整治期间，全省各级交通部门查处危化品非法运输、无证经营等问题 1471 起，客车客船非法营运、长途客车夜间违规行驶等问题 2013 起。对重大非法违法行为备案 231 件，暂扣或吊销相关许可 208 件，责令停产整顿 23 件，对重点单位组织实施暗访 359 次。通过这类查处行为进一步规范了交通运输安全生产经营秩序，对安全生产存在的突出问题切实保持了严打高压态势。

(四)加大扶持力度，全面提升企业安全生产水平

严格督促企业落实安全生产主体责任，督促企业依法依规从事安全生产活动，并将其安全生产工作情况作为市场准入、信用评价、资质核定的重要因素。

继续推进全省交通运输企业安全生产标准化建设，对考评通过的交通运输企业进行了全面复核，对 918 家达标企业颁发了交通运输企业安全生产标准化达标等级证书。积极推进交通运输建筑施工企业安全生产标准化考评工作，完成了 11 家考评机构的认定，对全省交通运输建筑施工企业负责人和考评机构聘用的考评员进行了培训。

制定下发了推进交通运输企业安全生产标准化建设的指导意见，将高速公路通行费优惠政策、企业经营信誉考核、扩大经营规模和分支机构、年度资格审验(核查)、参与招投标等 5 个方面与交通运输企业的安全生产标准化达标等级及参与考评情况进行挂钩，加大了对达标的交通运输企业的政策扶持力度，促进了企业的自我提高和发展。

(五)加强风险管控，不断深化“平安交通”创建活动

全省各级交通部门以开展“平安交通”创建活动为契机，积极探索以加强安全生产形势研判、安全风险管理和“平安交通”创建为主要内容的安全监管新模式。

(1)加强安全生产形势的判断分析。指导各级交通部门深入研究判断季节性安全生产特点，加强对影响安全生产因素分析，总结规律，采取有效措施进行影响和干预。省交通厅每半年对全系统安全生产事故情况进行一次总结分析，针对典型事故、重大险情，剖析原因，制定措施，防患于未然。

(2)积极推进安全生产风险管理。制定下发了推进安全生产风险管理工作的实施意见，加大了安全风险知识的宣传普及力度，在大连市港口与口岸局等单位开展了试点示范工作。通过调研和评估，梳理出了安全生产主要风险点，初步制定了控制主要风险点的工作措施,探索安全风险管理的有效途径。普通公路管理部门以加强公路病害处置为突破口,全年共处治县级以上公路翻浆83万平方米、路面坑槽类病害39万平方米,切实保障了公路安全风险点的可防、可管、可控。省质安局对沈铁高速公路改建工程进行了风险评估,对专项风险评估Ⅲ级及以上的桥梁工程进行重点监控,促进了安全风险管理工作的深入开展。

(3)稳步推进"平安交通"建设深入开展。继续按照"平安交通"创建活动实施方案的要求,有计划、分步骤、有重点地推进创建活动的深入开展。以开展"安全生产月"活动为契机,切实加大了"平安交通"的宣传力度,共组织大型宣传活动35次,参与人员1890人次,张贴宣传画、悬挂宣传条幅2369张(条),发放各类宣传单11万余张,利用营运车辆LED屏滚动播发安全生产标语26万余条,切实营造了全社会关心支持、积极参与"平安交通"创建的浓厚氛围。

(六)提高安全素养,构建安全生产培训教育新模式

(1)加强安全生产法制培训。以新修改的《中华人民共和国安全生产法》正式实施为契机,与交通运输部管理干部学院联合举办了辽宁省交通系统新《中华人民共和国安全生产法》宣贯培训班,提高了安全管理干部的法律意识,营造了依法加强安全生产监督管理的浓厚氛围,推动了新《中华人民共和国安全生产法》的贯彻落实。

(2)加强安全生产技能培训。完善了道路客运、工程建设施工班前安全教育制度,并督促企业认真抓好落实。有针对性地加强了营运车船驾驶员、危货运输从业人员、特种设备操作人员等重点岗位人员的安全教育培训,确保从业人员掌握生产作业必备的安全技能。尤其是加强了道路客运驾驶员在特殊天气、通行条件复杂路段的安全行车技能的培训,有效预防了道路运输行车事故的发生。

(3)加强安全生产专项培训。在每次组织开展大规模的安全生产活动前,利用视频会议、下发活动组织手册等方式,对相关人员进行专项培训,确保各项工作措施能够真正落实到基层、落实到一线。

(七)加强协调配合,切实提高应急管理工作水平

(1)加强应急管理"一案三制"建设。各级交通部门不断完善应急预案,并按计划进行应急演练,进一步提高了突发事件的应对能力。修订完善了应急预案和联络手册,做到了相关人员人手一册,确保了突发事件及时、科学、有效应对。建立了全省路网监测和应急指挥信息系统,整合高速公路固定摄像头、公路移动指挥车和巡查车视频传输系统等信息资源,初步实现了全省路网的实时视频监测。省市地方海事部门投入650万元,完成了沈阳、抚顺等11个水上监督救助站的新建或改建工作,切实提高了水上应急救援能力。

(2)加强部门协作,提高应急保障水平。在与交通运输部救助打捞局签署合作协议的基础上,加强了联系和沟通,确保发生重大事故等突发应急事件时,能及时调配专业救助设备和人员,协助省交通厅处置突发应急事件。与公安交通管理部门建立了信息通报、联勤巡查等制度,对道路交通事故等突发事件开展联合处置,对高速公路拥堵状况及时进行分流和疏导,对事故多发路段及时进行隐患排查整治。与省气象局建立了信息合作机制,常年提供气象信息服务,为及时防范和应对险情创造了条件。

二、交通运输安全生产存在的突出隐患

在调研工作中,我们深入生产一线,通过召开座谈会、到部分市县交通部门和企业走访等多种形式,认真了解、梳理交通运输行业安全生产存在的突出矛盾和问题。

(一)高速公路建设和养护方面

在高速公路建设中,劳务队伍以及劳务作业人员更替频繁,施工人员安全意识参差不齐,人员安全管理压力不断增大。随着建设项目大规模向山岭重丘区转移,高架桥、长大隧道、高边坡等工程难点和高风险施工作业频率增加,事故发生风险不断增大。个别施工单位在安全培训、管理、人才储备等方面力量不足。在高速公路养护中,部分道路进入大中修期,病害较多,跨线桥受损严重,缺少有效监管。部分长大隧道的消防设施不完善,危及行车安全。收费、路政、执勤、保洁、绿化等一线人员常年面对高速度车流,具有一定危险性。道路封闭施工对车辆通行具有一定干扰,存在着安全隐患。货车违规装载行为整治管理压力大,货物遗撒路面影响行车安全。

(二)港口安全监管方面

一是港口建设项目的安全与质量监管责任部门和职责需要进一步明确,确保监管到位。二是港口危险货物安全管理面临的情况复杂,监管难度大。三是随着内河水运事业不断发展,地方海事部门在人员、救助设备等方面已无法满足实际工作需要。四是港口应急救援体系没有形成,大部分港口企业没有应急救援队伍,更没有能够应对港口事故、自然灾害等突发事件机动救援能力的救援力量。

(三)普通公路安全管理方面

一是公路管理部门虽然加快了以完善标志护栏为重点的安保工程,开展了安保工程专项整治活动,但安全生产投入依然不足,安全生产管理水平亟待提高。二是公路应急保障能力不足,应急抢险机械设备无论在数量上还是功能上

与实际需求仍有差距,应急处置技术手段相对落后,专业化应急抢险队伍建设有待进一步加强。三是普通公路渡口的安全管理职责需要进一步明确。四是各市公路管理处、各县区公路管理段所属的养护企业只有公路养护资质,没有建设部门颁发认定的安全生产许可证,给企业发展带来困难。

(四)道路运输业安全管理方面

一是道路运输企业安全生产的主体责任需要进一步落实。二是道路运输企业安全管理制度和标准不完善、不健全、不适应、不适合。三是道路运输企业安全设施和技术装备还不能完全满足保障安全的要求。四是对于营运车辆超员、超速等安全隐患的处罚缺少必要的法律支持,对于道路运输行业重大安全生产隐患的界定也没有明确的规定。

(五)公路路政管理方面

一是《公路安全保护条例》实施后,明确了公路安全保护相关部门职责,涉及公路、高速、运管、路政等多个部门,但在维护路桥安全生产工作中一些相关工作职责交叉、协调机制仍不顺畅,需进一步明确。二是涉路工程项目地方与路政执法工作时有矛盾交叉,路政执法难度大,治超工作在一些地区受到地方政府的严重干扰。

(六)安全生产经费监管方面

安全生产费用虽然有明确的列支规定,但未制定相应的管理制度和有效的监管措施,造成安全生产费用计取和使用不规范、不透明,被挪用现象时有发生。特别是普通公路建设和养护过程中,对安全生产费用的列支和使用没有明确规定,缺少必要的安全保障。

三、有关工作对策和措施

通过认真研究分析,我们认为全省交通运输行业安全生产突出隐患在当前和今后一段时间将依然存在。如要彻底解决这些问题,必须坚持走以安全风险管理为突破口和切入点的科学发展、安全发展之路,切实转变安全监管方式,运用科学的管理手段从源头上减少和杜绝安全隐患的产生。为此,提出以下工作对策和措施:

(一)工作思路

以对党的事业和人民生命安全高度负责的精神,树立以人为本、生命至上的理念,进一步强化红线意识和底线思维,坚持把安全风险管理作为彻底解决交通运输安全生产突出隐患的有效途径和根本方法,切实转变工作方式,全面抓好安全生产工作,确保交通运输行业安全稳定发展。要牢固树立“五个理念”:

(1)以科学发展观为统领,实现安全发展。安全发展是科学发展观的重要内容,保障安全是实现科学发展观所要求的以人为本、全面协调可持续发展的重要前提,要牢固树立实现科学发展必须先保障安全、要想保障安全必须彻底做好隐患排查整治的理念。

(2)综合治理,改善安全环境。安全生产突出隐患排查整治是一项系统工程,必须要从改善生产环境、建立健全安全生产管理组织机构、完善安全管理规章制度、切实有效加强监管等多方面入手,坚持综合治理,打造安全管理责任体系,切实改善安全生产环境。

(3)依靠基层,形成防控合力。安全生产突出隐患排查整治涉及的点多、线长、面广,必须加强交通行业各基层生产经营单位的安全生产基础工作,建立起企业自我约束、交通运输管理部门依法监管的长效工作机制,形成安全生产工作合力,切实防止和遏制安全生产隐患的产生和安全生产事故的发生。

(4)预防与应急并重,有效应对事故。加强预防和预警是隐患整治的重要抓手。交通运输行业各生产经营单位必须继续加强"一案三制"建设,建立应急预案和应急救援能力建设,做到安全生产隐患的预防与应急并重、常态与非常态结合,有效处置和应对事故与突发事件,保障人民群众生命财产安全。

(5)科技兴安,提高安全监管质量。继续加大新技术、新装备在安全生产领域的应用力度,运用科学技术手段排查和整治事故隐患。加大安全管理人员培训力度,提高从业人员素质,依靠科学管理提高安全生产监管的质量和水平。

(二)基本原则和目标任务

实施安全生产风险管理,要坚持"四个基本原则",明确"三个阶段工作目标"。

(1)"四个基本原则"。一是顶层设计、有效融合。全面谋划与日常安全管理工作相结合,改进方式方法,完善制度标准。二是创新机制、持续改进。创新驱动,建立完善持续改进机制,确保机制运行顺畅、有效。三是依靠科技、注重实效的原则。攻克安全生产风险防控关键技术,解决风险管理体系建设的关键问题。四是突出重点、先行先试的原则。根据行业特点,对高风险领域要优先建立风险管理体系,逐步实现行业全覆盖。

(2)"三个阶段工作目标"。一是前期工作目标。到 2015 年年底前,成立组织机构,细化工作方案,实施宣贯培训,基本建立安全生产风险管理规章制度、标准规范,开展试点工作。二是中期工作目标。到 2017 年年底前,规模以上客运和危险货物运输企业,工程施工总承包特级和一级企业,国家重点建设项目,在役特大桥及长隧道全面实施安全生产风险管理,全面完成安全生产隐患的排查整治。三是远期工作目标。到 2020 年,全省交通运输系统全面实施安全生产风险管理,安全生产突出隐患得到彻底的排查整治,交通运输科学发展、安全发展水平得到显著提升。

(三)工作措施

本着科学合理、适度超前的原则,全面推进安全生产风险管理,从源头上减少和杜绝安全隐患的产生。要重点抓好以下工作:

(1)强化组织领导和责任落实。一是健全组织机构。各级交通运输管理部门和行业企业要明确相应的领导机构,建立完善工作机制,细化任务目标,确保安全生产工作有序推进。二是严格落实责任。省交通厅安委会负责全行业安全生产风险管理工作的部署、指导和组织实施,厅安委办具体负责综合协调、跟踪督导和日常工作。要抓好领导责任、部门责任和岗位责任落实,建立健全风险管理责任链条。企业要落实安全生产风险管控和安全生产隐患排查整治的主体责任。各级交通运输管理部门要严格履行监管责任,加强监督检查,确保各项工作落到实处。三是强化监督考核。健全安全生产风险管理及安全生产隐患排查整治工作的监督考核机制,将安全生产风险管理纳入绩效考核、信用考核。对推进不力、失职渎职,安全生产风险管控不力或因安全生产隐患未能得到有效整治导致发生责任事故的,依法依规追究相关责任单位和责任人的责任。

(2)加强重点领域安全监管。针对不同领域的安全隐患,全面开展隐患辨识、评估和管控工作。一是加强公路水运工程建设隐患排查整治。重点对在建高速公路、深基坑、高边坡、长大桥隧等大型构造物工程,重点港口建设工程及三级以上航道、航电枢纽工程施工,复杂地质环境施工,易受台风、洪水、山体滑坡和泥石流等自然灾害影响的施工区域,围堰施工、桥梁挂篮施工、临崖临水高边坡作业,各类起重机械、支架脚手架、大型模板支撑体系等作业环节,进行安全生产隐患辨识、评估和控制。在可行性研究和设计、施工全过程实施风险管理。二是加强在役基础设施隐患排查整治。重点对在役长大桥隧和临崖临水、连续长大急弯陡坡路段以及易受自然灾害影响的路段、防波堤、航道设施等公共基础设施,国家高等级航道、涉航建筑物、客运危货和大型作业码头等进行安全生产隐患辨识、评估和控制。在维护和运营管理全过程实施风险管理。三是加强道路运输隐患排查整治。重点对长途客运、旅游包车、危险化学品运输、客货站场以及营运环境、运输线路、车辆安全性能、车辆动态监管等进行安全生产隐患辨识、评估,优化管理、有效控制。重点完善道路运输车辆安全技术规范,提升道路运输站场安全生产条件,健全不同经营形式道路运输企业安全管理制度,强化道路运输企业全程动态监管责任落实。加强城市客运隐患排查整治,重点对轨道交通、城市公共汽车、出租车运输组织、营运环境、运输线路、车辆安全性能、控制和监测信息系统等进行安全生产隐患辨识、评估,优化管理、有效控制。四是加强水路运输隐患排查整治。重点对“四类重点船舶”、客运和危险货物港口作业、渡口码头、港口危险化学品罐区储运等进行安全生产隐患辨识、评估,优化管理、有效控制。重点建立健全船舶检验、船舶配载、现场查验、通航监管、港口码头重点货物作业流程等方面的制度规范,优化渤海湾重点水域安全监管模式,完善各种气候条件和通航环境下的船舶运输和港口作业安全措施。五是加强应急演练和处置能力建设。针对可能导致发生事故的安全生产隐患,特别是重大隐患、突出隐患,制定相应的应急预案并加强应急演练。加强应急处置能力建设,按照要求配置应急设施设备和物资,构建平时服务、急时应急的应急保障体系,确保遇突发事件及时启动相应的应急响应,有序高效处置。六是加强安全生产培训教育。加强从业人员,特别是高危行业人员、新录用人员、转岗人员的培训教育。完善继续教育制度,严格实施岗前培训。加强安全监督队伍自身建设,充实基层监管力量,提高监管人员履职能力,改善安全监管装备和条件,提升安全监督队伍的整体素质。

(3)健全制度体系和运行机制。一是完善管理制度。研究制定交通运输安全生产风险管理规定,明确相应的职责、程序、内容和法律责任。建立安全生产风险源辨识、评估、控制、教育培训、检查考核以及重大风险源报备等制度。修订完善现行有关安全生产和管理的制度和标准。制定安全生产风险分类分级标准,分领域编制风险隐患辨识手册和评估指南,把安全风险评估纳入重大政策和重大项目决策程序。二是完善运行机制。明确各单位主要负责人、分管领导、安全管理部门和岗位人员的责任,建立安全生产风险管理工作的内部审查机制,健全监督与问责机制。着力构建自我检验、自我修复、自我优化的安全生产风险管理工作持续改进机制。着力建立跨行业跨部门跨地区安全生产隐患的沟通协调、联防联控机制。建立健全安全生产隐患社会监督、中介服务、专家咨询等全社会参与的合作机制。三是强化政策支持。研究制定相关政策,在组织、人力、资金、设施装备等方面予以优先保障。积极引导将安全生产风险管理体系建设相关的制度标准制定、科技攻关、宣传教育、设施装备和信息化建设等资金,纳入各级政府财政预算。交通运输企业应将开展安全生产风险管理工作和进行安全生产隐患排查整治的相关投入纳入安全生产专项费用。四是加强技术支撑。开展关键技术攻关,加大先进技术推广应用力度,加快建立交通运输安全生产风险管理技术支撑体系。依托部省两级行业信息化重大工程,加强安全生产风险管理信息系统和监测监控平台建设,分级分类建立安全生产隐患数据库。

(执笔人:省交通厅安全生产监督处　张新财　刘晓飞　周　鑫)

辽宁省城乡客运一体化运营模式与绩效评价体系研究

一、引言

随着我国城市化进程的发展,中心城区范围不断扩大,城乡居民日常活动更加频繁,发展城乡公交是联系城乡、服务居民出行的重要纽带,也是城乡经济社会一体化发展的重要基础,对于实现城乡道路客运资源共享、推进城乡道路客运基本公共服务均等化具有重要意义。但是,随着城乡客运一体化步伐的加快,城市公交与道路客运之间的矛盾日益凸现出来。第一,城市公共交通、城际客运、农村客运发展不平衡,网络不协调、衔接不顺畅、政策不配套等问题日益突出,制约了城乡道路客运公共服务能力和保障水平,影响了城乡道路客运的竞争力和可持续发展能力。第二,我国发达地区与不发达地区城乡客运一体化发展不均衡,无论从投融资体制,还是管理运营机制和票制票价等方面,各地所采取的模式不尽相同,目前并没有统一的标准用于评价各类典型模式的优劣。第三,我国对城乡客运一体化发展的对策研究主要集中在管理体制、运营模式、组织方法和效益分析等方面,缺乏对城乡客运一体化发展的总体发展思路和政策建议等方面的研究。因此,本文主要总结国内外城乡客运一体化的发展模式,分析辽宁城乡客运一体化的现状和存在的问题,系统论述了城乡客运一体化的总体发展思路、发展模式和评价指标,并针对城乡客运一体化的可持续发展提出了建议。

二、国内外城乡客运一体化发展模式

国外一些发达国家城市化进入高水平阶段后,城乡交通拥堵现象以及农村人口出行困难等问题日益尖锐,城乡客运一体化系统的研究开始兴起,逐步形成了高效的城乡客运一体化交通网络。德国是最早实行城乡客运一体化的国家之一。1965年,由公共短途客运公司参加的汉堡交通联盟成立,在汉堡及其周边地区形成以汉堡为中心城市快速铁路、地铁和地面公交系统组成的放射状公交网络,汉堡地区乘客可以方便快捷地到达交通联盟覆盖的区域。美国、加拿大主要以小汽车为主,为应对城市的低密度蔓延、中心城区衰退等问题,对位于城市边缘或郊区的居民点采取公共交通社区模式,将交通引导发展(即 TOD 理念)融合进城乡交通一体化发展中。巴西库里蒂巴是典型的具有以 BRT 系统为中心的一体化公共客运交通系统,不同的公共汽车线路通过换乘站有效衔接在一起,公交线路根据所能提供的服务功能分为快速线、驳运线、区际线、直达线、主干线和传统线路等。日本、西欧等采取严格的规划控制,形成了由市区地铁、市域快速轨道交通线和郊区铁路线组成的高效发达的城市轨道公共交通网络体系,以这些轨道交通构成公共客运骨架,通过换乘枢纽、换乘站点紧密衔接城区内的公共汽车和长途汽车线路,城镇发展呈现出与公共交通系统互为依存的良性循环,带动了城市周边区域的和谐发展。

国外城乡客运发展经验对我国一些大城市城乡客运一体化的发展具有一定的借鉴作用。但我国地域广阔,农村人口众多,各地自然条件不同,经济发展和城市化程度各异,人口分布不均,运输需求不尽相同,想要依靠发展完善的城市轨道交通为主的城乡公共客运网络满足日益增加的城乡客运需求是不现实的。各地区需要根据自身具有的特性,因地制宜,寻找和探索适合的城乡客运一体化发展模式。目前,我国主要有四种典型的城乡客运一体化模式:

第一类,在所管理的辖区内完全实现城乡公交的全覆盖和一体化。这种模式能够提高资源利用效率,实现线路的统一规划和有机衔接,减少中转环节,便利高效,有利于发挥整体效能。但是规划实施周期长,政策制定、资金投入、协调组织等工作量较大。此类地区的城乡公共交通统一纳入政府公共财政体系,农村客运执行与城市公交相同的票价和补贴补偿标准。典型城市有北京、上海、深圳、浙江嘉善等。

第二类,对现有的农村客运经营模式实施公交化改造,通过对管理体制、投资体制和经营机制的改革,将其纳入城市公交管理范围。这种模式改造简单,减少了运营过程中的诸多矛盾,实现了有限资源的综合运用。但它缺乏与轨道交通、城际客运的科学对接,弱化了运行效率和服务质量。典型城市有江苏苏州、河南新乡等。

第三类,通过政策引导,扩大城市公交经营范围和服务范围,城市公交线路直接通向郊县农村,实现延伸经营。这种模式改造的起点低,难度小,城市公交与农村客运实行有机对接,城市公交和农村客运分别明确各自的线路长度范围、经营范围、票制票价、管理标准(载员标准)、财税政策等,实行分区、分级经营。但是资源不能得到综合利用,与已有的农村客运重叠,矛盾难以协调。目前大部分中等城市和部分中心城市属于此类型。

第四类,城市公交与农村客运并存,各地区根据自身特性实行运营方式多样化、管理方式多样化,建设农村客运网络化。这种模式实施效果好、难度低,但可适用性不强。此类型一般出现在经济比较落后、地理条件较差或者地广人稀的地区,如云南丘北、青海湟中、广西南宁等。

三、辽宁省城乡客运一体化的发展现状及存在的问题

2009年,辽宁省率先在全国实现100%行政村通客车。2012年,全省自然村屯通客车率达到82.7%。北镇、台安、绥中、喀左、辽阳、金州等地城乡公交化改造成效显著,道路运输已成为支撑城乡经济社会一体化发展的重要纽带。2014年,辽宁省共完成客运量8.08亿人次、旅客周转量375.6亿人公里,在综合运输体系中的比重分别达84%、34%。截至2014年年底,全省拥有营运载客汽车26006辆,其中客运班车14742辆、包车8529辆,中高级班车和包车比重分别达到65%和97%;客运班线6975条,其中高速公路线路657条、农村客运线路3957条;旅客运输业户1260家。城际间、城市内、城乡间、镇村间四级客运网络覆盖密度进一步加大,人民群众出行更加保障有力。

城乡道路客运网络一体化建设与百姓生产生活息息相关。经过几年的建设与发展,辽宁省城乡道路客运网络一体化建设已初具规模,解决了城市公共交通、城际客运、农村客运发展不平衡及网络不协调、衔接不顺畅、政策不配套等难题,为全面建成小康社会提供了重要的交通保障。尽管近年来辽宁许多地区在城乡客运一体化发展中做了许多有益的尝试,然而仍然存在部分问题,主要表现为:

(1)管理体制多元分割。当前,实行城乡客运一体化的最大障碍是交通管理机制没有理顺,不适应建设公共服务型政府的要求。这一体制性障碍典型地表现为全国大部分地区的交通管理体制存在政出多门、地区分割、多头管理、职能交叉的现象。体制上的二元分割结构及管理层次间的不协调,不仅出现了机构重叠、权责脱节、协调困难、多头执法等问题,而且相应的政策法规建设滞后,严重阻碍了城乡客运的均衡发展。城市管理部门职能交叉、各自为政,特别是审批职能的重复设置、事权与财权分离,给道路客运能力的总量调控与供需平衡带来困难,成为影响城乡客运一体化发展的体制性障碍。

(2)经营线路重叠,引发利益冲突。随着城区的不断外延,城市公交与道路客运线路的分界线无法确定,部分城市公交车已延伸到乡镇、村,由此造成二者的经营线路交叉、重叠,使得道路客运经营者无法维持正常的生产经营,侵犯了道路客运车主的利益,形成了你争我夺、矛盾重重的局面,从而引发不稳定因素。

(3)公交车辆技术性能状况难以保障公路交通安全。道路客运车辆与城市公交车辆的车型结构、技术性能上存在差别,公路与城市道路在线形、坡度、弯度及路面设计上均有所不同,车辆行驶速度要求也不一样,道路客运车辆和城市公交车辆只能适应不同的公路与城市道路条件。如在农村公路上实行公交运输方式,既不利于道路交通安全,也不利于广大群众长距离乘坐。尤其是在春运、黄金周等节假日旅客高峰期,车辆超载运行更加严重,给运输生产留下安全隐患,严重危及旅客的生命财产安全。

(4)道路客运政策差异明显。第一,城区公共交通与农村公路班线客运在行业管理政策上存在明显差异。城市公共交通普遍不缴纳公路规费,享受减免城建维护税并享受财政补贴;而城乡客运税费较多,部分地市农村客运与城市公共交通税费差额较大。同一线路上的道路客运车辆和公交车辆税费负担不平衡,以至人为造成运输市场的不平等竞争。第二,城市公共交通能充分享受城市资源,如市区线路、站点等,而城乡客运只能集中进站始发,不能享受城市客运资源。这些政策差异在一定程度上形成了行业壁垒,致使农村客运税费偏多、运行成本较高,严重阻碍城乡客运一体化的发展。

四、城乡客运一体化典型模式评价指标体系

城乡客运一体化是一项极其复杂的系统工程,而建立科学、成熟和有效的城乡客运一体化运营管理体制是保障这一项目能够顺利实施的前提与基础条件。其目的是改善或解决我国现阶段城乡客运一体化运营管理机制中存在的问题,充分发挥城乡客运一体化的效能,提高城乡客运一体化系统的效率,满足城乡居民出行需求。从以上城乡客运一体化典型模式可知,无论从投融资体制,还是管理运营机制和票制票价等方面,各地所采取的模式不尽相同,都是根据自身特性量身制定的,并没有统一的标准用于评价各类典型模式的优劣。

一个城市的客运体系规模与水平是否与当地的经济发展相适应,需要有一套较为全面的评价体系。因此,本文从政府与行业主管部门的公交保障水平、公交企业的运营管理与服务水平、城市公交整体发展水平的角度出发,构建了城乡客运一体化典型模式评价标准。其中,政府与行业主管部门的公交保障水平从融资成本、综合管理合监管体制三个方面着手,公交企业的运营管理与服务水平从资金利用率、企业管理两个方面分析,城市公交整体发展水平从基础设施、运输服务水平、节能环保、交通安全、交通公平、交通满意度六个视角展开,共选择 57 项指标。具体评价标准详见表 1。

城乡客运一体化典型模式评价指标体系表　　表1

政府与行业主管部门的公交保障水平	融资成本	政府资金的投入比例
		资金到位率
	综合管理	是否建立城乡客运一体化结构
		是否建立客运安全规划
		是否建立智能交通运输系统
		是否建立应急抢险救援系统
		是否建立公共信息服务系统
		公共交通设施投资占交通基础设施投资比重
		交通基础设施投融资占 GDP 比重
		负债运营客运企业站客运企业总数的比重
		是否建立公共交通财政补贴与政策优惠机制
	监管体制	运营模式
		票制票价
		服务质量
		补贴机制
公交企业的运营管理与服务水平	资金利用率	资金成本率
		资金进度执行情况
		建设资金回报效果
		建设资金节约效果
	企业管理	客运市场规范运营企业占准入企业比重
		建立运营监控系统的企业占客运企业比重
		通过客运质量与安全考核企业占考核企业比重
城市公交整体发展水平	基础设施	道路网密度
		城乡客运线路公交化运营比率
		客运站点分布密度
		客运站规模适应性
		三级以上站场比例
		万人公交车标台数
		万人拥有车辆数
		通高等级公路区县总数比重
		通四级以上公路乡镇占总乡镇比重
		通公交或班车的乡镇占总乡镇的比重
		通公交或班车的行政村的比例

续上表

城市公交整体发展水平	运输服务水平	舒适性
		服务半径
		速度
		票制票价
		准时性
		安全性
		投诉处理完结率
		责任纠纷发生率
		乘客满意度
	节能环保	行车燃料消耗
		车辆维护消耗
		清洁能源公交车辆所占比重
		大气污染物排放密度
		主城区交通噪声等级
	交通安全	公交人口事故损失率
		客运车辆事故损失率
		客运运行事故损失率
	交通公平	通高等级公路区县总数比重
		通四级以上公路乡镇占总乡镇比重
		通公交或班车的乡镇占总乡镇的比重
		通公交或班车的行政村的比例
	交通满意度	投诉处理完结率
		责任纠纷发生率
		乘客满意度

五、城乡客运一体化的政策性建议

(1)建立城乡交通一体化规划体系。在城市规划和建设中,交通主管部门要主动协调政府有关部门,将城乡道路客运站场建设纳入城乡总体规划,并同步编制、修编和实施。以公共交通配合并引导城市的土地利用与发展,优先规划城市综合交通规划中的城乡公共交通,调整优化城乡交通线网结构,科学制定城乡道路客运一体化发展规划,打破部门、区域和行业分割,统筹规划城乡道路客运服务设施和运营线路,合理调控城乡道路客运资源。综合考虑大容量公共交通与城市常规公交、对外交通的紧密衔接,促进干线及农村公路、城市道路、轨道交通的结构与布局协调发展。充分利用城市公共交通、城际客运和农村客运的各种站点设施，统一规划功能层次合理的换乘枢纽和城际、城市、城乡、镇村四级客运网络，优化城乡道路客运网络衔接。路网站场、换乘枢纽、停车设施及行车交通设施协调发展，实现市域交通与对外交通之间的连接贯通，不断改善各种交通方式之间、城乡之间及枢纽与社区间的接驳条件。

（2）建立以政府投资为主的投融资体系。公共交通是社会公益性事业，是政府为社会提供的公共服务，必须体现经济、安全、便捷、舒适等服务特性。运用公共财政补偿公交企业的经营成本，是世界各国普遍采用的最基本的政策手段。如德国柏林对公交企业的财政补贴占运营成本的57%，法国巴黎占57.5%，美国华盛顿占66.1%，意大利罗马占74.5%，俄罗斯莫斯科占89%。日本一般新建公共交通设施时，中央政府资助50%～60%，地方政府资助25%，其余为低息贷款。因此，要研究制定农村客运公共财政保障制度，积极争取公共财政支持，鼓励提高农村客运通达深度、广度和服务水平，增强农村客运可持续发展能力。与此同时，公交企业要利用市场机制，采取积极稳妥的投融资政策及模式，广纳社会资金，多渠道融资，推动城乡客运一体化的发展。

（3）建立健全统一的法规政策和标准。一是按照《中华人民共和国道路运输条例》、《城市公共交通条例》的相关标准要求，建立以地方性法规为补充的城乡道路客运法规体系，完善城乡客运管理的法律法规，出台相关实施细则和管理办法，做到有法可依、执法必严，促进城乡客运市场的可持续发展，为城乡道路客运科学发展提供法规保障。二是加快完善城乡道路客运一体化标准规范体系，对城乡道路客运实行统一的发展政策及运价、税收、投资信贷、补贴等经济政策，建立统一的法律法规体系，促进城乡客运经营主体的竞争环境公平化。三是完善市场准入制度。客运经营主体必须具备和拥有一定的资质和经济实力才能进行入客运市场。此外，为维护城乡道路客运市场秩序，防止低效、无序竞争，行业管理部门应加大对城乡道路客运市场的监管力度，依法严厉查处各种违规违法行为，营造一个公开、公平、公正的市场竞争环境。四是进一步提升农村客运安全保障能力，完善车型标准、通行条件、安全监管等方面的制度，加强农村客运车辆、站场、企业资格、线路审批等源头管理。

（4）培育统一开放、适度竞争的城乡客运市场。一是加强宏观调控。政府统一调控和指导是城乡客运一体化健康发展的关键。对城市公交客运、班车客运、出租客运以及旅游客运等各种城乡客运方式的服务范围、服务对象、服务方式定位、分工协作，行业管理部门应科学规划、统一管理、合理分工，保证各种客运方式健康协调发展。二是行业管理部门要按照产权明晰、权责明确、政企分开、管理科学的要求，通过政策引导、市场推动，鼓励城乡道路客运企业寻找适合各自发展的组织形式和管理模式,为城乡道路客运一体化发展奠定基础。三是促进客运市场集约化。本着集约化、规模化、网络化、公司化的原则,积极引入规模、资金、管理、服务有优势的企业进入城乡客运市场,培育骨干运输企业和城乡道路客运一体化服务品牌,形成区域内业务整合、服务统一、组织集约、竞争有序的格局。这就有效地解决了客运企业规模小、管理松散、车辆挂靠经营、运营管理组织化程度不高、车辆档次低等问题,促进运力合理投放,使道路客运市场竞争适度和有序。根据客流大小合理投放运力,有效地提高车辆实载率,提高了企业的经济效益。

(5)推进城市公共交通和城市周边短途班线客运的融合。充分考虑城市公共交通与城市周边短途客运班线的服务差异,明晰各自功能和服务范围,完善体制机制,逐步消除同一条线路城市公共交通和短途班线客运并存和不平等竞争的现象。争取政府和有关部门支持,逐步统一公交化运行的农村客运与城市公共交通在税费、补贴等方面的政策,实现服务标准和政策保障的有效衔接。

六、结论

本文主要对我国几种典型的城乡客运一体化发展模式进行分析总结,针对辽宁城乡客运一体化发展的现状和存在的问题,构建了城乡客运一体化典型模式评价标准,并提出相应的政策法规制定及改进建议。城乡客运一体化是推进城镇化建设和新农村建设的一条必由之路,也是构建综合交通运输体系的大趋势。未来要坚持以全面协调、持续发展作为新时期发展城乡客运一体化的核心理念,积极贯彻公交优先,执行稳妥的投融资政策,建立健全统一的法规政策和标准,培育统一开放、适度竞争的城乡客运市场,促进城乡客运一体化的全面、协调、可持续发展。

(执笔人:辽宁省交通厅运输管理局　李梓华;
辽宁省交通厅综合规划处　李继锐)

新常态下辽宁省交通质监行业发展的思考

当前,我国改革已经入加速期、攻坚期,事业单位改革更是提上日程。2014年,中共中央、国务院、交通运输部、省政府以及省交通厅相继发布和出台了与改革相关的重要政策,进一步深化改革。在新的历史条件下,做好新时期发展定位,明确发展方向,谋划2015年乃至"十三五"期间的全省交通工程质量安全监督工作,以适应改革需要,实现科学发展,成为全省交通质监行业的头等大事。本文拟从政策解读入手,谈一下新形势下辽宁省交通质监行业实现新发展的思考。

一、政策解读

(一)中共中央、国务院政策

2013年11月在北京召开的中共十八届三中全会审议通过《中共中央关于全面深化改革若干重大问题的决定》。提出了进一步简政放权,深化行政审批制度改革,加快事业单位分类改革,深化行政执法体制改革。2014年6月、8月国务院常务会议分两批取消58项国务院部门设置的职业资格,11月取消67项职业资格许可和认定事项,并计划到2015年年底基本完成减少职业资格许可和认定工作。

中共中央、国务院政策起到了在改革中总领的作用,让交通质监部门进一步认识到自己服务人民的本质属性,严格履行合理用权、依法监督的职责,进一步整合执法主体,相对集中执法权,推进综合执法,着力解决权责交叉、多头执法问题,建立权责统一、权威高效的行政执法体制;完善行政执法程序,规范执法自由裁量权,加强对行政执法的监督,全面落实行政执法责任制和执法经费由财政保障制度,做到严格规范公正文明执法。

(二)交通运输部政策

在中共中央、国务院政策的指引和指导下,交通运输部门相继出台了相关政策,在交通领域进一步深化改革。

(1)启动综合交通运输"十三五"发展规划编制工作,组织编制第一个涵盖各种运输方式的五年规划,意义重大,影响深远。2013年12月27日召开的全国交通运输工作会议提出深化改革、加快发展"四个交通"(综合交通、智慧交通、绿色交通、平安交通)。交通运输部组织编制了《全面深化交通运输改革的若干意见(征求意见稿)》,提出全面深化交通运输行业的改革,在综合交通运输体制、交通运输现代市场体系、收费公路体制、现代运输服务等领域取得突破性进展。

(2)政策引领方向,实践验证真理,在各项政策出台的同时交通运输部推行改革工作试点。一是交通运输综合改革试点,重点围绕交通运输管理体制机制、市场化改革、发展方式转变、基本公共服务均等化等方面。二是综合交通运输改革试点,力争形成"大交通"管理体制和综合交通运输规划与发展机制。三是交通运输综合行政执法改革试点,逐步建立起机构设置及职能配置合理、运作协调高效、执法行为规范、执法保障有力的综合行政执法体制和运行机制。四是在交通基础设施投融资方面进行政府与社会资本合作等模式试点,探索研究 PPP(公私合作)等模式下的各种方式及做法,拟定项目合作范本,建立和完善项目管理及运行机制。五是部属事业单位分类改革试点,在交通运输部公路科学研究院、交通运输部科学研究院探索功能定位、资源配置、创新团队、考核评价机制等方面的改革发展。六是公路建设管理体制改革试点,探索在新型公路建设管理模式下工程质量、安全、投资、进度等管理保障机制。七是"平安交通"安全体系建设试点,着力理清和明确安全监督管理职责定位,提升安全管理能力,加强安全科技创新。

(三)部安全与质量监督管理司主要工作

原交通运输部工程质量监督局和安全监督司合并为交通运输部安全与质量监督管理司,主要开展以下几方面工作:一是与部职业资格中心共同组织开发的"公路水运工程试验检测人员网络平台"正式开通;二是出台《公路水运工程质量安全督查办法》(交安监发〔2014〕22 号)和《交通运输部安全生产事故责任追究办法》(交安监发〔2014〕115 号);三是下发《交通运输部关于两家施工企业在建工程重大质量安全隐患情况的通报》(交安监发〔2014〕170 号)和《交通运输部关于吉林省部分工地试验室存在严重造假行为的情况通报》(交安监发〔2014〕185 号);四是 2014 年 6 月份委托北京市道路工程质量监督站召开全国交通质监站(局)长座谈会;五是下发《交通运输部关于加强公路水运工程质量和安全管理工作的若干意见》(交安监发〔2014〕233 号)。

(四)辽宁省政府政策

2013 年 12 月 31 日,辽宁省委、省政府下发《中共辽宁省委 辽宁省人民政府关于分类推进事业单位改革的实施意见》(辽委发〔2013〕27 号)。辽宁省交通工程质量与安全监督局被划分为公益一类(从事公益服务的事业单位,不能或不宜由市场配置资源)。

为贯彻质量强省战略，辽宁省政府先后下发《辽宁省人民政府关于实施质量强省战略的意见》（辽政发〔2014〕3号）、《辽宁省人民政府办公厅关于印发辽宁省人民政府质量工作考核办法的通知》和《关于中共中央、国务院质量工作考核第六考核组对辽宁省质量工作实地核查情况的通报》，省交通厅办公室批示由辽宁省交通工程质量与安全监督局牵头，组织相关单位贯彻落实。

（五）省交通厅相关工作

（1）针对交通运输部提出的深化改革、加快发展“四个交通”的意见，省交通厅提出加快发展“五个交通”（增加民生交通），并进行了统一的部署。截止到2014年9月26日，兴城至建昌、灯塔至辽中和盘锦港疏港高速公路建成通车，全省高速公路通车里程达到4165公里，实现全省所有陆地县百分之百通高速公路。

（2）进行机构改革。省交通厅增设高速公路项目前期办公室、厅造价管理中心、厅预算编审中心三个厅直事业单位，厅内设立综合调研处、综合运输处两个职能处室。为方便民众办理行政审批事项，设立行政审批大厅，公路局、高速局、港航局、运输局、质安局相关行政审批事项进驻大厅受理。

（3）下发《辽宁省综合交通运输“十三五”发展规划纲要（征求意见稿）》（省政府重新调整的辽宁综合交通运输体系规划职责尚未明确，各种运输方式的管理机制有待进一步整合，本次规划侧重于公路水路运输的发展规划）。2月8日，召开全省交通运输管理提升活动动员电视电话会议，下发《开展交通运输管理提升活动的实施方案》。

二、交通质监行业新形势

2014年，全省交通质监系统开拓创新，扎实工作，顺利完成了省交通厅党组、各市交通局交办的各项工作任务。其中，省局制度建设扎实推进，地方立法工作取得阶段性进展。高速公路、普通公路以及水运工程监督工作中继续保持监督高压态势，增加监督频率以及暗访突击检查，全省公路水运工程质量安全态势保持平稳。省交通工程质量与安全监督局新增代厅进行设计监督职能（包括设计质量监督和设计变更程序和质量监督），代厅履行“中共中央、国务院质量工作考核相关工作”职能，在管理提升活动中积极研发“工作计划管理系统”、“工作人员绩效管理系统”取得良好效果，极大地提高了全局工作效率，得到了省交通厅领导的充分肯定。辽宁省交通质监行业在明年以至今后一段时期面临的变革主要集中在以下几个方面：一是事业单位机构改革、检测机构改革、农村公路建管体制改革，行政审批、监督权限下放等。二是监督职能扩展，建管模式转变迫切要求监督方式也要完善和转变。随着监督业务面的扩展（服务质量监督、交通管理设施、地方轨道交通等)以及建管方式的转变(BT、BOT、铁本高速业主加总监办合体管理试点等),要求监督方式必须进行相应变革。三是新材料、新工艺、新技术的不断应用,要求监督工作在监督技术、手段上不断提高和完善。近年来,改性沥青、泡沫沥青、老化沥青再生剂等新材料,旧桥加固、路基冲击压实、温拌沥青混合料、路面再生等施工工艺,智能张拉、沥青路面预防性养护关键技术等新技术的应用越来越普遍,监督评定方法的缺失、监管的空白亟待解决填补。四是十八届四中全会提出"依法行政",使省内立法工作迫在眉睫,行政执法行为有待进一步规范。

三、发展措施

在改革大势下,在现有工作状况下进行交通监督行业的改革,要拿出针对性强、操作性强的具体措施,让改革具体落到实处。

(1)不断适应改革发展形势。积极应对事业单位、检测机构、农村公路等改革,开拓思路,放眼长远,从转变监督工作方式、改变检测机构性质、下放监督权限等方面做出积极改变,顺应时代要求。

(2)继续提升质量安全意识。进一步强化做好质量安全工作的使命感和责任感,按照交通运输部和省交通厅要求,积极开展 2015 年"质量安全年"系列活动。

(3)加快推进地方立法工作。积极协调有关部门加快工程质量安全管理地方立法进程,全面实行监督工作标准化,规范行政执法工作,切实落实依法行政。

(4)加快全系统信息化建设进程。2014 年全系统网络主骨架布设工作已顺利完成,下一步信息化工作将全面推开,交通质监业务全部实现网上办公,安全应急平台建设分步实施,现场监督实现时时数据、影像传输,监督档案实现数字化等。

(5)加快人才培养工作。目前,省局 80 后有 20 人,占全局 40%,若除去中层以上人员,则占比为 60%,这些人员均为 2000 年后国内重点院校毕业的本科、硕士以及博士生,人才培养工作迫在眉睫,压力巨大。初步设想是:国内依托省厅签署战略合作协议的大连理工大学、大连海事大学,中交第一公路勘察设计研究院(西安立德公路工程咨询有限公司);省内依托设计院(交通运输部公路桥梁诊治技术交通运输行业研发中心)、科研院(交通运输部调整公路养护技术交通行业重点实验室),研究制定针对全省交通质监行业人才培训的"十三五"培养规划,利用 5~10 年时间培养一批在地质、路基、路面、桥隧、机电、交安等各个专项领域中的拔尖人才和技术专家。

(6)强化科技创新工作效果。集中全系统智慧和力量,在地方标准、操作规程、新材料、新工艺检测评定方面多承担课题,特别是要承担安全监管方面的课题。2015年,省局已在省交通厅立项《辽宁省地方桥涵现场检测操作规程》课题。

(7)积极学习和借鉴“他山之石”。例如,北京市道路工程质量监督站工作运行模式,贵州、湖南两省正式出台的《交通建设工程质量安全监督条例》(省人大批准),新疆维吾尔自治区高速公路代建模式(已取得成功并准备在全国推广),内蒙古自治区增加交通环境监督职能,安徽省监督标准化。

(执笔人:辽宁省交通工程质量与安全监督局　吴　波)

关于交通工程造价管理体制情况的调研报告

近年来,交通运输部和各省交通主管部门对工程造价管理工作高度重视。特别是很多省份,结合地域特点,创造性的改革和完善造价管理制度、方式、方法,取得很好成效,逐步形成了"完善造价制度、重视定额管理、加强造价审查、严格造价监督、提供信息服务"的造价管理基本思路,建立起"事前控制、事中监督、事后核定"的全过程动态管理机制。不少省份还明确了造价管理职责,完善了管理机构,制定了一系列造价管理办法,形成了较为规范的交通造价管理机制,有效地控制了工程造价。

辽宁省也和其他省份一样,省交通厅党组和省交通厅主要领导高度重视交通造价管理工作,在目前机构改革关键的历史时期,于 2013 年专门批准组建了辽宁省造价管理机构——辽宁省交通工程造价管理中心(以下简称省造价中心),同时赋予相应的造价管理职责,使辽宁省交通工程造价管理工作全力向规范化、标准化迈进。

但毕竟辽宁省交通工程造价管理工作刚刚起步,各项工作均在探索中进行。为很好学习、借鉴外省好的经验和做法,进一步明确造价管理工作职责,充分发挥后发优势,快速提升辽宁省交通造价管理水平,省造价中心按照省交通厅辽交调研发〔2014〕307 号《2014 年辽宁省交通厅调研选题》文件要求,会同省交通厅人事处,分别赴广东、云南、湖南、吉林等省调研学习,并同交通运输部造价主管部门进行了工作对接,现将有关情况报告如下:

一、全国交通工程造价管理基本情况

1.交通运输部有关造价管理情况

早在 1985 年,原交通部即成立了公路工程定额管理站,并要求各省区也要成立相应的管理机构,开始加强公路工程造价管理工作,后来由于机构改革调整,相关工作受到一定的影响。2012 年,交通运输部为强化造价管理工作,由新组建的路网监测中心负责管理造价工作。路网监测中心接手任务后,从组织定额编修工作抓起,对《公路工程概预算定额》、《公路工程概预算编制办法》等一系列定额文件进行编修,在组织了全国造价管理工作调研的基础上起草制定了《公路工程造价管理办法》(正待发布实施)。目前,交通运输部正着手组建专门的造价管理机构，专门负责全国交通造价管理工作，进一步加强全国交通工程造价管理工作，并筹划实施全国性的造价工作检查，积极促进和规范全国造价管理工作。

近期交通运输部《关于开展全面深化交通运输改革试点工作的通知》（交政研发〔2014〕234 号）的第六项公路建设管理体制改革试点中，明确提出要探索新型公路建设管理模式下工程质量、安全、投资、进度等管理机制，完善公路建设管理四项制度，把投资管理作为其中一项重要内容。

2.全国各省区市造价管理总体情况

目前，除辽宁省刚刚成立造价管理机构外，全国其他 30 个省、自治区、直辖市也成立了造价管理部门，而且大多是同原交通部定额站同期组建的。其中，有 22 个省成立了独立造价管理机构，占 73%；有 8 个省同质量监督部门联署办公，一个机构，两块牌子，占 27%。除云南和新疆已经改称造价管理局外，其他大多称作造价管理站，其中一些也在探求改局工作。

各造价管理机构中，人员编制多在 30 人以上，如广东、吉林、黑龙江、云南等省、自治区、直辖市。其余独立设置机构的，人员均在 20~30 人。各机构内设 4~6 个科室，个别设置 7 个科室。领导人数在 3~4 人，专业技术人员比例在 75%以上。工作经费均实行财政预算，其中湖南、吉林等一些省份除财政预算外，在工程项目上列支部分造价审查费。各省大都设置了专职或兼职市级造价管理机构。

目前全国各省、自治区、直辖市造价管理机构均履行的基本工作职责为：贯彻中共中央、国务院有关造价管理法律法规、规章政策、规范性文件，以及全国造价标准，研究制定本行政区域内工程造价管理制度；工程项目估算、概算、预算（包括工程投标限价或标的）、决算的审查（核）；补充定额包括养护定额，新技术、新材料、新设备、新工艺，即“四新”技术定额及人工费用定额等的编制；原材料价格信息的发布；本行政区域内的造价从业单位和人员管理；工程变更设计造价管理等。

在此基础上，各地造价管理机构根据本地实际开展一些其他相关工作。如广东、云南、浙江、陕西等地造价管理机构开展造价监督工作；云南、湖南、浙江等地造价管理机构开展造价纠纷仲裁工作；广东、吉林、重庆等地造价管理机构对公路、水运工程和客货运场站建设（包括普通公路一般项目）全部实施管理。

在制度建设方面，各省级造价管理机构均结合各自情况和特点，制定了《公路工程造价管理办法》、《设计变更审查办法》、《造价监督管理实施细则》等一系列制度、办法（全国总计达到 130 多项），使造价管理工作基本步入规范化轨道。

总体情况看,全国各省级造价管理机构均职责明确、机构健全、职能发挥充分,对加强造价管理、推进交通事业健康发展提供了有效的专业支撑和技术保障。

二、所调研4省的主要情况

我们所调研的4个省,既有经济发达的广东省,也有中西部地区的湖南省、云南省,同时有我们的近邻吉林省。4省虽然经济发展程度不同,交通建设管理体制也有区别,但对造价管理的定位、造价职能的发挥、造价管理作用的体现都很突出。4省交通部门均形成一个共识,即造价管理是交通行政主管部门管理工程建设和建设市场的一只强有力的“手”(另一只“手”是质量安全监督)。特别是云南省2009年更名为造价管理局,以省政府令发布了《云南省交通工程造价管理办法》,成为全国第一个具有授权执法资格的造价管理机构。

这4个省造价管理机构均为正处级公益一类事业单位,人员编制均在30人以上,其中云南达48人,部门设置均达6~7个,工作职责都很全面,基本涵盖了造价管理各个方面。4省都成立了市级造价管理机构。4省均建立健全了以造价管理办法为统领的造价管理制度体系,开发建设了造价管理信息系统,使造价管理工作步入制度化、规范化、标准化轨道。在造价管理中不仅公路重点项目和一般项目一起抓,而且水运项目、客货运场站建设也纳入管理范围。在定额管理中,除广东省正在组织开展补充定额和专项定额编制工作外,湖南、云南、吉林等省均已颁布了概预算补充定额、养护定额、公路养护工程概预算编制办法等,且还在进一步跟踪开展相关工作。云南省专门研究制订了定额编制规程,通过省技术监督局发布成为地方性标准,使定额编制工作有法可依、有章可循。在原材料价格信息发布上,4省也都结合各自情况很好地开展了工作。在造价审查方面,从估算、概算、预算、决算(即“四算”)审查,到设计变更、投标控制价或标的审查,均很好行使了造价管理职能。而且4省交通主管部门把造价机构作为造价把关部门,凡是涉及工程费用的问题都要求造价机构审查。另外这4个省均开展了造价管理监督检查工作以及造价纠纷仲裁工作。

三、做好辽宁省交通工程造价管理工作思考

通过此次对4省造价管理工作调研,使我们对造价管理工作有了更全面、深刻的认识,也坚定了我们做好交通造价管理的决心和信心。我们将在省交通厅的正确领导和坚强支持下,结合辽宁省目前交通工程造价管理工作现状,重点从以下几个方面推进工作。

1.进一步明确造价中心工作职责

自中心成立以来,受省交通厅委托,我们已先后开展了项目投资估算、设计

概算、施工图预算、竣工决算(即“四算”)审查,工程投标控制价及相关工程标的审查,工程设计变更审查,工程造价人员执业资格管理,工程设计单位的业绩考核等工作。

根据此次调研成果,借鉴外省先进管理经验,对中心职责定位有一个进一步设想。

一是贯彻执行交通工程造价管理法律、法规、规章、规范性文件,以及全国公路工程造价标准,组织研究制定本省公路工程造价管理制度和实施办法,并负责贯彻实施;

二是审查本省交通工程重点建设项目估算、概算、预算(包括投标控制价或标的)、较大重大工程设计变更、工程决算等不同阶段的造价;

三是测定、编制、修订本省工程建设、养护维修工程补充定额,以及新技术、新工艺、新材料、新设备(即“四新”)补充定额;

四是发布辽宁省的工程材料价格、人工费定额单价信息;

五是对在辽宁省执业的造价咨询机构和造价人员进行管理,包括机构资质、人员培训教育和资格、执业信誉等管理;

六是参与设计单位信誉考核,参加工程交竣工验收;

七是实施重点工程建设项目造价监督检查;

八是适时进行各类造价分析,为领导决策提供支持;

九是配合交通厅建设处完成省交通厅委托的其他有关造价管理工作;

十是完成交通运输部造价管理机构交办的有关造价管理工作。

其余造价管理所涉及的普通公路一般项目、水运工程、客运场站建设等造价管理工作及造价纠纷仲裁等职责,根据造价管理工作实际情况及省交通厅要求适时增补。

2.建立健全造价管理机制

强化工程造价管理工程设计、施工(设计)监理、工程建设单位、造价管理机构、省交通厅主管部门等工程造价“五级”管理体系,明确各级职责,发挥造价综合管控作用,使工程造价在工程建设各环节、全方位得到有效监管。

从项目立项阶段开始实施有效控制,对设计阶段严格造价审查、施工阶段动态监督检查、竣工决算阶段详细造价审定等多阶段加强控制,合理确定和有效控制造价,变被动控制为主动控制,由事后控制到事前控制、事中控制,对工程建设的全过程有效监管,严把工程造价关,实现造价前算控后算、算算皆合理的目的。

3.完善造价管理制度建设

造价管理工作政策性强,必须有严格的法规约束,因此建立一套完整的、系统的法规制度是进行造价管理的前提。以交通运输部即将发布的《公路工程造价管理办法》和省政府令第 260 号发布的《辽宁省建设工程造价管理办法》为基础,适时研究制定适用于辽宁省的《交通工程造价管理办法》(待交通部公路工程造价管理办法颁布后适时发布实施),并以此为依据逐步健全辽宁省交通造价管理的各项管理制度,使辽宁省交通工程造价管理工作有法可依、有据可循,达到系统、规范的管理模式。

4.建立起标准化工作流程

工程造价管理就是要实行设计单位负责、工程监理把关、工程建设单位管理、造价机构监督、交通主管部门管控这样的管理机制。省造价中心一年来的工作不仅完善和强化了这一管理机制,大大地促进了工程设计单位、工程监理机构和工程建设单位造价管理水平的提高和管理工作的加强,同时也为省交通厅加强造价管理提供了有利的专业支撑。为此,我们将进一步研究探索出一套更行之有效的造价管理方式、方法,进一步发挥出造价管理的价值和作用。

在造价管理工作中,逐步建立起标准化、系统化的工作流程,达到各部门间工作职责明确、界面清楚、程序规范、衔接无缝的造价管理运行模式,力争在辽宁省迅速形成良好的造价管理局面,使造价管理工作真正成为工程建设管理的一只有力之"手"。

5.开发建设功能先进的造价管理信息平台

省交通厅对省造价中心工作给予强有力的支持,批准建设辽宁省造价管理信息系统。我们将充分学习借鉴其他省份经验,开发建设技术先进、功能完备的造价管理信息平台,充分利用网络、信息等现代技术,做好辽宁省的造价管理工作,有效利用后发优势,使辽宁省造价管理工作高起点开局、高水平发展。

6.启动补充定额编制,完善计价标准

交通运输部新版定额已编修完成,要求辽宁省配合进行定额验证工作。我们将以此为契机,适时启动辽宁省相关补充定额和养护维修定额的研发、编制工作,完善辽宁省的计价标准,使辽宁省造价管理标准建设达到一个新水平,很好适应辽宁省交通建设管理需要。

7.适时开展造价信息采集和发布工作

材料价格是工程造价管理的基础,也是造价管理部门的核心工作内容和职责。我们将结合辽宁省公路工程造价管理实际,组织做好原材料价格信息采集发布工作,为公路工程建设提供及时、准确、全面的计价基础,同时建立信息库,通过对材料市场价格的长期观察和预期以及对工程总造价影响趋势的分析把握等工作,以客观、准确、具有前瞻性为特色,形成公路工程建设造价管理中的一个重要基础。

8.加强对公路造价市场培育

随着市场经济的不断深化,造价管理必将实行市场化运作和管理。为此,我们把造价市场培育作为一项重要的职责工作抓好做实。一方面加强市场执业主体的培育,培育市场要素;一方面进行规范管理,完善市场秩序。在这方面湖南省走在前面,作了很多很好的工作,我们将很好地借鉴学习。

造价从业人员的素质决定了辽宁省造价管理的整体水平。我们将从造价人员管理入手,加强造价从业人员的管理,提高从业人员的业务水平,有效提升辽宁省造价管理质量。建立健全辽宁省造价人员的执业资格登记制度,并加强对从业人员执业资格管理,在抓好人员继续教育同时。建立信用评价制度,提高辽宁省造价管理从业人员的素质,做好造价咨询机构管理工作。

9.实施在建项目造价动态监督检查

造价监督是交通运输部推行,也是大多省份都在开展的工作,通过现场实地监督检查,加强对在建项目的工程造价监督,及时掌握工程项目造价管理动态情况,对检查发现的问题及时提出整改意见,督促工程建设各方加强造价管理、规范造价管理行为,使工程造价在项目实施阶段得到有效控制。

同时将检查中发现的主要问题及时上报省交通厅,使省交通厅及时了解项目造价管理,特别是工程设计变更造价管理情况,有效遏制超规模、超标准、不规范扩大投资现象。

(执笔人:辽宁省交通工程造价管理中心　王宏旭)

辽宁省高速公路建设管理提升的实践与思考

自1984年神州第一路——沈阳至大连高速公路建设开始，辽宁省高速公路历经近30年的建设发展，通车总里程已突破4000公里，在此过程中形成了建设管理体制构建合理、责任体系清晰明确、管理制度日趋完善的建设管理模式。步入2014年，省交通厅提出开展交通运输管理提升活动，省高建局从高速公路建设发展的角度出发，在认真总结以往经验的同时，立足不断提高的建设管理标准，以自我诊断为着眼点，从质量、安全、造价、征地动迁、招投标五大关键管理方面，认真查找出15项建设管理中存在的问题，主要有：质量管理方面"重主体，轻附属"的意识、设计变更审批速度较慢等5项问题；安全生产管理方面制度落实不到位、安全生产费用使用及监管不到位2项问题；工程造价方面定额更新严重滞后、省内市场价格无统一标准的问题；征地动迁方面被动迁人期望值过高、对征地动迁工作抵触情绪加大、征地动迁处无适合法定标准可依据等5项问题；招标管理方面规范化、程序化管理有待加强等2项问题。

基于上述问题，在结合改革创新的大形势，结合行业发展的新要求、2014年的工作重点，深入分析每一项问题产生的原因，逐条研究制定改进提升措施，并据此制定了《省高建局关于开展交通运输管理提升活动的实施方案》，成立了领导小组，明确具体提升目标，汇聚全局之力，扎实推动管理提升活动的全面深入开展。

一、管理提升的目标制定

（一）总体目标

坚持以科学管理为主题，以全面提高工程质量和管理水平为核心，抓住工程建设管理重点范围和薄弱环节，认真落实提升措施，进一步完善管理制度，破解发展难题，实现"综合交通、智慧交通、民生交通、绿色交通、平安交通"的现代工程管理总目标，全面提升高速公路建设各项工作管理水平。

（二）具体目标

（1）提高工程质量。工程质量一次验收合格率100%，优良率90%以上，保部优争国优。

（2）确保安全生产。杜绝重大特大事故及较大事故发生，创建"零伤亡"平安工程。

(3)降低工程造价。寻求外部支持,挖掘内部潜力,努力降低建设成本。

(4)严格廉政纪律。强化廉政风险教育,落实廉政责任制,实现“零”违法违纪。

为加强落实执行,根据管理提升活动的具体工作目标,按各部门进行职能任务分解,进一步明确责任部门及责任人,形成良好有序的工作推进态势,确保在规定时间内实现提升目标的目的。

二、加强制度建设,为管理提升提供制度保障

(一)依据法律法规完善制度

随着时间推移和物价上涨,辽宁省高速公路征地动迁工作的指导性文件已部分失效,无法适应当前的征地动迁工作形势。经过起草、会签、评估等工作,省政府于2014年8月1日以辽政〔2014〕103号文正式批复了征地动迁补偿标准,结束了自2010年以来辽宁省高速公路征地动迁无适宜标准可遵循的状态。在招投标方面,为提高规范化、程序化管理水平,编制了《辽宁省高等级公路建设局施工招标管理规程(试行)》《辽宁省高等级公路建设局施工监理招标管理规程(试行)》《辽宁省高等级公路建设局勘察设计及勘察设计监理招标管理规程(试行)》,确保招投标工作的公开、公平、公正。在安全生产管理方面,为加强管理制度的落实,进一步明确安全生产产管理责任,细化安全生产管理措施,编制了《辽宁省高等级公路建设局各部门安全生产职责》《辽宁省高速公路施工交通安全专项治理工作实施方案》等一系列安全管理文件,为全省高速公路建设安全管理水平的提升提供了制度保障。

(二)依据管理实际升级制度

为强化材料质量控制,建立全过程监管的动态机制,不断提升材料质量管理的规范化水平,编制了《辽宁省高速公路采用主要材料(产品)生产企业准入管理办法(试行)》,修订了《辽宁省高速公路工程设计变更管理实施细则》,进一步强化参与管理设计变更各方人员的职责意识,使工程设计变更管理更加程序化、规范化。沈平高速公路改扩建项目首次全面推行主要材料甲供工作,印发了《辽宁省高速公路建设甲供材料管理办法(试行)》,在降低造价方面发挥了一定的作用。

(三)依据动态变化调整制度

依据管理形势的变化,对原《辽宁省高速公路建设工程质量优质优价实施办法》《辽宁省高速公路建设工程质量优监优酬实施办法》进行了修订,将施工标准化、管控一体化纳入考评范围。在工程计量方面,印发了《辽宁省高等级公

路建设局关于改进调整高速公路计划统计工作方案的有关意见》,实现了统计数据与工程进展的动态吻合。

三、突破难点问题,为管理提升打破瓶颈阻碍

(一)前期审批

为更好解决动迁现场存在的问题,提高办事效率,组织成立了组卷、报卷督导小组和解决征地动迁问题督导小组,实现靠前指挥。面对土地、林地审批更加严格的新形势,集中精力、紧密跟踪,解决了沈平项目耕地占补平衡落实、低等级地块升级、林地限制开发审批等一系列难题,协调国土资源部特事特办。沈平项目用地和林地成为中共中央、国务院实施耕地保护新政以来第一个通过审批的高速公路建设项目。

(二)征地动迁

实行靠前指挥、分片包干、跟踪协调的管理机制,提前启动征迁核量工作,强力推进征地动迁,实行周报告、旬调度、月通报制度,及时掌握征迁进度,并有效解决难点问题。同时,加强与电力部门的沟通和协调,协助省交通厅签订了《关于相互配合支持公路与电力基础设施建设的工作协议》,沈平项目电力设施迁改谈判工作进展顺利,为签订第二批动迁补偿协议及铁本项目电力迁改工作顺利实施奠定了基础。

(三)控制工程造价

全面落实勘察设计监理与咨询制度,依托铁岭至本溪、凌源至绥中等项目组织开展从单一化的成果管理向全过程跟踪监管模式的转型实践,不断提高勘察设计质量。会同有关专家对沈平项目施工图进行优化调整,通过取消沈北高架桥、互通立交形式调整、路面结构调整等一系列优化措施,降低工程造价约4亿元。为解决变更管理存在的问题,成立了局设计变更审核小组和审批小组,实行分级管理,不断强化设计变更的审批时限,引入了信息化管理手段,初步实现了变更程序的实时监控和变更信息的及时共享。

四、丰富管理手段,为管理提升汇聚强劲推力

(一)工程质量

建立企业信息档案,应用质量评估等全过程跟踪监管的动态机制,促进材料质量管理水平不断提升;加大原材料检查力度,累计抽检材料724组,清除不合格材料21批次,确保了原材料质量。深入推进施工标准化,在招标文件中增加了施工标准化的相关条款,开展培训、宣贯和标准化考核评价工作,2014年全省高速公路施工标准化综合得分92.76分,较2013年度提高了1.73分。

开展“质量提升年”活动，工程指标合格率稳步提升，路面主体工程、路面附属工程、交安工程和原材料总体指标合格率分别达到96.91%、83.1%、96.2%和100%。

加强质量综合大检查，全年共查处各类质量问题656项，累计通报表扬施工企业9家、监理单位1家，通报批评施工企业1家、监理企业3家、甲供材料厂家1家、施工单位管理人员3人次、监理人员3人次。

(二)安全生产

“平安工地”考核增加经济处罚措施，充分发挥经济杠杆作用，提高了施工企业安全生产投入的积极性和责任意识；引进专业安全生产咨询单位，在新开工项目委托专业机构进行安全生产风险评估；组织安全生产综合检查，针对通车项目加强交通管制，确保了通车前的交通安全；充分发挥沈平项目交通分流保障领导小组的作用，通过周密组织、科学调度初步实现了第一阶段调流预期目标。

(三)招标投标

实行项目负责人制、清标交叉复核制、清标结果集体讨论制、清标工作痕迹可追溯制，使招标投标工作程序更加严谨、规范；精简备案环节，完善了备案制度，对文件报备形式进行了调整，简化、节省了文件流转环节和时间，提高了招标工作效率；采取自行招标与委托招标并行的招标组织形式，选取专业性较强的单体项目引入招标代理，提高招标工作专业性，保证招标工作质量；调整中标候选人公示内容、公示期限及中标公示期限，评标结果接受社会监督，确保招标工作公开、透明。

(四)财务管理

积极配合省交通厅做好建设资金的筹措工作，及时向省交通厅报送年度、月度资金需求计划，节约了建设期贷款利息。同时做好建设资金拨付及银行账户清理工作，加强了建设资金使用的审核和监督，及时完成建设资金计量与支付工作，确保工程建设资金需求；对已通车项目的银行账户及时清理，共注销银行账户26个，保证了建设资金的安全高效使用。

五、完善保障措施

(一)技术支撑

以沈平高速公路改扩建工程为依托，深入推广应用抗冻引气混凝土技术，并通过引入国内高校合作开展专项技术咨询，促进建设实践技术保障能力进一步增强；全面贯彻落实“智慧交通”建设，组织研发覆盖建设管理关键环节的《辽宁省高速公路建设项目综合管理平台》系统，进一步提升辽宁省高速公路建设领域的信息化管理水平；推动“管控一体化”系统升级，数据采集精度显著提升，重点功能模块得到加强。共对63.5万吨沥青混合料、3.6万吨水泥混凝土进行了生产数据采集，全省39个试验室共采集试验数据6.8万组，实现了对拌和站及试验室的有效管控。

(二)组织保障

围绕教育实践活动加强党建，充分发挥党组织的战斗堡垒作用。围绕群众路线教育实践活动，通过座谈会等形式广泛听取群众意见，不断转变工作作风，提升工作质量。通过深入学习了党的十八届四中全会精神、习近平总书记系列讲话等，不断提高党员的党性修养。通过组织党员活动，加强党员的心灵洗礼，增强为民服务意识。通过严格的组织考核，发展3名中共预备党员，为党组织注入新力量。

加强廉政纪律保障，打造和谐高速公路建设环境。认真贯彻廉政工作精神，严格执行诫勉谈话和廉政举报电话公示制度，增强全员廉洁自律、遵章守纪的自觉性。建立了评标(审)专用工作室，运用电子设备，实现了全过程、全方位录音录像，加强招标投标环节和设计变更审查的廉政管理力度。积极做好信访和法律工作，准确把握中共中央、国务院等新政策新法规，及时解决上访、涉诉问题，通过抓重大涉诉案件缓解了农业设施恶意巨额诉讼频发的难题。

以人为本，培养良好的建设团队。以提高工作效率为目标，不断加强队伍建设；通过组织培训，提升职工的业务水平；积极开展足球赛等活动，提升队伍的凝聚力和战斗力。加强人才培养和干部梯队建设，组织完成了局中层岗位竞聘，择优选用了业务能力强、群众基础好的中层管理干部，使全局的整体管理水平得到巩固和提升。

六、结束语

通过管理提升等一系列的探索与革新，2014年在圆满完成年度86亿元投资目标，3个高速公路项目建成通车，实现全省陆地县“县县通高速”的基础上，辽宁省高速公路建设管理取得了良好的成绩。在工程质量方面，通车项目路面工程交工检测总体合格率创下99.6%的历史新高，施工标准化水平显著提高，路基填料压实度、混凝土强度等关键指标合格率均达到97%以上的历年较高水平；在安全生产方面，全省各项目全部实现了“零伤亡”的既定目标，“平安工地”年度评分均达到“示范”等级。

在取得成绩的同时，经过更深层次思考，辽宁省高速公路建设管理还存在着一些需要改进的地方。在工程设计变更管理的节点梳理、流程及时限控制等方面，仍未达到预期的管理提升目标；在征地动迁推进方面，与地方政府的沟通，与多部门的协调，仍然需要进一步加强。同时，新形势变化下出现的问题，如土地审批问题、项目指挥部与总监办联署办公等体制改革等都将成为下一步要积极研究探索的新课题。

面对2015年全省高速公路建设计划投资63亿元的总目标，在当前经济发展的新常态下，为适应辽宁省高速公路建设发展的新形势，实现高速公路建设的科学发展、安全发展、协调发展，我们必须始终高度重视，紧紧围绕管理提升，进一步向内挖潜，不断追根溯源地查找问题、发现问题，不断思考研究新的提升方向和提升措施，以更高的目标要求，更精细化的管理手段，全力推进辽宁省高速公路建设管理和质量安全水平更加全面的提升。

（执笔人：辽宁省高等级公路建设局　杨　昊）

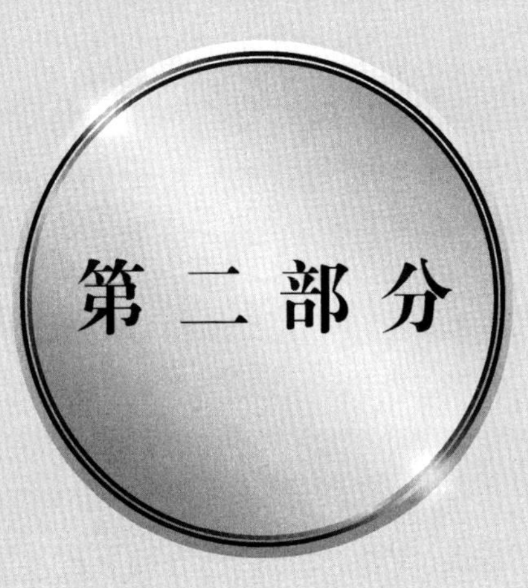

第二部分

关于以信息化提升交通运输管理和服务水平的思考

信息化是当今世界经济和社会发展的重要特征。党的十八大确立“新四化”，提出信息化与新型工业化、城镇化、农业现代化同步发展，信息化成为未来发展的动力和途径。作为国民经济的基础产业和服务业的重要组成部分，交通运输行业大规模推广应用信息技术可以有效监管交通运行状态、节能降耗、合理配置资源、减轻交通压力、提高运输效率。按照辽宁省交通厅党组关于开展调研工作的要求，为又好又快地推动交通运输信息化建设，支撑现代交通运输业发展，通信信息总站开展了调查研究工作，形成调研结果。

一、辽宁交通信息化发展现状

“十一五”以来，按照转方式调结构、加快发展现代交通运输业的要求，贯彻集约、共享、协同、服务、智能的总体思路，坚持“覆盖全局、深化应用，资源共享、业务协同，注重实效、提升服务，创新驱动、提升水平，规范标准、安全保障”原则，辽宁省交通信息化在电子政务、行业监管、公众服务、应急处置等方面都得到了快速发展和进步，交通信息资源开发与利用水平不断提高，决策支持能力不断加强，服务水平不断提升，有力支撑了全省交通事业的发展。

(1)基础设施建设方面。完善了交通数据专网，扩建了视频专网，基础网络覆盖面进一步扩大；初步构建了包含普通公路、高速公路、道路运输、公路路政、质量监督等“交通基础数据库”、“主题数据库”、“元数据库”的省级数据中心，启动了交通云数据中心基础设施平台建设；建成了交通地理信息共享平台、卫星定位管理平台、图像管理平台、交通办公自动化平台。

(2)电子政务方面。不断完善内外网门户网站，集成了交通应用系统、在线查询系统、网上办事、政民互动系统等，积极推进了政府信息公开、行政权力公开，以及网上办事和行政审批等业务；开发了道路客运联网售票系统，实现网上购票；开发了全省交通科技共享管理平台；开展政企合作，共同开发了公众出行服务系统；实现高速公路、普通公路路况等服务信息百度云服务；开通了96199、12328监督服务热线，全省ETC覆盖率达100%，并实现与邻省联网。

(3)行业监管方面。不断深化公路水路业务系统应用，加强各行业信息化的顶层设计，公路水路运输经营业户、从业人员、营运车辆、船舶、路网等重要基础数据库进一步完善；积极开展公路水路建设和运输市场信用信息考核，建立信用信息服务系统；建立重点运营车辆监控体系，实现对重点车辆的联网联控；采用全省地理信息"一张图"，实现全省的交通基础设施、交通状况、救灾物资配置等信息共享；建设交通电子监察系统，加强对行政许可的监管。

(4)监测能力方面。监控与监测设施建设得到进一步完善，固定和移动视频监测在公路管理、场站、治超和应急指挥中得到更广泛的应用；建成了辽宁省应急指挥平台，实现路网基础数据与地理信息、卫星定位信息、图像视频的集成；高速公路及普通公路重点路段监测覆盖率分别达到了100%、70%；建设了省交通厅视频会议系统和应急会商系统。

(5)信息化支撑体系建设方面。进一步强化组织管理体系，省交通厅成立了网络安全与信息化领导小组，落实了信息化管理机构和人员；交通信息化标准体系、安全运维体系不断完善，先后制定了《辽宁省交通信息化标准体系》、《交通厅数据交换标准》等多项技术规范，建立健全了管理制度，确保信息化工作有序发展。

二、辽宁交通信息化面临的问题

(1)辽宁省交通信息化整体发展水平不能适应发展需求。表现在全省交通信息化整体发展水平和质量不高，个别领域仍处在信息化建设初期阶段；信息资源整合不够，市县级交通部门及部分行业发展不平衡，信息孤岛现象依然存在。

(2)业务应用品质不高。表现在信息化对交通运输传统产业改造还浮于表面，业务模式及机制创新、业务流程优化及规范化不足，信息系统和业务管理结合不紧密，信息资源交换共享不充分，很多业务仅仅是手工流程在计算机上的重复应用，信息化实用性和适应性不强，投入产出效益不显著。

(3)信息资源的综合利用有待提升。交通信息化积累了大量的基础资源，但这些数据多是静态的存储，系统而完整的历史数据保留较少，很多应用只做业务处理上的查询应用，缺乏深度的整合、挖掘、分析，缺乏知识层面的管理与提升，信息的应用价值有待深入的挖掘和利用。

(4)信息服务形式单一、内容少。交通出行信息少，缺乏有效整合，移动互联网等新的信息服务方式开发不足，个性化、多样性服务不足，信息服务质量与社会公众的信息服务体验需求存在差距。

(5)持续发展能力不足。发展交通信息化的决心与动力不足，用信息化改造传统产业的落脚点不清晰；信息化统筹发展环境建设相对滞后，政策机制、业务架构、技术体系、资金人才、信息化意识等制约信息化发展的瓶颈未得到有效缓解；依赖政府投资，引导社会力量投入的措施不多、力度不够；服务领域的市场化进程较慢，不能有效满足社会需求。

三、信息化是提升交通管理和服务水平的必由之路

“十三五”期是我国全面建成小康社会的关键时期，也是我国全面深化改革、推进国家治理体系和治理能力现代化的关键时期。充分利用信息技术转变交通发展方式，积极适应经济新常态，优化交通运输结构，通过信息资源网络化、交通管理科学化、运输活动智能化引领交通运输业发展，实现提质增效升级，是当前和今后一个时期交通运输发展的战略任务。

（一）发展信息化是提升交通管理的重要保障

（1）基础设施运行监测方面。随着辽宁交通基础设施和运输装备总量不断增大，公路总里程不断增长，民用车辆持续增长，辽宁交通运输管理能力面临巨大挑战。通过应用信息感知技术，加强对交通基础设施和运输装备的运行监测，可提高交通基础设施和运输装备运行效率和智能化管理水平；加强对公路水路交通运行状态及运行环境的动态监测，可以实现对公路沿线及重点区域的气象与灾害自动监测与预警预报。

（2）行业发展方面。建设交通云计算基础支撑体系，实现交通专有云服务，面向综合交通、基于云计算数据中心的架构统筹开发业务应用系统，实现业务的协同。完善各部门业务系统功能，整合各部门的资源、基础设施和业务应用，建设路网运行、养护、管理、应急服务的一体化智慧路网管理体系；建设行政许可、行政处罚、运输信用、物流服务、智能公交等协同管理的智慧运输、智慧港航、智慧路政、智慧质安等管理体系，实现信息的互通与共享、业务的优化与协同、服务的整合与规范，打造互联互通综合管理体系。

（3）安全应急方面。加快应急保障体系建设，提高应急反应能力，统筹建立覆盖全省各级路网、市级行管部门的管理与应急处置中心平台体系，实现运行监测、协调会商与指挥调度，为公众出行服务和应急处置提供支撑。实现交通运行状况的全面实时掌控，提高交通主管部门的运行掌握能力和科学决策能力。

（4）科学决策方面。加大全省交通数据的整合与应用，完善数据采集机制，加强数据的挖掘分析，提升交通运输经济运行监测预警与决策分析能力，实现交通运输统计与业务管理系统有效衔接，结合云计算数据中心的建设完成数据资源的整合，拓展统计数据采集渠道，增强统计数据的鲜活性和及时性，提高统计快速响应能力，改进交通行业宏观经济运行监测预警分析手段。

(二)发展信息化是提高交通对社会服务的手段和途径

(1)公众出行信息服务方面。整合路网监测监控系统、运政管理系统的信息资源,采用政企合作的模式搭建出行服务综合信息平台,构建综合交通出行服务信息云服务模式,积极推动众包服务模式发展,实现多源交通信息的融合与萃取,提供泛在集成的交通出行信息服务与智能分析,建成惠民便民信息服务体系,提升交通服务质量,向社会提供集多种运输方式为一体的综合交通服务信息,使公众可以以多种形式获得出行前中后的集成连续信息服务、售票服务、电子支付、出行导引等多样化的服务,满足人们交通出行的新期待。

(2)公路出行方面。通过应用不停车收费与非现金支付技术,全面提高交通运输领域收费与支付的便捷性。利用手机信令数据提供高速公路动态运行状况,开展高速公路多车道智能诱导服务、雨雪雾天等灾害性天气的气象服务,以及应急救援服务等。

(3)网上办事服务方面。以便民服务为宗旨,利用交通门户网站建设交通行政许可、行政执法网上办事平台,为公众提供行政许可、行政执法和在线咨询等服务,提升政务信息服务和网上办事的透明度、便捷性。建立统一的公路水路建设市场、运输市场信用信息服务平台,为社会和公众提供公开透明、共享开放的信用信息服务。建设共享开放的公共物流信息服务平台,为用户提供各类信息服务。推动交通客运电子支付和电子客票服务、客运联程联网服务,实现公路、铁路、民航等不同运输方式客运一体化服务。

总之,信息化是提升交通行业管理水平的重要手段和工具。大力发展交通信息化,充分利用信息化手段提升交通管理和服务水平,有助于破解交通现代化过程中遇到的问题。

(执笔人:通信信息总站　李　涛)

辽宁省道路客运价格体系运行情况的思考

根据交通运输部和国家发改委联合发布的《汽车运价规则》和《道路运输价格管理规定》,2009 年 9 月后陆续有部分省份出台或调整了具体的运价实施细则。目前辽宁省仍执行 2000 年发布施行的《辽宁省汽车运价实施细则》,其中确定的旅客基本运价率为 0.072 元/人千米。近年来,随着道路客运企业在职工薪酬、固定资产折旧、修理费、保险费等成本费用方面支出压力倍增,调整基准运价率的需求日益迫切。尤其是农村客运班线,已在大连、丹东和本溪等市出现个别提出运价率过低诉求的信访事件。

党的十八届三中全会明确提出"使市场在资源配置中起决定性作用的基础"。为更好适应国家城乡客运一体化发展需要,规范道路运输价格管理,保护旅客和道路运输经营者的合法权益,促进道路运输健康发展,辽宁省迫切需要对现行道路客运价格体系进行重大调整。

一、辽宁省道路客运价格体系基本情况

根据辽宁省物价局和省交通厅联合印发的《辽宁省汽车运价实施细则》规定,道路客运票价=(客车车型运价率+客建基金)×旅客乘车里程+其他费收。其中,车型运价率是在辽宁省基本运价率 0.072 元/人千米基础上,按不同车型、不同客车分类实行的差别运价率,允许在基础运价率的基础上下浮动 20%。2007 年以后已按照国家发改委的要求,取消各项加成项目。

按照《辽宁省人民政府办公厅转发省物价局等部门关于贯彻国家石油价格形成机制综合配套改革方案实施意见的通知》(辽政办发〔2006〕17 号)文件要求,辽宁省对道路客运旅客(不含农村道路客运)收取燃油附加费。截至 2014 年 9 月 29 日,相对于 2006 年成品油价格改革时点基数,柴油市场价格累计上浮 3585 元/吨,按照油运价格联动机制可上浮 1.1 厘×36 档=0.0396 元/人公里。虽然油运联动机制缓解了部分燃油成本压力,但道路客运安全及其他经营成本上涨过快,经营者调价需求日益迫切。

二、部分道路客运线路经营成本变化情况

随着国民经济的发展,特别是近年来社会整体消费水平的提高,构成道路

客运经营成本的各项费用,主要包括职工薪酬、燃料、轮胎、固定资产折旧、修理费、过路(桥)费、车船使用税、行车事故费、保险费和其他均有了较大提升。农村道路客运价格因享受燃油补贴,运价率一直保持不变,经营者基本处于微利或亏损状态。

(一)农村客运线路

据大连市交通运输集团2010年统计,相对于2000年燃油价格上涨3倍、高速公路通过费上浮45%、节能减排促使车辆购置价格上涨20%、车辆主要零配件价格整体上涨75%、车辆保险费上涨3.3倍、人工成本费用上涨1.7倍,均导致道路客运经营成本大幅增加,个别农村线路(大连至金州线路)即使按实载率130%测算,仍为亏损经营。

据鞍山市车辆运输管理处测算,部分农村客运线路2012年客运经营成本相对于2009年国家燃油费税改革前大约上浮10%~30%。如海城至腾鳌线路,单车运营成本上涨29.6%;岫岩至偏岭线路,单车运营成本上涨10.4%。

据丹东市东港客运公司测算,以东港至马家店的19座线路班车为例,按70%实载率计算班车每日收入500元,而经营成本也为500元(包括驾乘工资150元,燃油消耗220元,其他费用约130元),基本没有利润空间。

(二)其他道路客运线路

据鞍山市车辆运输管理处测算,部分道路客运线路2012年客运经营成本相对于2009年国家燃油费税改革前大约上浮20%。如鞍山至北京线路,单车运营成本上涨21.1%;如鞍山至通化线路,单车运营成本上涨18.3%。

本溪市由于道路客运成本增长过快,且已全部取消普通公路收费,多数经营业户亏损,存在诸多不稳定因素。初步调查,2012年相对于2000年驾驶员工资增加5倍,车辆保险增加4.3倍,柴油价格增加2.6倍。

三、国内部分省份调价情况

根据交通运输部和国家发改委联合发布的《道路运输价格管理规定》第十条规定,“道路班车客运政府指导价可以参取制定基准价及上下浮动幅度,也可以采取制定上限票价及下浮幅度的方式”。2009年后国内部分省份均已陆续出台地方运价实施细则,调整基准运价率水平,大部分省份实行上限票价的管理方式。

吉林省2010年8月发布《吉林省汽车运价及客运站收费实施细则》将基准运价调整为0.0997元/人公里,并实行上限票价核定,区分道路条件和运输距离确定运价,执行票价备案。

河北省2012年3月发布《河北省汽车运价规则》(冀价经费〔2012〕10号)

将基准运价调整为0.096元/人公里，并实行上限票价核定，执行票价提前20日备案。

广东省2010年1月发布《广东省汽车运价规则实施细则》（粤交运〔2010〕57号），将基准运价调整为0.13元/人公里，实行上限票价核定和执行票价备案。

江苏省2009年12月发布《江苏省汽车运价规则》（苏价服〔2009〕402号），将基准运价调整为0.11元/人公里，实行最高限价管理和执行票价备案。

湖北省2011年4月发布《湖北省汽车运价规则实施细则》（鄂交运〔2011〕140号），将基准运价调整为0.146元/人公里，实行上限票价核定，执行票价提前两周备案。

黑龙江省2013年8月发布《黑龙江省汽车运价规则》（黑交发〔2013〕321号），将基准运价调整为0.0874元/人公里，实行区间指导价，区分道路条件和运输距离确定运价，执行票价备案。

四、存在的主要问题

辽宁省部分农村客运线路，由于长期运价偏低，有些乡镇还没有通客车。现有的农村客车普遍车况差，运营服务水平低。特别是途经相对偏僻乡镇的线路，村民缺少出行工具，车主却不愿意经营乡村班线。这种尴尬情况很大程度是由于农村客运票价低、客流少，成本高，补贴不到位造成的。

现行的运价率已低于客运企业运行成本，上下浮动的指导价定价形式无法调动道路客运经营者的积极性和主动性。由于客运企业微利或亏损运营，导致企业没有能力加大安全生产和人工成本投入，间接造成一定程度的道路运输安全隐患。

现行运价体系未明确城际客运公交化线路和高端商务班车定价机制，无法适应沈阳经济区城际客运体系建设和空港城际快线发展需要。

五、完善价格体系的对策和建议

根据交通运输部和国家发改委联合发布的《汽车运价规则》和《道路运输价格管理规定》，以及《价格法》、《政府制定价格成本监审办法》等规定，借鉴相关省份经验，结合全省道路客运价格实际情况，为合理疏导客运企业成本压力，建议及时修订《辽宁省汽车运价实施细则》，对辽宁省道路客运企业实施成本监审，调整省道路客运基准运价率；进一步发挥市场的自我调节作用，调整政府指导价形式，实施上限价格管理，按照班线类别分类执行备案。

按照合理的成本利润水平，结合辽宁省农村客运实际情况和社会消费水平,适时上调农村客运票价。现行运价水平既无法保证农民的出行便捷,又导致现有线路经营者入不敷出,广大群众对解决农村客运经营困难问题的呼声较大。现在的农村客运亟待提高票价,让经营者得到合理的利润,进而做到对农民出行权益的真正维护。各级政府应站在消除"城乡二元化"高度,加大对农村客运的补贴力度,积极完善相关财政扶持政策,对农村客运执行与城市公共交通相同的相关税费优惠和政府补贴。

空港快线等新兴运输组织形式,应成为经济"新常态"下满足特殊出行群体个性化出行需求的方式。空港快线是为了满足沈阳桃仙机场发展规划开辟的,主要服务于航空旅客,同时兼顾机场接送旅客人群,提供"点对点、安全、快捷、舒适"的道路客运服务,运营服务标准高,具备较高的舒适度,直达机场候机楼,真正实现空地运输无缝隙衔接。其服务群体相对稳定但客流较小。建议通过优质服务和规范运营,按照"优质优价"和市场化运作原则,采用与一般道路客运线路不同的价格定位,单独核定票价。同时,保持与公交车、出租车等其他交通工具的合理比价,形成良性竞争,为不同需求层次的航空旅客提供多种交通工具的选择。

(执笔人:辽宁省交通厅运输管理局　梁　锋;
辽宁省交通高等专科学校　王凌艳)

辽宁省高速公路道路市场化养护模式探讨

截至2014年年底,辽宁省高速公路通车里程达到4172公里。随着兴城至建昌高速公路的开通,全省所有陆地县100%通高速的目标实现了。辽宁省高速公路道路市场化养护工作从2008年的丹大高速公路开始试点,2009年扩大至沈丹、沈大、盘海营、本辽辽等高速公路。2010年,全省高速公路全面实行道路市场化养护,彻底实现了"管养分离"。

随着道路市场化养护工作的运行和不断深入,原有的市场化养护管理模式、相关的养护质量评定考核办法以及养护费用定额标准等诸多方面显现出较多不适应的环节,也逐步出现了养护单位投入不足、管理处监管不力、养护质量下滑、路域形象较差等突出问题。为了全面总结辽宁高速公路市场化养护经验,确保新一轮道路市场化养护工作的良好效果,辽宁省高速公路管理局在2013年先后组织全局各管理处和各家养护单位召开座谈会,客观分析和研究当前养护工作中存在的问题,并对2014年新一轮市场化养护工作招标、评标、合同条款修订以及试行计量支付等问题进行了深入研讨,在充分借鉴湖北京珠、江西赣粤等高速管理经验的基础上,经过认真细致的研究和反复讨论,初步形成了新一轮市场化养护模式。

一、招标范围和招标组织

新一轮道路市场化养护招标工作由各管理处自行组织实施,为保证招标人主体与合同签订主体的一致性,由省高速公路管理局授权管理处进行养护项目的招标,即招标人、合同签订的主体均为管理处。局负责指导、监督,并制定统一的招标文件、技术规范、合同文件等资料范本。

招标范围为全省内所有高速公路路基、路面、桥涵、交通安全设施、绿化工程的维修保养、应急保畅等专项工程的实施及缺陷修复,以及交通肇事现场的清理及路产恢复工作。以20个管理处的管养里程为界限划分为20个合同段,实行"一处一公司"的模式,每个合同段均设立独立的项目管理及财务机构。

对投标人的资格要求为"公路养护工程施工二类甲级资质"。财务最低要求注册资本金不低于1000万元且在2012年的年末流动资产与流动负债比大于1;业绩最低要求具有高速公路或一级公路养护工程5年以上作业经历且近3

年至少独立完成过一项不少于30公里的高速公路道路养护项目合同工程。

业主控制价上限以2013年1月省交通厅审核批复的《辽宁省高速公路管理综合计划定额指标》的基础上,对全省高速公路保养费用定额进行调整、补充和完善,并以此作为业主控制价上限的编制依据。调整后单公里养护费用由原来的41158元增加到59946元,增加了18788元。养护费用的适时提高,保证了市场化养护单位的合理利润,为提高养护作业质量、提升养护管理水平奠定了基础。投标控制价上限的编制由管理处组织相关技术人员组成控制价上限编制小组,编制依据为2013年《辽宁省高速公路管理综合计划定额指标》,在此基础上增加人工保洁、机械化清扫、绿化养护和利润税金。各管理处结合本处的实际情况对管辖路段分线路分年度编制出每条线路每个年度的控制价上限,最终汇总成管理处的投标控制价上限。编制完成后进行控制价上限专家评审,评审上限的专家主要由局相关专业技术委员会的专家组成。评审专家与管理处招标人代表共同组成上限评审委员会开展评审工作,局工程养护处、监察处全过程监督。

经向多名省内外专家征询意见,对于养护类工艺简单的工程项目,专家推荐采用"单信封形式的综合评估法"。满分为100分,投标报价占50分,技术部分占50分。投标报价等于评标基准价时得满分,每高于一个百分点扣2分,每低于一个百分点扣1分,中间值按比例内插。技术部分由四项内容构成:一是养护工作计划,包括养护总体计划、重难点理解、质量保证措施、人工保洁养护措施、养护人员绩效考核措施、安全生产措施、文明施工措施;二是项目管理机构,包括项目经理、备选项目经理、其他管理人员技术职称;三是财务能力;四是企业业绩。

管理处组织清标小组进行清标工作。清标结束后,由管理处到局监察处在省交通厅专家库中随机抽取评标专家进行评标工作。评标委员会按照得分由高到低顺序推荐中标候选人,但投标报价低于成本的除外。当两家及以上投标人的最终得分相等时,若投标价不相等,以投标价较低者优先;当两家及以上投标人最终得分相等且投标价也相等时,若各投标人工程量清单子目单价也相同时,视为串标,投标均被否决。当两家及以上投标人最终得分相等且投标价也相等时,若各投标人工程量清单子目单价不尽相同时,由评标委员会根据投标人养护工作计划投票确定其名次。局工程养护处、监察处全过程监督清标和评标工作。评标结束后由管理处班子定标,定标要求有班子会会议记录,评标报告、评定结果以正式文件报局核备。

二、合同条款修订

原承包合同中内容太多,过于繁复。此次招标简化承包合同,甲乙双方按交通部招标文件范本中《合同协议书》格式签订合同，重新归纳整理承包合同中约定的内容，并入招标文件专用条款中相对应条款。

(1)开工预付款在合同期内第一年度支付一次，支付金额为合同总金额(不含暂列金额)的2%。承包人需严格遵守投标文件载明的对人员、设备的承诺，在签订合同后60日内确保承诺的人员及养护设备全部到场，并能满足发包人对养护施工的要求。在此前提下，发包人在收到开工预付款支付证书14天内进行核批，并一次性支付开工预付款。开工预付款在当年期中支付证书的累计金额未达到合同总金额(不含暂列金额)的4%之前不予扣回，从达到扣回金额标准的月份起至第一年年底前按等额扣完全部预付款。

(2)双方对于由道路设施损坏或路面存在散落物引发的交通事故责任分担进行了重新界定：白天(每日的6—18时)养护单位承担100%责任；夜间(每日的0—6时、18—24时)，如管理处发现并已通知养护单位，自通知N分钟以后引发的交通事故由养护单位承担100%责任。管理处未通知养护单位和发出通知N分钟以内所引发的交通事故的，管理处承担100%责任。其中，事故隐患所在地与最近的养护工区距离$M \leqslant 30$公里时，$N=30$；当30公里$<M \leqslant 60$公里时，$N=45$；当$M>60$公里时，$N=60$。目前全省平均每个工区管养里程不超过80公里。

(3)合同解除条款相关规定：一是签订合同2个月内，投标人必须对自有的设备提供自有证明，否则解除合同。二是当承包人未能按合同进度计划及时完成合同约定的工作，已造成或预期造成工期延误，发包人向承包人发出整改通知，要求其在指定的期限内改正。发包人发出整改通知28天后，承包人仍不纠正违约行为的，发包人可向承包人发出解除合同通知。合同解除后，发包人可派员进驻施工场地，另行组织人员或委托其他承包人施工。三是当承包人无法继续履行或明确表示不履行或实质上已停止履行合同，发包人可通知承包人立即解除合同。

(4)养护单位有责任维持现有设施：一是维持道路和其他受影响的原有地方交通，在任何时候必须按规定设置安全标志，安排现场交通指挥工作。在施工过程中做出的临时交通标志，施工完毕后应立即恢复，保证道路正常通行。二是防止养护基地受养护材料的影响和污染，维持原来电力、电信管线(不需拆迁的)的正常使用。三是养护单位因疏忽而导致事故的发生，一切责任由养护单位自行承担。

(5)变更的估价原则的调整。为切实加强辽宁省高速公路工程的养护管理，规范工程变更程序，严格控制工程造价，发包人在项目的变更管理过程中，将严格执行辽宁省交通厅制定的《辽宁省公路工程设计变更管理办法(试行)》

(辽交建发〔2012〕401号)和辽宁省高速公路管理局制定的相关规程和制度。

(6)物价波动引起的价格调整。在合同实施期间,人工费的调整将按照辽宁省政府相关部门及省交通厅出台的政策性文件执行。汽柴油、沥青等主材费调整将按照厅局制定的相关规定执行。

(7)对于交通肇事现场的清理及路产恢复工作,此次合同中明确:在不超过赔偿修复标准、保证质量的前提下,管理处可自行决定材料采购方式以及肇事现场清理、路产恢复费用。

(8)有关机械设备租赁完全市场化。如养护单位拟从管理处租赁设备,双方直接签订租赁合同。

(9)合同内缺失苗木的补植工作要求在每年春季进行,原则要求5月1日前全部完成,补植规格不低于原有规格,补植品种不得随意更换,补植后苗木保存率100%。其中,沈桃机场路植物保存率要求在92%以上(草坪花卉99%以上),缺陷量在8%(草坪花卉不大于1%)以内的,缺陷补植由合同清单内解决,超出部分由养护单位自行承担;其他线路植物保存率在95%以上(草坪花卉99%以上),缺陷量不大于5%(草坪花卉不大于1%),缺陷补植量由合同清单内解决,超出部分由养护单位自行承担。发生严重低温气候、台风等不可抗拒非养护原因导致苗木大范围损毁的情况,则根据厅、局专家委员会鉴定意见,由局负责投资统一完成损毁修复。

三、管理模式的调整

(1)支付方式的调整。由原总价合同、月考核评定、按比例支付的方式调整为计量支付方式。即对现有养护项目全部实行清单计量方式,按《辽宁省高速公路养护技术规范(试行)》条款,对工程量清单中的每一项目都有对应的工作范围、质量要求、考核标准及计量支付方法。各管理处通过计量支付方式可以增加管理权限,严格控制养护工程实施、养护费用支出等关键环节。养护单位多劳多得、不劳不得,从根本上调动养护单位的积极性、主动型。

(2)考核方式的调整。原道路市场化养护管理只有对养护单位的处罚,没有奖励机制,无法调动各单位的积极性。新一轮市场化养护实施以后,各管理处作为项目法人与中标单位签订合同,全权负责管段内高速公路养护项目的招标、考核评定、计量支付、安全生产等工作。省高速公路管理局通过全局综合大检查、养护处季度检查以及聘请社会公司"暗访"考核等多种检查手段,加强对各管理处和市场化养护单位的工作监管和质量评定,同时制定道路养护工作优养优酬实施办法,实现养护工作的奖优罚劣,充分调动各管理处、养护单位的工作积极性,实现高速公路道路养护工作的良性发展。

（3）合同管理的调整。重点把握四个环节：一是明确养护内容。养护单位要严格按照合同约定完成合同段内高速公路的小修保养及缺陷修复工作，同时完成合同段内小型水毁抢修工作、交通肇事现场的清理及恢复、防汛及除雪防滑等灾害预防工作。二是严格各项养护管理制度的落实。要求养护单位按照省高速公路管理局各项养护管理制度建立项目经理、项目总工及养护工人工作职责，养护工区管理、材料管理、安全管理及日常养护巡查、维修制度，确保各项养护管理制度落实到位、养护管理规范、养护效果良好。三是明确各管理处和养护单位之间的权责关系。各管理处对养护单位的进度、质量、隐蔽工程和合同执行进行监督检查，负责价款的核定和签证、道路养护项目转序签证和中间验收、养护价款结算签证等。养护单位违反操作规程、工艺或其施工方法存在生产安全、质量安全隐患的，各管理处有权责令停工，进行整顿。养护单位必须接受各管理处的检查、监督和指令。对不合格的养护作业项目，要无条件返工。四是科学评价。局处联合对养护单位进行“优养优酬”工作评价。

经过多年总结完善，在集中统一管理体制下，辽宁省高速公路管理局充分发挥整体统筹安排优势，结合实际需求，科学制定方案，合理配置资源，加大资金投入，建立起预防性养护、机械化养护等管理体系，制定了市场准入、招标管理、计量支付、质量考核等指标管理办法，形成了较为完善的市场化养护与专业化养护模式，全面提高了高速公路养护质量和效率。

（执笔人：辽宁省高速公路管理局　冯卫东　马　尚）

辽宁省高速公路交通安全评价与改善措施探讨

改革开放以来,我国公路建设迅速发展。到2014年年底,我国高速公路的通车总里程达11.2万公里,居世界第一位。我国高速公路单位里程事故率和亿车公里死亡率趋于下降,但交通事故总量仍在高位徘徊,且高速公路交通事故的严重程度呈逐年上升趋势。十年间,我国高速公路里程年均增长率达33.2%,死亡人数年均增长率达19.9%,受伤人数年均增长率达到10.9%,死伤人数分别增加了2.8倍与2.0倍。交通事故每死亡11人,就有1人死于高速公路,伤亡人数占公路交通事故比例逐年提高。高速公路致死率与死伤比要比国道分别高出15.4%和22.2%。

本文以辽宁省交通量较大的沈山、沈大、沈丹、长深、沈康、平康六条高速公路为代表,从交通量组成、运行速度、交通事故等方面对高速公路进行运行状况、安全状况评价,并提出了宏观安全对策。

一、辽宁省高速公路运营状况分析

(一)交通量及交通组成分析

沈山、沈大、沈丹、长深、沈康、平康六条高速公路交通量及交通组成见表1。沈山高速公路交通量最大,大型车比例超过60%。大型车比例最小的是沈丹高速公路。

高速公路各断面交通量及交通组成一览表　　表1

高速公路名称	断面平均高峰小时标准小客车交通量(辆/小时)	断面平均全日标准小客车交通量(辆)	高峰小时交通量占日交通量比值(%)	大型车比例(%)
沈山	4058	68840	5.9	60.00
沈大	2578	41338	6.2	29.00
沈丹	856	12320	6.8	15.60
长深	1258	18046	7.0	54.10
沈康	1122	11374	10.9	50.60
平康	1306	13842	10.0	60.60

(二)运行速度调查与分析

六条高速公路各调查断面客车、大货车的平均车速及运行速度(取 85%位车速)统计结果见表 2。

高速公路各断面平均速度统计一览表(单位:公里/小时)　　表 2

高速公路	小客车				大货车			
	小型车车道/超车道		中小型车车道/行车道		中小型车车道/行车道		大型车车道	
	平均速度	运行速度	平均速度	运行速度	平均速度	运行速度	平均速度	运行速度
沈山	112.31	126.70	112.53	129.04	77.50	86.34	71.12	80.74
沈大	112.30	125.94	107.82	122.30	78.57	91.21	72.07	86.23
沈丹	107.58	124.37	98.64	113.83	74.96	86.52		
长深	113.95	130.26	103.52	122.79	74.78	85.52		
沈康	106.73	123.92	100.36	117.89	73.19	80.74		
平康	114.01	130.22	104.15	122.91	74.18	83.47		

从表 2 中各种车型车辆平均速度和运行速度,可以看出沈山高速公路尽管交通量较大,但运行速度依然较高,小客车和大货车平均运行速度分别为 126~129 公里/小时和 80~86 公里/小时;沈大高速公路运行速度状况良好,且运行速度由小型车超车道、小型车行车道、大型车超车道、大型车型车道呈递减分布,小客车和大货车平均运行速度分别为 122~126 公里/小时和 86~91 公里/小时;沈丹高速公路相对于 100 公里/小时的设计速度而言,车辆实际运行速度较高,小客车和大货车平均运行速度分别为 113~124 公里/小时和 86.5 公里/小时;长深、沈康、平康高速公路各断面小客车的运行速度与设计速度是一致的。

(三)交通运行状况评价

(1)沈山高速公路交通运行状况评价

作为连接关内和关外的重要通道,沈山高速公路是一个明显的重载交通公路,大型车的比例高达 60%以上,这与该公路在公路网中的地位和作用是相匹配的。该公路目前交通负荷较大,日交通量已接近六车道高速公路适应交通量的上限值。大型车混入率高导致道路通行能力明显偏低。虽然大小型车的运行速度依然较高,但交通已接近饱和,交通服务水平均在较差的二级及以下。显然,沈山高速公路进行改扩建是十分必要的。

(2)沈大高速公路交通运行状况评价

作为辽东半岛经济圈的轴心、东北地区交通运输的大动脉,沈大高速公路自 2004 年改扩建为八车道高速公路以来,交通运行状况良好。相对于八车道高速公路的适应交通量而言,该路目前交通量不大。由于大型车比例适中,道路实际通行能力尚较大。大小型车的运行速度较高,而高峰期的饱和度又较低。沈大高速公路的交通运行可达到较高的一级服务水平。

(3)沈丹高速公路交通运行状况评价

沈丹高速公路目前交通量较小,大型车所占比例不到16%,因此道路通行能力较强且有较大富余。交通负荷较小,各断面平均的饱和度只有0.12。相对于100公里/小时的设计速度,目前大小型车的运行速度较高。整体而言,沈丹高速公路各主要区段的交通服务水平均可达到良好的一级。

(4)长深、沈康、平康高速公路交通运行状况评价

长深、沈康及平康三条高速公路上的交通量都不是很大,但在交通组成上大型车的比例却均超过了50%,表现出了一定的重载交通特征。三条高速公路的运行速度均较高,目前的交通服务水平均在二级以上,但有部分区段接近三级,即在交通高峰期驾驶员在行车中已有拥挤感。

二、辽宁省高速公路交通安全状况分析与评价

(一)交通事故总体状况

沈山、沈大、沈丹、长深、沈康、平康等六条高速公路历年来的交通事故发生情况见表3(路产部门记录的交通事故)。

高速公路交通事故一览表(单位:次) 表3

高速公路	2006年	2007年	2008年	2009年	2010年	2011年	2012年	总计
沈山高速公路	1152	1396	1140	1305	1834	1896	1785	10508
沈大高速公路	1435	1388	1312	1871	2083	1320	1399	10808
沈丹高速公路	1365	1143	923	778	747	521	473	5950
长深高速公路	—	—	—	761	802	374	581	2518
沈康高速公路	—	—	—	169	185	47	152	553
平康高速公路	—	—	—	97	97	62	128	384
合计								30721

上述六条高速公路平均每年每公里每车道上的事故率见图1。显然,沈山高速公路上的单位里程单车道事故率最高,平均每年每公里每车道上发生1.22次交通事故。其次是沈丹、长深高速公路,平康、沈康高速公路单位里程单车道事故率较低。

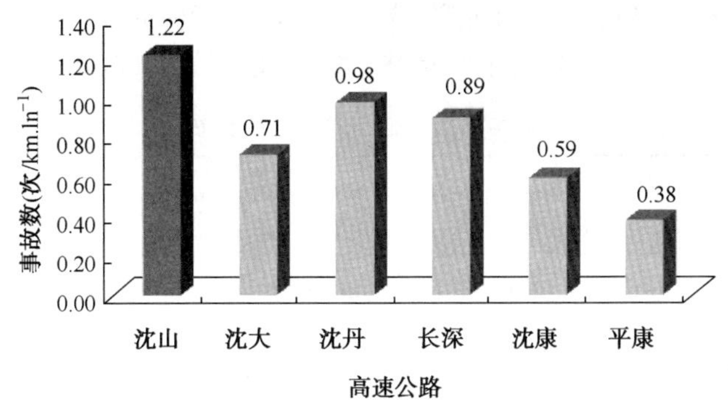

图 1　单位里程单车道事故率

(二)基本路段交通安全状况

为分析评价交通事故在高速公路基本路段上的分布情况,以高速公路收费区间为标准,将各条高速公路划分成若干区段,统计分析各区段(不包含收费站及高速公路出入口处)上的交通事故数据及其安全状况。

共收集到上述六条高速公路(共划分得到 80 个区段)基本路段上 18009 起交通事故数据,交通事故亿车公里事故率汇总见图 2。

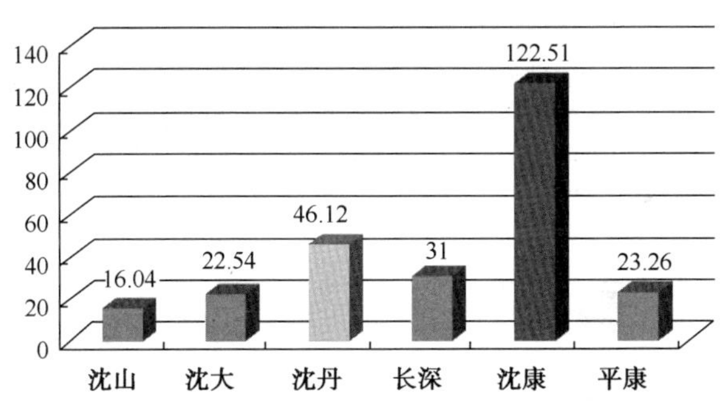

图 2　亿车公里事故率(次/亿车公里)

分析上述六条高速公路路段上的亿车公里事故率可知:首先,事故率由高到低的排序为沈康、沈丹、长深、沈大、平康及沈山高速公路。其中,沈康高速公路亿车公里事故率最高且远高于其他高速公路,亿车公里事故率高达 122.51(交通量远低于其他高速公路)。其次,沈丹高速公路及长深高速公路亿车公里事故率分别为 46.12 及 31.00。沈大、平康及沈山高速公路亿车公里事故率均较低,全部基本路段平均的亿车公里事故率在 20 左右。

(三)收费站交通安全状况

共收集到上述六条高速公路上 74 个收费站共计 8713 起交通事故数据。其中,38 个收费站年均事故数小于 10 次/年,57 个收费站年均事故数小于 20

次/年,即51%的收费站年均事故次数在10以下,77%的收费站年均事故次数在20以下(见表4)。平均每个收费站年均事故数见图3。

年均事故数范围对应的收费站 表4

年均事故数(次/年)	收费站数量(个)	收费站名称
>100	3	沈阳西站、万家站、金州站
80~100	1	本溪站
60~80	1	辽阳县站
40~60	3	鞍山站、康平站、法库站
20~40	9	桃仙站、彰武站、营口站、辽阳北站、辽阳站、沈北新区站、灯塔站、凤城站、依牛堡子站
0~20	57	十里河站、石桥子站、阜新东站、丹东站、锦州站、三十里堡站、锦州东站、包家屯站、南芬站、下马塘站、苏家屯站、桥头站、阜新站、光辉站、盘锦北站、金家站站、葫芦岛东站、五龙背站、方家屯站、炮台站、虎庄站、石河站、台安站、营口南站、绥中站、瓦房店南站凌海站、本溪南站、瓦房店站、高桥站、李官站、草河口站、葫芦岛站、杨千户站、老虎屯站、刘家河站、边牛站、通远堡站、高升站、高花站、四面城站、辽中站、兴城站、沙后所站、西柳站、茨榆坨站、鞠屯站、海湾北站、前卫站、鹫露树站、毛家店南站、鞍山南站、大固本站、尚屯站、海城站、南台站

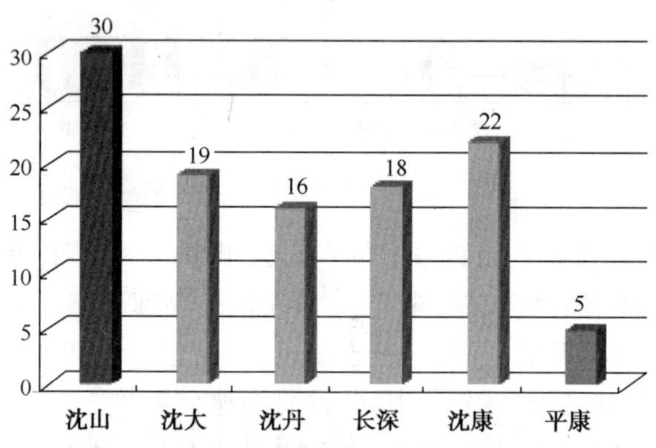

图3 各高速公路收费站年均事故数(单位:次/年)

由图3可知,沈山高速公路上收费站年均发生的事故总数最多,为30次/年;平康高速公路上收费站年均发生的事故数最少,为5次/年;其他高速公路上收费站年均发生的交通事故大体相当,约为20次/年。

（四）出入口区域交通安全状况

本文出入口交通事故主要指互通式立体交叉出入口处的事故。共收集到上述6条高速公路上73个出入口（其余4个出入口无事故数据）共计3120起交通事故数据。各出入口区域事故汇总见表5。

出入口交通事故汇总　　表5

高速公路名称	出入口区域数量(个)	事故数(起)	年均事故数(次/年)	平均每个出入口区域年均事故数(次/年)
沈山高速公路	17	587	100	6
沈大高速公路	25(4*)	1386	215	9
沈丹高速公路	17	949	136	8
长深高速公路	7	153	38	5
平康高速公路	4	21	7	2
沈康高速公路	8	24	8	1
合计	77	3120	504	—

注：* 表示未收集到事故数据的出入口区域。

出入口区域年均事故数最多的为沈大高速公路（9次/年），其次为沈丹高速公路（8次/年），最少的为沈康高速公路（1次/年）。

在所有的出入口区域中，本溪互通立交年均事故数最多，为29次/年；其次为鞍山互通立交（21次/年）和西柳互通立交（18次/年）。其他出入口区域事故次数均在15次/年以下，且81%的出入口年均事故数在10次/年以下。

（五）交通安全服务水平分析与评价

1.交通安全服务水平分级

借鉴高速公路交通服务水平的分级标准，将交通安全服务水平分为四级，各级交通安全服务水平描述如下：

一级交通安全服务水平：代表安全状况良好，事故指标均显著低于平均值，事故次数再降低的可能性不大。

二级交通安全服务水平：代表安全状况较好，事故指标低于平均水平。在维持既有水平的基础上，可以适当采取措施提高安全服务水平。

三级交通安全服务水平：代表交通安全状况较差，事故指标高出均值。事故次数降低的可能性较大，需要采取措施改善该路段的交通安全状况。

四级交通安全服务水平：交通安全状况很差，事故指标均明显高出平均值。可认为部分四级安全水平路段就是传统意义下的事故多发路段，路段安全状况亟须改善。

2.基于安全服务水平的交通安全评价

基于对八车道、六车道、四车道设计速度120公里/小时和四车道设计速度100公里/小时四种类型的高速公路进行交通安全服务水平分级标准研究,对六条高速公路进行交通安全评价。

六条高速公路的总体交通安全服务水平及各路段的交通安全服务水平分布见图4。由图4可知,除平康高速公路总体安全服务水平低于二级(安全程度最高)外,其余均在二级与三级之间。沈山高速公路的交通安全服务水平最低。

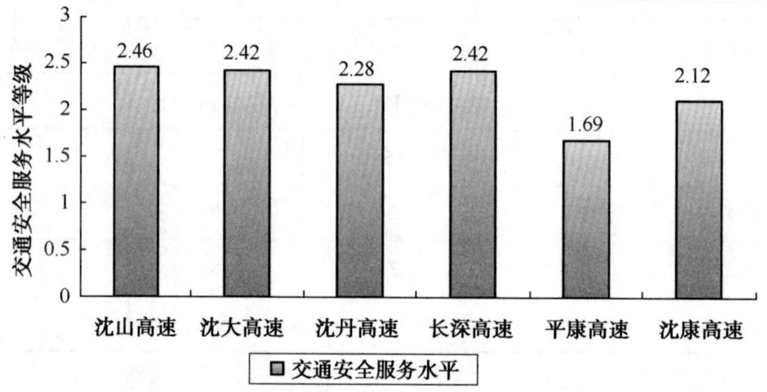

图4 高速公路的总体安全服务水平

三、辽宁省高速公路安全对策

基于对上述六条高速公路共计48个事故多发点的原因分析,借鉴欧美发达国家的交通安全技术标准以及笔者多年高速公路管理经验,本文提出辽宁省高速公路总体安全对策如下:

1.加强车辆的交通组织与管理

(1)加强对大型车的交通组织与管理。对于沈山、长深、沈康等大型车辆较多的高速公路,建议在互通的入口处设置车道功能划分标志及车道划分文字标线,同时在几何条件受限路段通过标志和标线组合的形式禁止大型车超车。

(2)加强多车道高速公路(沈大高速公路)立交区、出口前车辆组织与管理。换车道引起的交通冲突是多车道高速公路事故多发的主要原因,建议:在高速公路出口前,设置"车流交织 注意安全"等标志,提醒驾驶员交织路段的存在,提高驾驶警惕性;在高速公路出口匝道上设置减速标线,提醒驾驶员减速慢行;在减速车道或驶离高速公路的匝道上设置限速标志,严格控制车辆速度,保障交通安全。

(3)优化立交区交通组织。对于一些由于先后修建,出入口较多的复杂立交区(如丹东古城子立交区域),通过采取"优化交通标志标线设置"及"部分匝道禁行"等措施,解决由于出入口过多而引起的交通组织混乱的问题。

在立交区域设置车道划分及分车型限速标志。立交区域车辆交织行驶现象较为突出,车辆由于变道行为频繁导致车辆间干扰增大,诱发交通事故。设置车道划分及分车型限速标志,可提醒驾驶员按规定车道及车速行驶,降低由于车辆交织而引发的交通混乱或导致事故的可能性。

2.加强线形条件复杂路段的车速控制

车辆运行速度较高是事故多发且事故严重程度较高的一个重要原因。

(1)建议在长大下坡路段等处设置限速标志、减速慢行、车距确认等警告标志及超速抓拍、爆闪灯及横向减速标线等交通设施,提醒驾驶员按限定车速行驶,防止由于超速引起的交通事故。

(2)在半径较小的路段,在曲线内侧设置视线诱导标,引导驾驶员视线。

(3)视线不良路段,建议采取禁止超车措施。

3.完善规范交通安全设施设置

(1)完善主线收费站的交通工程设施设置。按照规范要求设置收费站预告标志、收费车道功能划分标志等,同时保证标志、标线等设施的设置与收费站的功能相匹配;在收费站前增设"前方收费站,请减速慢行"等警告标志,提前提醒驾驶员收费站的存在;在收费站保护立柱及收费岛前方喷涂高反光材,提高夜间的视认性。

(2)在中央分隔带、三角地带等易发生车辆碰撞的地带设置半柔性、多重防撞设施,尽量减少因为碰撞而引发车毁人亡的恶性事件的可能性。在美国通常会加强该处的防撞设计。

4.加强道路养护管理

(1)完善全线防眩设施的设置。调查发现六条高速公路中均存在部分路段防眩树木大面积死亡、防眩设施缺失现象,是导致交通事故多发的一个重要原因。建议对全线的防眩设施设置情况进行仔细筛查,移除死亡的防眩树,补栽新的防眩树或安装防眩板。

(2)加强一些易在初冬和春融季节出现结冰的下坡路段、桥面等路段的撒盐除冰等养护工作。

(3)加强对一些大雾多发路段、行人易出现等路段的监测、预告和管理工作。

(执笔人:辽宁省交通科学研究院　王永康)

辽宁省海运业发展研究

一、辽宁省海运业发展现状

近十年来,辽宁省通过实施船舶、码头结构调整,完善海上运输网络,优化航线布局,全面提升了辽宁海运业的整体服务水平和运输保障能力。其中以大连港为龙头的辽宁沿海港口群港口服务功能已基本适应国际船舶大型化、专业化的发展需要,成为区域经济发展的重要增长极,并对腹地经济发展起到重要的支撑和保障作用。截至2013年年末,全省共有水运企业154家,水运辅助企业1500余家;船舶运力规模达到870万载重吨,占全国4.3%份额,其中在辽宁注册的全部7家央企运力规模占全省企业总运力的82%;全省沿海港口共有生产性泊位376个,其中万吨级及以上深水泊位194个,设计年通过能力5.3亿吨。2013年,全省沿海港口共完成货物吞吐量9.84亿吨,集装箱吞吐量1798万标准箱,同比分别增长11.1%、18.8%。大连港货物吞吐量突破4亿吨、集装箱吞吐量达到1000万标准箱。大连东北亚重要国际航运中心建设取得了阶段性成果,首开北冰洋航线,确定了大连港在北冰洋航线中的始发港地位,实现历史性突破。大连港、营口港携手进入全国十大港口行列,分列第八和第十位。丹东港吞吐量达到1.2亿吨,成为辽宁省第三个亿吨大港。

二、存在问题

1.船队运力结构不合理

一是集装箱船、散货船、货滚船等占比例较小,而油船占总运力的比重较高,结构不合理,对港航业的综合发展不利。二是邮船运力尚处于启蒙阶段,配套设施不够完善。三是陆岛客运船舶运力存在散、弱、小等问题。四是民营企业实力弱,运力规模小。

2.港航业软环境建设较差

一是港航业高端航运及服务业人才匮乏。二是口岸收费在国内处于较高水平,航运辅助业处于无序竞争状态,乱收费现象依然严重,个别港口还存在地区性垄断问题。三是部分口岸查验部门分散,查验通关时间长,与发达省份的港口相比仍有差距。四是港航综合服务能力较差,国际船代货代整体实力较弱,缺乏行业“领头羊”。

3.水路交通物流业发展水平不高

水路交通物流发展起步较晚,物流基础设施的建设进度需进一步加快,规模和功能亟待提高。大型物流园区土地使用缺少政策保障,特色物流项目建设缺少必要的资金扶持和引导。服务于东北亚和欧亚大陆桥经贸发展的水路交通物流主要通道建设需进一步完善。水路交通物流整体信息化程度依然偏低,物流企业和制造企业应用互联网水平仍需提高。水路交通物流政策法规和诚信体系尚未健全,行业标准和相关规范仍需进一步推广,发展环境和市场秩序仍需进一步改善。

4.港口发展受到制约

港口发展内生动力不足,外部制约条件较多。一是港口尚不能与腹地经济形成良性互动,临港产业特点不突出、港口依存度偏低等问题仍然明显,港口缺乏来自腹地的持续支持。二是尽管煤炭、矿石、石油等主要货类泊位结构性矛盾得到显著改善,但对于港口行业新趋势的适应能力仍显不足,液化天然气、国际邮船码头布局还需进一步优化。三是港口建设项目前期手续过于复杂,涉及部门广、审批环节多、办理时间长,互为前置条件、要件相互矛盾,使港口发展明显滞后于市场对港口的需求。四是航道、防波堤及锚地等公共基础设施的建设、维护经费不足,中央部分港口建设费返还力度有限,地方留成部分不能妥善使用,导致港口企业负担沉重,限制了经营层面的发展。

三、下一步发展思路

(一)发展目标

按照全面建成小康社会的要求,到2020年辽宁省海运船队规模占全国比重将达到8%,要拥有适度超前的港航基础设施、口岸服务能力和支持保障系统,基本建成安全、便捷、高效、绿色、具有东北亚竞争力的现代海运体系,适应新一轮老工业基地振兴、辽宁沿海经济带开发开放、沈阳城市经济区和突破辽西北发展需要。具体目标为:

(1)航运服务业。拥有一定规模和技术先进的专业化海运船队;集装箱航线布局更加完善;培育1~2家在东北亚具有重要影响力的港航企业;全省口岸服务质量、效率和功能处于国内领先地位;航运金融、船舶交易、信息服务、设计咨询、科技研发、海事仲裁等现代高端航运服务业有长足发展,大连东北亚重要国际航运中心航运体系进一步完善。

(2)港口码头业。大型化、专业化、现代化深水泊位的比例不断提高,邮船母港等大型客运泊位建设取得突破,适应世界船型发展,成为全球海运网络的重要节点;绿色、低碳、节能、环保的港口群建设成效显著;内陆无水港建设取得重大进展,海铁联运、海陆联运、水水中转比例不断提高,港口集疏运体系功能更加完备。

(3)水路交通物流。初步建立布局合理、技术先进、便捷高效、绿色环保的适应于东北地区经济发展的水路交通物流体系,服务于东北亚及欧亚大陆桥的水路交通物流主要通道;物流基础设施规模不断扩大,建设10个以上具有区域辐射能力和规模效益的水路交通物流园区,形成一批大宗生产物资流通与交易聚集区;培育若干大型水路交通物流龙头企业及一批具有经营特色的中小物流企业和服务品牌,物流企业竞争力不断增强;物流公共信息平台基本建立,物流信息化程度不断提高,水路交通物流效率显著提高。

(二)重点工作任务

1.加强宣传研究

要制定海运宣传方案,深入开展海运发展政策研讨、运输服务和先进人物、典型事迹等宣传报道。建立工作协调机制,加强协作配合,凝聚各方面促进海运健康发展的共识和力量。结合"航海日"活动,组织开展职业技能竞赛等多种形式的航海文化活动,广泛动员海运企业和社会公众积极参与,共同营造航海文化。

2.有序推进港口资源整合

充分借鉴国内外港口资源整合的经验和做法,推进全省沿海港口群资源整合,促进港口间的科学分工和协同发展。按照既积极又稳妥的原则,在纳税和统计渠道不变的前提下,初步考虑全省港口资源整合实行"两步走":第一步是借鉴广西北部湾港口整合模式,先期实现大连港与营口港以及锦州港、葫芦岛港的整合,组建辽宁港口集团,转换企业经营机制;第二步是辽宁港口集团与丹东港进行股份合作。通过港口资源整合,创新港口体制机制,推动所有制结构、投融资体制、港口管理体制等方面的改革,建立差别竞争和错位发展的港口分工合作体系,探索出一条有质量、有效率、可持续的国际航运中心建设新模式。建议省政府责成有关部门牵头,相关部门配合,对全省港口资源整合进行深入研究论证,提出工作方案,争取尽早付诸实施。

3.加快完善港口集疏运体系

加快推进航线、疏港铁路、疏港公路建设,提高海铁、海陆联运能力。推进集装箱环渤海内支线建设,加强与山东、河北等港口的深度合作,加密航线网络,加大运力投放力度,巩固大连港在环渤海地区集装箱运输干线港的核心地位。加快辽鲁货滚甩挂运输大通道建设,充分发挥多式联运的运输效率和组合优势。强化港口与铁路部门的合作,促进海运与铁路运输紧密衔接,实现港口与腹地的高效连接。以锦州港、丹东港为重点，研究推进蒙古国东部铁路出海通道建设。积极推进以大连港为始发地，拓展经北极至欧洲和北美远洋航线的利用开发。

4.加快港口物流体系建设

建立以港口物流为龙头、海铁和海陆联运为辅助的现代物流体系。充分发挥口岸区位优势和城市综合服务优势，推进物流政策、物流设施和信息平台建设，提高配套服务能力。加快物流节点建设，推进太平湾区域性国际物流中心、大窑湾专业化冷链物流基地、大窑湾集装箱物流基地、长兴岛进口木材加工贸易示范区、丹东港粮食现代物流园区、锦州港煤炭物流基地、营口现代物流基地、营口港物流贸易园区、盘锦港保税物流仓库、葫芦岛绥中港区物流产业园等10个重点物流园区建设。积极培育一批大型品牌物流领军企业，推动东北地区与东北亚物流基地的跨区域连接。建立内陆干港，增设班船航线和班列运输，打造以大连为前沿、周边区域整体发展为后继，进而带动腹地发展的全程物流体系。

5.推动发展现代航运服务业

积极培育航运交易、航运经纪、船舶租赁、船舶修造、航运人才、海事保险等相关专业市场，提供全方位的优质服务，吸引国内外经济要素和航运资源在辽宁，大连积聚。提高航运中心运行效率，使海关、商检、海事、边检等“一关三检”口岸查验单位与银行、保险、港口、贸易、船货代理等企业共同进驻航运交易市场，实行集中办公，提供“一站式”服务。切实改善口岸通关环境，整合港口资源，实施提前报关、无纸通关、网上支付、加急通关、上门验收、担保验放等通关便捷措施，提高口岸管理的规范化、标准化和国际化水平。建立立足辽宁、覆盖东北、服务东北亚的物流信息大数据中心。以太平湾综合信息服务平台为核心，逐步实现企业信息、政务信息、港站信息、公共物流信息的互联互通。开发国际物流、航运交易、网络结算等专业化信息平台，推进国际化的快速、便捷交易。基于物联网、云计算等信息技术，实现物流、贸易流、资金流和信息流的统一，加强各环节的有效衔接，提高运行效率。

6.着力建设现代化海运船队

认真落实老旧运输船舶和单壳油船提前报废更新实施方案，加快淘汰老旧运输船舶，鼓励建造高标准船舶。鼓励符合条件的国内沿海船舶从事国际运输，加强国内沿海客船、危险品船运力调控，引导运力有序投放和合理增长。大力发展节能环保、经济高效船舶，建设规模适度、结构合理、技术先进的专业化船队。积极发展原油、液化天然气、集装箱、滚装、特种运输和邮船船队。

7.健全海运安全应急保障体系

健全规章制度，推进并规范海运企业安全生产标准化和公司安全管理体系建设工作。深入开展危险品运输、渤海湾、陆岛客滚船、中韩客货班船运输等专项整治,加大隐患排查力度。加强安全监管能力和应急体系建设,进一步完善安全监管体制机制。

8.积极建设绿色海运

落实水运节能减排方案,健全企业船舶能效管理体系,完善海运节能减排和环境保护的监测、考核制度。优化海运业用能结构,加快清洁能源在海运业的推广应用,落实推进水运行业应用液化天然气(LNG)的指导意见,合理规划布局LNG接收站和加注码头,积极开展大型港口设备"油改电"、码头船舶岸电设施工程、LNG动力船舶等清洁能源试点示范工作。

9.改进提升行政管理服务水平

清理规范行政审批事项,推进网上审批、网上备案。加强海运企业经营资质、安全资质的监管,建立健全经营资质监督检查和预警制度。严肃查处违法违规行为,加大对非法从事内地与港澳台运输的查处力度,完善集装箱运价备案制度,坚决遏制"零运价"、"负运价"等以低于正常合理水平运价提供服务等妨碍公平竞争的行为。强化诚信管理体系建设,建立海运诚信监督管理机制,建立企业诚信档案。

10.强化政策支持体系建设

一方面按照不低于或高于上海、天津相关政策的原则,积极争取国家对大连东北亚重要国际航运中心的政策支持;另一方面,由省发改、财政和交通部门共同成立辽宁水路投资和风险管理公司,统筹管理辽宁水路、大连东北亚国际航运中心等发展专项资金,以及其他政府性投资和基金,承担政策性补贴、奖励、贴息等资金的发放和使用风险监管任务。

11.完善工作推进机制

发展辽宁省海运业是一项重要的战略任务,是辽宁省沿海各港口城市的共同责任,是一项涉及诸多国家战略的系统工程,要统一思想,精心组织,周密安排,狠抓落实。建议省政府成立推进组,由省政府领导挂帅,省直有关部门和沿海各港口城市负责同志参加,负责海运业发展规划编制、实施意见制定、港口资源整合、扶持政策制定、重大项目推进、重点工作督查指导,统筹协调海运业健康发展的相关事宜。

(执笔人:辽宁省交通厅港航管理局　张　弛　张志华)

大数据时代做好交通运输统计的思考

2013年作为大数据元年，揭开了大数据时代到来的序幕。大数据正在对社会的生产、流通和决策过程产生巨大的影响，而其真正的"魔力"在于信息化与三大产业和经济、政治的全面融合，使整个社会的运营效率得到大幅度提升。作为交通运输统计部门，每天面对海量的数据、短信和图像，如何做好深层的挖掘和分析，充分发挥交通运输统计对"四个交通"建设的基础保障和支撑作用，是一个需要不断探索、思考和实践的过程。

一、对大数据的理解和认识

最早提出"大数据"时代到来的是全球知名咨询公司麦肯锡，麦肯锡公司报告指出："数据，已经渗透到当今每一个行业和业务职能领域，成为重要的生产因素，人们对于海量数据的挖掘和运用，预示着新一波生产率增长和消费者盈余浪潮的到来。"哈佛大学社会学教授加里·金说："这是一场革命，庞大的数据资源使得各个领域开始了量化进程，无论学术界、商界还是政府，所有领域都将开始这种进程。"

（一）大数据到底有多大

目前人类社会的信息数据量已经从TB（1024GB = 1TB）级别跃升到PB（1024TB = 1PB）、EB（1024PB = 1EB）乃至ZB（1024EB = 1ZB）级别。2012年年底，人类生产的所有印刷材料的数据量是200PB，全人类历史上说过的所有话的数据量大约是5EB。从海量的数据规模来看，全球IP流量达到1EB所需的时间，在2001年需要1年，在2013年仅需1天，到2016年则仅需半天。IBM公司研究表明，整个人类文明所获得的全部数据中，有90%是过去两年内产生的。而到了2020年，全世界所产生的数据规模将达到今天的44倍。

（二）大数据与传统数据的区别

大数据与传统数据的区别主要体现在七个方面：一是"快"，即更新快、变化快、生命周期短。这是大数据区分于传统数据最显著的特征。二是"多"，即数量巨大。大数据的起始计量单位至少是P（1000个T）、E（100万个T）或Z（10亿个T）。三是"杂"，即来源复杂、非标准性、非完备性，包括网络日志、音频、视频、图片、地理位置信息等。多类型的数据对数据的处理能力提出了更高的要求。四是"联",即数据关系表现为关联型,信息具有隐含性。五是"低",即价值密度较低。随着物联网的广泛应用,信息感知无处不在,信息海量,但价值密度较低,如何通过强大的机器算法更迅速地完成数据的价值"提纯",是大数据时代亟待解决的难题。六是"险",即数据的准确性、正确性存在风险,某些还具有一定的攻击性。七是"理",需要通过建立挖掘模型、感知模型、理解模型等进行处理。目前,大数据的主要来源包括行政记录、商业记录、社交网、媒体、互联网及搜索引擎的信息。

(三)大数据的功用和价值

(1)大数据的功用。一是数据采集。通过使用互联传感设备、无线信号识别技术,数据收集编译链接和可扩展的存储系统等,大数据的积累和存储变得更加方便快捷。如电子书阅读器捕捉了大量关于文学喜好和阅读人群的数据。二是数据筛选。大数据的筛选功能常被企业用于寻找目标市场或目标客户,或通过对历史数据的筛选分析提高和优化业务。Farecast 知道我们的喜好,而 LinkedIn 可以通过用户的社交网络图猜出我们认识谁。三是数据汇总。大数据处理技术的发展使大数据成为资料汇总的新的数据源。将来,任何机构、企业及个人只要掌握了足够规模的数据,即可使用大数据技术得出具有代表性的汇总数据。如苹果公司通过汇总来自多个运营商提供的大量有用的数据,推出了 iPhone。四是数据预测。传统的数据预测更注重因果联系,而大数据预测更注重相关关系,因此,大数据在处理跨部门、跨领域的预测中占据更多优势。如谷歌通过观察人们在网上的搜索记录成功预测甲型 H1N1 流感的爆发。

(2)大数据的价值。大数据时代的到来,使越来越多的政府、企业等机构开始意识到数据正在成为组织最重要的资产,数据分析能力正在成为组织的核心竞争力。2013 年奥巴马政府宣布将"大数据战略"上升为国家意志,将大数据定义为"未来的新石油",并表示一个国家拥有数据的规模、活性及解释运用的能力将成为综合国力的重要组成部分。联合国也在 2012 年发布了大数据政务白皮书,指出大数据对于联合国和各国政府来说是一个历史性的机遇,人们如今可以使用极为丰富的数据资源,对社会经济进行前所未有的实时分析,帮助政府更好地响应社会和经济运行。

二、大数据时代交通运输统计面临的挑战

交通运输统计作为政府统计的重要组成部分,是一项以公益性为本质属性的基本公共服务。现行的交通运输统计调查方法体系是以周期性普查为基础,以全面定期统计报表为主体,以抽样调查、重点调查等为补充的统计调查方法体系。基本业务开展仍遵循制度设计、调查采集、数据整理上报、数据发布与开

发利用的顺序流程。通过对部门报表的调查处理,得到反映交通运输行业发展运行状况的基本数据,这些数据再通过统计快报、统计分析、统计年鉴、新闻发布等形式进行公布。当前交通运输统计遇到的问题主要表现在数据质量不高、统计产品短缺陈旧、数据权威性受到质疑等。问题根源主要是统计制度长期简单固定,老的统计方法和指标体系十多年基本没有改变。计划经济条件下的统计调查方法和市场经济条件下的统计调查方法几乎是在同时使用,不能适应新常态下现实的需求。大数据时代的到来,给统计工作带来了极大的挑战,对于统计的理念、统计的方法、统计来源、统计的运用都将产生深刻影响,具体表现在七个方面:

(1)交通运输统计由"采集数据"转向"分析数据"。当前,统计工作虽然也很关注数据的分析处理,但是数据的采集仍然占据工作的重心。大数据时代的到来,面对的不再是数据的匮乏,而是如何让这些静态的处于休眠状态的数据焕发活力,发挥价值,展现数据之间的相关性和预测性。这才是未来统计工作的重心。

(2)交通运输统计由"样本推断"转向"总体分析"。现行的统计是以统计调查对象填报数据为主并辅之以调查员上门登记为基本方式的。在这种统计模式下,调查对象要为统计付出必要的精力和成本。而大数据时代,计算机技术、电子技术和空间信息技术的巨大进步,为提高统计生产力提供了广阔空间。海量的非结构化、电子化数据极大地丰富了数据的来源。对数据统计最大挑战就是突破了通过样本推断总体的传统方法,直接对总体进行相关分析,并更加注重结论的相关性和实时性。

(3)交通运输统计由"信息独立"转向"多方共享"。我国现行的统计体系,仍然是一种独立的信息收集体系。行业统计与政府统计基本上是处于不相交的两条线,数据之间一定程度存在着衔接上的问题,造成统计数据数出多门的局面,影响了统计的权威性,因此加强部门协作和信息共享是数据的价值链的延伸。数据只有得到社会多元主体的支持和应用,才能真正实现统计工作的社会意义。

(4)交通运输统计由"层层布置"转向"直线挖掘"。"大数据"时代统计工作方式进一步"扁平化",几乎所有的信息都是信息需求者直接通过对有关的行政记录、业务记录等加工生成,越过了许多的中间环节。统计的分工由过去纵向的层层布置或者加工汇总上报转变为由统计部门直接按照自身的实际需求进行挖掘整理。这就要求统计要明确自身的重点,充分发挥牵头协调作用。

(5)交通运输统计由"单一主体"转向"多元主体"。电子商务、电子政务、搜索引擎等领域的飞速发展,使统计调查主体多元化,进而数据的生产与管理方式也发生了变革。这就需要有效管理和整合多种数据来源,架构能够高速处理和深度挖掘具有高度应用价值和决策支持功能的数据集成技术。

(6)交通运输统计由“数据实报”转向“数据精报”。大数据时代,社会需要的不是大量数据的实时发布而是统计部门删除冗余,筛选出对生产,生活和经济活动有价值的、具备相关性的数据,以形成精准的报告。如何在翔实与快、精、准之间寻求一种适度平衡,以满足社会公众的需要,是统计部门面临的一大挑战。

(7)交通运输统计由“公众质疑”转向“多方监测”。一直以来,由于统计机制、体制等多方面原因,统计数据受到公众的质疑。随着大数据时代的到来,以电子商务、即时通信、搜索引擎和网络游戏为主体的互联网经济飞速发展,同时催生大批民间咨询调查机构,他们的服务领域也将会从商务领域向公共领域渗透。届时官方统计将有可能不再作为公共统计数据信息的唯一渠道。以淘宝网为例,每天约有6000万用户登录,平均每分钟售出4.8万件商品。一个综合性的淘宝指数应运而生,用户通过淘宝购物数据可以校验和监测“社会消费品零售总额”、“居民消费价格指数”等统计指标。

三、顺应时代需要做好交通运输统计

事实上,大数据的影响已经不仅仅限于信息通信产业,而是正在重构很多传统行业。大数据在政府决策和社会建设方面的作为同样令人惊叹,智能电网、智慧医疗、智慧环保、智慧城市蓬勃兴起。大数据在智慧交通建设中的作用也是举足轻重。截至2014年年底,辽宁省交通厅共部署建设了38个应用系统,实时提供的信息包括:公路、水路和铁路的地理信息及监控,客货流量的实时数据,安全生产与治超,畅通与应急,项目建设和质量控制。信息化逐步应用到交通行业的各个领域,有效提升了管理和服务水平,产生了大量的行政记录信息,正推动交通运输统计逐步迈进“大数据时代”。这就要求必须把统计信息化作为行业信息化建设的重点和统计发展的重要支撑,不断满足综合交通体系建设对综合交通统计信息资源有效共享和互联互通的要求,支撑与“智慧交通”发展相适应的交通运输统计数据生产方式的变革与创新。这也能从根本上解决统计能力制约与多元化统计信息需求之间的深层次矛盾。

(一)统筹规划,构建综合交通运输统计框架体系

交通运输统计要紧跟大数据时代潮流,用大数据思维设计框架体系,以应对海量数据处理带来的挑战。强化标准对接,促进统计信息系统与业务系统信息系统的有机衔接和整合,加快形成横向集成、纵向贯通的综合交通运输统计总体格局。统筹铁路、公路、水路等各类统计资源,以基础设施、载运工具、运输

生产、运输市场和企业经营为核心，以投资建设、研究开发为要素支撑，以运输安全、资源与环境反映外部影响，以指标为引领，系统设计综合交通运输统计内容框架，真正形成相互协调、互为一体的综合交通运输统计体系。着眼于交通运输对宏观经济的“晴雨表”作用。进一步完善以运输量为中心的经济先行指标，建立以运价指数为中心的市场监测指标。开发相关应用指标，其中包括：交通运输基础设施对投资需求的经济拉动指标，交通运输对经济增长、就业的贡献率指标，交通运输成本对物流、货物供求价格的影响指标，交通运输对城镇化、区域协同发展的作用和影响指标。

（二）提高效率，建立交通企业统一调查体系

2014 年，基层单位执行交通部的统计报表制度共 32 套，指标交叉重复、报表任务繁重的问题日现突出。因此应按照整合资源、统一设计、协同动作的一体化理念，将交通企业分散实施的运输生产、财务状况、能源消耗等各项调查内容整合统一到一起，统一布置报表，统一采集原生性指标数据，统一不同报表制度中相同指标的含义、计算方法、分类标准等，建立统一规范、便于填报的交通企业“一套表”制度，推进交通企业统计调查业务一体化，切实减轻企业负担。同时实现交通调查企业直接向部报送原始数据、各级交通运输部门在线同步共享、同步审核的工作模式，转变基层统计工作重点，从过去繁重的数据收集汇总、报表填报转向数据分析，有效消除中间环节对统计数据的干扰，提高统计工作效率和数据生产可控性。

（三）转变观念，重塑交通运输统计生产流程

以交通企业一套表为核心，以大数据技术为支撑，打破传统的统计工作流程，在一定程度上实现革新。

一要统一统计标准。针对大数据标准各异的特点，研究制定集公路、铁路、水路一体化的综合交通及重点交通企业数据交换标准和统计编码标准，开发统一规范的数据交换接口。要特别重视和研究如何对非结构化数据进行标准化处理。

二要规范统计指标。针对大数据的指标数据已经先于统计的设计而存在的特点，广泛搜集已经存在并继续增加的各类数据，分析数据与现有的交通运输统计指标在口径、范围、内涵、定义等方面的差异，做出调整、规范和完善，以便二者进行有效对接。

三要改革调查方法。扩大地理信息系统、遥感测量技术在统计调查中的应用，推动物联网技术与统计调查专业、云计算技术与数据挖掘分析的结合，促进现有交通运输统计全面调查和抽样调查制度的改进和变革。

四要完善采集方式。针对大数据中非结构化数据比重很大的特点，研究对非结构化数据进行采集的方式,开辟新的采集渠道,应用新的采集技术。还要探索如何通过搜索、购买、合作等其他方式,采集重要的基础数据。

五要加强统计部门合作。要抓紧与铁路、机场、邮政等部门建立统计资料定期交换机制和平台,建立完善反映全省综合运输全貌的统计指标体系。

六要丰富分析手段。针对大数据速度快、存在形式多样且关联性强的特点,通过加快推动运价服务指数、综合运输服务指数、行业景气指数和行业监测预警体系的开发应用,加强实时分析、关联分析和可视化分析,进而提高统计分析的时效性、趋势性和直观性,提升交通运输经济运行分析的预见性。

七要完善数据发布。针对大数据即时产生、内容丰富、形式多样、主体多元等诸多特点,研发针对行业、社会公众等不同需求群体的交通运输统计数据资源综合查询和共享发布平台。增加统计数据发布的内容,丰富数据发布的形式,提高数据发布的频率和时效性,加强对数据的解读,更好地满足社会各界对交通运输统计数据的多样化需求。

大数据正以不可阻挡之势向我们袭来,做好交通运输统计就要顺应时代需要,充分认识和认真探讨大数据的应用在交通运输统计实践中的重要意义。要以统计信息化建设为抓手,切实增强创新意识和责任意识,加强统筹规划和顶层设计,不断提高统计生产能力、管理能力、服务能力,不断提高统计公信力,为加快"四个交通"发展提供更加精准,可靠的统计保障。

(执笔人:辽宁省交通厅综合规划处　杨永和;
辽宁省高速公路建设前期工作办公室　李　威)

高速公路路政综合巡查机制的思考

2015年以开展“质量安全年”活动为契机，辽宁省高速路政管理工作积极推行“执法与巡查分离，全面开展路政综合巡查”的“大路政”管理理念，探索建立统一、规范、科学、高效的高速公路路政综合巡查机制，切实保护了路产、维护了路权，提高了突发事件快速反应及协助处置能力，推动了“智慧、民生、绿色、平安、法治”高速建设。

一、开展路政综合巡查背景及原因

截至2014年年底，辽宁省高速公路通车里程达到4172公里，全省所有陆地县100%通高速，路网遍布城乡，促进了经济社会健康有序发展，保障了人民群众便捷出行。辽宁省在高速公路建设取得巨大成就的同时，管理工作也面临着严峻的考验和挑战。

随着高速公路的公众使用需求不断增加，人民群众的法律意识和法制观念不断增强，全社会对依法用路、管路的要求越来越高，依法管路在很大程度上对高速公路运营管理总体方略的实行具有决定性的意义。

原有路政执法和巡查工作全部由路政执法人员完成，在完成巡查工作的同时，又要履行路政执法职责，巡查时间受多种因素影响，不能得到充分保证，并且路政巡查范围只针对高速公路路况进行，已不适用于高速公路日益发展的新形势要求。

近几年，国民经济稳步发展，全社会汽车保有量迅猛增长，重大节假日小客车免收通行费，全省高速公路车流量逐年增加，沈山、沈大、沈环等线路断面混合车流量在2.5万台次以上，折合标准车流量在4.6万台次以上，道路巡查工作压力日益加大。因此，提升道路巡查工作管理水平、适时开展路政综合巡查工作显得尤为重要。

恶劣气象条件等情况下的道路交通管制关乎高速公路路网安全。通过数据对比分析，铁岭、本溪、抚顺、大连路段受车辆事故影响导致交通管制的次数较多，大连、沈阳、桃仙、大庄、康平路段受天气因素影响导致交通管制的次数较多，大连、辽阳、丹东、大庄处路段受施工影响导致交通管制的次数较多。可以看出，由于灾害性特殊天气与密集的道路施工和重特大交通事故相互叠加，已经严重影响高速公路路网安全运行,引起社会各界极大关注,更加有必要加强路政综合巡查工作,提高路政综合巡查工作管理手段。

目前辽宁省高速公路正处于大规模建设转向大规模养护阶段,部分高速公路路面、桥梁、隧道、交安设施、机电设备趋于老化,安全隐患不断增加。各种数据显示,辽宁高速公路已经进入一个大规模养护时代,面临着重大的养护任务,加强道路养护已成为运营管理工作当务之急。以往单一的路政巡查模式无法满足路网畅通运行要求,开展路政综合巡查成了经济社会客观发展、社会公众高质量出行和平安交通建设的多重需要。

二、路政综合巡查的特点及效能

与以往路政巡查相比,路政综合巡查的显著特点有四个方面:一是巡查内容更加广泛,包含路域内可视范围中影响高速公路环境、安全、畅通、服务的路政管理事件;二是通过实施执法和巡查分离,路政综合巡查人员不再承担执法任务,能够更加专注、专职进行道路巡查,对道路事件更能“及时发现、准确报送、快速反应、紧急处置”;三是实现路政巡查工作“痕迹化”、“闭合式”,职责更加准确明晰;四是为用路人提供更快捷、更广泛、更优质的服务。

路政综合巡查主要实现四方面效能:一是能够更加全面发现道路事件和病害隐患;二是弥补其他专项巡查漏点,协报信息并临时处置;三是利用现有的巡查资源,使之具备信息共享、联巡联动的条件;四是维修、整改进度加快并处置到位。

三、路政综合巡查取得的阶段成果

(1)对路况信息的反馈更加及时全面。路政综合巡查车辆安装的车载移动视频及车内球机监控设备,可以及时上传行驶过的路段路况情况;通过车载GPS,能够在高速公路电子地图上实时显示综合巡查车辆在线情况、位置、车速、管理处或巡查组名称等信息,可以避免漏巡、不巡现象发生;综合巡查人员利用手持终端对讲机、执法记录仪,对巡查中发现的问题和道路事件进行信息采集录入并保存,通过对讲功能在全省范围内报送实时路况信息。

(2)实现路政巡查和执法相分离,明晰各自职责,形成合理的工作流程链接;提高巡查工作质量与效率,保证特殊情况巡查的时间、人力和物力效能;及时发现道路事件和路面病害等隐患,并快速处置上报信息;量化工作指标,人员绩效考核工作更合理、准确。

(3)通过可视化调度管理手段,实现人员、车辆工作期间的实时监控,完成对综合巡查过程、质量的全程管控,有效提高人员、车辆的使用效率。对巡查过程中报告的事件进行跟踪和管理，给管理者提供决策信息，作为对综合巡查班组及个人进行量化指标考核的重要依据。

(4)实现道路事件闭合式(PDCA循环)管理。路政综合巡查巡的是路，关注的是车，服务的是人，肩负的是责任。路政综合巡查人员要心明、眼亮、腿快、嘴勤。路政综合巡查环节是启动制定道路事件闭合式工作管理流程的关键。该流程包括道路事件的发现、报告程序、指挥调度程序、处置意见程序、具体实施程序、结果反馈程序、监督复核程序等步骤，环环相扣，形成了一个科学严密的闭合式链接循环。

四、路政综合巡查努力方向

当前，路政综合巡查工作正处于逐步发展阶段，摆在我们面前最为严峻的工作任务是如何提高路政综合巡查工作的精细化程度，切实解决综合巡查人员的工作业务能力差、责任心不强、执行力不够、敏感性不足等问题，以及由此导致的巡查车辆超速行驶、未按照规定在指定时间内完成道路综合巡查、脱岗、将部分移动视频系统的摄像头角度偏移、用遮阳板挡住车内球机摄像头等违规行为。具体应从以下四个方面加以解决：

(1)提高道路巡查见巡率。路政综合巡查内容的拓宽，实质上补充了其他巡查的“空档”，与养护工区巡查、交警巡逻、机电巡查等部门联巡联动，最大限度减少道路综合巡查“空窗期”时段，形成错时巡查、对向巡查制度。通过以常规巡查为主，特情巡查为辅的路政综合巡查方式，能够及时、准确掌握路面各类情况，确保路面24小时不失控，降低了突发事件的发生率，提升了高速公路运营管理质量和工作效率。

(2)建立实用的后台管理系统，与配置齐全的设施装备相结合，实现综合巡查工作软硬件全方位对接。通过开发数据集中监控管理系统、车辆GPS路径跟踪与人脸识别系统、综合巡查数据实时统计分析系统三大后台系统管理软件，与巡查人员的手持终端设备(实现数据及图像采集、事件记录及实时上传、可视化调度等功能)、巡查车辆的移动视频设备(实时视频监测、视频录像功能)、车载GPS设备(路径跟踪、车速记录功能)、车内球机监控设备(人脸识别记录功能)实现全方位对接，将人员、车辆设备的数据资源整合到“数据集中监控管理系统”等三大后台系统中。每班次巡查人员巡查任务结束后，巡查数据(含视频数据、图像数据、事件记录)自动上传至服务器端企业级数据库，并由“综合巡查数据实时分析系统”自动生成巡查报告，包括巡查时间、事件报告、路径分析、人员执勤状态等数据。对事件报告进行工单管理，自动通知其他团队(如执法组、救助组、工程养护部门)，从发现到解决问题形成闭合式管理。

(3)拓展完善信息化技术手段,发挥统计分析的管理效能。借助辽宁省高速信息化建设顶层设计大数据信息化技术,开发路政综合巡查管理应用软件并与局、处两级管理信息系统对接,实现路政综合巡查人员、车辆动态数据集中监控,通过发挥数据集中统计分析的功能,提高了工作效率与质量,降低管理成本,达到提升路政管理整体水平的目标。

一是通过车载GPS,能够统计并分析综合巡查车辆是否按规定频次、时间、线路完成路政综合巡查工作。

二是综合巡查过程中传输的所有数据直接进入后台管理服务器。各管理处指调分中心,可根据分类自动生成事件报告进行派单至相关业务部门,路政管理方面的数据直接传输并生成到路政各个办理软件系统中,局处相关业务部门按权限共享有关统计信息,及时了解问题的处理进程及最终处理结果。

三是综合巡查过程中传输到指调分中心的数据,按类别自动形成日、旬、月、季、年的统计;按旬、月、季、年编制分析报告自动传输至局指挥调度中心和各相关业务部门,路政管理信息传输到局路政稽查处;各种数据查询、统计及分析具备截图和打印功能。

四是对综合巡查车辆行车记录及综合巡查人员巡查效果按日、旬、月、季、年进行统计分析。主要指标有行车速度、行车路径、巡查频次、在路面上行驶、停留时间、发现问题的多少等。同时提供综合巡查人员评议考核的基础数据,与评议考核系统互联互通。

(4)建立健全综合巡查人员培训及绩效考核制度,规范和监督综合巡查人员履职行为,正确评价综合巡查人员工作情况。尽快完善制定《路政设施装备使用管理制度》,规范设施装备的登记、保管、维护及建档工作,保障设施装备始终处于良好的运行状态,提升路政系统基础设施管理规范化水平。

(执笔人:辽宁省高速公路管理局　郭　刚　赵　鑫　彭　健)

关于对整治骑路市场情况的调查与思考

一、前言

随着公路路网不断发展，百姓生产生活对路的依赖性越来越高，骑路市场作为经济社会发展过程中一种客观存在的经营现象，不仅形成久远，而且是市场经济发展必然的衍生物，成因复杂。受传统观念区位差异的影响，骑路市场导致占道摆摊经营、交通拥挤阻塞、环境脏差等乱象很大程度上影响和妨碍了路域环境安全畅通，成为困扰路政管理工作的顽疾，屡治不能根除。抚顺、清原和新宾三县是典型的城中乡，经济活跃，人口密集，流动人口多，流动摊贩占道经营形成骑路市场问题十分突出，严重影响了公路路域环境及交通秩序。如何妥善安置“骑路市场”，建立行之有效的长效管理机制，既满足市民生活需求，又减少对路域环境的影响，成了路政部门一项严峻课题。通过对抚顺地区骑路市场整治的过程中进行深入的调研，我们在推动路政管理重心下移、权力下放，强化路政部门在公路管理中的主体作用和建立长效管理机制方面有所思考。

二、骑路市场的定义及定性

1.骑路市场定义

骑路市场指在公路上摆摊设点，经营各种生产生活用品，并形成一定规模的市场。

2.骑路市场的特点及危害

路政体制改革以来，抚顺局针对骑路市场的问题，多次组织人力进行了大规模的集中整治。然而“有需求必然有市场”，在市场经济十分繁荣的今天，占道摆摊经营具有强劲的生命力。一是价格低廉。经营商贩不交税费，短斤缺两，价格上比较便宜。二是经营人员不受年龄、性别、知识、技能、资金的限制，一般人员都可以从事经营。三是灵活性强。流动商贩经营适应性强，灵活性大，在一定程度上弥补了传统商业网点在布局上的不足，方便周边居民就近购物。有关部门虽然经常进行管理，无奈管理人员少线路多，而且摊点业主跟管理人员打“游击战”，难以彻底根除，长此以往就形成了骑路市场。

骑路市场引发了一系列危害。一是严重影响了公路的安全畅通，极易诱发群死群伤的恶性交通事故。全国每年因占道经营造成的交通事故伤亡人数数十起。2010 年 4 月 15 日,鹤城一名 66 岁老妪在东四道街自发形成的市场上买完馒头后回家,丧命于因市场占道所致的交通事故。2012 年 1 月 20 日 2 时 18 分,贵港市的梁某驾驶小轿车由南往北方向行驶骑路市场路段,车辆失去控制,致使小轿车撞到路边正在进行蔬菜交易的周某、雷某等 3 人,致雷某等 3 人当场死亡。骑路市场占道经营而造成交通事故的数字还随着骑路市场规模的不断扩大加上机动车保有量的不断提高呈现出逐年增长的态势。骑路市场大都在主要的交通要道或公路路口,特别是城镇、乡村的主路口。每天早上、晚上上下班交通高峰期也是上市的高峰期,此时交通显得十分拥挤。卖者占道经营,买者将车辆随意停放在公路行车道上,原来比较宽敞的公路变成羊肠小道,原来比较狭窄的公路更是雪上加霜,堵车变成家常便饭,交通事故频发,过路的车辆驾驶人员、行人叫苦不。

二是污染了公路路面,影响了公路周边环境。由于是自由市场,没有管理人员,致使卫生无人打扫。经营者留下来的废弃物,如塑料袋、菜叶、鱼内脏、油汁等随处可见,使原本整洁的公路路面变成了垃圾场,污水横溢,蚊蝇肆虐,臭气冲天,严重影响路容路貌,附近住户苦不堪言。

三是对公路及其附属设施造成了损坏。许多骑路市场的经营者为了能够方便自己摆摊设点,将公路边沟填平,或将影响其违法经营的路树砍伐掉,甚至将防撞护栏或挡墙拆除掉,给公路的安全埋下了隐患。

四是损害了文明城市形象,制约了地方经济的发展。骑路市场是不符合文明城市要求的,直接影响了当地的投资环境。抚顺市政府开展“美丽乡村”建设,要求村美、民富、路通、风气好,显然骑路市场成为“美丽乡村”建设的绊脚石,直接影响了地方经济的发展。

五是扰乱了市场秩序,假货充斥,严重影响了人民群众的卫生健康水平。骑路市场经营者未领取营业执照,也无卫生许可证,擅自无序经营,扰乱了市场经营秩序;出售熟食制品的从业人员未经体检领取健康证,甚至出售的商品还存在着未检验检疫的问题,完全脱离了工商、税务、卫生防疫等部门的监管,极易发生产品安全责任事故。

六是占用公共资源,侵害公众权益。公路是国家花费大量的人力、物力和财力修建的,是为了连接城市之间、乡村之间、工矿基地之间主要供汽车行驶并具备一定技术标准的交通设施。骑路市场的违章占道经营者将摊位设在了公路上,占用公共资源,侵害了广大人民群众的权益。

七是对法律的公然践踏。《中华人民共和国公路法》第四十四条规定:任何单位和个人不得擅自占用、挖掘公路。第四十六条规定:任何单位和个人不得在公路上及公路用地范围内摆摊设点、堆放物品、倾倒垃圾、设置障碍、挖沟引水、利用公路边沟排放污物或者进行其他损坏、污染公路和影响公路畅通的活动。《公路安全保护条例》第十六条规定:禁止在公路、公路用地范围内摆摊设点、堆放物品、倾倒垃圾、设置障碍、挖沟引水、打场晒粮、种植作物、放养牲畜、采石、取土、采空作业、焚烧物品、利用公路边沟排放污物或者进行其他损坏、污染公路和影响公路畅通的行为。骑路市场的存在就是对法律的公然践踏。

综上所述,骑路市场不仅影响公路环境,破坏城市形象,扰乱市场经济秩序,威胁广大人民群众的卫生健康水平,影响社会的和谐稳定,而且严重影响了公路的安全畅通,违反了相关法律,是诱发群死群伤的恶性交通事故直接因素,制约了地方经济的发展,必须坚决予以取缔。

3.骑路市场形成和存在的原因

一是城市配套服务设施不到位,农贸市场建设规划滞后。近年来,抚顺三县城市化进程加快,城区不断扩容提质,但相应的农贸市场的规划建设严重滞后,导致居民买菜难,骑路市场由此应运而生,这也是骑路市场形成的关键因素。如木奇骑路市场、抚顺县四道骑路市场和马圈子骑路市场等,都是周边无正规农贸市场而形成的。

二是骑路市场经营门槛低,占道经营成本少,对摊位面积要求不高,交易简单易行,随意性强,费用低,从业人员受经济利益驱动很强。这也是导致骑路市场屡禁不止的重要原因。同时,骑路市场产生的不合理、不公平的交易环境和交易秩序也促使一部分正规农贸市场经营户走出市场到骑路市场经营,这也是骑路市场得以存在并日趋增多的主要原因。

三是缺乏长效管理机制。虽然路政部门花费大量的人力物力整治骑路市场,但整治的效果并不显著。骑路市场多地处城乡接合部、重要乡镇和交通枢纽路段,管理时紧时松,整治多以突击为主,未形成常态化,缺乏有力整治手段和长效管理机制。摊担众多,无法向周边菜市场分流,强行驱赶反而会在其他街道形成新的骑路市场,常常是路政执法即散,散后复聚,周而复始,陷入"整治、反弹、再整治、再反弹"的管理怪圈,不能彻底取缔。

综上所述,骑路市场的形成和存在有其主观、客观原因,甚至具有一定的必要性。但这并不等于说我们可以对骑路市场不管不问。相反,我们要在找出原因的基础上,结合目前的实际状况,因势利导,使骑路市场在方便人民群众生活的同时,尽可能少产生甚至不产生负面影响。

三、抚顺市交通局整治骑路市场的几点做法及体会

抚顺地区干线公路里程为751公里。2009年路政局成立之初,统计干线公

路骑路市场48处,至2012年7月清除14处。2012年新班子组建后,在调研中发现对这一乱象社会反响很大,严重影响了路域环境整体形象,于是抚顺市交通局以此为切入点,下决心对未能清除和出现反弹的骑路市场进行整治。此次全地区共清除31处骑路市场,仅剩3处,整治工作取得了阶段性成果。

1.探求方法 稳妥接入

骑路市场有存在的客观性,从一定程度上满足了群众需求,但对公路环境和道路交通秩序带来的影响也不容忽视。清除骑路市场,必然会触及传统观念和个别人的既得利益,整治工作会遭遇到较强的人为阻力。民情如水宜疏不宜堵,简单、粗暴的取缔骑路市场不可行。骑路市场治理工作必须统筹谋划、综合研究,因时因地因情制宜。

抚顺市交通局新班子组建后,将骑路市场清理列为工作重点,经过实地查看和多方调研,倾听百姓诉求,征询政府意见,摸清了全地区骑路市场的数量和规模。摸清底数后,市交通局着手研究清除骑路市场的方法。在区分不同情况、分析不同成因的前提下,在总结以往工作经验的基础上,统一了思想和认识。一是明确紧紧依靠政府,依托公路部门,有效整合社会资源;二是加大整治工作力度,强化路巡和日常管理;三是要有决心制定长期工作目标,有方案、有步骤地开展工作。另外,还要注重骑路市场整治切合路政工作实际,集中有限的人力和物力,突出管理的社会效益。

由于骑路市场规模、形成时间等自然状况不同,乡镇政府及村委会经济条件有差距,能够为市场提供的场地等资源有别,不能搞一刀切。按照先易后难、先干线后支线、边规范边清理的原则,抚顺市交通局分门别类区分骑路市场整治顺序,有步骤地开展清除工作。经过全面细致考量,提出了“政府主导、因地制宜、多措并举、分段实施、确保实效”的整治方针,决定在三年内彻底清除县级以上(含县级)公路骑路市场。

2.宣传发动,教育先行

为将此次专项行动落到实处,做出实效,抚顺市各分局对参加人员进行宣传动员,统一思想、提高认识、明确职责。整个整治工作分为三个阶段,第一阶段为调研宣传,第二阶段为集中整治,第三阶段为巩固完善。在宣传阶段,层层发动、广泛宣传、营造氛围,积极协调各乡镇政府对集市周边群众逐个进门入户宣讲,鼓励坐商入市经营,群众赶集归市。各分局出动宣传车巡回宣传,张贴宣传标语,悬挂宣传横幅。集中整治阶段设立宣传咨询点,发放宣传资料1400余份,为群众提供法律法规咨询服务450人次,用现实事例教育群众、感化群众。宣传资料主要采摘法律法规中关于骑路市场的规定、骑路市场的危害和人性化的劝导,以提高全民的爱路护路意识,引导人们不占道经营,不到骑路市场购买物品，从源头上遏制这种买卖行为，共同保护、维护好公路。通过宣传，沿线群众加深了对骑路市场危害的认识，理解了政府规范市场的必要性和重要性。整治阶段群众配合较为积极，没有发生一例不听劝告、不服从市场管理的情况，也没有发生一起因整治引起的纠纷，确保了整个整治工作的顺利进行。

3.借势而为 借力而动

在骑路市场整治过程中，路政部门有效整合社会资源，发挥了行业职能优势，成效显著，打造出优良的公路通行环境。现在，路政工作已成为经济社会发展中不可或缺的组成部分，得到社会的认可和尊重，行业形象得到很大提升。抚顺市各分局借市政府开展新农村建设的良好契机，主动与当地政府沟通协调，向主管领导汇报骑路市场相关情况。召开现场办公会，邀请相关政府领导现场看辖区内骑路市场的乱象，使其了解到清理骑路市场工作与新农村建设主导方向一致、步调一致，且路政部门能够为政府清理骑路市场工作提供有效支撑。市交通局和各分局领导就骑路市场整治工作积极向各级政府领导建言献策，引起政府主管领导共识，从而实现政府由观望和支持路政部门清理骑路市场转变为政府牵头主导取缔骑路市场。如新宾县政府专门下发了《关于在全县范围内开展整治骑路市场的通知》，对整治骑路市场做出了综合治理的指令性部署，实现各乡镇新建集贸市场的总体工作目标，杜绝公路集市贸易，将路政工作纳入政府目标管理考核中。抚顺县、清原县政府明确要求各乡镇政府作为本地区治理骑路市场主体，全力支持和配合路政部门做好治理工作。

抚顺市各分局针对辖区骑路市场整治工作定期召开骑路市场治理工作联席会议，积极协调县政府、市路政局、乡镇政府等部门重要领导参加，专题研究解决骑路市场治理工作的疑难问题。根据骑路市场规模、周期，以及政府能够提供的资金、场地等各种资源情况，制定切实可行的清理骑路市场方案，并就清理时限、步骤和场地建设情况进一步达成共识。

4.因地制宜 切合实际

抚顺市各分局按市场自然情况的不同和所在区域乡镇政府经济条件因时、因地、因条件不同采取不同策略和方法，注重把握时效性和针对性，采取灵活多样的整治方法，经过路政人员的不懈努力，在全地区骑路市场清理工作上取得了突破性的进展。

有的骑路市场没有场地，路政部门协调政府依据前瞻预期的市场规模需要征用土地或租用土地，建设专门的集贸市场。省道铁长线4处骑路市场，全部在木奇镇辖区内，多年来一直无法迁移出去。为了解决这一难题，在主管县长的帮助下，分局领导多次与木奇镇政府领导协调沟通和现场办公，共同查看场地，最后达成共识。木奇镇政府自筹资金50多万元，租用一万多平方米场地专用于集贸市场。下湾子村、赵家村设立集贸市场龙门架，进巷道里经营，小桥子村市场也规范到巷道里经营。目前铁长线四处骑路市场已全部清除完毕。

有的骑路市场最初有场地，但由于场地规模小不能满足群众需求，或因没有硬化场地，受雨雪影响地面泥泞无法买卖经营，场地形同虚设，导致最后被他人挪用。路政部门积极协调政府，对场地大小、设施完备和管理规范程度提出建议，由政府出资对原有市场进行改建扩建。清原县英额门骑路市场处于黑大线 K1134 处，存在十余年时间，集市规模很大，交通拥堵，时有交通中断发生。随着经济发展，商户增多，市场规模扩大，原有场地容纳不下，转而流入公路占道摆摊经营，闲置的场地被政府租给他人堆放木柴。清原分局利用清原县委开展"建设花园式城市"工作契机，积极向县政府主要领导汇报请示，引起政府领导重视，实现前期介入。在分局的努力下，政府放弃英额门供销社后院开发计划，将已租出的近千平方米场地收回，转建成为专用集贸场地。分局又协调了县公路部门对集贸场地进行铺垫和平整，以保证业户正常经营需要。路政局负责将经营业户疏导至指定场地内，镇政府工作人员负责维持场地内的经营秩序，派出所负责处理突发事件，期间未发生一起冲突和纠纷。经过近两个月的连续值守，经营业户全部进入指定场地经营，英额门骑路市场被彻底清除，保证了国道黑大线的安全畅通。

有的骑路市场所在区域的乡镇政府因土地资源紧张，难以提供专门的集贸场地，即采取借用村屯文化广场或者进驻村屯小巷的办法解决。新修建的市场，既为彻底解决骑路市场问题提供了根本保障，也为村民文化娱乐提供了场所，提高了土地利用效率，美化了乡镇环境，得到了广大村民的理解和支持。该模式优点颇多，投入小，提高社会资源利用率，可持续性强，值得推广，是下一步整治工作的优选方案。另外，以新建的集贸市场为牵动，建议政府进行资源的整合，配套建立必要的活动设施，在非开集之日用于广大村民健身活动，丰富村民文化生活。抚顺县后安镇骑路市场位于沈通线 K99 处，抚顺分局多次就清除后安排问题与镇政府协商解决办法，积极争取到政府领导支持。后安镇政府将约八千平方米的村民活动中心用作集贸市场经营场地，并配备了相应设施。每逢集日活动中心全部用来满足商户经营需要，在节日期间遇市场高峰时用广场旁边的巷道作为补充。政府安排镇城管综合执法人员负责市场管理，维持公路沿线车辆停放秩序，禁止公路两侧门市出店营业。对当地没有活动中心的，路政部门和当地乡镇政府及村委会共同勘验村屯巷道，选择能够满足市场经营规模的小巷代替干线公路，并在入口处修建了集贸市场龙门架，设立明显标志，引导村民进场经营买卖。如铁长线 K136+400 米~750 米处赵家村骑路市场、铁长线 K138+300 米~550 米处小桥子村骑路市场迁移到巷道里经营；县道新柳线

K15+550 米~960 米处北四平村骑路市场迁移到公路河对面村委会院内和河堤路上,新柳线 K22+600 米~850 米处冯家村骑路市场迁移文化广场和巷道里,永红线 K37+200 米~650 米处查家村骑路市场迁移到村委会院内和巷道里。

5.区分条件 量力而行

如果所在区域经济条件较好,我们建议政府建设围墙,平整硬化地面,完善市场相应基础设施,新建高标准、规范的集贸市场。新宾县木奇镇骑路市场位于铁长线 K118 处,由新宾分局协调助推解决。木奇镇政府自筹资金 50 多万元,租用一万多平方米场地专用于集贸市场,并在市场入口处设立集贸市场龙门架,硬化了市场内的土地,用标线划分了 172 块经营区域。同时安排专人负责市场管理,负责卫生保洁,禁止场地外经营。

如果骑路市场所在区域经济条件一般,我们建议各乡镇量力而行,能够满足集贸市场的基本需求即可。抚顺县马圈子乡在扩建改造村民活动中心的同时,也做了集贸场地建设,解决了马圈子骑路市场问题。

如果骑路市场所在区域经济条件较差,建议路政部门发挥行业职能优势,积极协调社会资源,为退路进场创造有利条件,力争整治后达到市场规范化标准。如新宾苇子峪镇西厢小堡骑路市场位于沈通线 K140 处,苇子峪镇政府利用有限的资金征用了公路左侧与公路平行的一块土地,新宾分局积极向矿山企业协调碎石铺垫场地,协调公路部门对市场进出路口进行沥青硬化,建成一个具有基本功能的集贸市场,彻底解决了占路经营行为。

6.结合路政工作实际,对骑路市场整治工作进展情况进行监管

每季度按照市局量化考核标准进行工作评价,每半年召开一次协调会,力争骑路市场"取缔一个,巩固一个"。

(1)强化市局、当地政府、社会监督力度。骑路市场的彻底清除要做到"堵疏"结合,对清除后的骑路市场要建立公示监督机制,做好后续跟踪管理。抚顺市成立由主管领导挂帅,路政部门和镇政府各部门组成的执法队,专题调度、集中研究部署整治措施,强化领导。在市场周围联合设置市场管理公告牌,请社会各界管理、监督、举报。新建市场的日常监管由各乡镇政府派专人负责。对已取缔的骑路市场存在的占道经营行为"零容忍",杜绝骑路市场死灰复燃。

(2)强化日常巡查和检查力度。抚顺市各分局加强路巡工作,强化迁移后公路管理,对主要街路和重点场所死看死守,对已取缔的市场进行动态检查,杜绝个别摆摊设点行为。加大联合执法力度,开展定期和不定期的集中整治行动,全力巩固骑路市场整治工作成果,确保全面实施进室经营目标,真正做到还路于民。市局在日常巡检过程中,一旦发现骑路市场回潮、反弹迹象或有新的零星摊点,要向分局发出当日工作传真限期整改,并跟踪督查。

(3)强化宣传和治理。抚顺市各分局与当地政府联合开展宣传活动,利用形式多样的宣传手段,争取广大群众和社会的理解和认可。

四、工作指导思路

从治理效果来看,要铲除公路路域环境的“毒瘤”,光靠一个部门是不够的。只有依靠政府主导,路政部门牵头整合社会资源(包括相关部门行政资源、社会经济体和百姓等),通过市场调研,合理布点市场,形成小商小贩有合法经营场所,执法部门执法体现人性化的立体化管理模式。这种模式主要表现为:

(1)宣传做到家喻户晓。管理部门要充分利用电视、电台、广播等新闻媒体及宣传图片、公开信等经常性地向广大百姓宣传占道经营的危害性,提高全民爱路护路、文明交通意识,共同自觉保护好、维护好公路。

(2)引导做到堵疏结合。地方政府和路政部门要加强对自发形成骑路市场的引导,创造条件安排经营户心甘情愿地到合适的场所经营。工商、税务、卫生防疫、生猪屠宰等部门要做好服务工作,及时为经营户办理相关证照,使其规范经营、合法经营、安心经营。

(3)执法做到齐抓共管。变部门行为为政府行为,在地方政府支持领导下,公路、公安、城管等部门通力合作,联合执法,路政、城管具体操作,依法取缔、清除长期占道经营的骑路市场,对情节严重的长期违法“钉子户”给予必要的行政处罚。

(4)管理做到网络健全。利用规范路和示范村创建的契机,建立健全相关职能部门与镇村、百姓参与管理的群管网络。以镇村负责人为主要成员,责任分解落实到人,充分发挥宣传、引导、制止和报告的功能,将短期的、季节性的水果型骑路市场控制在萌芽状态。

(5)整治做到分阶段实施。明确规划和阶段性目标,不能盲目。找准切入点,打好攻坚战,不要盲动。先易后难,找到突破口,不能盲从。循序渐进,管理要延伸,不应一蹴而就。

要坚持不懈做好骑路市场清理工作,认真按整治规划目标组织实施。随着干线公路整治结束,在注重日常管理的同时,将整治工作重点转移至县乡公路,由干线转入支线,坚持标准不降,力度不减。骑路市场治理工作任重道远,但只要有上级的正确领导,有社会和各级政府的支持,有全体路政人员的努力,有骑路市场经营者的理解,就一定会取得预期成效,确保路域环境和通行环境有根本性的转变。

(执笔人:抚顺市公路路政管理局副局长　陈迎玖)

建设"产学研"一体教学资源的思考

如何培养高素质的技术技能型人才,更好地服务于社会,是职业教育培养人才的共同目标,也是职业教育实现可持续发展的重要途径。辽宁省交通高等专科学校道路桥梁工程系"产学研"一体化教学资源建设及工学结合课程体系的开发为高职教育教学的改革提供了一种全新的、可借鉴的办学模式。

深化高职教育内涵,依托"产学研"一体化数字资源,建设校企合作的长效机制,建设工学结合的优质课程,培养优质建设人才是辽宁省交通高等专科学校道路桥梁工程系高等职业教育贯穿始终的教学理念。

一、围绕交通产业发展建设"产学研"一体化教学资源

职业教育的目标是培养优秀的建设人才,而人才的培养又是与行业、产业的发展密切相关的。几年来,辽宁省交通高等专科学校道路与桥梁工程系紧密结合交通建设的发展,以交通运输部及辽宁省交通厅的发展规划为指导,跟踪产业技术发展的前沿,深化职业教育的内涵,建设了集"产学研"一体化、可持续发展并在全国具有引领及示范作用的优质教学资源。

1.三位一体工程中心建设,构建实训、生产、科研共赢的实践型资源

高等职业教育的一个鲜明特点是培养应用型技术人才,应用型技术人才的培养就要紧密结合生产实际,即来源于生产又要服务于生产,这就要求在职业教育的整个过程中要有既与生产实践紧密衔接又能站在科研、生产前沿并对行业具有促进作用的教育教学共赢资源。

基于教学、生产、科研,道路桥梁工程系近年来逐步建成了全国首创的道路桥梁校内综合实训场,实现了实践教学的真实场景化;建成了"辽宁省交通高等专科学校道路桥梁检测中心",获得交通运输部综合甲级资质;建成了"辽宁省桥梁安全工程研究中心",成为国内高职院校唯一一所省级重点工程研究中心;建成了"辽宁科杰公路工程监理公司",具有交通运输部甲级资质,承担省内外多条高速公路监理任务。

这些资源的建立融合了教学、生产、科研、社会服务等多重功能,赢得了良好的经济效益、社会声誉,实现了产学研一体化的全面发展,保证了师资队伍实

践、科研能力的提升,保证了学生实习实训的良好效果,保证了职业教育教学资源的持续获得。同时,依靠人才培养及产学研一体化的建设机制,吸引了省内、国内大型企业相继建设了40多个稳固的校外实训基地,建设了"辽宁北四达教育研究所"、"中铁十三局工程研究中心"等多家校企合作机构,实现了校企合作长效共赢机制的良好运行。

2.全国教学资源库建设,构建课程、师资、团队共享型资源

在高等职业教育中,教育教学及课程资源是人才培养质量好坏的重要因素。道路桥梁工程系带领全国17所国家级、省级示范校,20多家国有大型企业共同参与建设了开放共享型的全国道桥教学资源平台及教学资源库,形成了校校、校企共建共享共认机制,形成了资源建设可持续发展的创新机制。

资源库项目设计与建设始终坚持站在行业发展的前沿,总体规划,精心设计,建设成果获得了广泛的好评,目前已在全国各高职院校得到了广泛的应用,促进了课程体系建设的改革、教师教育教学水平的提升、道桥职业教育团队的人才培养。

二、依托一体化教学资源构建工学结合的人才培养体系

"校企合作、工学结合"是高职教育理念共识,面向道桥生产一线、依托一体化资源构建工学结合的人才培养体系,构建"全程职业素质养成,知识技能培养和工程项目训练递进"课程体系是职业教育成长的关键模式。"工作性学习培养方案+具有产学研能力的国家级优秀教学团队+具有甲级市场资质和省级工程中心水平的产学研平台+工学结合特征的广义课程资源"是高职道桥独具特色的一体化人才培养体系。

1.系统化设计具有工作性学习的"工学结合"人才培养方案

道路桥梁工程系面向道路桥梁生产一线明确了培养高素质、高技能建设人才的培养目标;确定了道桥专业"勘察设计、招标投标、施工管理、试验检测、竣工验收"的五大能力和"懂设计、会施工、精管理"全面发展的人才培养方向;确立了"能力岗位相融合,层级递进式"课程与实训教学体系。

依据学生特点及未来的工作岗位,提出了适应性及技能强化性的教学理念,在教学手段、方法、方式及考核模式上利用有效的教学资源,积极调动学生的学习兴趣,提高学生的学习热情,引进了企业标准,实施"以工期安排学期"的教学计划,使学生在真实工程实践中得到全方位的工程锻炼,促进了教学理念的革新,促进了教学手段、方法的改革。

2.开发工学结合课程、系统化训练项目

“知识技能、最新技术、工作方法、职业素质”的高职道桥人才需求标准，需要“工学结合”培养和“产学研一体”教学资源，需要工学结合的课程体系。

系统的基本知识学习和基本技能训练-小组方式完成针对实际工程案例专项训练-施工实训和顶岗实习-与行业规范、施工过程相对应的考评标准-结合施工季节安排教学周期-毕业综合素质和专业水平“双答辩”贯穿了道桥专业整个教学过程。道路桥梁工程系围绕这一过程开发工学结合课程、系统化训练项目，出版系列教材20多本，取得国家级精品资源共享课3门、省级精品课6门，获得了国家级教研成果4项、省级教研成果6项。

几年来学生能力及综合素质得到了普遍提升，适应了施工一线对人才的需求，人才培养水平得到了社会和企业的普遍认可，实现企业对学校、系部、学生从认识、需求到欢迎的逐步转变，实现学习就业的无障碍对接。

3.推进教师企业实践

依托“产学研一体化校企合作平台”，突破“双师”教师队伍培养瓶颈。实施“校内教学岗位、科研岗位、企业岗位轮换上岗”、“校外行业企业工程技术管理人才和专职教师‘结对子’”的师资队伍建设模式，成功地实现了“双师”队伍培养的良性循环。目前道路桥梁工程系拥有国家级教学团队1个、省级教学团队2个、国家级教学名师1名、省级教学名师3名，承担了多项省部级重点交通科研项目，取得省部级科技进步一等奖1项、二等奖3项和市厅级科技进步奖多项，生产及社会服务有了明显提升。

三、创新高职教育新理念，培养优秀道桥建设人才

1.“产学研”一体教学资源建设创新了高职教育新理念

“产学研”一体教学资源项目设计与建设始终坚持站在行业发展的前沿，总体规划、精心设计全国领先的教育教学资源平台、全国首创的综合实习实训场，具有交通运输部甲级资质的两家企业、省内外领先的桥梁工程安全研究中心，确保了教育的可持续发展。“工作性学习”、“基本知识、基本技能”，“小组方式”完成“勘察设计、招标投标、施工组织、试验检测、竣工验收”五个专项任务并提交“工程文本”，“结合施工周期安排教学周期”，实现了职业素质养成贯穿始终，兼顾就业能力和发展能力的目标。

突破“学校找企业求合作”的困境，高水平构建自主的“教学单位”、“科研机构”、“技服中心”、“产业实体”和“校内室外生产实训场”，形成自主的“产学研一体化校企合作平台”，以此平台持续顺利地将教学活动带入行业企业，并从

行业企业和承担项目中获取教学载体。

通过项目建设使专业及专业群在教学改革、人才培养、课程建设、实训建设、考核手段以及产学研等社会服务方面都有了较大幅度的提升,人才培养质量明显改善,实现了真正意义的工学结合,创新了高职教育新的理念。

2.“产学研”一体化发展形成企业参与、自身发展、自我成长的高职教育新模式

“产学研”一体化优质资源的建设确保了教育的可持续发展,提升了教师队伍的科研及生产实践能力,提升了教学方法、方式、手段和考核机制的革新。教育更适应于学生的学习、岗位的融合、企业的生产,同时也可以使学生多渠道、多方式地获得知识,提高了学生的学习兴趣,使学生学习目的更明确、学习方式更灵活。

“产学研”一体化平台在促进高职教育的同时,通过生产及科研不断提升在行业中的地位与影响力,吸引企业主动合作,共同开发,共同进步,参与到交通建设各个领域,实现双赢,共同促进行业的协同发展。

3.“产学研”一体化优质资源建设促进了道桥人才培养水平的全面提升

道桥及相关专业、专业群在教学上围绕“产学研”一体化资源进行系统的理论与实践教学设计,学生的实践动手能力及综合素质得到极大提高,招生录取线超过二批本科,突破用人单位“本科”门槛,就业率及就业质量明显提升,人才培养质量得到社会的普遍认可。国家和省、部领导多次视察指导,对项目建设给予高度评价;《光明日报》、《中国教育报》、《中国交通报》、《辽宁日报》、中央电视台、辽宁电视台等多家新闻媒体对建设成果进行了宣传报道。

近年来道路桥梁工程系科教研总量及教科研水平、层次逐年提高;企业员工、下岗职工及农民工再就业培训量连年增加;企业的生产也不断创造新的效益。

牵头全国17所国家级省级示范校及20多家大型国有企业共同进行道桥类专业课程开发,建设了国家级教学资源平台与教学资源库。

牵头全国交通教育路桥专职委建设工作,开展人才培养、教学改革、团队建设、课程建设、实训竞赛等多方面研究。

与云南、四川、贵州、浙江、湖南、河南、陕西、吉林、青海等多所高等职业院校进行校际交流,分享建设经验,推广建设成果。

多名教师在全国示范校周年大会及不同层次的会议上做主题交流,介绍建设经验。全国近百所高等职业院校来校参观学习建设经验。中铁十九局、中铁十三局、辽宁省路桥总公司、沈阳市公路勘测设计院、辽宁北四达等企业先后与

学校合作建立研究机构,设立奖学金,成立办事处。

四、结语

“产学研”一体化教学资源建设及道桥工学结合的课程体系,目前已形成了具有鲜明高职教育特色,具有引领与示范作用的集学生培养、师资实践、企业培训、教研科研、社会服务为一体的道桥人才培养体系,促进整个高职教育领域职业教育教学的全面改革,促进了校企合作的协调发展,促进了道桥人才培养质量的全面提升。

(执笔人:辽宁省交通高等专科学校　张亚军　王　彤　欧阳伟)

加强设计管理降低工程造价

自神州第一路沈大高速公路开建以来，到2014年年底辽宁省已实现县县通高速，高速公路通车里程达到4172公里。如此规模的高速公路多年来对辽宁省的交通发展、经济发展起到巨大的、积极的作用，但同时也花费了逾万亿的建设资金。因此又好又快地发展高速公路事业，并且尽可能节约建设资金是辽宁省交通人所面临的一个课题。

设计阶段是高速公路项目全过程管理的重点。尽管设计费用仅占工程建设全部费用的比例较低，但设计成果对工程造价的影响却较大。因此确保设计成果的科学、合理、安全、经济是高速公路建设管理部门的重要职责。以往我们对设计管理主要集中在施工图设计阶段的成果管理，往往受参与阶段滞后影响，待发现问题时因项目周期受限、修改量过大、与前期阶段批复冲突等限制而难以全部解决。2014年省交通厅印发了辽宁省第一部专门针对勘察设计的《辽宁省公路勘察设计管理办法》(以下简称办法)，将介入设计管理的时间主动前移，充分调动前期计划、技术、征迁等多个相关部门，全过程参与预可研、工可研、初步设计、施工图设计等设计阶段，加大前期方案合理性、造价经济型的审查力度。通过实践转型，一是确保了设计成果的合理、经济，缩短了设计周期；二是将项目管理理念、后期施工阶段存在的部分问题提前在设计阶段消化解决，促成设计与管理、设计与施工完美结合。

通过近期几个项目，我们开展了由单一化成果管理逐步向全过程管理的转型实践，并通过管理模式的探索、调整，初步形成了一套有利于控制工程投资的设计管理办法。

一、宏观控制技术标准、把握重点工程

1.坚持把技术标准审查作为控制造价的第一环节

技术标准的选择应综合考虑高速公路的功能、交通量、沿线经济发展情况及地形地质等建设条件。高速公路技术标准直接影响平、纵、横等技术指标的选取，进而影响桥、隧构造物的布设，影响工程造价。技术标准发生变化将对整个项目产生颠覆性影响，因此在设计初期阶段就把设计管理工作的重点改在了对技术标准的审查。

2.坚持把重点、节点工程的审查作为控制造价的重要工作

特大桥梁、特长隧道等重点工程直接影响工程的建设资金，同时也影响工程的建设进度。因此我们将提前介入，加强对高速公路项目内重点工程的审查、协调力度。

以沈四高速公路改扩建工程为例，沈北路段原方案应沈北新区政府要求，设置了沈北高架桥。该桥为 66 ~ 30 米装配式预应力混凝土 T 梁结构，全长 1986 米，概算 2.8 亿元。经省交通厅相关部门与沈北新区政府、沈北新区规范局多次沟通协调，将此桥化整为零，调整为若干主线上跨分离式和若干地下管线护涵。方案调整后，沈北路段减少桥梁 1150 米，基本满足横向通行需求，估算降低造价达 7000 万元。因此加强重点工程的审查、协调力度对节约工程建设资金意义重大。

二、加强前期工作协调，提早介入主要工程方案

项目周边区域的地方规划路网、矿产资源、水源地、保护区、风景区等影响因素对高速公路路线方案、工程造价有直接影响。处理好高速公路与上述影响因素的关系，是高速公路建设、发展的关键。

（一）与地方路网规划的关系

高速公路遵循“近城而不进城”的总体布设原则，基本避开了对既有城镇的不利影响。但辽宁省城镇周边多设置开发区、规划区等，受城镇规划、地形条件、工程规模等影响，部分高速公路需穿越城镇规划区，与规划路网相互影响。

以往项目实施过程中，多是设计单位征求地方政府意见。而地方政府出于自身利益考虑，多要求采用高架桥方案通过；如采用主线下穿方式，多要求按规划断面修建分离式桥梁。高标准桥梁方案可得到地方政府的支持，但会造成建设成本的显著增加、资金的使用效率低下。为及时解决这类矛盾，合理控制工程造价，设计管理部门加强与地方政府的沟通协调力度，力争在基本满足使用功能的前提下，主线上跨桥梁尽量控制桥梁规模，主线下穿桥梁更多采用分期修建方案，以降低工程造价。

（二）与矿产资源的关系

辽宁省属矿产资源大省，多地分布较多的有色金属、黑色金属、煤、石料等矿产资源。高速公路布线时，常受到矿产资源开采范围的影响。如严格避让矿产资源，可能造成建设成本的显著增加；如占用矿产资源范围，赔偿金额又存在较大的不确定性。为尽早确定合理可行、造价节省的路线方案，设计管理部门需提前介入，加强与矿产资源产权部门的沟通协调，明确资源的重要性、储量、开采价值、安全距离等相关信息，必要时可尽早委托专业机构对所涉及的资源

进行评估,进而配合工程部分的比较,择优选取路线方案。

凌源至绥中高速公路凌源境路段路线方案,受牛河梁红山文化保护区及凌源市规划区影响,需穿越凌源北侧的铁矿采区。经设计单位初步调查,明确了路线方案与其周边6处铁矿采区的相对位置,但难以确定高速公路与铁矿采区间的相互影响,进而影响方案的合理性及概算金额。了解情况后,设计管理部门加强了与凌源市政府、市交通局等部门的沟通协调,收集到6处铁矿开采界面的详细设计资料,并委托辽宁省矿产勘察院专家对收集到的资料进行专业解读。通过上述一系列工作后,明确了铁矿与高速公路间的相互影响,同时进一步明确了路线方案。

(三)与高压电线的关系

高压电力线动迁牵扯到民生问题,一般周期都较长。其中500千伏电力线动迁涉及用电区域广,动迁周期、难度更大。辽滨港疏港高速公路因电力线动迁滞后对施工工期影响较大,进而影响了地基处理方案,最终因动迁问题增加工程费用100万元,且拆迁费与预估相比增加较多。为避免类似问题再一次发生,在设计阶段应加强设计管理,尽早与电力部门沟通,准备电力方面要求的数据资料,催促电力部门尽早完成改建方案及改建概算,确保后期电力动迁及时、动迁费用准确。

三、加强设计过程控制,注重设计过程管理

提升高速公路整体质量、降低工程造价,应从前期设计阶段抓起。设计过程是一个系统性过程,其中包括预可研、工可研、初步设计外业、初步设计、施工图外业、施工图设计等阶段,工程难度大的项目还应增设技术设计。各个阶段的设计成果非常重要,均是前一阶段工作的深化,也是开展下一阶段的依据。

为确保最终勘察设计成果的质量,我们将在以下方面加强设计管理工作:①加强程序管理,确保各个阶段工作的闭合。每个设计阶段成果完成后,均组织召开审查、验收会议,聘请行业内知名专家,对阶段成果进行审查,并形成会议纪要。②加强对各个阶段设计大纲的审查力度,设计大纲是对后期设计的范围、内容、难点、投入、目标等内容的提纲挈领的规定,也是后期开展设计管理的依据。每个阶段工作开展前,我们均会对设计大纲进行审批。③召开工程重点、难点问题的方案审查会。我们除了组织召开各个阶段成果的验收会、审查会外,还将结合项目特点,适时聘请专家,组织召开重点、难点问题的方案审查会,为阶段成果提供技术支撑。

四、引入设计监理、设计咨询单位

除建设单位全过程参与设计管理外,还聘请行业内知名设计单位开展勘察

设计监理或设计咨询审查工作。

以往的项目管理过程中,仅聘请设计咨询单位对各个阶段的设计成果进行咨询审查,对各个外业过程、设计程序、中间方案的跟踪、审查力度不足。根据近期省交通厅印发的《辽宁省公路勘察设计管理办法》中的相关规定,属国家高速公路网项目、30 公里以上(含 30 公里)省高网项目、技术复杂项目今后将实行勘察设计监理制。

设计监理的主要职责是全方位、全过程(工可、初步设计、施工图设计、施工过程)跟踪勘察设计工作,采取勘察抽检、现场旁站和设计咨询审查的方式,参加各阶段的中间检查、外业验收、方案论证、阶段性审查等会议,并按建设单位要求提交书面报告和意见。引入勘察设计监理单位可加强对外业勘察与地质勘查、路线方案比较、大型桥隧方案比较的监控,确保勘察设计深度,防止因工作深度不够,造成后期方案的变动,或遗漏有价值的比选方案。

辽宁中部环线高速公路铁岭至本溪段项目中,设计单位就路线方案做了大量的必选工作,设计监理单位在设计院前期工作的基础上又提出了 7 段具有一定必选价值的路线方案。经综合比选,采纳了其中的两段路线方案,并汇入到最终的设计成果中。K263 ~ K266 路段采用了设计监理单位提出的路线方案,尽管路线略有增长,但可减少对石家沟村出行的影响,缩短桥长 100 米,降低工程造价 500 万元。K336 ~ K344 路段采用了设计监理单位提出的跨越英守水库的路线方案,需多设置 710 米桥梁(部分桥梁跨越水库),对水库有一定影响,但平纵指标较高、运营安全性较好,可取消一座 920 米的隧道,降低工程造价 2300 万元。

辽宁中部环线高速公路铁岭至本溪段是辽宁省第一个执行设计监理制的项目,设计监理单位为中交一院。通过监理单位实时、全过程的设计咨询、审查、监督等工作,促使整个设计阶段的程序更规范,成果更经济、合理。

五、加强工程技术难点的跟踪管理

工程技术难点直接影响项目建设周期、造价,是我们设计管理过程中的重点。针对难点问题我们将采用持续跟进的管理模式,前期适时组织专家、监理单位、设计单位召开方案审查会、成果审查会,确定难点问题处理措施。后期施工阶段,跟踪难点问题处理措施的实施效果,并根据实施效果对监理单位进行质量评价。

六、继续推进设计标准化

为总结辽宁省高速公路施工多年来积累的实践经验,很好地指导和规范现场施工，提高施工管理水平，实现路基、路面、桥涵、隧道等专业施工的标准化、精细化，有效克服质量通病，确保各专业施工达到一个较高水平，辽宁省已编写并印发了高速公路各专业施工标准化技术指南。

辽宁省在30余年的时间里共建设了4000余公里的高速公路，期间发展和总结了多种多样、适用各类条件的技术方案，尽管各个技术方案均有其适用性、优越性，但却不利于标准化的推动。设计标准化是施工标准化的前提和基础，为此建设单位要加强设计管理，组织设计单位开展设计标准化工作，并进一步引导设计单位优化标准化设计，使其更好地为施工标准化服务。

（执笔人：辽宁省高等级公路建设局　汪海涛）

《辽宁省高速公路建设项目综合管理平台》系统规划设计与功能分析

作为支撑国家实现发展转型目标的重要战略措施,信息化的发展将直接影响经济的持续发展。中共十八大报告中明确提出了全面建成小康社会和全面深化改革开放的总体目标,把信息化作为"经济健康发展"的一个具体指标,明确提出"工业化基本实现,信息化水平大幅提升"的目标,突出强调了信息化在经济发展中的重要战略地位,足见国家层面对信息化技术发展进步的重视程度。

交通运输作为国民经济增长的基础性和先导性产业,经过多年发展,为我国经济社会发展、国力增强、人民生活水平提高做出了重大贡献。近年来,随着国际国内经济、金融形势的持续不断变化,高速公路事业不断迎来宝贵的发展战略机遇,同时也面临深化改革、转变发展方式的挑战。在这其中,加快信息化发展,充分运用信息化、智能化的手段不断充实和完善管理,是一项十分艰巨而紧迫的战略任务。2013 年,全省交通运输工作会议明确提出加快建设"综合交通、智慧交通、民生交通、绿色交通、平安交通"五个交通的发展目标。2014 年,省交通厅印发了《关于进一步加快推进公路水路信息化智能化建设的实施意见》,从行业管理高度提出了明确的指导方向。《意见》对各有关单位承担的主要任务进行了细化分解,并明确提出今年加快本行业领域信息化平台建设的具体要求。在此背景之下,依托辽宁省高速公路的建设管理实践,开展信息化综合管理平台的研发工作,既是提升辽宁省高速公路建设领域综合管理效率与水平的重要手段,推动辽宁省交通运输行业科学发展的强大动力,同时也是实现辽宁省构建现代化交通运输体系目标的重要途径。

一、信息化建设需求分析

(一)省交通厅基本要求

《意见》提出省高建局重点承担以下几项工作:

(1)开展信息化重大工程建设。负责高速公路竣工档案库建设;负责建立重大工程施工现场远程视频监控系统和 IP 调度指挥系统,并接入省交通厅路网运行管理和应急处置平台。

(2)对接省交通厅公路水路交通建设市场信用信息管理服务系统。负责建设高速公路建设工程项目管理、工程标准规范系统，负责维护建设市场责任主体基本信息、信用信息和工程建设项目信息。

(3)对接省交通厅地理信息共享平台。负责高速公路建设项目主题数据库维护，包括建设线路、施工驻地、搅拌站、临时便道等。

(二)省高建局信息化管理主要需求分析

业务管理需求决定了信息化运维服务体系的基本构成。当前辽宁省高速公路正一步步朝着现代化管理的发展方向不断迈进，尤其在一体化管理、高效化办公等方面的需求十分迫切。

(1)全局管理一体化的需求。通过建立局内统一的业务办公平台，实现局内机关处室间、处室与各项目间的业务信息、数据的多频次交换、传输，并依托同平台办公协作，不断加强业务交流，促进全局一体化的紧密管理体系形成。

(2)全局实现无纸化办公的需求。将会议管理、办公用品管理、公文管理、车辆管理等整合成为综合性行政办公平台，可进一步规范办公流程，优化流转环节，加快办公效率。尤其在公文管理方面，以数据化的文件传输取代原有纸质文件，在减少办公经费支出的同时提高了资源应用与管理的便利性，有效节约了宝贵的林木资源。

(3)各方信息资源共享化的需求。通过建立建设管理信息资源数据库，将高速公路项目自立项到竣工验收全建设期内的关键管理信息资源集中以目录形式分类存储于网络平台，供参建各方根据需求加以应用、分析，为建设管理重大决策提供重要参考。

(4)高速公路建设业务信息化的需求。通过建立统一的业务办公平台，从前期立项、实施过程管理到交竣工验收管理，按照国家规定的建设管理程序，以信息化手段系统还原建设管理中各项重点工作，并将施工、监理、设计和业主等高速公路参建各方紧密联合起来，压缩传统管理模式所需的时空距离，共同促进高速公路建设管理工作效率大幅提高。

(5)重大工程关键环节管理实时、可追溯的需求。通过拌和站管控一体化、试验数据监测、远程视频采集等信息化系统的应用，利用混合料拌和生产工艺、现场试验数据初步搭建工程建设期关键质量信息的大数据库，促进管理方法更为科学、管理工作更加深入、管理决策更加及时和准确。

二、平台建设目标

辽宁省高速公路建设项目综合管理平台建设以“科学、规范、协同、实时、实效”为总体目标，定位于实现“管理思路科学化、管理程序规范化、管理资源协同化、管理信息实时化、管理指令实效化”的五位一体建设目标，力求构建一套“层次清晰、布局合理、功能完善、覆盖全局”的高速公路建设综合信息化管理平台。

三、平台建设原则

(一)统筹规划、全面覆盖

根据辽宁省高速公路建设全过程业务管理机制与各部门工作分工特点,理清业务管理思路,统筹规划平台建设的总体功能框架与信息化系统需求,强化公共资源共享与业务协同联动,实现建设期内对全局高速公路多项目综合管理业务的全方位覆盖。

(二)集中谋划、分步实施

根据辽宁省高速公路建设管理特点和需求,通过对高速公路各类综合管理业务的细化分解,明确业务管理主体责任与协同管理,集中谋划信息化管理业务类别,并结合工程需求分功能、分阶段开展功能研发。

(三)强化制度、规范管理

通过建立信息化管理制度体系,加强信息化管理工作监督与过程指导,规范信息化管理工作流程与实施方法,促进高速公路建设领域现代化管理模式的不断完善。

四、平台建设主要内容

(一)数据共享平台

利用成熟先进的现代化信息交换与共享技术,建设数据交换共享平台,实现前方数据库与局业务部门业务数据库之间的数据双向交换与资源共享功能。

(二)数据存储中心

数据存储中心包括数据中心硬件设备和中心数据库。数据中心硬件由服务器和存储系统组成;中心数据库由地理空间、各方信息、工程合同、计划、进度、技术、质量、安全、计量、支付、设计变更等多种数据库组成,具备长期存档与调用功能。

(三)应用平台

应用平台包括构建数据分析与发布、移动数据采集与发布、图形化查询、程序化审批流转、协同化办公等操作平台。

(四)网络系统

网络系统依托省高速公路建设信息化管理主干网,进行带宽扩容,配置相应的服务器、存储等硬件设施。

(五)安全系统

通过定义不同的角色,根据工作范围授予相应的权限,严格定义各类角色对于信息的操作和浏览范围。建立由防火墙、虚拟子网(VLAN)的权限管理、安全协议、各种日志以及安全审计、网络防病毒等多种技术手段融合的安全系统,确保数据安全。

五、平台总体架构

围绕项目总体目标、具体目标,依照国家信息化建设的有关标准和规范,本着先进、实用、安全、稳定的设计原则,提出"一项网络基础设施、两级平台、三套体系、四大应用系统、五层结构"的系统总体设计架构(见图1)。

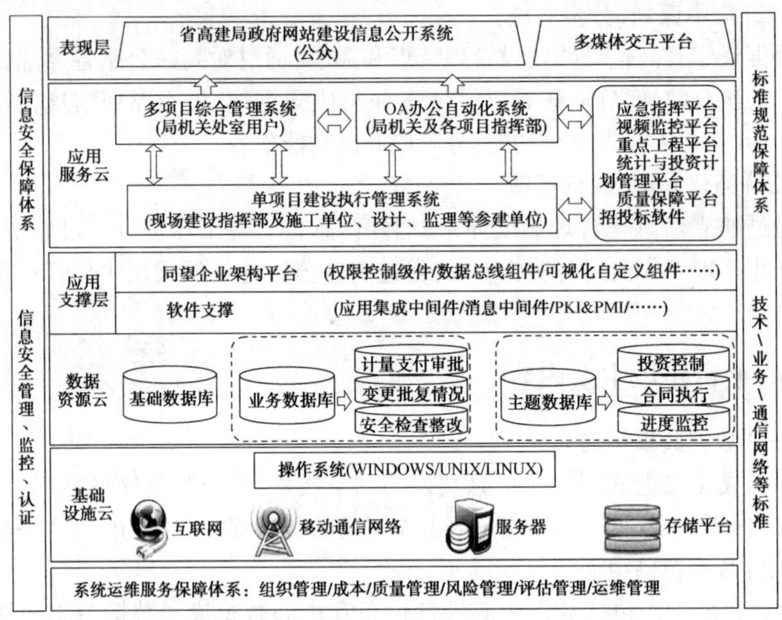

图1 系统总体设计架构

(一)一项网络基础设施

按辽宁省交通厅信息化规划方案中云服务的搭建要求,辽宁高建局厅级云平台的组成部分。

同时重点考虑以省高建局为总中心节点,组建局与各项目指挥部(包括后续新增项目)的一个统一网络平台,各参建单位可通过 Internet 的方式与网络平台进行交互。

(二)两级平台

综合业务管理子平台系统共分为两级管理平台,一级平台服务于辽宁省高建局各职能部门的工程建设期行业管理,二级平台主要服务于各项目指挥部的前线工程管理。二级平台系统中部分功能应根据业务流程情况覆盖施工企业、监理单位相关业务需求，具备数据录入采集、汇总、报表输出、分析等电子化处理功能。

两级平台最终要实现，多项目应用，构建数据交互共享中心、综合查询分析平台、综合业务管理、全局统一综合办公自动化平台，整合集成现场质量保障子平台系统与招标管理系统。

（三）三套体系

1.建立标准化体系

信息标准化是当今世界经济和社会发展的大趋势，也是信息化管理、提高办公效率、加强决策支持的关键环节。我国已先后制定了国家标准共1000多个，为在信息化建设中实施有效管理提供重要依据。

信息化建设期间，重点制定和完善信息资源开发利用标准体系（管理信息标准、专业信息标准）和公共服务标准体系。

2.建立信息安全体系

网络与信息安全是信息化的基本保障。安全的动态性，需要完善网络与信息安全保障体系，完善安全管理体制，从设备、网络、系统等方面采用相应的方法进行防护，确保数据安全和业务的一致性，创造可靠的信息化应用支撑环境。

信息化安全体系建设将立足安全的"多层次防护"，在安全产品应用的基础上，突出安全策略的整合和安全新技术的综合应用。建设基于技术、管理和人结合的安全体系，关键服务器群管理系统，实现对整个信息体系中的服务器进行集中式的监控和管理。

3.建立实施保障体系

为保障信息化规划的落实和完成，必须建立健全有力的保障体系。需要通过信息化建设资源配置、过程控制、风险防范、建设评价等多个方面的完善与提高，对信息化建设提供全方位保障。通过对信息化建设全过程的支撑、控制、评估与调整，确保信息化工作有序进行。

（四）四大应用系统

四大应用系统包括行业综合管理平台（综合统计查询与分析）、综合项目业务管理信息系统、综合办公自动化系统、信息资源共享平台（数据中心）。

（1）行业综合管理系统面向高建局具有建设项目管理职能的常设机关部门，是多项目、多层次、多模式综合项目管理平台。该平台对多项目的质量、投资、进度、安全等方面进行整合规范管理，实现针对综合业务处理（初步设计、施工图设计、征地拆迁、招投标管理、合同管理、物资管理等）、建设管理要素监管（项目工期、项目质量、项目安全、项目投资、项目资金、环境保护等）、统计汇总等几个方面的综合管理内容（见图2）。

局行业管理平台								
前期管理	设计管理	计划进度	征地拆迁	招标管理	资金管理	技术管理	信访管理	综合查询
工程信息总览	设计进度汇总	年度投资计划汇总	征迁信息	将已有招投标管理系统整合内嵌至平台内	借款申请	技术要求	事件登记	项目信息
前期进度汇总	设计机构组成	年度投资完成汇总	征迁进度汇总		资金拨付汇总	技术亮点	事件追踪	投资分析
前期信息查询	设计审查	月度投资计划汇总	征迁变更汇总		汇总查询	技术咨询	事件办结	进度分析
	主要工程数据	月度投资完成汇总				技术培训	事件信息	质量分析
	外业勘察验收					新技术产品	事件查询	安全分析
								自定义查询

图2　辽宁省高等级公路建设局管理平台结构

(2)综合项目业务管理信息系统是单项目建设执行管理系统(对应省交通厅系统三级平台)的上级系统,为单项目建设执行管理系统设置管理目标,实现过程管理要素监管(见图3)。

项目管理平台													
设计管理	计划进度	征地拆迁	合同管理	保险管理	环保管理	资金管理	材料管理	技术管理	质量管理	安全管理	变更管理	计量支付	验收管理

图3　项目管理平台结构

(3)综合协同办公系统,是以信息化技术手段实现统一的信息发布接收、公文签转等工作制度,可满足公文处理、公告发布、资源共享、会议安排、固定资产管理对等多项局内日常业务办公需要(见图4)。

图4　综合协同办公系统结构

(4)信息资源共享平台(数据中心)通过定义数据元素、主题数据库、共享数据库等规范的方法构建业务数据中心,形成统一、集成、高性能、可扩展的信息数据基础平台。

(五)五层结构

1.用户浏览层

客户端以 Web 方式或瘦客户与服务器交互,部分可扩充 PDA、手机等移动设备。

2.系统应用层

应用服务支撑平台采用 Kingdee Apusic Application Server 或 IBM Websphere Server 搭建。

3.应用支撑层

应用支撑层包括待办事宜、工作流业务审批、系统组织权限管理等系统支撑模块。

4.数据访问层

数据库管理系统采用 MS SQL Server、Oracle、DB2 等主流数据库。

5.基础设施层

基础设施层包括网络核心千兆级支撑、百兆级交换到桌面,操作系统可采用 Windows、Unix、Linux 系列。

六、平台主要功能介绍

按照以上系统平台总体架构方案与部署设计原则,本平台经过近一年的辛苦研发,基本实现了既定目标。平台共分为两级平台,一级平台属局行业管理平台,二级平台属项目级管理平台。

(一)登录界面形式

平台登录界面如图 5 所示。

图 5 平台登录界面

(二)主页面形式

平台主页面形式如图6所示。

图6 平台主页面形式

(三)具体模块功能

1.组织机构

系统还原了省高建局现有的组织机构模式,针对部门组成系统给出人员组成、工作职能;针对项目指挥部系统给出人员组成、项目基本建设情况等信息。

2.综合查询

综合查询以高速公路建设过程中的关键管理信息为查询要素。目前可查询项目包括投资、计量、进度、变更等相关内容。平台提供多种查询形式的综合查询功能,如图形、报表、台账等。

3.建设项目

本功能模块以全省在建和规划建设项目为依托,以列表形式系统地展示了各项目主要信息状况。

4.前期管理

本模块与建设项目相互关联,记录和展示各项目从立项审批到施工招标等前期各工作环节的进度、办理情况,对工程建设管理前期的进展工作进行计划、实施、监控并整理前期各阶段的报告、技术文件及相关审批批文。按建设项目性质,建设程序前期管理的业务流程分为基本建设项目流程和养护改善工程流程。

5.投资控制

本模块主要包含投资计划编制审批功能、概算管理、费用支出、业务设置等功能。通过投资计划与实际费用发生进行数据提取后的对比实现投资过程控制。

6.征地拆迁

本模块包含业务功能有征地拆迁标准、征地拆迁行政区域设置、征拆协议执行、个案信息、拆迁问题、征地拆迁计划、征地拆迁进度等。通过征地拆迁的计划与进度的时时对比实现对征地拆迁过程的控制。

7.合同管理

合同管理是项目过程管理的核心业务,主要由业主单位、监理单位、承包人协作完成。合同管理机构的设置遵循分级负责、分工协作、互相监督、共同把关的原则。

8.资金管理

根据制定的年度和季度计划,自动形成路线投资和财务准备计划供人工调整。对各项目各类借款程序的申请、审批与资金支付在系统中进行审批申请。同时系统支持在线用款申请,可以对各个项目的用款计划进行统一分析、汇总、分配,使建设财务部门能根据自己的需要对各项目的用款情况进行全盘的分析,以利于资金的统筹调拨。最终可以对业主申请用款的批复情况进行查询,能对业主按月度用款、年度用款、开工累计用款情况等进行查询。

9.技术管理

本功能模块共包含技术要求、技术亮点、技术咨询、技术推广、技术推广完成情况、技术培训等6个子模块,系统展示全省高速公路建设技术管理的关键工作内容。通过系统对日常技术管理方面的文件、信息、过程资料进行备案,提供查询、下载功能,实现技术资源的共享。

10.质量管理

主要业务功能包括质量监督计划、质量监督、质量监督整改、质量督察整改复查。

11.安全管理

工程项目施工过程具有施工线路长、难度大、参与单位多的特点,安全是工程施工中的重要方面。安全管理模块主要包含安全应急预案的查询检索、安全事故管理、安全计划、安全月报等。采用该模块可使各级管理部门能够做到安全事故的事前防范,事中及时处理,事后实时总结。

系统业务功能主要包括安全活动、安全费用、安全简报、安全整改台账。

12.应急管理

应急管理是对高速公路项目建设过程中的关键性工程、控制性工程以及有重大风险因素和安全隐患的部位,以分类、分级的方式进行细化和有针对性的管理。该模块通过GIS平台进行直观展示和查询，主要业务功能包括关键节点设置、应急预案登记、应急资源管理、应急信息登记、现场视频、指挥调度。

13.环保管理

业务功能包括环保文件管理、环保之星进度管理、环保投资管理、环境监理管理、查询分析。该模块通过对环保工作进行业务分解，并记录登记各环节的业务资料，以此实现环保管理。

14.信访管理

系统提供对信访事件信息的登记功能，为事件信息配置相关处理部门和人员。同时对于重点事件设置了监督要素的事件(如解决时限要求等)，提供监督与提醒功能。系统还提供对信访事件的登记、对管理人员与进展信息的监督与汇总分析。

15.竣工资料管理

按照《交通部竣工文档编制规范》及有关规定，把工程建设过程中产生的文件、图纸、照片、影像资料分类归纳加以保存，作为工程竣工验收的资料，方便技术人员查询资料和文档，以及领导工作检查、质量检查，为项目今后的维护运营管理等提供方便。

16.行政协同办公

办公自动化系统供业主使用，实现业主日常办公所需要的所有功能，实现内部无纸化办公。该模块由我的桌面、文档管理、公文处理、行政办公、系统管理等多个相对独立的子模块组成。这些子模块可以根据实际需要分期部署实施，以满足不同层次用户的业务需求，且能充分地共享数据，有机地协调工作。

(四)系统人性化功能

为确保实际应用操作的便利性，研发组在软件系统增加了一些较为人性化的功能模块：

(1)加入了通信录，并建立了交流论坛等互通平台，便于日常工作交流。

(2)加入了待办事项、预警事项，分不同级别提示业务办理时间需求。

(3)加入了日程表、系统短消息等业务提醒功能，保证业务办理的及时性。

(4)加入了“常用功能”，可实现对常用功能模块的直接链接，避免多次点击的时间浪费。

(5)加入了知识库，可实现对公用科技、人文、办公等各类资源的共享利用。

七、平台未来整合及扩充需求分析

为进一步适应当前信息化发展的趋势，积极、高效服务于辽宁省高速公路建设管理，在下一阶段平台的研发过程中还将继续进行扩充。具体有以下几方面：

一是解决子系统“各走一路、各自为战”的问题，集中将电子信息化招标系统、竣工档案管理系统、拌和站管控一体化系统、交通工程试验检测系统、远程视频信息采集系统等相对独立运行的系统统一整合在同一平台，形成“单点切入、多点管理”的模式，提高管理效率，增强数据信息的应用效率。

二是解决信息的“上传下达”问题，系统梳理与省交通厅办公自动 OA 系统、GIS 地理信息共享平台系统、公路水路交通建设市场信用信息管理服务等现有行业应用系统间的信息交换关系，以统一的信息格式和口径实现信息的通畅传输。

三是探索研发可部署在手机、移动平板等移动终端的实用型配套应用，通过随身便携操作、记录方式，实现对现场状况的即时信息上传、备忘，力争打造管理模式创新的亮点。

总而言之，辽宁省高速公路建设项目综合管理平台的成功研发有效充实了辽宁省高速公路建设领域信息化管理体系，有力推动了高速公路建设领域业务管理向着科学化、现代化、实时化、协同化方向发展，同时也为今后本领域信息化技术的不断革新进步提供有力的平台基础。

（执笔人：辽宁省高等级公路建设局　宋宪辉）

第三部分

山东、浙江交通运输工作考察报告

为加快推进辽宁交通运输业发展，辽宁省交通厅刘焕鑫厅长带领由厅党组部分成员和各市交通局、厅直有关单位、厅机关有关处室主要负责同志组成的考察组，于2014年3月3日至6日，到山东、浙江省进行了学习考察。考察组先后考察了京台高速曲阜服务区、枣庄城市快速公交(BRT)、205国道路域环境整治、沙墩公路站、205国道标准化养护、临沂交通应急指挥中心、临沂金兰物流基地、临沂公路应急处置中心、临沂公路应急指挥中心、国家交通物流公共信息平台等，分别与山东、浙江两省和枣庄、临沂两市的交通运输主管部门召开了座谈会。学习考察期间，考察组召开了内部讨论会，认真总结了山东、浙江两省交通运输工作的成功经验，并结合辽宁实际，提出了工作建议。现将学习考察情况报告如下：

一、山东、浙江两省交通运输工作的主要经验和做法

近年来，山东、浙江两省始终把交通运输作为重中之重的工作来抓，多渠道筹措资金加大基础设施建设，交通运输面貌发生了重大变化，多项工作走在了全国前列，为地方经济社会发展和民生改善提供了强有力的交通运输服务保障。

(一)抓国道改造和管理，打造高标准生态示范路

山东205国道是引领公路交通发展新方向的样板工程，是展示山东公路“畅安舒美优”新形象的大通道。其主要做法是：

(1)坚持高点定位，凝聚创建合力。省政府专门成立由分管省领导任组长，省有关部门主要负责同志及沿线各市政府分管负责同志为成员的示范工程创建领导小组，全面负责示范工程创建活动的组织领导和综合协调。沿线各级政府和省发改、财政、公安、林业等相关部门认真履行职责，相互协作、密切配合。各级交通公路部门主动加强与有关部门的沟通协调，科学实施、强化监督，确保了示范工程建设有序、有力、有效开展。沿线政府都将示范工程创建纳入本市目标责任考核体系，建立督查通报机制，有效促进了工作落实。

(2)坚持畅通主导，提升通行能力。针对病害差异和交通量分布特点，分段采用不同改造设计方案。全面实行施工方案和交通组织方案“双审制”，及时发

布信息,交警、路政部门联合巡查督导,确保了施工期间公路安全畅通。建立快速反应、快速维修、快速保通和精细化养护"三快一精"应急养护机制。全面推行"链条式"目标责任制和"网格化"管理,及时处置路面病害。采取"道路冲洗、洒水降尘、机械清扫"等方式,保持路况质量始终良好状态。同时,集中整治道路交通秩序。

(3)坚持安全至上,提高安保能力。针对一级公路、平原微丘区、山岭重丘路段特点,采取不同方式,大力实施安保工程。坚持防、排、疏相结合,对一般路段、穿城区及城镇路段、穿村及店前路段等分别采取不同措施,确保排水通畅。严格落实桥梁养护制度,加强检查检测、监控和维护,确保桥梁安全运营。全线设置具备应急处置、路政巡查、养护管理、便民服务功能的公路站 17 处,建立市、县、站三级应急保障体系,切实提高应急能力。

(4)坚持科技引领,提升管养水平。积极探索适合山东公路特点的养护工法,各项工作均实现精细化管理。建立省、市联网的应急处置平台,实现重点路段可视、可测、可控。大力建设养护信息化管理平台,相继开发了公路路面桥梁(隧道)信息化管理、公路安全保护动态管理、路政事案处理、日常养护管理和交通量调查等专业子系统。增配养护应急机械 190 余台(套),全线实现机扫率 100%。将 GPS 监控平台引入机械化养护管理,提升了养护质量和监管效率。

(5)坚持服务为本,彰显为民便民。完善指路信息标志体系,确保位置适当、指向准确、信息连续。建立公路运行信息监测和服务网络,多渠道发布路况信息,满足公众出行信息需求。强化基层站所服务功能,充分利用养护工区、公路站、收费站等场所,搭建便民惠民服务新平台。改造沿线公路站房、养护工区,配备阅览室、健身室、职工之家等设施,丰富一线职工文化生活。

(6)坚持生态和谐,强化路域整治。实施绿化美化,加强平交道口、城市出入口等重要节点的绿化再提升,创建生态长廊。实施环境净化,清理沿线垃圾,规范上墙店名牌,砌筑景观墙,拆除两侧残墙断壁、破房,创建舒美大道。实施低碳养护,大力推广绿色养护,创建绿色大道。实施文化建设,以路文化、桥文化、站文化为主要载体,创建文明大道。尤其是莱芜市利用区域资源打造了绵延几公里的"奇石文化长廊"。

(二)抓市场培育,推动交通物流业蓬勃发展

临沂是山东和京津冀都市圈以及长三角经济区的重要节点。近年来,按照"构建网络、搭建平台、培育主体"的发展思路,采取规划引导、政策扶持、模式创新等措施,推动现代物流业发展成为临沂经济发展的支柱。临沂市荣获"全国流通领域现代物流示范城市"、"物流之都"等称号。目前,临沂拥有无水港一处、物流园区 27 处、专业性市场 101 个、货运企业 492 家。2013 年,完成公路货运量 3.52 亿吨，物流总额 2.2 万亿元，居山东省第二位；物流业增加值达 380 多亿元，占 GDP 比重达 12%以上，居山东省第一位。

考察组重点考察的山东金兰现代物流基地创建于 2007 年，占地面积 500 亩，总投资 9 亿元，建筑面积 36 万平方米，分为运力、分拨、仓储、信息及生活服务五大中心，是临沂最大的现代物流园区之一，是国家公路运输枢纽重点建设项目。该基地依托鲁南交通物流信息平台，整合鲁南交通物流信息及全国物流信息，实现了资源和信息共享，促进了临沂商城商贸、物流的协调、互动发展。目前，入驻各类业户 500 余家，从业人员 6000 余人，日进出车辆 8000 余车次，206 条直达物流专线覆盖全国 2000 多个县级以上网点，年物流总量 800 万吨，货值 360 亿元。金兰物流基地全部竣工后，预计年货物吞吐量达 1000 万吨，容纳 1000 家公司，带动就业 1.5 万余人。

临沂市推动现代物流业发展的做法是：

(1)规划引导。临沂市的商品市场是在自发形成的基础上，得益于"起步早"而逐步发展起来的。临沂市先后出台了《临沂市现代物流业发展"十二五"规划》、《临沂商城总体发展规划》等现代物流业发展规划，以物流基础设施建设为重点，以发展第三方物流为突破口，在城市东西两地同步建造物流城，着力引进现代物流项目，推进临沂由传统商贸大市向现代物流强市转变。

(2)政策扶持。临沂市先后制定了《加快现代物流业发展的意见》、《临沂商城市场管理办法》、《规范提升临沂商城物流市场的意见》等一系列文件，分别在土地、税收、通关、招商引资、封闭管理、准入条件、水电价格、人才引进和培训等方面出台了不同程度的扶持政策，有力地推动了物流业发展。

(3)强化服务。一方面，围绕引进物流大项目，把主要精力放在基础设施建设上，筑巢引凤。如在临沂商城的建设上，临沂市把土地出让收入打包交给商城管委会封闭式运作，按规划用于基础设施建设，并将土地收储成本同招拍挂之间的溢价部分也返还商城管委会用于基础设施建设。另一方面，加大通关环境建设力度。经过多年努力，临沂市海关、国际集装箱中转站、保税仓库、B 型保税物流中心一应俱全，真正实现了陆路口岸、报关、报检"一站式"通关。

(4)培训保障。临沂市积极帮助企业牵线搭桥，引进具有国际视野、懂经营、善管理的高层次物流专业人才。市政府还建立了服务业引导资金，扶持职业培训机构开展物流培训，有效缓解了物流人才短缺矛盾。同时，每年还选派机关、事业和物流企业的人员到新加坡和香港等地参加物流培训，解决相关人员特别是关键岗位人员对现代物流业的认识问题。

(三)抓公共交通建设，促进城乡客运一体化发展

山东、浙江两省始终坚持公交优先发展，完善场站基础设施，提升车辆装备水平,扩大线网覆盖范围,推进城乡客运统筹发展,逐步建立起与城市规模、人口和经济发展相适应的公共交通体系。

(1)建设城市快速公交(BRT)。山东省枣庄市于2006年做出了发展BRT的决策部署。BRT主要特点是:“快”,道路专用,信号相对优先,枣庄BRT时速达到60~70公里;“准”,运营管理科学高效,确保BRT准点率达到99%;“廉”,BRT线路均实行2元一票制,便宜低廉的票价,加长达70公里的免费换乘里程,满足了大多数市民的出行需求;“捷”,线路衔接合理、换乘方便、四通八达;“好”,低碳环保、安全舒适、服务优质,提升了市民的幸福感,实现了“公交的成本、地铁的效果、市民的生活方式”的预期成效。这方面的主要做法是:

第一,坚持“四个优先”,确保BRT发展战略顺利实施。①规划优先。市财政投入专项资金,委托上海同济城市规划设计研究院编制了《枣庄市城市公共交通规划》。规划不仅涵盖BRT,还包含城际公交、城区公交和城乡公交一体化,实现全域覆盖、服务城乡。②路权优先。BRT线路全部设置专用车道,实行标线隔离、路权专用,沿线设置高密度视频监控设备和电子警察抓拍系统,确保畅通。③信号优先。采取红灯早断、绿灯延时的方法,减少BRT车辆等候红灯和通过路口的时间,最大限度地保证了快速和准点。④政策优先。一方面,将BRT建设资金、运营亏损纳入财政运算,优先予以保障;另一方面,在城市规划、用地保障、设施建设、交通管理等方面支持BRT发展。

第二,立足政府主导,全力推进BRT工程建设。市政府将BRT建设列为“一把手”工程,成立专门领导小组,由分管副市长任组长,设立领导小组办公室,负责工程建设的组织协调、调度督导。有关部门及沿线区(市)政府根据职能划分和属地原则,负责具体工程建设任务。建立了督查制度、调度专报制度和行政问责制度,确保BRT建设有序推进。同时,由宣传部门牵头,采取人物访谈、实景报道、现场咨询等群众喜闻乐见、易于接受的方式引领社会舆论,让群众了解、关心、支持BRT。目前,枣庄BRT已实现市辖区全面覆盖、互联互通,并成为全国最大的BRT运行线网。市、区两级财政用于BRT的直接投资(车辆、站台、智能化系统)达3.64亿元,通车总里程达到148.5公里,日均客流量约6万人次。加上规划待建的B6线,枣庄BRT通车总里程将达到200公里,日均客流量将超过15万人次,实现市域全覆盖。

第三,强化运营管理,提升BRT运行综合效益。在换乘方面,在BRT线网重要的换成节点先后建设了联通换乘中心、复元五路换乘站、陶庄换乘站,乘客在这3处换乘站可通过地道、天桥等实现不同线路之间的双向免费换乘,最长换乘运行里程达70余公里,进一步提高了BRT运行效率。在服务方面,推行“准航空式”服务标准,对驾驶员、站台服务及后勤管理人员进行全封闭式军事化管理，员工统一着装，站立式服务，普通话导乘，受到社会各界和广大乘客的一致好评。

(2)加快完善农村客运网络。山东省坚持“路站运一体化”的原则，实现了农村客运站点与农村公路同步规划、设计、建设和验收。到2013年年底，拥有农村客运车辆12510辆，累计建成农村客运站点46461个，开拓线路4261条，村村通客车率达到99.73%，县、乡、村三级农村客运网络初步形成。浙江省针对山区农村班车通达困难问题，根据道路实际投放车型，采取一车多线、不定班、不定时、电话呼叫等灵活的运营和限定经营区域的运行方式，努力提高山区农村通达率。

(3)稳步推进城乡客运公交化。山东省从2011年开始，在莱芜、邹平、曲阜等12个县(市)开展了城乡客运公交化试点，对农村客运通达深度、公交化比率、站点设施、运力结构、信息化和服务水平等进行综合改造提升。同时，有针对性地在莱芜、章丘开展了城乡交通一体化试点，全面推行城乡路网、客运、农村物流、行政管理执法、信息化五个一体化，进一步提升了农村客运服务水平。浙江省通过对农村客运班线实行公司化、公交化、区片化改造，实现统一经营、统一管理、统一发班、统一服务，提高了城乡客运一体化统筹水平。

(4)加强城乡客运市场秩序整治。浙江省运管部门每年投入稽查力量80余万人次，加强农村客运非法营运和黑车整治，并与公安部门联合开展农村小客运行业整治，对无证运营和黑车现象实施联合打击，有效遏制了违法营运蔓延势头。同时，省运管部门出台了《浙江省农村客运管理规范》，对农村客运的车辆、车站、驾乘人员行为等进行了规范，进一步提升了农村客运管理水平和服务质量。

(四)抓超载超限治理，切实改善道路运输状况

山东省把治理超载超限工作作为一件大事来抓，建立了高速公路集中收费、国省干道治超检测站、乡镇交管所、运管源头管理、治超全覆盖五大体系，全力推进超载超限治理工作。尤其“枣庄模式”受到交通运输部充分肯定，主要做法是：

(1)健全政府主导的工作机制。枣庄市成立了由市委副书记、市长任组长，四位副市长任副组长，交通、公安、工商等24个市直部门主要负责人为成员的治超工作领导小组；下设办公室，市委常委、副市长兼任办公室主任，治超各成员单位派人参加，集中办公，具体负责治超工作的协调、指挥、调度、考核等工作。各区(市)也成立了领导小组和办事机构。公安部门抽调交警、治安警、刑警等警力，与各级交通部门密切配合，坚持24小时不间断执法，始终保持路面执法的高压态势。同时，将治超经费纳入年度财政预算(市级财政列支320万元,各区(市)列支100万元),为治超工作提供经费保障。

(2)建立治超奖惩机制。枣庄市出台了《枣庄市治理车辆超限超载工作考核细则》,抽调专人采取日常督查和检查考核相结合的方式对区(市)进行每月考核,年终对治超考核年度排名后两位的区(市)实行“一票否决”。建立了治超保证金制度,区(市)政府每年缴纳50万元治超保证金,年终对排名后两位的区(市)全额扣除治超保证金,并对其下一年度交通及农村公路项目予以限报限批,对治超工作先进区(市)给予奖励。

(3)强化监督问责。一是事前监督。实行行政执法路面检查权、违章处理权、处罚监督权“三权分离”,全市交通运输监察机构制定统一的行政处罚标准,所有行政处罚案件每月都要向社会全面公示,并对各单位交通行政处罚案件进行不定期抽查、审核和监管,确保依法实施处罚。二是事中督导。市、区(市)监察局分别组成督导组,采取明查和暗访相结合,本辖区检查和异地互查相结合,对治超工作中执法开展情况、执法人员遵章守纪情况、参与治超相关部门工作开展情况进行不间断检查,发现问题及时整改。三是事后问责。出台了《枣庄市治理车辆非法超限超载工作问责办法(试行)》,对治超工作落实不到位、工作不力的,视情节轻重分别给予处分;对内外勾结、收受贿赂等违纪行为,一经发现,立即将其清除出执法队伍;对于失职、渎职造成重大责任事故者,追究相关责任人的法律责任。

(4)加强执法信息化建设。广泛应用“交通运输监察电子政务信息系统”,利用3G无线网络对违章车辆进行现场信息处理。57部执法车辆全部安装了GPS卫星定位系统,执法人员配备了具有数字集群和GPS远程定位功能的公务手机,配备先进的个人执法记录仪,对执法过程进行全程录像。目前,枣庄市正在研发科技治超信息系统,建设“治超指挥调度中心”。滕州市的试点工作已经结束,成效十分明显。

(5)营造良好的治超氛围。根据《山东省治理超限和超载运输办法》,枣庄市出台了《枣庄市治理车辆超限超载工作有奖举报办法(试行)》,规定:凡年满18周岁,具有完全民事行为能力的自然人,均可以进行举报;举报信息或线索属实的,给予举报人一定奖励。各级治超机构均设立了举报电话,积极开展群众有奖举报活动。同时,不断拓展宣传的广度和深度,营造全社会关注治超、理解治超、支持治超的良好氛围。

(五)抓服务区管理,不断提升高速公路整体形象

近年来,山东、浙江两省始终把高速公路服务区作为交通服务民生、展现行业形象的一个重要窗口,大力开展服务区专项整治行动,完善提升服务区功能,不断提高服务区管理水平,努力建设服务规范、设施先进、环境优美、群众满意的服务区。

(1)加强制度建设。山东省制定了《山东省高速公路服务区分类管理规划》,把山东省高速公路服务区划分为一、二、三类和货车服务区,根据不同类别进行资源配置。同时,加强服务区运营监管,经营企业和从业人员资格监管等方面的制度建设,明确了政府的监督、行业管理和运营管理主体,健全完善了市场准入和退出机制。浙江省制定了《浙江省高速公路星级文明服务区建设标准》、《浙江省高速公路星级文明服务区考核办法》和《浙江省高速公路星级文明服务区标准》,促进服务区建设改造规范化、标准化,构建起政府主导、属地管理、行业牵头、部门配合、业主负责的服务区文明创建体系。

(2)统一工作标准。山东省制定了《山东省高速公路文明服务区考评标准》,大力推行服务区星级管理模式,对高速公路服务区开展星级考核评定,共分为五星、四星、三星,重点从服务区文化建设、公益服务和公共卫生间、加油站以及内业规范化管理等方面明确星级考核细则。加强服务区日常巡查和随机抽查,实施日常、专项、年终监督检查,不断提升服务区服务功能和服务水平。同时,山东省制定了《山东省高速公路服务区服务质量规范》,出台了有关服务区建设、运营的五项管理办法和服务标准,为新建改建服务区功能设置、建设规模、设施配置等提供了标准和依据。

(3)实施典型引路。浙江省在服务区创建上坚持"先试点、后铺开"原则,以服务功能完善、管理规范、服务水平较好的5个省级示范文明服务区、11个市级示范文明服务区创建单位为典型,及时总结好的创建经验和做法,推动服务区整体提质量、上水平。如沪杭高速长安服务区以客户需求为导向,以宾馆式设备为标准,以航空式服务为标杆,全面提升硬件建设、服务质量和经营水平;甬台温高速台州服务区对商铺、美食城、购物中心进行整体改造,完善视频监控和信息服务系统,增加"拉卡拉"支付等便民服务,进一步提高服务功能和服务水平。

(六)抓信息化建设,加快发展智慧交通

按照加快发展"智慧交通"的要求,浙江省一直把信息化作为代表交通先进生产力的重要内容来抓,采取有效措施推动交通管理规范化、一体化。

(1)加快国家交通运输物流公共信息平台建设。2009年,交通运输部与浙江省签署合作协议,在浙江物流公共信息平台的基础上开展了国家交通运输物流公共信息平台(以下简称平台)的建设。平台以提高社会物流效率为宗旨,以实现物流信息高效交换和共享为核心功能,由交通运输部和省级交通运输主管部门共同推进,连同各类物流信息平台、企业生产作业系统,统一信息交换标准、消除信息孤岛的面向全社会的公共物流信息服务网络。平台最主要的服务对象是物流市场上的广大企业,自身不产生物流信息,不直接提供物流商务信息服务,是"平台的平台",是"物流信息高速公路",是一项政府主导的具有公共服务属性的信息类交通基础设施建设工程,是物流信息化推动工程。它主要具有基础交换和公共信息服务两大功能。

平台的技术框架是以"1+32+X"形式构成,其中"1+32"构成平台基础交换网络,是平台建设的主体内容和近期建设重点。"1"代表平台国家级管理服务系统,包括国家交换节点、基础交换网络管理系统和国家平台门户,负责平台的运行管理、相关行业和国际物流信息系统的衔接以及公共信息服务,由交通运输部主导建设。"32"泛指省级区域交换节点,从技术角度讲并不要求数量必须是32,更不需要建设32个省级平台。企业使用其他省份的交换节点也能够完成基本的信息交换功能。"nX"是指与平台互联互通的物流信息相关系统。

平台的总体目标是:构建覆盖全国、辐射国际的物流信息基础交换网络和国家平台门户,实现平台与相关物流信息系统和平台之间可靠、安全、高效、顺畅的信息交换和行业内相关信息平台交换标准统一,提供公正、权威的物流相关公共信息服务,有效促进物流产业链各环节信息互通与资源共享。

(2)加快公路、水路、道路运输智能化建设。在公路智能化方面,浙江省于2001年在全国率先实施了高速公路联网收费,2013年6月实现了ETC不停车收费"全覆盖"。在浙江省建立了1个省高速公路运行监控中心和35个路段监控中心。在杭州地区开展了运营桥梁健康监测系统试点工作。在浙江省11个市建成基于GPS的路政监控中心,51个治超站点安装了实时视频监控设备。在水上交通智能化方面,浙江省开展了"数字港航"建设,在杭州、嘉兴、湖州、舟山、绍兴内河骨干航道、码头建设了以视频监控、GPS终端、RFID为手段的数字航道,初步建成省水上交通指挥中心和船舶综合监管系统。在浙江省沿海港口设立了AIS接受基站,整合港口引航、拖船、日常管理。在道路运输智能化方面,建成了全省60000多辆营运车辆GPS综合监管系统,开展了道路运政联网系统建设,开发了出租车管理系统和公众出行信息服务系统。

(3)加快综合交通应急指挥中心建设。2013年,浙江省成立了综合交通应急指挥中心,确立了以1个指挥中心管理制度和应急指挥规程、信息报送规程、值班制度3个分制度为主要内容的"1+3"运作机制,综合了交通视频整合、3S(GPS、AIS、ADS—B)、通信调度、地理信息、业务基础五大平台,整合了公路、水路、机场、铁路、道路运输等实时情况,实现了车、船、飞机等运载工具的动态监控,汇聚了交通气象、应急物资、公交运行、客流运量等多元化数据分析,已成为浙江省级别最高、范围最广、协调力度最大的综合交通指挥机构。

(七)抓投融资和债务管理,为基础设施建设提供保障

山东、浙江两省把加大投资力度作为交通运输工作的首要任务,坚持投资主体多元化，严格债务规模管控，实现了资金的良性运转。

(1)加强筹融资工作。山东省成立了省交通建设筹融资领导小组，办公室设在省交通运输厅，专门研究解决交通规划建设、资金筹措和债务化解等问题。同时，对新建项目，凡是可以通过市场化运作的，都面向国内外公开招商；对已建成的项目，凡是符合国家产业政策、能够取得经营收益的，都可以依法转让收费收益。“十一五”以来，交通运输系统累计引进资金1300多亿元。目前，山东省正在抓紧组建公路国有资产控股经营机构，推动国有公路资产升值增值。浙江省组建了高速公路、国省道及主干航道2个省级融资平台，每个市县也都有各自的融资平台。浙江省交通建设融资平台达到116个。除了采用银团贷款方式融资外，还积极尝试私募债、发行中期票据、引入保险资金、BT+EPC等融资模式，保障项目建设资金需求。2013年，完成基础设施投资830亿元。

(2)加强债务管理。山东省财政部门出台了《山东省交通预算及财务管理暂行办法》。从2009年起，各级交通公路部门按照“谁承借、谁还款”原则，把年度债务收支纳入同级财政预算管理，省交通厅、厅公路局不再为下级业务主管部门提供债务担保，有效规避了新的债务风险。同时，对到期流动资金贷款，采用“还旧借新”方式，保持合理的流动性；对到期的项目贷款，积极协商银行调整期限或还贷计划，并探索优质路产的资产证券化等方式，确保债务规模得到有效控制。浙江省围绕加强债务管理，重点抓好两个方面工作。一方面，严格控制投资规模，对计划项目实行AB类管理。对前期工作基本完成、地方配套资金落实的A类项目，及时下拨省补资金，加快推进项目建设；对前期工作尚未完成、地方配套资金未落实的B类项目，暂不列入计划和预算盘子，待条件具备且地方有积极性的先行实施，补列下年度计划并予补助。另一方面，严格控制债务规模，出台了《关于规范和完善省级交通建设政府性债务管理程序的意见》，规定政府性债务原则上全部用于前期工作已完成的国省道、国省主干航道和省政府批准的其他重大项目。

到2013年年底，山东、浙江两省公路总里程分别达到25.3万公里、11.5万公里。其中，高速公路分别为4994公里、3787公里，农村公路为22.5万公里、10.4万公里。公路密度每百平方公里分别为161.3公里、115公里。山东省二级以上公路里程达到3.95万公里，居全国第一位。

二、学习考察的几点体会

考察组所到之处，无论是山东省，还是浙江省，到处都在围绕大交通、加快大建设、推进大发展，形成了昂扬向上的工作氛围和蒸蒸日上的工作气势。通过这次考察，我们深刻认识到，抓交通不仅仅是抓道路建设，而是抓交通全产业链。我们主要有以下几点体会：

(1)必须高度重视改革创新。学习考察中我们感到，必须以敢于突破、勇于创新的新理念、新思维谋划推动交通运输业的快速发展。山东、浙江两省都注重立足经济社会发展全局制定交通运输规划，并调动社会资源支持交通运输事业发展。枣庄市作为一个地级市，交通运输工作始终走在山东省乃至全国的前列，农村公路养护、快速公交(BRT)建设管理、治理超载超限等方面创造了多项全国经验，形成了“枣庄模式”。临沂市交通部门在发展中创造性地提出了“产业交通”的新概念。这些创新的思维理念和改革举措，值得我们认真学习和借鉴。

(2)必须高度重视规划引导。无论是高速公路管理，还是普通公路建设，山东、浙江两省交通部门都对各项工作制定了科学的规划。特别是山东省把14个城市都纳入了国家公路运输枢纽规划，在每个乡镇都至少建设一个等级客运站，并在全省培育了一批现代化水平较高的交通物流中心和物流园区，实现了场站物流的快速发展。通过科学合理的规划，不仅实现了交通运输业发展与全省经济社会发展“一盘棋”，而且充分调动了地方政府和社会各方面的积极性、主动性，形成全省至上而下、社会各个层面共同支持、参与、推动交通运输工作的强大合力。

(3)必须高度重视物流业发展。我们深深地认识到，物流业是交通运输业发展的重要增长点，是我们发展现代服务业的重要载体。加快发展物流业，最重要的是抓市场培育，围绕市场干物流，发展物流促市场。临沂市就是按照这个思路，因地制宜，因势利导，充分发挥优越的地缘优势，加大政策扶持和服务力度，培育发展了一批在全国有影响力、竞争力和牵动力的专业化市场。市场的发展壮大，吸引了人流、物流、资金流的生产和集聚，进而带动了物流业的快速发展。相辅相成，方便快捷的物流体系又有力地促进了市场的进一步壮大。发达地区的经验证明，只有充分释放物流业的发展潜力，推动现代服务业加快发展，才能实现经济的转型升级。

(4)必须高度重视公共交通发展。城市公共交通是群众出行的根本保障，是一项重要的交通民生工程，必须优先发展。学习考察过程中我们认识到，发展公共交通既可以解决密度问题，又可以解决城市交通拥堵问题，还能够解决清洁能源推广使用问题。特别是枣庄市的快速公交(BRT)项目，投资少、见效快，对改善交通基础设施、加快城市化进程、实现区域同城化、促进新型城镇化具有很大的推动作用，使80%的无车群众分享到20%的交通资源，充分体现了以人为本、民生优先的发展理念，非常符合辽宁实际。浙江省交通、公安、建设等多个部门都形成了公交路权优先保障的理念，明确了各部门的职责和公交专用车道的建设程序,有力地保障了公共交通发展。

(5)必须高度重视管理提升。通过学习考察我们深深体会到,管理是交通行业发展的永恒主题,是促进交通运输各项工作上水平的重要载体,必须坚持不懈的抓好抓实。一路走来,山东、浙江两省在公路绿化、道路维护、应急管理、公路治超、信息化建设等方面都呈现出许多亮点,管理手段先进、支撑能力强、形象好。特别是浙江省2014年围绕提升治理能力,开展了“公路综合治超推进年”和“安全生产标准化建设年”活动,坚持高速公路、普通国省道、城市道路和农村公路“四路共管”,全面推进非现场执法,并加快推进企业安全生产标准化建设,努力提高“平安交通”创建水平。山东省在205国道建设了公路应急指挥中心、公路应急处置中心,提升公路交通管理水平。

三、推动辽宁交通运输业发展的几点建议

在学习考察的过程中,我们结合辽宁交通运输业的发展实际进行思考和交流,更加深刻地认识到,与山东、浙江两省相比,辽宁交通运输业有较大差距,但也有基础、有条件尽快缩小这些差距。我们要充分学习借鉴山东、浙江两省的好做法、好经验,紧密结合工作实际,发挥自身优势,补齐工作短板,创造性地做好各项工作。

(一)加大基础设施建设力度

从辽宁实际看,基础设施建设潜力仍然很大。要多渠道筹集资金,形成交通建设新高潮。

(1)加快推进重点项目建设。继续抓好沈阳至康平高速公路三期、营口仙人岛港、丹东大东港疏港等续建高速公路项目建设,推进沈阳至四平高速公路改扩建工程、辽宁中部环线铁岭至本溪段、沈阳至四平与沈阳至康平高速公路连接线和营口鲅鱼圈、丹东海洋红疏港高速公路项目的开工建设,确保建昌至兴城、灯塔至辽中、盘锦辽滨港疏港高速和鸭绿江界河公路大桥及连接线工程建成通车。完成国道京哈线、省道大盘线等干线公路维修改造工程1660公里,基本完成滨海公路盘锦、锦州段建设,建成海城通港产业大道,启动沈阳至彰武产业大道新民至彰武段等公路项目。加快京沈高铁客专征地动迁工作,做好沈阳至丹东高铁客专和丹东至大连快速铁路征地拆迁收尾工作,启动盘锦至朝阳高铁客专联络线前期工作。

(2)科学合理制定规划。注重发挥规划的先导作用,高标准做好项目总体规划、行业规划和各类专项规划,突出规划的科学性、前瞻性和可操作性。超前做好交通运输“十三五”发展规划,充分借鉴先进地区的经验,使规划与沈阳经济区、沿海经济带和辽西北地区的发展相适应,与各经济区、旅游区、产业带以

及城镇化的需求相适应,合理布局不同区域、不同层次、不同方式的运输网络。认真做好公路、铁路、港口、场站等行业的单体项目规划,严格执行标准和规范。搞好总体规划与省、市规划的衔接和协调,以规划调动各级政府积极、主动参与和配合交通运输基础设施建设。

(3)加强资金和债务管理。各市要充分利用银团贷款、债券、融资租赁等,加大项目融资力度,保障项目建设资金需求。加强建设成本管理,搞好高速公路和普通公路建设全过程的成本控制,在保证工程质量的前提下降低工程造价。强化债务管理,科学实施债务再安排,适当拉长公路收费期限,摊薄还贷成本,化解存量贷款压力,降低债务风险。

(二)加大物流业发展力度

认真落实《加快交通物流业发展四年行动计划》,重点抓好公共信息平台及城市、港口、产业和农村物流工程建设。到2017年,辽宁省交通运输、仓储和邮政业增加值占地区生产总值的比重、税收占服务业税收的比重均提高到8%。

(1)加快辽宁省物流公共信息平台建设。充分借鉴浙江、黑龙江、福建等省份物流信息平台建设经验,依托大连港物流公共信息平台,以公益性、统一性、开放性、共享性为发展定位,整合全省物流信息资源,打造立足辽宁、服务东北、辐射东北亚的辽宁交通物流公共信息平台,并与国家物流公共信息平台相对接,实现标准统一、管理统一、信息共享、应用协同、使用便捷,为交通物流业发展提供支撑和保障。通过政府物流信息平台,向物流用户提供从业人员及车辆基础信息、诚信情况等综合信息查询服务,提供货源情况及空重车、车辆位置、运载线路等车辆情况,为货主和车辆建立交易平台,为驾驶员、运输货物提供保险、维修救援等增值服务。

(2)加快交通物流园区建设。以现代物流发展需求为导向,加快推进公路、铁路、水运、民航、邮政快递站场枢纽等物流园区建设,推动铁路集装箱中心站、公路港、内陆干港、海港、空港、陆路口岸物流园区发展。依托道路运输枢纽和重要节点,抓紧鞍山龙基物流园区、本溪交通物流中心、丹东口岸物流园区、深国际沈阳现代综合物流园区等20个道路运输物流园区建设,重点扶持营口宏通物流有限公司甩挂运输项目。以港口为依托,全面启动大连港太平湾区域性国际物流中心、丹东港粮食现代物流园区、营口现代物流配送中心等10个港口物流园区建设,促进港口物流业发展。以铁路点、线集合为依托,全面启动绥中石河港专用铁路、长兴岛铁路专用线路、沈西铁道物流大厦等5个铁路物流园区建设,促进铁路物流业发展。以民航机场班线为依托,全面推进沈阳、大连、丹东、锦州、营口5个航空物流园区建设。建设辐射东北、内蒙东部地区的航空快件分拨区域中心。同时,重点扶持培育120家交通物流龙头骨干企业、20家邮政快递品牌企业，推动道路水路运输业和邮政业合作发展。

(3)加大政策扶持力度。筹集专项资金，用于补助物流园区基础设施建设，并对重点交通物流企业场站建设等予以支持。积极争取具备条件的物流、邮政和快递企业纳入国家甩挂试点范围。落实好国家有关政策，推进物流园区用水、用气、用电与工业同价。继续落实鲜活农产品绿色通道政策、集装箱专用车辆高速公路通行优惠政策，研究探索不停车收费技术在货运车辆中的应用。

(三)加大公共交通建设力度

学习借鉴山东、浙江两省发展公共交通的经验，明确各级政府发展公共交通的主体责任，落实资金、土地划拨、财税扶持、路权保障"四优先"，形成城市公共交通优先发展新格局。到2020年，各市基本实现城市中心城区公共交通站点500米全覆盖，公共交通占机动化出行比例达到60%左右；市区人口100万以上的城市公交车万人拥有率达16标台以上，市区人口100万以下的城市公交车万人拥有率达14标台以上。

(1)积极推进快速公交(BRT)建设。快速公交对推动区域同城化发展具有十分重要的作用，非常符合沈阳经济区和沿海经济带建设同城化需求的实际。认真研究支持快速公交发展的扶持政策，在资金、土地、税收等方面给予支持，促进快速公交的发展和应用。积极推进沈本、沈抚、沈铁和营盘的快速公交建设，促进城际公交一体化发展。研究探索沿海经济带6个城市间快速公交建设，推动沿海经济带公共交通互联互通。

(2)加快发展城市公交。按照科学合理、优先发展、适度超前的原则，抓紧编制或修订城市综合交通规划、城市公共交通规划，科学谋划城市功能布局，适度超前发展城市公共交通。集约利用城市道路资源，允许机场巴士、校车、班车使用公交专用车道，取消拥堵区域和路段占道停车。各市要因地制宜地开展错峰出行，加快驻车换乘、轨道交通接驳系统建设，大力发展汽车租赁、中小学校车服务系统，推广汽车电话约车服务，提高车辆和道路资源利用率。

(3)积极发展农村客运。根据农村客流分布和群众出行特点，推行滚动发班、定线循环和按需发班等方式，满足农村群众出行需求。积极推进陆岛客运发展，开通丹东大鹿岛至獐子岛间的陆岛航线，推行大连市陆岛运输公交化。重点加快山区农村客运站点建设，完善客运服务设施，增加班车频次，为农村群众提供交通便利。

(四)加大路域环境整治力度

以国省干道为重点，明确责任分工，搞好协调配合，使路域环境有新的改观。

(1)抓好公路铁路沿线绿化。普通公路要做到"三年见成效，五年大变样"

的要求。省交通厅重点抓好国省干线的公路绿化，地方政府负责县以下公路绿化；省交通厅负责公路边沟内的绿化，协调省林业部门和各市做好边沟外的绿化，确保早出形象、早见成效。因地制宜选择好绿化树种和苗木，在国省干道、城市出入口等重点部位实施景观绿化，选择重点路段开展生态示范路建设，打造一批绿化精品工程。高速公路沿线绿化要对已开通高速公路中分带灌木绿篱全面补植，对重点线路、重点段落挖方段石质裸露坡面进行客土喷播，对原有坡脚树木缺失段落进行补植完善。积极与林业部门、铁路部门沟通协调，按照规划标准推进铁路沿线绿化工作。

(2)抓好公路两侧环境治理。彻底整治过村镇路段排水不畅、占道经营、路缘石塌陷和乱搭乱建现象，全面清理公路两侧的石料场、售煤场、垃圾堆，整顿规范公路标志标牌，特别是公路交汇处的标志标牌，坚决纠正误导的标志标牌。更换完善破损或残缺不全的警示桩、防护墩和防护钢板等交通安全设施。从实际出发，明确任务要求、工作标准和检查验收办法，组织相关人员到站点、到村镇、到路段进行督促和检查指导，确保取得实实在在的整治效果。

(五)加大行业管理力度

按照开展"管理提升活动"的总体要求，从交通运输工作的突出问题和薄弱环节入手，强化问题导向，抓好整改落实，全面提升行业管理水平。

(1)强化高速公路服务区管理。学习借鉴山东省服务区管理经验，进一步完善服务区硬件设施建设，加强服务区运营监管和经营企业、从业人员的资格管理。重点推行五星级管理经验，以卫生间管理为重点，健全完善日常巡查和随机抽查制度，进一步提高服务区管理水平。

(2)强化超载超限治理。抓住路政管理规范路建设这个重点，积极探索建立源头管、路面查、事后追踪处理的"三位一体"治超长效机制。以辽宁省干线公路为重点，采取定点把守和流动巡查相结合的方式，实行24小时不间断上路执法。尤其要加强对各市治超工作的管理，将治超工作纳入政府目标考核体系，成立相应的组织领导机构，推进联合执法，实施综合整治。针对执法环境差、执法阻力大的重点地区，各市要组织公安部门协同执法，维护治超现场治安秩序。

(3)强化普通公路管理。深化农村管理体制改革，借鉴山东、浙江两省经验，推进阜新市、黑山县试点工作，进一步完善政策，确保2015年在全省全面推开。提升国省干线公路建设标准，充分调动沿线各级政府积极性，实施公路两侧绿化、河流、村屯等综合治理，打造良好的路域环境。健全完善公路管理服务设施。加快各市应急指挥中心和公路应急处置中心建设，提高公路事故防范和应急处置能力。

(4)强化安全生产管理。严格落实企业安全生产的直接主体责任和行业管理部门的监管主体责任,围绕道路水路客运、危险品运输、城市公共交通和轨道交通、港口码头罐区、工程施工现场等重点领域和部位开展安全隐患大排查,把问题整改到位。大力开展企业安全生产标准化考评工作,把考评结果与市场准入、行政许可挂钩,淘汰不符合安全生产条件的生产企业、运输工具、设施设备和从业人员,提升安全保障能力。

(六)加大信息化建设力度

把信息化作为支撑行业发展的重要载体,全面提升交通运输管理能力和服务水平。

(1)加强安全畅通与应急处置信息化。对高速公路、国省干线重要路段、特大型桥梁、长大隧道、大型客货运枢纽的运行状态、环境条件、灾情状况要做到可视可测,实时掌握重点水域及内河航道网的交通状态、船舶污染情况,对内河航道状况监测、港口保安实行联控。对营运车辆、船舶、驾驶员、船员运输企业实现联网管理,对重点车辆和重点船舶安全技术状态和运行状况要进行动态跟踪。

(2)加快交通出行信息服务系统建设。建设道路运输二级以上客运站联网售票和网上购票、电话购票、水上客运网上购票和电话购票系统。完成驾校培训、车辆维修信息服务系统建设,推广车辆、手机动态导航信息服务,通过智能手机终端软件、网站、电子显示屏等方式向公众发布公交运营信息。

(3)建设省级公路水路建设和运输市场信息服务系统。在建设市场方面,推进公路水路建设市场责任主体基本信息、信用信息、工程建设项目信息的公开与共享,建设公路水路建设工程项目管理、工程标准规范管理系统,建设涵盖勘察设计、施工、监理、试验检测等从业单位和人员的信用信息管理系统。在运输市场方面,完善公路水路运输管理信息系统、职业资格信息管理系统,推广 IC 卡道路运输电子证件,拓展汽车维修及配件质量追溯信息服务系统。

(执笔人:辽宁省交通厅政策研究处　孙福涌)

江苏、浙江、四川交通运输工作考察报告

为加快辽宁省交通运输事业发展，学习借鉴外省先进经验，由省交通厅综合运输处带队，省交通厅信息总站、高速公路管理局、运输局、港航局、省规划设计院、大连港、大连海事大学等 8 个单位及部门参加的调研组，于 11 月 20—25 日对四川、江苏、浙江三省进行了学习调研。调研组先后参观了四川省物流公共信息平台、成都传化公路港物流园区、南京东扬物流产业园、江苏 12328 交通服务热线受话中心、浙江国家交通物流公共信息平台管理中心、杭州火车东站客运主枢纽，分别与江苏、浙江、四川三省交通运输厅及所属的运管局、江苏省交通运输厅信息中心、南京东扬物流有限公司、浙江国家物流公共信息平台管理中心、四川省物流信息服务有限公司、成都传化公路港物流有限公司等的有关人员进行了座谈、交流。

一、江苏、浙江、四川三省交通运输工作主要经验和做法

近年来，江苏、浙江、四川三省省政府高度重视交通事业发展，在加快交通基础设施建设的同时，积极推进现代综合交通运输体系建设，坚持物流优先发展战略，注重交通信息化建设，各项工作均走在全国前列，为地方经济社会的发展提供了强有力的支撑。

(一)推进综合运输体系建设工作

各省借助交通大部制改革契机，积极谋划省级现代综合交通运输体系建设。江苏省政府做出了构建现代综合交通运输体系的决策部署，四川、浙江两省在构建综合运输体系方面也做了一些积极的探索。

(1)以强化职能为手段，推进省级综合运输体系建设工作。江苏、浙江两省在省委、省政府的高度重视下，均从增加部门职能入手，强化“综合”意识，构建“大交通”格局。进入“十一五”以后，江苏省省委、省政府决定对省级“大交通”管理体制进行改革。一是 2005 年成立省港口管理局，作为省交通厅副厅级内设机构。二是 2006 年将省铁路建设办公室并入省交通厅。三是 2007 年在省交通厅增挂省航空产业发展办公室牌子，至此公铁水空齐抓共管的“大交通”管理格局基本形成。同时，省、市、县三级交通运输部门的机构改革工作也完成。根据江苏省政府批准的“三定”方案，省交通运输厅新增了综合交通运输体系规

划、指导城市客运管理及出租汽车行业管理、交通物流业规划等职责,统筹全省大交通发展的职能进一步加强。浙江省交通运输厅同样通过强化职能,主动密切与有关部门的衔接,探索综合运输体系协调机制。一是2010年成立省机场管理局,隶属于省交通运输厅,为正处级事业单位,指导各地机场规划建设,接受国家民航局垂直管理。二是充分发挥春运办工作机制,实现各种运输方式在重点时段的高效衔接和整合。三是建立治理城市交通拥堵办公室,抽调交通、公安、建设等部门人员集中办公,统筹谋划城市交通发展,实现城市交通一体化管理格局。

(2)以编制综合运输规划或签署战略协议为引领,做好综合运输体系建设的谋篇布局与顶层设计。江苏、四川两省均已通过编制综合运输规划加强协调机制的建设。浙江通过签署战略协议,密切与铁路部门合作。江苏省交通运输厅按照省政府要求,2006年率先开展了省级综合交通运输体系的"顶层设计"工作。一是组织对《江苏省综合交通运输发展战略研究》和《江苏省综合交通体系发展规划》两个主课题、17个支撑专题开展研究。二是2014年6月交通运输部和江苏省人民政府同意正式印发《江苏交通运输现代化规划纲要(2014—2020年)》,这是国家首次系统地针对省级区域交通运输现代化的建设模式、路径和政策开展探索与实践。到2020年,江苏交通运输发展总体上达到世界中等发达国家水平,有效支撑和保障江苏基本实现现代化进程。苏南地区基本实现交通运输现代化,区域交通协调发展进一步加强,苏中、苏北与苏南发展差距明显缩小。四川省交通运输厅按照省委、省政府的要求,2012年启动了《四川省构建现代化综合交通运输体系发展战略》和《四川省构建现代化综合交通运输体系发展规划》研究和编制工作,已初步形成"1+1+4"研究成果,即1个战略研究报告、1个总体规划和4个专项规划(铁路、公路、水路、民航),规划体系基本确立。该项规划研究工作由四川省交通运输厅牵头,并负责战略研究、总体规划及公路、水路两个专项报告编制。省发改委组织成都铁路局、省铁建办、民航西南管理局、四川机场集团等单位负责编制铁路、民航两个专项规划。浙江省交通运输厅以贯彻落实交通运输部、铁道部《关于开展集装箱铁水联运示范项目的通知》为契机,先后签订了《上海铁路局 浙江省交通运输厅信息资源交换使用框架协议》、《浙江省交通运输厅 上海铁路局关于共同推进综合交通体系建设的战略合作协议》,在构建综合运输枢纽集疏运体系、推进集装箱铁水联运、海铁联运物联网建设等方面建立了紧密合作机制。

(3)以综合客运枢纽建设为载体,推动多种运输方式的高效衔接。江苏省交通运输厅为提早介入铁路客运枢纽站的建设工作,积极会同省住房城乡建设厅向省政府请示关于加强铁路综合客运枢纽规划建设事项,促成省政府召开了

“全省加快综合客运枢纽建设工作会议”,使这项工作在全省迅速推开。以京沪高速铁路南京南站为开端,全面推进综合枢纽建设工作。目前全省所有高铁、城铁客运站和大部分普通铁路客运站都按照综合客运枢纽的模式规划建设和改造。江苏省交通运输厅还联合省住房城乡建设厅先后制定出台了《关于加强全省铁路综合客运枢纽建设的意见》和《铁路综合客运枢纽规划编制要点》,着力加强规划建设指导和技术支持。浙江省的客运枢纽规划注重与水运港口、铁路站场、航空港以及城市公共交通体系的衔接。全省 9 个枢纽城市各规划了一个客运站与规划建设的铁路客运专线客运站相衔接,目前已建成 4 个。其中杭州东站和上海虹桥站并列为全国最大的枢纽站点,是亚洲最大的铁路枢纽站点之一,乘客在站内就可以实现高速铁路、道路客运、城市轨道交通、城市公共汽车(含机场巴士)、出租车等多种交通方式的零距离换乘。四川省以客运站改造升级和综合运输枢纽建设为载体,推动多种运输方式的高效衔接。一是全面推进客运站提升改造工程。从 2013 年开始,计划用 3 年时间投资近百亿元对全省 262 个县级车站进行升级改造,全面提升汽车客运站整体形象、公共服务能力。二是优先推进集铁路、公路中长途客运、旅游客运、城市公交中转换乘功能于一体的综合客运换乘枢纽建设。成都东客站就是集城际铁路、中长途铁路、城市轨道交通、公路长途、城市公交等多种交通方式为一体,实现无缝换乘的大型综合交通枢纽。

(二)推进物流产业快速发展

为主动适应经济全球化和区域经济一体化发展趋势,全力推进物流业发展成为各省交通发展的重中之重。浙江、四川、江苏三省的主要做法为:

(1)加强规划引导。浙江、江苏两省主要以港口主枢纽规划为龙头,构建本省港航物流服务体系。浙江省交通运输厅编制和修订《宁波-舟山港总体规划》、制订《港航物流服务体系建设行动计划》,贯彻落实浙江海洋经济发展示范区和舟山群岛新区两大国家战略,构建以港口为主枢纽的港航物流服务体系。2008 年制订了《浙江省交通物流基地布局规划》,确定了重点扶持的 14 个省级交通重点物流园区。江苏省编制了《江苏省“十二五”交通物流基地布局规划》,确定“十二五”期间建设 18 个交通物流园区、40 个交通物流中心和若干个配送点的三层物流基地体系的发展目标;组织编制了《江苏省港口物流规划》,规划 23 个港口物流园区,进一步补充完善了全省交通物流基地的总体布局;还编制了《江苏省多式联运发展规划》,规划连云港港、扬州城北物流园、无锡西站多式联运项目。

(2)加强政策扶持。四川省高度重视现代物流业发展,为推进物流基地建设,针对四川公路货运量比重较大的特点,对引进传化公路港物流给予土地出让优惠政策。成都传化物流中心运营以来，极大地提升了当地公路运输物流效率，拉伸了公路物流短板，助推了中国物流业完成现代物流集海、陆、空于一体的完整体系构建。浙江省根据《现代交通三大建设实施意见》，出台了推动物流园区建设、引导龙头企业发展的一系列政策措施。几年来，相继投入扶持引导资金 2.9 亿元，扶持部省共建、省市级重点物流园区及龙头企业；投入技改补助 7000 万元，促进运输装备水平的提高。

(3) 做好行业引导。浙江省针对行业发展情况，积极提供专家服务和咨询，重点解决园区在规划、建设及经营管理等方面的困难和问题，受到当地管理部门及园区业主单位的广泛欢迎。谋求借力推动，协同作战，抓省县共建，把省里大物流的政策、服务资源延伸到县里，推动县域物流的发展。

(4) 加强市场引导。浙江省在物流市场引导方面做了大量工作。一是发布运价指数（全国首个公开发布的公路普通货运价格指数），用以说明货运运价的变动趋势及运输市场的景气程度；二是实施油价与运价联动，编制并公布了货运市场油价与运价联动机制方案，促进油价上升成本的合理分担；三是促进行业协会建设（目前全省综合交通物流行业协会会员单位已达到近 1100 家），在行业创新、文明创建、政策调研、信息统计等方面发挥了很好的作用。

(三) 推进信息化建设

以实现“四个”交通为目标，浙江、江苏、四川省始终把信息化建设作为交通发展的重要内容来抓，驱动创新，注重高起点、高目标，为早日实现“智能交通”奠定了良好基础。

1.加快国家交通运输物流公共信息平台建设

2009 年，交通运输部与浙江省签署合作协议，在浙江物流公共信息平台的基础上开展了国家交通运输物流公共信息平台的建设。该平台是由交通运输部和省级交通运输主管部门共同推进，连同各类物流信息平台、企业生产作业系统，统一信息交换标准、消除信息孤岛的面向全社会的公共物流信息服务网络。最主要的服务对象是物流市场上的广大企业，自身不产生物流信息，不直接提供物流商务信息服务，是“平台的平台”，是“物流信息高速公路”，主要具有基础交换和公共信息服务两大功能。该平台的总体目标是：构建覆盖全国、辐射国际的物流信息基础交换网络和国家平台门户，实现“平台”与相关物流信息系统和平台之间可靠、安全、高效、顺畅的信息交换，实现行业内相关信息平台交换标准统一，提供公正、权威的物流相关公共信息服务，有效促进物流产业链各环节信息互通与资源共享。为吸引企业客户接入该平台，浙江省交通运输厅对小型企业补助 10~15 万元，对大型企业补助 50 万元，对运政、海关、民航等接口改造费用补助 150 万元，两年共投入近 1 亿元。

2.加快综合信息平台建设

根据四川省政府提出的中国西部物流中心建设计划,2011 年由四川省物流产业股份有限公司和中国电信四川分公司共同出资,成立了四川省物流信息服务有限公司,启动四川省物流公共信息平台建设。该平台由电子政务网和电子商务网融合而成,以云计算、光网络、移动互联网等前沿信息技术为手段,提供数据协同交换技术、软件定制服务。浙江省建立完善了全省综合交通应急指挥平台,通过信息化手段,在全国范围内将公路、水路、民航、铁路、城市交通、高速业主等各行业信息整合在一起,并与公安高速交警部门的信息做到互联互通,极大地提高了综合指挥协调能力。江苏省强化多式联运信息平台、电子口岸平台和甩挂运输信息平台建设工作,实现了铁运和海运相关报文的接收、转换和发送功能及铁路、海运数据共享。

(四)进一步提升行业服务水平

根据交通运输部下发的《关于印发交通运输服务监督电话 12328 实施方案的通知》等文件要求,为改进提升行业服务水平,江苏省以开拓创新精神,在全国率先开通 12328 交通运输服务监督电话。江苏省 12328 电话是以原江苏交通服务热线 96196 为基础建设的。96196 交通服务热线于 2010 年实现全省 13 个地级市全部开通,并实现联网,成为全国第一家覆盖全省的交通服务热线。

1.管理中心设置及分工

江苏省交通服务热线管理体系由一个省级管理中心和 13 个市级管理中心组成。建设模式采用与南京市交通局的 12328 电话系统合建模式,省级管理中心设置在南京市市级管理中心,由省交通运输厅通信信息中心监管。

省级管理中心负责受理省级交通主管部门及所属机构、直属单位、派出机构的电话业务,协调市级管理中心有分歧的电话业务;建立管理工作制度,制定服务规范和操作规程,加强对人员的培训与考核,提升全省服务质量;建立考核机制,对市级交通运输主管部门进行考核,对市级管理中心进行业务指导和监督;定期统计数据,汇总热点难点,分析具有规律性、普遍性的问题,形成简报报送交通主管部门。

各市管理中心一般委托机关处室、事业单位负责管理工作。话务人员来源较多样化,有劳务派遣制,有企事业单位借用,也有购买市场服务。市级管理中心负责及时受理、答复、转办、催办、回访、审结归档交通职责范围内的业务;构建工作网络,确定工作流程,建立考核机制,促使各承办单位办理电话业务;定期统计数据,汇总热点难点,分析具有规律性、普遍性的问题,形成简报报送交通主管部门。

2.运行管理情况

江苏全省共有 12328 监督电话 58 个座席,135 名话务代表(平均年龄 23

岁）。各市热线服务中心租用中国电信软电话，省交通运输厅统一开发管理软件，各市有各自的数据库，当晚进行数据转换，与省级管理中心同步。目前，全省日平均话务量达3600个，南京市日均话务量1200个，其中提供行业咨询占18.2%、出行服务占48.6%、投诉举报占13.4%、意见建议占1.9%、紧急求助占6.9%、其他各类交通服务占11%，接通率90%以上。江苏交通服务热线开通运行以来，取得了较好的社会效益和经济效益，为广大出行者提供了及时、准确的交通服务信息，极大地提高了运输效率，缓解了交通拥堵，减少了出行成本，达到了节能减排的目的。热线现已成为交通管理部门看不见的对外服务窗口。这座连接交通运输管理部门与普通百姓的“信息桥”得到了社会的认同与赞誉。

二、调研学习的几点体会

调研组所到的三个省份，都是交通比较发达的省份。特别是江苏、浙江两省地属东南沿海、沿江地区，经济发达，思路开阔，意识超前，富于创新，在经济发展及产业布局上具有国际化的视野。通过这次调研，我们深刻认识到交通事业的发展不仅仅局限在基础设施建设的数量和质量上，更要注重加强全方位协调、管理和抓交通产业链工作。我们主要有以下几点体会：

（一）必须得到领导重视和支持

长期以来公路、铁路、民航等部门之间形成了各自为政的体制，无论思想意识、还是行业的管理方式都已自成体系，在短时间内实现真正的融合是非常困难的。尽管交通运输部全面统筹铁路、公路、水路、民航及邮政发展职责，但整个交通运输行业在政府管理方面多头管理、职责不清的现象仍比较严重，各系统主体部门的利益诉求不同，相互之间缺乏有效管理协同机制与平台，尚无法形成合力。借鉴江苏、四川省经验，要推进综合运输体系建设，必须得到省委、省政府重视和支持，优先优化整合省交通厅的职能，明确“综合交通运输体系”的架构和职责，以这种自上而下的体制机制建设为引领，由省政府牵头，以省交通厅为主循序渐进推进综合交通运输体系建设。

（二）必须高度重视规划引导

江苏、浙江、四川三省之所以在交通建设与发展上都取得了较好的成绩，与各省科学制定了各省交通发展规划有重要的关系。江苏省交通运输厅为更好地贯彻“综合交通”发展思路，“十五”末期在全国率先启动构建省域综合交通运输体系的理论建设，早在2005年投入1200万研究经费启动《江苏省综合交通运输发展战略》和《江苏省综合交通运输体系发展规划》两项“软课题”研究编制工作。“十一五”与“十二五”期间，又相继开展了《长三角城市群（江苏部分）综合交通规划》、《江苏省中长期综合交通网络规划》、《江苏交通运输引领新型城镇化发展研究》、《江苏省市域综合交通规划编制导则》等多项规划编制与研究工作。尽管这些规划没有省政府(省发改委)批复,但总体上起到了一个导向、全面提升人们对综合交通运输体系建设与发展的认知、转变理念、统一思想与形成共识的作用。2014年,江苏省交通运输厅又编制完成了《江苏交通运输现代化规划纲要(2014—2020年)》,以理论建设为引领,从基础设施建设、公共服务能力建设以及舆论、政策和人才等环境建设等方面深化综合交通运输体系建设。

(三)必须注重体制机制创新

要想推动交通事业的快速发展,必须不断深化改革、不断创新实践,以更大的政治勇气和智慧推动交通运输改革与创新,建立和完善符合科学发展要求、符合交通运输发展规律的体制和制度体系。进入"十一五"以后,江苏省省委、省政府作出决定,对交通行政管理体制进行改革。利用3年时间,先后成立了隶属省交通运输厅的省港口管理局、省铁路建设办公室、省航空产业发展办公室,基本形成公铁水空齐抓共管的大交通管理格局,统筹全省大交通发展的职能得到进一步加强。浙江省交通运输厅同样通过成立省机场管理局,与铁路部门签署综合交通体系建设战略合作协议等方式,创新了工作协调机制,密切了与民航、铁路部门的合作范围和深度。

(四)必须坚持物流业优先发展战略

物流业是交通运输业发展的重要增长点,是我们发展现代服务业的重要载体。加快发展物流业,最重要的是政府引导、企业为主,抓市场培育,围绕市场干物流,发展物流促市场。浙江省紧紧围绕这个思路,充分发挥其优越的地缘优势,加大政策扶持和服务力度,培育发展了一批在全国有影响力、竞争力和牵动力的专业化市场。四川省在省物流办的协调指导下,培育壮大了物流市场主体,以成都传化公路港物流基地为代表的西部最大物流中心助推了中国物流业完成现代物流集海、陆、空于一体的完整体系构建。市场的发展壮大,吸引了人流、物流、资金流的生产和集聚,进而带动了物流业的快速发展。

三、推动辽宁省交通运输业发展的几点建议

(一)签署推进综合交通运输体系建设的战略协议,进一步密切与铁路、民航等部门之间的合作关系

构建综合交通运输体系、建立交通大部门制是一项艰难而复杂的工作,也需要一段磨合的过程。为稳妥推进有利于综合交通运输体系建设和发展,要在改变一事一议的传统模式的基础上,探索建立适应新阶段的发展理念、运作机制,合理配置和优化整合交通运输资源,推进各种交通运输方式的深度融合。

建议辽宁省交通厅积极主动与铁路、民航等部门沟通协调，启动签署有关综合交通运输体系发展战略合作协议工作，打破行业界限，建立多层次、多方位的合作关系，以指导全省近期内综合交通运输的快速发展，为构建辽宁省综合交通运输体系奠定基础。

（二）建立辽宁省综合交通运输体系建设工作联席会议制度，形成行之有效的调度协商机制

构建综合交通运输体系，需要以顶层设计为引导，以省政府决策为支撑。目前，交通运输部在全国范围内全面深化交通运输改革试点工作已经开展，以北京、上海、深圳、重庆等直辖市为代表的市域综合交通运输体系已构建完成，以江苏等省份为代表的省域综合交通运输体系构架正在加快推进，并取得了实质性进展。根据《交通运输部关于开展全面深化交通运输改革试点工作的通知》（交政研发〔2014〕234号），辽宁省作为综合交通运输改革试点省份，已经进入了结构调整优化、网络衔接强化和运输一体化发展、加快构建综合交通运输体系的阶段。建议请省政府尽早决策，建立全省综合交通运输体系建设工作联席会议（以下简称联席会议）制度。联席会议总召集人为副省长，召集人为省交通厅厅长，成员单位包括省发展改革委、省经委、省财政厅、民航东北地区管理局、沈阳铁路局、省人事厅、省劳动保障厅、省国土资源厅、省住建厅、省信息产业厅、省环保局、省邮政局及各地级市政府及交通局等。联席会议办公室设在省交通厅，负责联席会议日常工作。

联席会议的主要职责是：确立全省综合交通运输体系发展规划的编制、审批、运作及实施制度；协调实施全省综合交通运输体系发展规划；提出综合交通运输体系建设发展引导政策，督促政策落实；研究解决综合交通运输体系发展中的重大问题，促进部门协作配合；统筹推进综合交通运输体系标准化、信息化、人才培养等基础性工作；指导各市的综合交通运输体系建设工作；建立长效机制，推进全省综合交通运输体系快速发展。

（三）开展辽宁省综合交通运输体系规划编制工作，搞好顶层设计

按照国家和省有关规定，建议省综合交通运输体系建设工作联席会议进一步明确，省交通厅作为全省综合交通运输体系发展规划编制的牵头单位，协调指导各地级市交通局牵头启动市域层面的综合交通运输发展规划编制工作，形成自上而下、由点到面的综合交通运输体系规划编制工作环境与氛围。出台推进综合交通运输体系建设的指导意见，统筹铁路、公路、水路、民航等各种运输方式发展规划。在开展省综合交通运输体系发展战略研究基础上，尽早启动辽宁省综合交通运输发展规划编制工作。省交通厅负责规划总组织协调，并负责总体规划、公路和水运专项规划报告的编制工作；民航东北地区管理局负责航空专项规划(含民航和通用航空),沈阳铁路局负责铁路专项规划。

(四)加快推进省物流公共信息平台建设工作

按照交通运输部要求,继续加快推进省物流公共信息平台建设工作。一是完成省平台建设的立项工作。省平台建设工作已完成了全部与国家平台对接的技术工作,国家平台管理中心已出具《交换技术接入确认表》。参照其他省份的实际操作程序,该项目应履行立项审批工作。建议由省交通厅大连港负责在大连市发改委立项。二是省平台门户网站建设。门户网站是省交通物流公共信息平台对外服务与展示的窗口。按项目前期的计划,省平台门户网站要在2015年一季度末上线运行。按设计要求,门户网站要实现与省交通厅各直属局的相关系统的对接,涉及到较大系统改造工作。为了保证按计划开通门户网站,要尽快启动网上的建设工作。三是2015年建设项目的选择认证。结合辽宁省交通物流发展实际,筛选2015年示范项目,选取的项目要充分发挥示范作用,实现平台良好起步,形成示范带动效应,扩大平台影响力,进而吸引更多物流企业加入。

(五)完善辽宁12328电话系统建设制度和运维体系

12328电话工作是一项复杂而持久的工作,目前辽宁省该项工作刚刚起步,还有许多要完善和加强的后续工作要做。建议首先要尽快完成工作部门搭建。根据省交通厅党组第23次会议要求,拟在沈阳96123电话系统平台的过渡期后,将高速局的96199电话服务平台改造为12328电话系统。为节省投资,考虑工作的连续性和前期投入,建议先期仍以沈阳市12328交通运输服务监督电话平台作为省级的呼叫中心,待交通运输部12328电话系统标准和基础通用性软件系统下发后,进行96199的改造和省中心的建设工作。建议高速局做好接收的相关准备工作,设立专门工作部门和办公场所。其次要加快完善各项管理规章制度。制定辽宁省《12328电话系统业务流程规范》、《12328电话系统运行管理办法》、《交通运输服务监督投诉处理管理办法》,提前启动《12328知识库》的编制工作等。建立一整套培训和考核机制,重视信息员入职培训,尽快出台信息员绩效考核办法,强化信息员的管理。应继续完善知识库,设计各类重点咨询答复模版。应着手开展ISO 9000质量管理体系认证工作,以此推动服务管理标准化、规范化建设。其三是加快软件调试和二次开发工作。在部基础通用性软件配发之前,加快12328的软件系统调试工作,待交通运输部基础通用性软件配发后再由省交通厅统一组织进行二次开发。其四是做好开展12328服务监督电话宣传准备工作,按照部统一安排适时启动12328交通运输服务监督电话全国“一号通”和电话标识宣传工作方案,扩大12328的知名度和影响力。其五是做好春运期间和极端天气下的12328电话受理工作。目前,辽宁省12328

电话业务量不是很大，随着交通运输部在全国宣布 12328 电话系统全面开通，12328 电话业务量将急剧增加，对辽宁省 12328 电话系统受理工作将是一个严峻的考验。辽宁省交通厅将提前做好相关部署和安排，通过增加人员、加强业务培训、提高办理效率等方式，确保春运期间和极端天气下的 12328 电话受理工作。

(六)加快物流业发展

推进多式联运发展，加快货运业转型升级，加快物流业发展是推动辽宁省交通运输业发展的需要着力点。一是积极推进多式联运发展，加快发展甩挂运输，培育一批网络辐射广、综合实力强、质量信誉优的甩挂运输企业，积极推动甩挂运输联盟发展。二是大力发展标准化、专业化公路货车车型，重点发展集装箱、厢式货车、多轴重载车等优先发展车型。三是在《辽宁省交通厅关于加快交通物流业发展四年行动计划》(2014—2017)所确定的规模化交通物流企业的基础上，重点培育一批能够提供综合性一体化服务的交通物流骨干企业。四是鼓励中小企业通过联盟、联合、兼并等方式实现资源整合，引导传统货物运输向现代物流发展。五是以港口为依托，全面启动大连港太平湾区域性国际物流中心、丹东港粮食现代物流园区、营口现代物流配送中心等港口物流园区建设，促进港口物流业发展，全面推进鲁辽陆海甩挂大通道建设，打通华东、华南连接“营满欧”大陆桥海上新通道，促进营口市融入国家“一带一路”发展战略。

(执笔人：辽宁省交通厅综合运输处　苑立敏)

台湾高速公路运营情况考察报告

台湾省高速公路起步早，现代化程度高，在全世界处于领先地位。为进一步加快“智慧、民生、绿色、平安、法治”高速建设，调整完善辽宁高速公路管理发展理念、全面提升管理质量和水平，2014 年辽宁省高速公路管理局考察了台湾省高速公路运营情况，并重点调研了服务区经营管理。

一、台湾省高速公路的基本情况

(一)路网布局科学、合理

台湾省高速公路由台湾国道高速公路局(以下简称高公局)实施统一管理，目前通车里程为 985.2 公里，密度为每平方公里 266.2 公里，与辽宁高速公路密度大致相同。1 号高速公路(中山高速公路)北起基隆市，南至高雄市，全长 372.7 公里，建设时期为双向 4 车道，于 1978 年 10 月 31 日全线建成通车，是我国开通最早的高速公路。1990 年以后，随着台湾省私有车辆数量逐年提高，国道 1 号高速公路部分路段的交通量日渐饱和，逐渐出现交通堵塞，高公局开始着手研究高速公路改扩建方案。经过多年论证和反复征求各方意见，确定与 1 号高速公路并行、交叉修建贯穿整个台湾西部的第二条南北通道——3 号高速公路(福尔摩沙高速公路)，并采取了按照交通量大小等特点分段建设的方式。3 号高速公路北起基隆市，南至林边，全长 432 公里，双向以 6 车道为主，交通量大的路段和大桥、立交区的主线多采用 8 车道，于 2004 年 1 月 11 日全线建成通车。近年来，高公局又先后修建了 2 号、4 号、6 号、8 号、10 号 5 条短程高速公路连接纵贯南北的两条线(连接点之间一般为 5 ~ 10 公里)，并按照 6 车道为主、8 车道为辅的方式完成 1 号高速公路改扩建，极大提升了南北两条高速公路的通行服务能力。同时，该省还建设完成了环绕台湾东北部的 5 号高速公路。至此，服务台湾社会经济快速发展的高速公路路网全面形成(如图 1)。

(二)高速公路车辆通行有序

台湾省高速公路最高限速为 110 公里，不论路段的交通量大小，所有车辆都各行其道，极少出现变道超车、“蛇行”、“加塞”等现象，实现了渠化交通，道路通行能力得到了充分发挥。1 号、3 号高速公路的断面混合交通量均在 3 万辆次以上，交通量均衡、车辆通行有序。主要原因是：

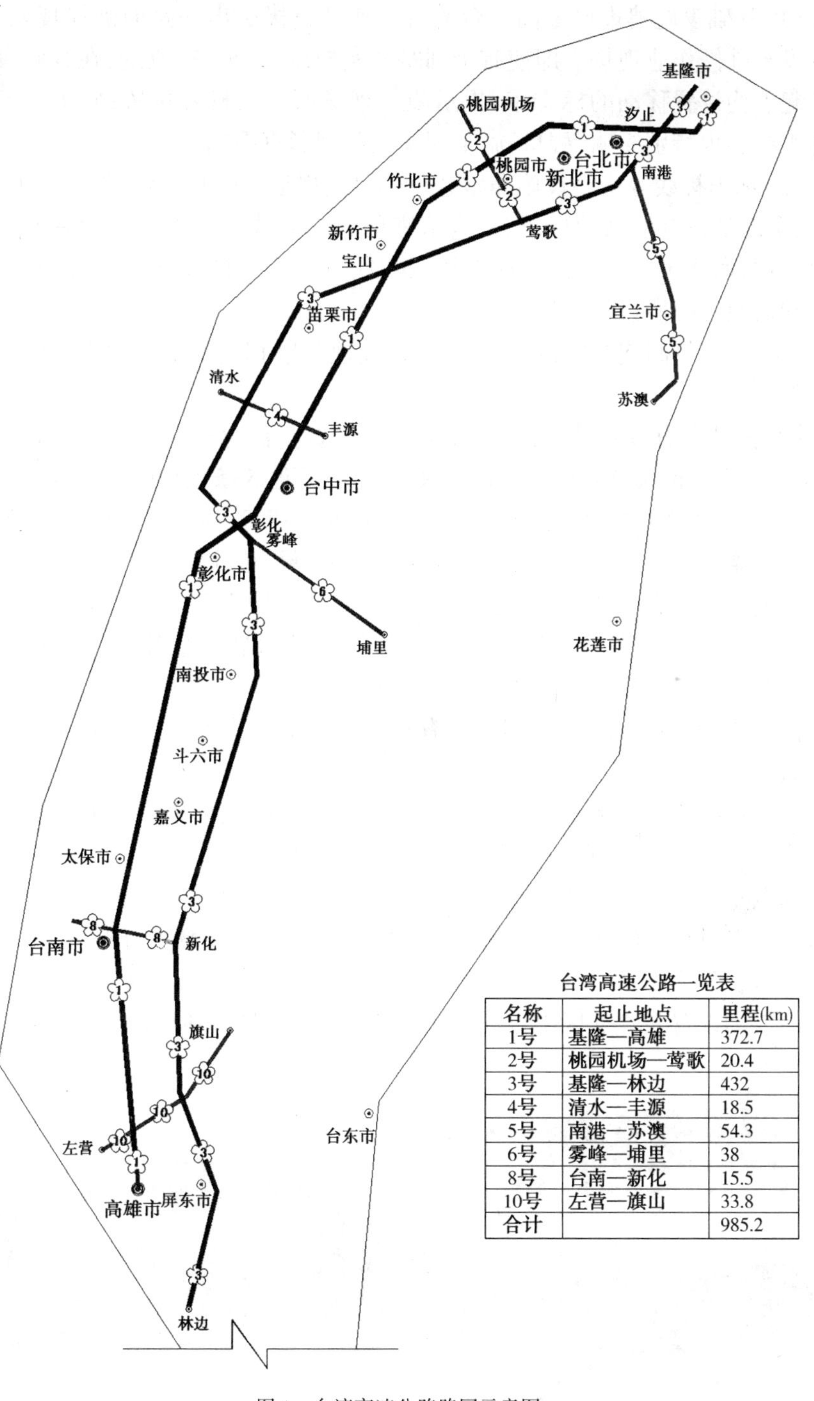

台湾高速公路一览表

名称	起止地点	里程(km)
1号	基隆—高雄	372.7
2号	桃园机场—莺歌	20.4
3号	基隆—林边	432
4号	清水—丰源	18.5
5号	南港—苏澳	54.3
6号	雾峰—埔里	38
8号	台南—新化	15.5
10号	左营—旗山	33.8
合计		985.2

图 1　台湾高速公路路网示意图

(1)基础设施建设质量高。台湾省高速公路极少出现路面破损现象,路面基本没有维修作业现场。即使有个别路段实施维修、加宽、改造,在维修段落的立交起点均设置移动的标志车,提示施工现场所在的桩号位置;施工现场前临时施工标志也特别简明、醒目;施工现场全部用彩钢围挡。

(2)标志标线等安全设施非常齐全、醒目、规范。所有公路,包括省道、县乡公路,全部都设置清晰的标志,划设清晰的交通标线。大多数路段有混凝土隔离墙防护,弯道再增设坚固的防护墩、护栏,安装密集的反光轮廓标,在城市出入口和低填方路段设钢护栏。

图2为1号高速公路设置在与10号高速公路相交的枢纽立交前的出口预告标态。

(3)撤消所有收费站,实行高速不停车收费。台湾省高速公路只有1号、3号、5号三条南北纵向的高速公路收取通行费,其他5条短程的连接线主要用于调整1号、3号两条高速公路的交通量,不收取通行费。高公局对台湾全省高速公路的电子收费系统运营业务采取BOT方式经营,通过公开招标的方式选取台湾远通电收股份有限公司为运营商。2006年2月10日正式开始运营时同辽宁省一样,在收费站设置专用区域的专用车道,设计通过时速限定为160公里,当时限定时速为60公里,远远高于国内的时速20公里。2014年1月2日起,台湾岛内的23座收费站全部拆除,所有车辆采用ETC收费,开世界各国之先河。具体做法是:

在收费高速公路两个立交桥间主线的起点和终点分别设置安装有高频读写天线的感应门架,并在门架上配套安装车牌自动识别系统,天线扫描设置于车上的电子标签累计车辆总里程,并自动记录车辆牌号,实现自动缴费。整个收费读写卡过程车辆无需降低车速。此举极大地提高车辆的通行效率,大大降低了收费管理成本。

图3为设置在立交区出口前或进口后ETC收费的感应门架。

图2 1号高速公路设置的出口预告标志
(设置在与10号高速公路相交的枢纽立交前)

图3 设置在立交区出口前或
进口后ETC收费的感应门架

(4)出行信息服务体系完善。台湾省高速公路利用 ETC 车牌自动识别系统使用的高清摄像机作为事件检测和交通量记录的主要监控手段,并在两个立交桥之间适当加密摄像机或事件检测器,实现全程监控。高公局监控中心随时将高速公路道路拥堵、交通肇事、恶劣气象等突发事件信息进行及时、准确收集、处理,并迅速通过高速公路情报板、互联网网站、手机客户端等向社会发送,实现有效的路径引导管理。用路人不论是在出行前,还是出行中(包括在服务区休息)都能准确掌握高速公路路况信息,选择合适的出行时间和路线。

图 4 为高公局在 1 号、3 号两条高速公路相交的宝山枢纽立交前设置的情报板,预报选择 1 号和 3 号不同的线路到达主要城市台中的时间。图 5 为高公局为互联网推送的道路通行信息,用路人利用计算机可以随时上网查阅。图 6 为高公局为社会推送的道路通行信息,用路人从手机中可以随时查阅。

图 4 高速公路设置的情报板

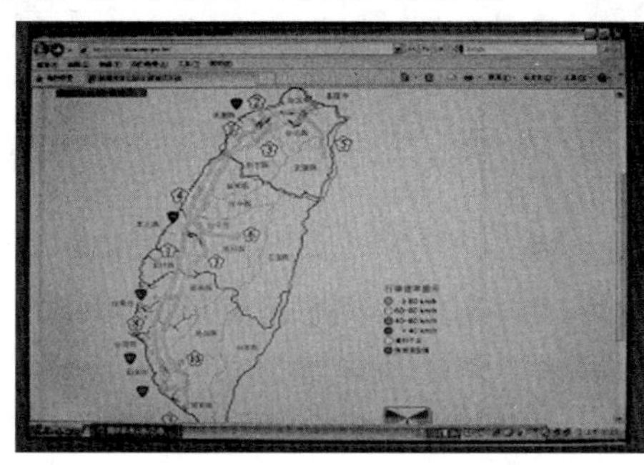

图 5 互联网上查阅的道路通行信息

(5)主线设置的标语极富人性化。台湾省高速公路的跨线桥整幅全部设置人性化、易被人接受的温馨提示标语,有利于引导车辆安全、规范通行。如“上路前要检查车况,重点检查胎压”、“车辆故障或事故,及时将车辆移至应急车道,人员撤离至护栏外避难”、“车辆变线前,观察前后车距,打开转向灯”、“连续驾车超过 4 小时,请进服务区休息”、“发现故障停车,请拨打 2909”、“行驶隧道请保持 50 公尺以上的车距,大型车至少 100 公尺”等。未设置类似“严厉打击……”、“严厉禁止……”等刺激性的标语。

(6)驾驶员守法意识强。考察团往返台北和高雄的 7 天行程中,在高速公路沿途没有看到一辆警车或路政车巡逻,也没有看到一起交通事故现场。与驾驶员交谈中得知,台湾有严格的道路交通法,为初中学习的必修课。考取驾照时要经过严格的考试,处罚一切以监控录像为准,从业驾驶员违法后甚至丢掉饭碗。考察团发现,台湾每辆公路客运车、旅游车、出租车车身后面或侧面都印有驾驶员的姓名,违法行为处罚直接针对真正的驾驶员,不存在“调包”、代罚现象。

(三)隧道应急设施齐全

台湾省高速公路隧道众多,隧道的安全设施齐全、有效。如照明、监控、紧急消防、避难联络通道(包含车行通道及人行通道)等辅助设施一应俱全,并定期组织社会各界参与实战演练。同时,宣传力度大、范围广,互联网网站、服务区等固定场所都有隧道消防设施的使用和逃生基本知识宣传(如图7)。

图6　用户手机查阅的道路通行信息

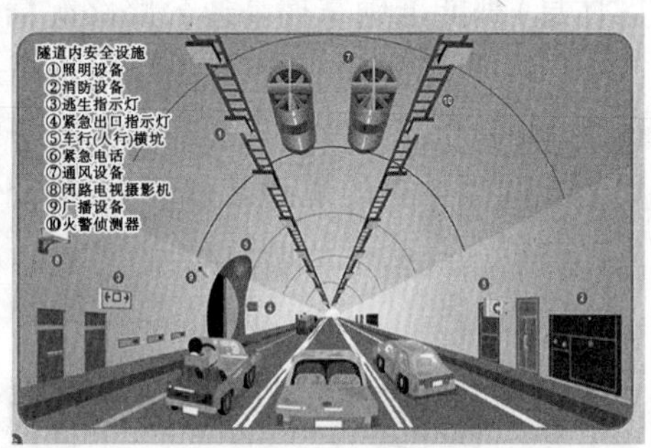

图7　台湾服务区咨询橱窗设置的宣传画

(四)应急物资准备充足、实用

台湾全岛地质、地形多变而复杂,再加上台风、暴雨频发,地震频繁,因此养护网点大多建在山冲地段,有永久工棚,材料和机械俱全,能够应对一般的落石和山体滑坡等紧急情况。平时养护大军对路边山体进行耐震补强工程。考察团在1号路高雄段看到,靠近公路的山坡有的采取方格状钢筋混凝土护坡加固,有的采取钢丝网加固;对滑坡危险性较高的地段采取了隧道式改造,或者采取框架式加固处理。

二、台湾省高速公路服务区经营管理情况

(一)基本情况

目前台湾省高速公路共设有服务区14个,考察团实地考察了其中的泰安和古坑两个服务区。该两个服务区均由台湾南仁湖育乐股份有限公司统一经营管理。其中,泰安服务区坐落在1号高速公路159公里处,占地面积217亩,营业设施面积1855平方米;古坑服务区坐落在3号高速公路276公里处,占地面积439亩,营业设施面积4606平方米。每个服务区配备管理员工40余人(含营业主管)。对两个服务区的总体印象是"一大,二全,三美":服务区地域开阔,面积大;服务项目多样、设施齐全、服务精良;服务区环境优雅,远离高速公路主线。

图8为台湾高速公路服务区设置的咨询服务台。

图 8　台湾高速公路服务区设置的咨询服务台

(二)服务区管理和经营模式

高公局对服务区采取“最有利标”的招标方式招聘统一的经营管理者,标价占 10%,其余 90%是厂商的规模、经验和经营方式。通过专家评定,得分最高者中标。这种招标方式体现了高公局“以服务为导向”的指导思想,选择最具服务品质与经营特色的厂商经营管理。服务区经营管理者再通过充分整合资源,引进优秀厂家,共同打造服务区优质品牌,使服务区的经济效益和社会效益得到充分体现。服务区管理者从经营角度分析,化解经营风险,从一家经营管理化为多家经营,使风险也从一家承担变为多家承担。同时,为客户提供多元化服务,引进的品牌连锁店与市区做到同城同价。

(三)服务区特色

(1)服务区经营凸显当地特色。服务区结合当地人文、地理、特产优势,搞得生动,有特色。泰安服务区以都会的爵士风情为主轴,室内设计以红、白、灰三色系为主,简洁明亮,所有座位集中于中央位置,外部则环以购物区,提供旅客舒适的休憩空间。古坑服务区以“花语、古坑咖啡”为主题营造浪漫气氛,以欧式装潢串联户外公园、露天咖啡座、水舞广场、香花区、生态区,创造户外休息空间。高速公路服务区不再是单纯的来去匆匆的吃饭、歇脚处,而成为令人流连忘返的休闲和观光景点。

(2)突出人性化服务。服务区除了提供旅餐饮、休息、加油服务外,还提供 6 大类近 20 多项免费服务,其中包括驾驶员免费休闲床、无线上网、传真影印、道路信息、母婴室、老花镜、针线等,就连女士司机都有专用车位,充满了人文关怀,使顾客感受超值的服务,人到服务区即有宾至如归的感觉。

(3)经营管理严格。无论承包经营的厂商还是自行经营的超市,所有收费一律使用 POS 机统一结算,商家信息、经营状况、纳税、利益保证都能够得到控制。

(4)卫生间均达到五星级宾馆的管理水平。卫生间通常为单体独立建筑,通风良好、干湿分区、设施精良、管理精细。

三、考察体会和建议

考察团在此次中国台湾高速公路交流考察中受益匪浅，结合辽宁高速公路管理工作，主要有以下几点体会：

(1)进一步构建科学、合理的高速公路路网。辽宁省高速公路路网已经基本形成，目前仍需增加路网局部密度。同时，针对辽宁最大交通量的沈山高速公路的改扩建，建议借鉴台湾1号高速公路改扩建的成功做法，交叉、并行修建第二条通道，并增加部分短程连接线，使两条高速公路形成一体，便于车辆调流，同时为未来高速公路的发展留有足够空间。

(2)抓紧构建出行信息服务平台。公众出行与高速公路管理的关系越来越密切，交通拥堵、应急事件的处理等与人们便捷出行愿望的矛盾越来越突出。目前辽宁高速公路的信息收集和决策指挥的指挥调度体系尚不健全，局限于为管理所用，还不具备随时向社会推送道路交通信息的条件。因此，整合、完善、提升辽宁高速公路现有的路况监控资源和管理资源，抓紧建立完整的交通信息收集、即时交通信息发布、交通事件应急决策指挥三位一体的指挥调度体系尤为重要，也是构建出行信息服务平台的基础。

(3)加快ETC的推广。一是加大在不同新闻媒体的宣传力度，对利用ETC明显提高通行能力和效率、节省燃油消耗、降低二氧化碳排放、节约土地资源、降低运营成本、促进地方经济协调发展等进行多方位、多角度的大力宣传，让社会对ETC有更加广泛的认知；二是通过与各家银行合作，扩充营业网点数量，进一步方便客户办理业务，采取定点与上门服务相结合的方式提高系统使用便利性，迅速扩大客户数量；三是把政府、企事业单位作为集中服务的重点集群用户，上门宣传、上门服务；四是加强ETC售后服务，通过手机短信、网站页面、电话等为用户提供及时、准确的账户消费和通行服务等信息，及时纠正收缴差异。

(4)对全省高速公路交通标志做必要调整。辽宁高速公路的交通标志在国高网统一命名调整后，过分倚重、突出国高网的命名，社会普遍反映指示不清晰，尤其在枢纽立交处经常发生走错路或停车问路，甚至倒车逆行的现象。因此，应按照国高网的统一命名，并紧密结合辽宁高速公路路网连接情况，对全省高速公路交通标志的设置进行充分论证，做必要的调整，为用路人提供清晰、准确的指路信息。

(5)进一步创新服务区的经营模式。台湾省高速公路服务区为消费者提供专业化、人性化、多元化服务的特点非常明显，其先进的经营管理给我们留下了深刻的印象，为我们建设高速公路服务区和提升现有服务区管理水平扩展了新的思路。我们可以借鉴台湾高速公路服务区的先进管理理念,在服务区总体布局、特色连锁经营、自主品牌打造、集中配送等方面充分整合资源,统筹规划,打造辽宁高速公路服务区的品牌。

(6)为交通安全管理部门严格执法创造良好条件。台湾省高速公路所有的监控设备均为高公局统一设置,交管部门处罚车辆的证据都取自高公局监控中心。台湾交警的严格执法不仅为高速公路的交通安全奠定了坚实的基础,而且还为高速公路实现渠化交通、极大提升高速公路通行能力提供了保障。因此,建议辽宁借鉴台湾经验,为交通安全管理部门严格执法创造良好条件,全力提升高速公路通行能力,延长道路扩容时限。

(执笔人:辽宁省高速公路管理局　刘云峰)

上海、苏州、浙江出租汽车行业管理情况考察报告

为学习借鉴外省市的先进经验与做法,切实加强辽宁省出租汽车行业管理,改进提升出租汽车服务水平,促进全行业健康稳定发展,根据省交通厅领导要求,辽宁省交通厅运输管理局与沈阳、大连两市出租汽车管理部门主要负责同志于9月16日至19日赴上海、苏州、浙江等地进行了出租汽车管理专题考察学习。

一、上海、苏州、浙江出租汽车行业总体情况

(一)上海市

1.基本情况

(1)经营主体高度集中。上海市现有人口2300余万人,现有出租汽车51600辆,出租汽车企业113家,其中郊区19家、车辆5600辆,个体经营者3079人、车辆3150辆。上海市出租汽车主要集中在强生、大众、锦江、海博等四大公司,合计占全市总数71%,其中强生公司13000余辆、大众公司9800余辆、锦江公司8800余辆、海博公司5000余辆。四大国有企业和200辆以上中型出租企业拥有的车辆占全市车辆的81%,已经形成国有大中型企业主导出租汽车市场发展的格局。

(2)运行态势良好。上海市出租汽车以汽油为主要燃料,部分郊区车辆使用天然气,没有纯电动等新能源汽车,车型以桑塔纳为主,2010年上海世博会期间增加上海大众途安商务款5座车辆3000辆。单车日均行驶约360公里,里程利用率为64%,日均营运收入960~980元,日均营运次数34次。上海市出租汽车已成为公共交通的重要补充,全市日均载客量达260万人次,约占公共交通的15%。经营方式是一车两人,大部分是一人工作一天,驾驶人月平均收入为5500~6000元。

(3)行业管理到位。上海市围绕出租汽车地方法规,制定出台了出租汽车车型、从业人员、服务经营、运价管理等一系列配套行业标准,经营权按照"整体转让、业内受让、进场交易、确保稳定"的原则进行流转,基本做到行业管理有法可依,市场秩序良好。2007年11月,上海市出租汽车暨汽车租赁行业工会正式

成立，业内工会组建率达到94%，会员近10万人。行业协会充分发挥了企业、从业人员和行管部门之间的桥梁纽带作用。

2.主要经验

(1)管理体制好。上海市作为直辖市，既是行业宏观法规政策、发展改革规划的制定者，也是实施行业管理的具体执行者，明显不同于其他省级业务指导和地级市承担主体责任的管理模式。行业管理工作一直由上海市交委负责，上海市交委直接管理每一家出租汽车企业、每一台出租汽车和每一名驾驶员。顺畅的管理体制和稳定的管理队伍，为行业稳定健康可持续发展奠定了重要基础。

(2)集约化程度高。上海市从20世纪80年代起推进出租汽车集约化经营，引导企业打造服务品牌。规范的企业管理使得上海市出租汽车行业逐渐成为全国出租汽车行业管理的佼佼者和领军品牌。四大国有出租汽车企业已占市场主导地位，每个出租汽车企业都有自己的电召平台和服务品牌。健全的现代企业制度、和谐的劳动关系和企业文化建设等，为出租汽车规范管理和主体责任及市场增加运力等奠定了坚实的发展基础。

(3)法规体系健全。上海市建立了比较规范的出租汽车管理法规体系，出台了《上海市出租汽车管理条例》，对出租汽车行业经营资质管理、客运服务管理等作出了规定，成为行业管理的有力支撑保障。同时，以政府名义配套出台的《出租汽车服务规范》、《出租汽车服务质量信誉考核办法》、《出租汽车行业经营合同示范文本》等规章制度和规范性文件，为行业规范可持续发展提供了强有力的制度保障。

(4)城市公共交通体系完善。上海市公共交通极为发达，城市公交和轨道交通的线网密度和服务在全国都属一流水平，城市公交和轨道交通分担率高，基本满足了城市居民日常基本的生活出行需求。另外，发达的汽车租赁业和旅游包车业，很好地满足了中高端客户群众用车需求。在上述两个层面保障的基础上，出租汽车则以服务商务和外地游客为主，成为上海市城市公共交通重要补充。

(二)苏州市

1.基本情况

(1)建立运力调控机制。苏州市人口1200万，共有出租汽车5048辆，其中公司化经营车辆占50%、挂靠经营车辆占40%、个体经营车辆占10%。单车日均营运次数45~50次，日均营运收入950~1000元，驾驶员月收入6000元以上。苏州市新增出租汽车运力全部通过服务质量招投标进行，均为公司化经营，每年按照8%~10%比例增加，且必须是双燃料车型。

(2)科技手段助推行业管理。苏州市2004年开始建设“一套终端三个中心”电调系统,并将“快的”打车软件纳入平台统一管理,驾驶员不直接接单,由平台统一安排。电调中心聘有68名话务员,日均电调量为10000余单。2012年投放300台专用电调车(主要车型为更高档的丰田凯美瑞和尼桑天籁),只接受电召,不允许沿街巡游扬招,起步价和计费标准高于普通出租汽车,车辆非营运时主要停在公司停车场和指定的停车泊区。普通出租车电召成功率60%~65%,利润率23.5%;专用电调车达80%以上,利润率27%,并建立爽约乘客黑名单制度。

(3)基础设施较为完善。苏州市出租汽车单车有偿使用费按每月1000元分月收取,全部上缴市财政,主要用于出租汽车行业基础设施及信息化建设。根据市政府部署,交通部门同公安、城建部门联合,在全市设置342个泊位,驾驶员可以就近停车候客。全市共有7处加气站,满足双燃料车型加气。

2.主要经验

(1)政府高度重视。苏州市作为我国沿海经济高度发达的城市,地方人民政府充分发挥了在行业中的主体作用,规范市场管理,加大科技手段应用,在地级城市出租汽车管理工作中走在全国前列。苏州市政府建立了市一级出租汽车联席会议制度,由分管副市长召集,相关部门参加,定期研究出租汽车行业热点难点问题。苏州市政府投入巨资建设出租汽车电召服务中心,每年提供电召补助,鼓励驾驶员主动接单,如果乘客爽约,由客管处核实后给驾驶员补助起步价10元钱。实施电召以来,政府每年投入运营费用近千万。

(2)信誉考核体系建设好。苏州市把出租汽车经营信誉考核作为日常行业管理核心工作来抓,细化考核指标,规范考核流程,充分利用电召系统和日常检查,加强出租汽车企业经营信誉考核,每月定期公布各出租汽车企业考核情况,并将考核结果作为出租汽车运力发展的主要依据。

(3)科技手段应用好。建有完善的全市统一电调系统,一方面对方便乘客出行、减少经营纠纷、促进行业节能减排等发挥重要的作用,另一方面行业管理部门通过信息平台数据整合掌握了出租汽车的运营情况及经营行为,对促进和加强行业管理提供有力保障。

(三)浙江省

1.基本情况

(1)运力发展平稳。浙江省共有人口5400万,出租汽车总数41985辆,万人出租汽车保有量7.6辆(大大低于辽宁省的22辆)。为避免过度投放运力对市场造成冲击,影响驾驶员收入,在运力投放时一直坚持“总量控制、适度发展”原则,严格控制出租汽车运力。从2000年至今,14年间仅增加12085辆,全省出租汽车数量年均增长率仅为2.87%。

(2)基础设施较为完善。浙江省已建立出租汽车综合服务中心35个,主要为驾驶员提供餐饮、换洗坐垫、洗车修理、零钞兑换等服务,每天服务的出租汽车约1.6万余辆,有效缓解了驾驶员停车难、吃饭难和如厕难等实际困难。全省建有电召中心33个,为出租汽车提供叫车服务、翻译服务、安全运行等服务,日均电话叫车服务次数2387次。

(3)新能源车辆应用广泛。浙江省共有新能源出租车辆8815辆,占全省出租汽车总数的21%,主要集中在宁波、嘉兴、湖州、绍兴四市,其他市尚未强力推进天然气等新能源出租车辆应用。

2.主要经验

(1)省、市两级政府职责明确。浙江省级行业管理部门主要是加强出租汽车行业管理的顶层设计,抓考核评价体系建设,引导行业开展文明竞赛活动,交流各地经验做法等;市级政府认真落实出租汽车行业管理主体责任,具体负责出租汽车的各项日常管理。

(2)建立服务质量指数体系。由浙江省运管局牵头组织并发布的全国首个出租汽车行业服务指数——“2013年度浙江省出租汽车行业服务质量指数指标”体系,由服务能力、服务过程、服务绩效3个二级指标、7个三级指标、18个四级指标、66个五级指标组成。该体系将作为衡量各地出租汽车服务水平的方向标。

(3)开展企业员工化管理试点。浙江省台州市自2004年开始,推广公司化经营,目前市区已有6家企业、300多辆车实施公司化管理。2008年,诸暨市开始推行公司化经营试点,企业为驾驶员交纳社保,每日核定营收总额、核定公里数,驾驶员工资按月计算和发放,工资额为其月缴营收总额的20%加上特殊情况补贴,超出公里数由驾驶员承担油费,低于公里数公司按每公里营业额的50%奖励。岱山的承包费缴纳方式非常具有节约性,按照日营运里程收取份钱,每公里上交1.2元,油费由车主承担,如果驾驶员当天休息则无需上缴份子钱。

开展企业员工化管理试点是在总结北京、上海做法的基础上,按照创建出租汽车行业和谐劳动关系的要求推进的全新工作。但从全国、全省进展情况来看并不理想。从上海大众出租汽车公司改革试点看,此项工作给企业经营造成较大压力。通过深入交流了解,上海、苏州、浙江三市地普遍存在着打车难问题,但均未把大量增加出租运力作为主要手段措施。一方面受制于建设部发布的实载率达70%方可增加新车辆和行业稳定需要,另一方面也都在借助上海世园会和南京青奥会等大型活动之机及苏州增加电调车、新能源车等方式,采用小步慢跑式增加运力。因此,破解打车难"的解决方法不应定位在大量增加运力。

二、下步工作打算

上海、苏州和浙江各地发展模式和路径差异较大,在大中城市和小城市,乃至大中城市相互之间也很难做到"一刀切"。而且,随着时间的推移,各地出租汽车发展的环境、条件都有可能发生变化。因此,我们必须针对辽宁省出租汽车行业发展现状和存在的问题,允许各市在现有模式的基础上,通过制度创新和增量调整,逐步理顺管理和发展中的相关关系,确保行业长期可持续发展。

(一)理清各方工作职责,明确工作任务

根据辽宁省机构编制委员会《关于省政府部门若干职能的调整意见》(辽编发〔2000〕31号)和交通运输部《出租汽车经营服务管理规定》(交通运输部令2014年第16号)的规定,城市出租汽车的具体管理职能由各城市人民政府承担,县级以上地方人民政府交通运输主管部门在本级人民政府的领导下负责组织领导本行政区域内的出租汽车管理工作,包括建立健全市场准入退出机制,规范经营权使用与管理,强化市场监管,规范市场秩序,保障运输安全,维护行业稳定,促进行业健康发展等。县级以上道路运输管理机构负责具体实施出租汽车管理工作。交通运输部负责指导全国出租汽车管理工作。省交通厅运输管理局负责全省出租汽车行业监督、指导。各市道路运输管理机构应当按照当地出租汽车发展规划,综合考虑市场实际供需状况、出租汽车运营效率等因素,科学确定出租汽车运力规模,合理配置出租汽车的车辆经营权。

(二)加快法规体系建设,促进依法行政

多年来,国家、省都没有出台出租汽车管理方面的法律法规,辽宁省除沈阳、大连等5个有立法权的市立法外,其他9个市出租汽车管理面临着无法可依的局面。经过近30年的发展,出租汽车市场出现很多问题,如出租汽车市场准入标准缺失、运力发展规划依据不足、经营权属性不清、行业不稳定等,且随着时间的推移矛盾越来越突出,出租汽车管理难度越来越大。要从根本上解决出租汽车行业问题,必须要改变出租汽车无法可依的局面。2014年,《辽宁省客运出租汽车管理条例》已被辽宁省人大列入立法计划,预计2015年能够正式出台。我们将以该条例颁布实施为契机,认真梳理出租汽车管理工作,加强条例的宣贯,督促各市狠抓各项条款规定落实,并积极组织各市以地方政府名义,根据条例的授权,加快完善配套政策标准,切实建立起以条例为核心、配套制度健全的出租汽车管理体系。

(三)准确把握出租定位,努力破解"打车难"问题

出租汽车"打车难"问题在全国较为普遍,大中型城市尤为突出,具有季节

性、时段性和区域性特点,反映了供需之间的不平衡。考虑到行业稳定问题,绝大部分城市又不能通过新增运力满足市场需求。如沈阳市近17年来仅增加了300辆出租汽车。随着经济的发展,出租汽车由高端消费走向了大众消费,而各地出租汽车的定位、特点不尽相同,很难出台全省统一的增加运力标准。原建设部提出的“里程利用率低于70%的城市严禁新增运力”的标准较高,与市场实际并不相符。在准备把握定位的基础上,采取增强有效供给、调节打车需求等综合措施,缓解“打车难”问题。

1.准确把握行业定位

交通运输部对出租汽车行业的定位问题进行了多项调研,形成的基本思路是:出租汽车是城市综合交通运输体系的重要补充,是介于城市公共交通与私人交通工具之间的准公共物品,为社会公众提供个性化的门到门便捷运输服务,主要满足社会公众特殊出行和具有一定消费能力群体的出行需求。在城市综合交通运输体系中,城市公交和出租汽车的功能定位不同。城市公交扮演“主角”,发挥主导作用,解决大多数人的普遍出行需求,应当鼓励优先发展。出租汽车解决一般群体的特殊需求和特殊群体的一般需求,不属于普遍服务,而是提供效率服务,因此出租汽车行业的发展应当按照建设资源节约型、环境友好型社会的要求,从所提供的服务需求的特点出发,坚持合理、适度发展。

2.增强有效供给能力

辽宁省现有出租汽车90947辆,万人拥有车辆22辆,远高于全国9.8辆的平均水平,高于山东、浙江等沿海经济发达省份,大部分市没有增加车辆的空间。苏州市以新增高档车、新能源车和电调车为突破口,建立统一电召平台,配套划设泊位,改变出租汽车巡游方式,增加市场供给。上海市在星级酒店、外资企业等的所在地,通过丰富旅游包车、汽车租赁车型,满足市场高端出行需求。辽宁省沈阳、大连可充分借鉴苏州、上海先进经验,通过试点逐渐引导市场供需平衡。同时,鼓励企事业单位通过开通通勤班车、社区公交、定制公交、校园公交等方式,合理解决中端市场需求。其他需求可通过发挥价格杠杆作用,优先发展公共交通、创新出租汽车运营模式平衡市场的合理供求。

3.调整打车需求

(1)充分发挥价格杠杆作用。出租汽车提供的不是普遍服务,相对具有成本高、占用道路资源多等特点,是较高水准的运输服务方式,应当以市场为基础,实行合乎消费需求规则的价格。出租汽车燃油价格补助属于临时性补贴,自2006年实施以来争议不断,并未从根本上解决行业存在的深层次、实质性问题。各地要按照国家文件要求,加快建立完善出租汽车油运价格联动机制,根据油价涨跌和运输成本变化情况及时调整运价。

(2)优先发展公共交通。城市轨道交通和公共汽车每小时完成的客运量远远高于出租汽车,如果大力发展城市轨道交通、公共汽车等大容量公共交通方式,提高其覆盖面和服务水平,增加吸引力,让城市轨道交通、公共汽车等运输方式承担大部分城市客运量,出租汽车所承担的客运量的比例将大幅下降,“打车难”问题将得到很好的解决。

(3)创新出租汽车运营模式。鼓励各市通过规范发展电召、调整出租汽车驾驶员交接班时间等方式,最大限度地提升出租汽车服务能力。按照“统一平台、统一终端、统一调度、统一管理”的原则,通过政府投入或市场运作等方式加快出租汽车电召服务平台建设。加强政策宣传和运营监管,加快诚信体系建设,逐步实现市场对资源配置选择的主体作用。

(四)围绕“五大交通”建设,努力打造群众满意的出租汽车行业

紧密围绕“综合交通、智慧交通、民生交通、绿色交通、平安交通”五大交通建设,全面树立出租汽车的新形象。

(1)做好交通衔接保障,促进综合交通建设。加强机场、客运站、火车站、公交(地铁)枢纽站的出租汽车管理,科学规划出租汽车停靠区域,充分发挥出租汽车与其他运输方式的有效衔接作用。

(2)加大科技手段应用,加快智慧交通建设。鼓励各市加快建设出租汽车电召服务平台、卫星定位系统、电子刷卡等信息化建设,为乘客方便出行、寻找丢失物品及保障驾驶员安全等提供便利,推进出租汽车行业转型升级,引导出租汽车行业规范经营。

(3)继续推进城市出租汽车“油改气”工程,实现绿色交通建设。按照省政府加快城市出租汽车“油改气”工作要求,研究制定有利于推广清洁能源和新能源出租汽车的规划和政策措施,力争到2016年年底全省城市出租汽车清洁能源和新能源比例达到100%。

(4)严把市场准入关,打造平安交通建设。强化车辆技术检验和维护保养,做好消防、应急设施装备的配置使用,保持良好的车容船貌,督促驾驶员严格执行车辆行驶安全管理规定,安全文明驾驶,严禁超员超载超速和疲劳驾驶。

(5)采取综合措施,推进民生交通建设。出租汽车的服务质量关系到百姓的切身利益,把提升服务作为出租汽车管理工作的出发点和落脚点,通过采取综合措施,切实解决群众出行困难和服务质量不高的问题。

(五)探索行业管理新思路,形成管理调控合力

(1)建立联席会议工作制度,集体研讨出租汽车行业存在的问题。出租汽车行业管理涉及公安、物价、工会等多个部门,需要在各级政府的领导下,各部门密切配合。建议建立全省出租汽车行业工作联席会议制度,分管省长担任总召集人，分管秘书长和省交通厅厅长担任召集人，省公安厅、省物价局、省工会等部门负责人为成员。14 个省辖市也要建立起类似的联席会议制度，定期或不定期召开会议研讨出租汽车行业难点和热点问题。

（2）构建层级考核指标体系，提升出租汽车行业服务质量。参照浙江省的做法，构建“辽宁省出租汽车行业服务质量指数指标”体系，包括出租汽车的服务能力、服务过程、服务绩效等方面，通过调研辽宁省出租汽车运营状况及居民的出行特征和服务需求，剖析影响出租汽车服务质量的主要因素，建立出租汽车服务指数模型及计算方法。其目的一是通过从省到市到县层级考核通报制度，督促各地政府积极主动发挥出租汽车属地管理职能作用；二是量化出租汽车行业服务质量，把握出租汽车服务现状；三是剖析影响出租汽车服务质量的主要因素，为下一步工作提供数据支撑和依据。

（3）加强行业自律建设，积极发挥行业工会中介组织作用。出租汽车行业是城市服务窗口行业之一，庞大的从业人员队伍、复杂的市场管理仅靠政府部门是不够的，必须发挥行业工会作用，推动行业协会建立健全行业经营自律规范、自律公约和职业道德准则，规范会员行为。通过工会倾听企业、从业人员的心声，及时掌握行业动态，充分发挥工会在行业自律、经营维权、创建和谐劳动关系等方面的作用，使工会成为出租汽车经营者及从业人员同政府之间顺畅沟通机制的桥梁，促进出租汽车行业规范经营，维护行业稳定和谐发展。

（六）加大监管力度，不断净化出租汽车运输市场环境

（1）严厉打击非法经营。一是抽调执法人员到车站、码头、医院、宾馆周围以及风景旅游区和城乡结合部等重点调查区域进行清查摸底，建立“黑车”档案；二是会同相关部门采取综合执法、联合整治、突击检查等多种方式，加大对“黑车”易发重点区域的集中整治，形成高压严管的态势；三是加强打击非法营运工作的宣传，设立公开投诉举报电话，凝聚社会各界力量；四是强化维修厂点源头治理，严打违规改造套牌车，对查扣的套牌车进行倒查，并交由公安部门处理。

（2）全力规范合法经营行为。一是建立出租汽车企业常态考核机制，定期通报企业投诉、违章、车容车貌等动态考核情况，建立对管理不到位企业的约谈制度；二是加大执法工作力度，规范市场经营行为，建立企业经营信誉考核工作机制；三是加强行业精神文明创建，营造出租汽车文明服务良好氛围，通过大力开展行业先进群体、个人培树活动，以点带面，充分发挥模范出租汽车和驾驶员的引领作用；四是强化从业人员动态考核，充分利用从业人员信誉考核结果，有针对性地加强从业人员管理，促进其经营行为规范。

（3）加强从业人员培训考核。继续认真组织实施《出租汽车驾驶员从业资格管理规定》,加强驾驶员的从业资格管理,不断强化教育和培训,努力培养造就综合素质高、驾驶技能熟练、服务水平优质的驾驶员队伍,为乘客提供高品质运输服务。一是严把驾驶员准入关,严格从业资格考试,强化实际操作考核;二是加强对在岗从业人员培训,加强行业法规以及安全运营等内容的学习,提高从业人员的综合素质;三是完善从业人员质量信誉考核制度,对从业人员进行全面细致考评,落实考评奖惩措施。

(4)改善出租汽车经营环境。鼓励社会各方积极参与为改善出租汽车经营环境创造条件,通过政府投入和市场化运作方式,加快出租汽车服务站建设,为驾驶员提供餐饮、换洗坐垫、洗车修理、零钞兑换等服务,缓解驾驶员停车难、吃饭难和如厕难等实际困难。加强政府部门之间协作,在城市主要街道、社区等增设出租汽车停靠站点,方便出租汽车停靠和百姓乘车。

(5)加强执法队伍建设。以执法人员职业化、执法行为规范化、执法队伍正规化、执法管理科学化为方向,采取岗前教育、集中培训和日常学习等多种方式,增强执法人员的法律意识和法制观念,坚持依法办事、秉公执法,不断提高执法水平和服务能力。

(执笔人:辽宁省交通厅运输管理局　徐　兵　黄月梅)

关于辽宁省汽车服务后市场从业人员情况的调研报告

随着我国汽车市场的迅速发展,国内汽车维修行业对汽车从业人员的职业素质和社会素质提出了更高的要求。为把握行业发展对人才的需求,给学校专业发展提供可靠的科学依据,辽宁省交通高等专科学校对辽宁省汽车服务后市场进行了抽样调查。

一、调研对象

目前,辽宁省内汽车服务企业共有15100家,从业人员约13万人。本次调查抽样选取了辽宁省内7个企业集团15家汽车4S店及4家维修店,调研单位总体情况见表1。

调研单位总体情况一览表 表1

序号	企业全称	备注
1	沈阳卓多汽车销售服务有限公司	辽宁卓远集团
2	沈阳卓益达汽车销售服务有限公司	
3	辽宁和兴大众汽车销售服务有限公司	辽宁和兴大众集团
4	辽宁和昊汽车销售服务有限公司	
5	沈阳业乔瑞星汽车销售服务有限公司	沈阳业乔集团
6	沈阳天广德众汽车销售服务有限公司	辽宁天广集团
7	沈阳天广和美汽车销售服务有限公司	
8	辽宁牧欧汽车销售服务有限公司	
9	鞍山牧欧汽车销售服务有限公司	
10	鞍山天广和美销售服务有限公司	
11	鞍山诚达广汽车销售服务有限公司	
12	铁岭利丰达汽车销售服务有限公司	
13	辽宁兴旗汽车销售服务有限公司	辽宁兴旗集团
14	辽宁省汽车贸易集团汽车销售有限公司	辽宁汽车贸易集团
15	辽宁鑫溢汽车销后服务有限公司	沈阳汽车贸易集团

续上表

序　号	企　业　全　称	备　　注
16	车之驿长江街维修店	
17	惠修行国奥维修店	
18	广知星本田快速维修店	
19	天晟汽车维修店	

二、汽车维修行业从业人员总体情况

通过对汽车维修行业从业人员的抽样调查以及数据分析，总结出汽车维修行业从业人员的总体情况。

1.从业人员的基本情况

抽样调查1721名从业人员，其中大学本科及以上学历23.82%，大学专科学历52.41%，中专学历16.97%，非学历6.80%。从业人员的基本情况见表2。

从业人员的基本情况一览表　　表2

调研对象	非学历	中　专	专　科	大学本科及以上	从业人员总数
企业1	0	130	196	50	376
企业2	0	18	124	33	175
企业3	10	13	76	24	123
企业4	1	3	41	33	78
企业5	1	11	45	30	87
企业6	24	49	255	173	501
企业7	13	13	61	18	105
企业8	9	11	23	6	49
企业9	34	20	75	42	171
企业10	8	8	3	1	20
企业11	7	7	3	0	17
企业12	6	8	0	0	14
企业13	4	1	0	0	5
合计	117	292	902	410	1721
所占比例(%)	6.80	16.97	52.41	23.82	100

2.从业管理人员的基本情况

高效的人员管理是提升企业核心竞争力的一项重要工作，加强人员管理有利于完善企业工作流程、提升工作效率。抽样调查239名从业管理人员，其中大学本科及以上学历 37.66%，大学专科学历 51.88%，中专学历 8.37%，非学历 2.09%。从业管理人员的基本情况如表 3 所示。

从业管理人员的基本情况一览表 表 3

调研对象	非学历	中　专	专　科	大学本科及以上	从业管理人员总数
企业 1	0	1	27	6	34
企业 2	0	0	14	5	19
企业 3	0	1	10	8	19
企业 4	0	0	3	8	11
企业 5	0	0	2	7	9
企业 6	0	3	47	29	79
企业 7	1	3	8	7	19
企业 8	0	2	5	5	12
企业 9	0	0	6	15	21
企业 10	1	3	2	0	6
企业 11	3	2	0	0	5
企业 12	0	4	0	0	4
企业 13	0	1	0	0	1
合计	5	20	124	90	239
所占比例(%)	2.09	8.37	51.88	37.66	100

三、汽车维修行业每年从业人员的变化情况

维修从业人员流动较为频繁，一般 30 岁左右的从业人员大多都有 2~3 家维修企业的工作经历。维修从业人员流动主要取决于人员薪资待遇、个人价值取向及企业发展氛围等诸多因素。在抽样调查中，维修行业每年离职人数占 29.58%，每年新增人数（因企业规模扩建等）占 36.96%。从业人员每年的变动情况（与调研职工总数相比）见表 4。

从业人员每年的变动情况一览表 表 4

调 研 对 象	离 职 人 数	每年新增人数(包括企业规模扩建等)
企业 1	150	190
企业 2	84	124
企业 3	50	50
企业 4	10	15
企业 5	5	15

续上表

调研对象	离职人数	每年新增人数(包括企业规模扩建等)
企业6	80	100
企业7	59	70
企业8	6	7
企业9	43	42
企业10	7	8
企业11	10	10
企业12	4	4
企业13	1	1
合计	509	636
所占比例(%)	29.58	36.96

四、汽车维修行业从业人员的引进方式及学历要求

为了及时解决从业人员的离职对汽车维修行业的不利影响,全面提高从业人员的综合素质,汽车维修4S店通常采取校园招聘和社会招聘相结合的方式。以校园招聘方式引进的从业人员自身素质较高,易于培养,能力提升较快,工作踏实肯干,但需要的培训周期相对较长;以社会招聘方式引进的从业人员一般专业技能较强,需要的培训周期相对较短,但能力提升空间相对较小。汽车维修店从业人员的引进一般采取朋友之间的介绍等其他方式,其学历层次相对较低,工作较踏实,但能力提升空间更小。根据调研统计数据,从招聘形式上来看,校园招聘方式占55.97%,具有一定优势,而社会招聘方式占40.41%,其他招聘方式仅占3.62%。从学历层次上来看,大学本科及以上学历占22.17%,大学专科学历占69.81%,中专学历占8.02%。可见,专科学历的毕业生在应聘中占有很大优势。从业人员的引进方式及学历要求见表5。

从业人员的引进方式及学历要求　　表5

调研对象	校园招聘	社会招聘	其　他	中　专	专　科	本科及以上
企业1	142	48	0	17	124	49
企业2	98	26	0	6	74	44
企业3	15	35	0	0	50	0
企业4	11	4	0	0	15	0
企业5	12	3	0	0	13	2
企业6	30	70	0	0	80	20

续上表

调研对象	校园招聘	社会招聘	其　他	中　专	专　科	本科及以上
企业 7	30	40	0	5	45	20
企业 8	3	4	0	0	5	2
企业 9	15	27	0	0	38	4
企业 10	0	0	8	8	0	0
企业 11	0	0	10	10	0	0
企业 12	0	0	4	4	0	0
企业 13	0	0	1	1	0	0
小计	356	257	23	51	444	141
所占比例(%)	55.97	40.41	3.62	8.02	69.81	22.17

五、从业人员的培训及升职情况

随着汽车电子控制技术的广泛应用及发展，对汽车从业人员的要求也越来越高。营销服务人员和售后服务人员的整体素质决定着汽车服务企业的整体服务能力及未来发展前景。为此，对汽车服务市场而言，必须不断提高汽车从业人员整体素质。

1.从业人员的培训情况

新引进从业人员多采取公司内训为主的培训方式，销售从业人员的岗前培训周期为 3~6 个月，售后从业人员的岗前培训周期一般为 1 周(高端品牌岗前培训周期一般为一年)；对企业在职从业人员采取公司内训(一般分为初级、中级和高级三个阶段)和厂家培训相结合的培训方式，销售从业人员的培训周期为 10 次/月，售后从业人员的培训周期为 12 次/月。

2.从业人员的升职情况

汽车行业从业人员的升职情况主要取决于个人职业综合素养、企业规模扩建、管理人员的流失等方面。根据走访调研，汽车从业人员 0.5~1 年升职的占 1%，1~2 年升职的占 2%，2~3 年升职的占 4%，3~4 年升职的占 3%，4~5 年升职的占 2%。

六、本次调研的几点体会

1.高职院校汽车专业毕业生有较大的社会需求

调查统计显示，汽车维修企业从业人员中高职院校毕业生(专科层次)占 50%以上。由于汽车维修从业人员流动性大，流失比例高(约 30%)，加之企业规模发展需求等原因，对高职院校毕业生的需求存在较大空间(新增人员比例

30%以上)。此外,在不同类型的汽车维修企业中,正规4S店从业人员的学历层次较高,对高学历层次人员需求量大;小型汽车维修企业从业人员的学历层次较低,对高学历层次人员需求量较少。随着社会进步和经济发展,汽车保有量越来越多,小型汽车维修企业的比例越来越少,高职院校汽车专业毕业生的就业空间越来越大。

2.高职院校汽车专业毕业生有较大的发展空间

企业中层管理人员的学历层次较高,本科层次占30%以上,专科层次占50%以上,学历层次越高,在企业的升职空间越大。占从业人数比例较大的高职院校汽车专业毕业生有较大的发展空间。

3.学校培养的毕业生与企业对人才的需求还存在一定差距

学校在教学内容、毕业生毕业时间、毕业生的综合素质等方面与企业对人才的需求还存在一定差距,必须在教学改革方面下大功夫,不断提高人才培养质量。

4.行业主管部门对企业经营活动需进一步规范

部分企业在经营活动中,存在从业人员待遇不统一、人才聘用恶意竞争、特殊岗位不按规定持证上岗等现象。作为行业管理部门,应制定相应规范并加强监管。

(执笔人:辽宁省交通高等专科学校　惠有利)

国外公路运营安全及气象监测预警系统考察报告

2014年年初,辽宁省高速公路管理局先后赴瑞典ASFT公司和法国万喜集团、斯科美达公司考察公路运营安全及气象预警监测系统技术。

一、基本情况

(一)瑞典ASFT公司

瑞典ASFT公司是世界领先的路面摩擦测试仪及道路气象智能监测预警系统开发商,也是该领域的全球最大供应商。

本次到瑞典ASFT公司的重点任务是对该公司生产的气象智能监测预警系统进行学习。该系统主要由传感器、气象数据采集系统、数据通信系统和数据分析系统等部分组成,主要数据来自地面交通气象站及车载气象设备,对温度、降雨、降雪、风速、能见度、冰点、路面温度等参数进行实时远程监控。目前,该系统主要实现了监测显示查询、预警提示、监测报警三大功能。实时显示查询功能,包括多要素查询和单要素查询两种,以图、表等方式对交通气象监测站的数据信息进行实时监控,可以对同一时间、不同要素进行显示,也可以对不同时间、同一要素进行显示,数据自动更新,无须人工干预。预警及报警功能,则是依据气象条件分级方法,确定出等级划分和指标阈值。工作人员结合预报信息和监测信息,参考关键气象条件指标进行恶劣天气预警,设置不同等级的报警阈值就能实现不同颜色显示的自动报警功能,及时提醒值班人员注意。该系统不仅能够大幅提高道路管理者的决策能力,也能为道路使用者提供准确的道路气象信息并进行预警。

该系统已在全球72个国家700余家客户得到应用,在瑞典45万平方公里范围内共建有800个检测站,实现整个国家交通气象实时监控,并在连接丹麦首都哥本哈根和瑞典第三大城市马尔默的厄勒海峡大桥成功应用。

图1为参观瑞典ASFT公司生产车间的场景。

(二)法国万喜集团

法国万喜集团是一家拥有115年历史的世界500强企业,是法国政府特许的道路基础设施和高速公路建设、运营、管理机构。其业务范围涵盖普通公路、高速公路的规划设计、建设施工、维修养护和运营管理等各个领域，特别是在公路运营管理方面处于世界领先地位。万喜集团详细介绍了法国高速公路养护管理体制和养护资金的设立情况。法国非特许经营的高速公路由政府委托专业公司进行养护，费用由财政支出；特许经营高速公路则由特许公司负责日常养护和小修，大中修则由合作企业或专业公司承担，费用从通行费收入中列支。该集团生产的几种公路养护新产品是：

(1)冷补灌缝料。该集团生产的冷补灌缝料是一种乳化沥青裂缝密封剂，最宽可修补15毫米的裂缝，给道路表面提供一个保护的屏障，防止潮气进入道路表面，是一种经济实用的产品。

(2)冷补坑槽材料。该集团生产的冷补坑槽材料在干燥、潮湿和低温等气候条件下都适于使用，并且气温在-25℃时仍具备柔韧性。

(3)高性能贴缝带。该集团生产的高性能贴缝带是专用于道路裂缝治理的复合土工材料，具有耐磨性好、抗拉性强、封水性强、成本低廉、美观耐用、施工简单等众多优点。

(4)高性能道路交通标线。该集团生产的高性能道路交通标线干燥时间短，操作简单，反射能力强，色彩鲜明，反光度强，具有高抗滑性和耐磨性，能够保证行车安全和使用寿命。

图2为万喜集团介绍集团基本情况的场景。

图1　参观瑞典ASFT公司生产车间

图2　万喜集团介绍集团基本情况

(三)法国斯科美达公司

法国斯科美达公路养护设备有限公司在法国已有近百年的历史，是专业制造高品质除雪设备、沥青洒布车、同步碎石封层车、乳化沥青生产设备、改性沥青生产设备等公路养护机械设备的专业厂家，集研发、生产、销售于一体，已经形成了一套完善的公路养护设备体系，产品遍布世界各地。

图3为参观法国斯科美达公司生产车间。

1.自动避障PE系列除雪机

自动避障PE系列除雪机配有多个缓冲板(为避障而用)，其特殊的设计可大大降低除雪机的磨损和损坏。另外,每一款都配备了独特的偏转系统,专为大规模除雪需求而设计,尤其适用于中等强度的积雪清扫作业。该设备具有以下特点:

(1)除雪机配备了金属带和聚乙烯加强板;

(2)两个可缩进的面板,可全面保护;

(3)螺栓和轴镀锌,轴配有润滑油嘴;

(4)有侧向弹簧振动装置,振幅为正负 8°;

(5)支撑设于除雪机本体内。

自动避障 PE 系列除雪机见图 4,基本参数见表 1。

图 3　参观法国斯科美达公司生产车间

图 4　自动避障 PE 系列除雪机

自动避障 PE 系列除雪机基本参数表　　表 1

型　　号	PE270	PE300	PE340	PE400
除雪板宽度(m)	2.70	3.00	3.40	4.00
除雪宽度(m)	2.30	2.60	2.95	3.45
除雪板高度(m)	0.90	0.90	0.90	0.90
重心点(m)	0.78	0.78	0.78	0.78
倾斜高度(m)	1.60	1.60	1.60	1.60
重量(kg)	520	680	780	900

2.可变式 V 型系列除雪机

可变式 V 型系列除雪机是一种可实现向左扫、向右扫、向前扫几种扫雪动作和可反转的除雪机。该设备具有以下特点:

(1)使用 SFN 或 SETRA 快速联接系统;

(2)高弹性钢结构设计;

(3)短距离悬挂设计;

(4)大坡度设计,有利于雪的搬运;

(5)极好的排雪效果(80°角);

(6)摇臂支点系统。

可变式V型系列除雪机见图5,基本参数见表2。

3.自动避障PV系列除雪机

自动避障PV系列除雪机专为大量积雪清除而设计,是山区积雪清扫的理想产品。它结构坚固,配有良好的转向系统,能够及时处理压实雪和冰冻积雪。该设备具有以下特点:

(1)用于宽路面或雪量较大的除雪;

(2)属于高强度重型装备;

(3)手动或液压调整角度;

(4)高安全度,不易损坏;

(5)使用SFN或SETRA快速联接系统;

(6)挡小碎石保护板(可选);

(7)铝制支撑轮(可选)。

自动避障PV系列除雪机见图6,基本参数见表3。

图5　可变式V型系列除雪机

图6　自动避障PV系列除雪机

可变式V型系列除雪机基本参数表　　表2

型　　号	PM	MM	GM1	GM2	GM3	GM4
前(铲)板高(m)	0.60	0.60	0.75	0.90	1.10	1.25
尾(铲)板高(m)	0.80	1.15	1.25	1.50	1.70	1.90
最小30°V型夹角除雪板宽度(m)	2.10	2.20	2.40	2.50	2.90	2.90
最大240°V型夹角除雪板宽度(m)	1.90	2.00	2.00	2.20	2.50	2.50
重量(kg)	350	600	960	1100	1520	2000

自动避障 PV 系列除雪机基本参数表 表 3

型　号	PE300	PE340	PE360	PE400
除雪板宽度(m)	3.00	3.00	3.40	4.00
除雪宽度(m)	2.60	2.90	3.10	3.40
除雪板高度(m)	1.02/1.30	1.02/1.30	1.02/1.30	1.02/1.30
重心点(m)	0.78	0.78	0.78	0.78
倾斜高度(m)	1.60	1.60	1.60	1.60
重量(kg)	520	680	780	900

4. CERVIN C 系列除雪机

CERVIN C 系列除雪机工作时根据雪况可选用不同材料的防磨底座,湿土时用橡胶的,地冻时用钢质的。该除雪机更适合用于较小的雪。该设备具有以下特点:

(1)缓冲板上配备了金属带和聚乙烯板加强版;

(2)螺栓和轴镀锌,轴配有润滑油嘴;

(3)铲雪阀液压控制,蓄电池防护。

CERVIN C 系列除雪机见图 7,基本参数见表 4。

5. SPR 系列除雪机

SPR 系列除雪机适合清扫中等高度的积雪,该除雪机可向左或向右随意改变工作角度,其负载可精确调整,操作人员可轻易掌握其操作。SPR 除雪板可用钢质或橡胶的,曲度设计适用于大量积雪的清除,工作时根据雪况可选用不同材料的防磨底座。该设备具有以下特点:

(1)缓冲板上配备了金属带和聚乙烯板进行加强;

(2)4 个减震器使安全作用倍增;

(3)清除 20cm 以下积雪的最理想产品。

SPR 系列除雪机见图 8,基本参数见表 5。

图 7　CERVIN C 系列除雪机

图 8　SPR 系列除雪机

CERVIN C 系列除雪机基本参数表 表 4

型　　号	C250	C280	C300	C320	C340
除雪板宽度(m)	2.50	2.80	3.00	3.20	3.40
工作宽度(m)	2.15	2.40	2.60	2.72	3.00
橡胶高度(m)	0.92	0.92	0.92	0.92	0.92
铲板高度(m)	0.80	0.80	0.80	0.80	0.80
翘板数量(个)	2	2	2	2	2
重量(kg)	520	540	560	570	585

SPR 系列除雪机基本参数表 表 5

型　　号	SPR250	SPR280	SPR300	SPR320	SPR340
除雪板宽度(m)	2.50	2.80	3.00	3.20	3.40
除雪宽度(m)	2.15	2.40	2.60	2.75	2.95
除雪板高度(m)	0.80	0.80	0.80	0.80	0.80
重心高度(m)	0.85	0.85	0.85	0.85	0.85
倾斜高度(m)	1.31	1.31	1.31	1.31	1.31
重量(kg)	290	320	360	375	400

6. BL 型系列滚刷式除雪/除冰机

BL 型系列滚刷式除雪/除冰机主要用于作业后残余雪的清扫,也可单独用于高速公路、普通公路、城市道路和机场道路清雪和除薄冰。

该设备具有以下特点:

(1)后置取力器机械驱动,输出功率 540rpm;

(2)快速 3 点连接主车;

(3)液压校准功能(可选);

(4)可 360°旋转;

(5)拥有专用滚刷安装/拆卸系统,能快速更换/装卸滚刷。

BL 型系列滚刷式除雪/除冰机见图 9,基本参数见表 6。

BL 型系列滚刷式除雪/除冰机基本参数表 表 6

型　　号	BLH4	BLM4	BLM3P	ALTI
刷子直径(m)	0.60	0.60	0.60	0.60
刷子长度(m)	2.38	2.38	2.38	2.38
工作宽度(m)	2.1	2.1	2.1	2.1
动力	液压	机械	机械	液压
重量(kg)	420	440	420	650

7. 除雪剂撒布器

除雪剂散布器主要用于冬季大雪后路面积雪和结冰处理，以保障道路快速畅通。该设备可撒盐和盐水，也可撒砂。撒布机备有专用的盐破碎系统，很好地解决了盐块凝结现象。该设备具有以下特点：

(1)采用不锈钢结构；

(2)可按照特殊要求进行生产；

(3)配备破碎盐系统，以免盐的凝结。

除雪剂撒布器见图10，基本参数见表7。

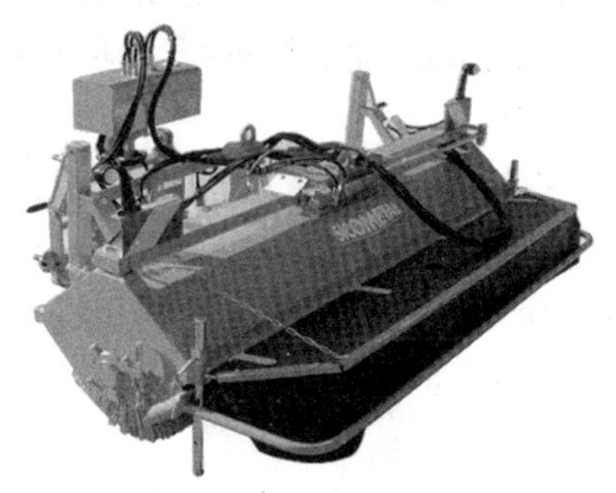

图9　BL型系列滚刷式除雪/除冰机

图10　除雪剂撒布器

除雪剂撒布器基本参数表　　表7

型号	1	2	3	4	5	6
长×宽×高(m)	1.7×1.41×0.98	1.75×1.71×1.15	1.25×1.81×1.15	2.75×1.81×1.15	2.75×1.81×1.25	3.25×1.81×1.33
重量(kg)	460	540	600	660	700	800
型号	7	8	9	10	11	
长×宽×高(m)	3.25×2.01×1.44	4.2×2.01×1.44	4.8×2.01×1.44	5.4×2.01×1.44	5.9×2.21×1.73	
重量(kg)	1040	1100	1200	1300	1650	

二、感悟与体会

通过与瑞典、法国相关单位进行技术交流和参观当地高速公路、普通公路，团组成员对瑞典公路安全管理及法国公路运营管理等方面的特点有了新的感悟与体会。

(一)瑞典公路安全管理

(1)设施规范，改建及时。与其他国家相比，瑞典国家公路系统的道路、桥梁、隧道等设施的技术标准和设计规范都规定得非常详细和明确，而且修改和更新的频率非常高，建成的设施改建频率也很高，其动力乃是来自交通安全这条主线。每当重大交通事故发生，除了交警、救护、救援人员到现场做例行的处理外,交通安全专家和工程专家也要到现场进行调查。交通安全专家调查的重点是收集肇事者技术、生理和心理分析的线索,以及对交通标志、信号设置合理性的分析。工程专家调查的重点是公路构筑物设计合理性的分析。此两项合理性分析常会推动肇事现场工程设施的改建,技术标准和设计规范的细化和修改。

(2)明确目的,改善安全。20纪世80年代末90年代初,瑞典安排高速公路建设投资的第一因素由促进经济发展让位于改善交通安全。决定某段一级公路是否由运量大、交通事故率低的高速公路取代,首要的依据不是该段公路的运量统计,而是该段公路的交通事故率统计。国家必须向居民进行生动有效的交通安全宣传,以争取居民对高速公路建设的支持。

(3)提高认识,严格培训。道路施工工地是车祸的多发区域,为此瑞典国家公路局制定了道路施工交通安全规范,对道路施工的安全设施作了严格具体的规定,所有国家公路局的技术人员都要接受安全规范培训。道路改建工程有关的施工图中必须包括道路施工的安全设施设计图,负责审图的技术人员还要接受更严格的A级培训。

(4)标志醒目,通俗易懂。瑞典道路标志设计充分利用周边地理环境及人文特色,在设计基础上整体呈现出目标醒目、通俗易懂、简洁和谐的效果,满足交通标识基础的说明性功能之外还展现了独特地域文化,体现出传统与现代相结合、互惠共存的特点。道路标志能够体现出独特意义并满足人们生活所需,且与所处环境和谐共存,为人们提供指引和便利。

(二)法国公路运营管理

(1)网络健全,四通八达。法国公路由高速公路、国道、省道和市镇辖道四种道路构成,分别由中央政府、省和市、镇负责投资与管理。高速公路和国道由中央政府负责修筑管理,通达全国各大中城市和连接各省省会,并与国际高速公路相连接。省道是各省省内的交通要道,由省议会责成地方公路管理部门修筑和管理,经费由各省自筹,中央酌情资助。市镇辖道是连接市镇之间的道路,由市镇筹资修筑管理,中央、省政府予以补助。这四种公路总长度为80.3万公里,其中高速公路为6085公里。

(2)路况优良,行驶舒畅。法国的高速公路、国道、省道路面全部用沥青或水泥浇筑而成,路面平整,宽阔笔直,弯道较少,大部分地段与地面保持相平。八车道的路面占高速公路总长度的25%,分布在大中城市附近的一两百公里之内,与城市市区道路相衔接,消除了城市与郊区道路连接处出现的瓶颈现象,有效地解决了大城市的交通集散问题。占70%的路面为六车道,延伸到全国各地,分布面很广。四车道只占5%左右,建造在河道、悬崖、隧道等路况较复杂崎岖、造价较高的地段。

(3)设施先进,商业运营。在法国6000多公里的高速公路上,间隔两公里就配有露天太阳能自动电话,当路面上出现车祸和紧急情况时,可立即与公路急救中心联络呼叫抢救,指挥中心马上可以派出直升飞机和抢险人员,飞赴现场抢救,达到军事化管理的要求。在高速公路上,间隔10公里左右,就有车速监控装置(国家规定行车速度为每小时120公里),计算机自动监控,自动记录违章车辆的号码,超速者严厉处罚。法国高速公路服务区实行商业化管理,内有加油站、洗手间、餐厅、超市、健身区等配套设施,为路人提供人性化服务。

(4)注重绿化,养护及时。法国政府非常注重公路两旁的绿化。政府明文规定,在建造公路的同时,必须有绿化的规划,公路一建好,绿化也随之完成。所以在几千公里的路旁,草坪连绵不断,树木郁郁葱葱,高大的树林一片连接一片,汽车就像行驶在森林地带,跑一天走上千公里也看不见几个人,偶尔见到草地上的牛群和羊群。大部分路段不用隔离带和铁丝网,路过村庄和有人居住的地方装有3米高的透明隔音板,以消除汽车噪声,隔音板上也长着爬墙藤。高速公路维修及时,发现问题马上抢修,全线停止使用,车辆绕道而行。

三、关于辽宁省公路运营安全的建议

结合本次学习交流的目的和重点任务,分析辽宁省公路运营安全面临的实际问题,提出以下几点建议:

(一)提高公路气象监控水平,增强公路气象服务能力

保障恶劣天气条件下的公路运营安全,提高公路气象灾害的监测、预测及预警服务水平,是当前公路部门加强防灾减灾工作的一项重要而紧迫的任务。建议重点开展以下几方面工作:

(1)做好公路气象监测工作。通过与气象等部门合作,建立公路气象监测系统,提高公路气象灾害实况的获取能力。实现包括能见度、雨雪天气、路面温度在内的各类气象要素的连续自动监测,与气象部门实现资料互通,同时提供沿线监控视频共享,将气象监测信息的定量观测和实景视频定性监控相结合。

(2)做好公路气象预测预警工作。利用实时监测的气象信息,结合气象部门原有资源和业务系统,组成公路气象专业科技服务队伍,制作气象灾害的预测预警信息产品。针对公路气象业务,实施24小时值班,全天候对公路沿线的气象监测信息跟踪,对有可能出现的灾害性天气做出科学的预警。

(3)做好公路气象服务工作。公路气象专项服务在减少交通事故、降低管理维护费用、减少突发灾害影响、提高运营单位的经济效益和综合社会效益等方面发挥着重要作用。公路气象服务信息可在公路沿线的各类情报显示板、监

控中心大屏幕、各职能管理部门的远程终端、互联网、广播电视等媒体上显示发布,也可以通过短信、微信客户端等方式向路上驾乘人员发布。

(二)丰富公路除雪手段,提高冬季公路安全保障能力

随着辽宁经济的快速发展和公路里程的不断增长,冬季除雪工作越来越受到社会的关注。针对辽宁省公路除雪工作实际,建议重点开展以下几方面工作:

(1)加强对路面除雪除冰的基础研究。为了提高除雪除冰作业效果,需要对冰雪的力学性质和物理特性进行深入研究,特别是对清除压实积雪及薄冰的理论研究,为制定科学合理的除雪方案,配备最适合辽宁省的除雪机械设备及融雪材料打下理论基础。

(2)进一步实现快速除雪、一机多能。辽宁地理环境复杂,各个地区实际各异,冬季降雪情况不同,因此购置的除雪设备要满足各种工况除雪除冰要求,同时要配备清除效率高的机械,避免除雪除冰作业时引起交通拥挤。加大对汽车、装载机等设备改装力度,冬季降雪时用来除雪作业,其余时间可用作公路养护或其他作业,提高设备的利用率。提高除雪机械的科技含量,减轻工人的劳动强度。

(3)提高环保型融雪材料使用比例。融雪剂的作用原理是根据水溶液的凝固点比纯水低的原理,降低冰雪的熔点,因而将冰雪转化为水,从而经由道路排水系统迅速排出,使道路恢复使用功能。融雪剂是一把双刃剑,一方面给交通带来了便利,另一方面在融化冰雪的同时能够带来巨大负面危害,包括腐蚀性、冻融破坏、环境污染等。在经济条件允许的情况下,优先采用适合辽宁省环境的环保型融雪材料。

(三)加强应急保障能力建设,提供更加人性化的服务

虽然辽宁公路应急保障能力建设取得了一定成效,但随着公路养护要求和公众服务需求的逐步提高,应急保障能力仍需进一步提高。建议重点开展以下几方面工作:

(1)进一步完善应急保障机制。在省政府应急办的领导下,加大与公安、武警、医疗等部门合作力度,完善公路交通突发事件、自然灾害抢险等应急预案,完善应急通信网络建设,形成反应迅速、信息畅通、指挥高效、保障有力的应急机制,及时应对公路突发自然灾害的抢险救援等应急工作,保障公路在任何情况下可以快速恢复通行。

(2)进一步实现全天候养护。大力推广冷补灌缝料、冷补坑槽材料、高性能贴缝带等雨天及低温不受影响、开放交通快的公路养护新材料,破解北方地区冬季养护技术难题,实现一年四季全天候养护,提升辽宁公路养护质量与水平。

(3)进一步提升高速公路服务区服务质量。以提升服务质量为主线，规范运营管理，强化服务功能，创新体制机制，优化设施配置，打造"布局合理，经济实用，标识清晰，服务规范，安全有序，生态环保"的现代化服务区。结合地域特点，创建具有浓郁地方特色、文化特色的服务区，重点在功能组成、总图布置、交通组织、室外环境等方面进行提升，进一步完善母婴喂养室、残疾人专用通道、健身区等人性化服务设施。

(4)进一步提供更加人性化的出行服务。围绕公路使用者的要求不断拓宽服务领域，利用交通运输部公众出行信息服务网和省交通厅信息发布平台，加大即时路况信息的报送和发布，交通阻断路段的路况信息在规定时限内的上报发布，形成连续的动态信息发布，向出行者提供更及时准确的公路交通信息服务。

(四)积极开展对外交流与合作，加快技术与管理人才培养

辽宁公路发展应紧随国家对外开发步伐，服务"一路一带"等国家战略，积极开展对外交流与合作，加快技术与管理人才培养，为行业发展提供智力支撑。建议重点开展以下几方面工作：

(1)积极开展对外交流与合作。结合辽宁公路发展实际，拓展合作领域，创新合作方式，提高合作效率和水平，加快利用国外道路养护先进技术与运营管理先进经验，力争在辽宁公路行业发展重点领域和关键技术对外合作与交流方面取得新突破。

(2)搭建对外交流与合作平台。进一步加强与国外科研院所、高等学校和大型企业集团的联系，有针对性地举办和参加国际学术交流、技术合作和专业培训等活动，搭建对外交流与合作平台，建立对外交流与合作的长效机制。

(3)加快技术与管理人才培养。依托与国外高等学校和大型企业集团合作，实施走出去战略，定期派出技术与管理人员到发达国家进行对外交流与合作，建设一支懂技术、懂管理、懂创新、熟悉先进技术和管理经验的高素质技术与管理队伍。

(执笔人：辽宁省高速公路管理局　王晓峰)

关于高速公路路面结构设计与养护情况的调研报告

为了学习和借鉴邻近省份高速公路建设的先进经验，提升辽宁省高速公路服务水平，省交通厅组织相关单位的技术骨干先后于2013年9月和2014年1月对与辽宁地理和气候相似的山西、内蒙古、河北、吉林四省(区)的高速公路路面结构设计与养护进行了专题技术交流和学习考察。通过此次调研，我们对相邻四省(区)高速公路路面的应用状况、典型结构、新技术等有了一个比较全面的了解，具体情况汇总整理如下：

一、山西省

(一)典型结构

山西省路面结构形式分为三个发展过程，早期采用(4+5+6)厘米，后来变为(4+6+8)厘米，当前则根据不同交通量等级进行设计。

一般道路，沥青面层厚度18厘米(即4+6+8)，表面层为AC-13或AC-16，不采用SMA，一般为双层改性，部分道路仅表面层改性；基层一般为30~38厘米水泥稳定碎石结构；底基层为20厘米低剂量水泥稳定碎石(砂砾)结构。

重载道路，沥青面层为10厘米(即4+6)沥青混凝土，双层改性，表面层为AC-13或AC-16，不采用SMA；柔性基层是沥青面层下设置10~16厘米沥青碎石结构层，厚度多为12厘米；基层及底基层结构同一般道路。

(二)路床处理

由挖方段路床范围内土基CBR值判定是否换填。若不符合要求，换填30厘米砂砾；若为黄土，则采用灰土处理。

(三)路面主要病害

一是横向开裂。早期修建的高速公路横向裂缝较多，一般平均间距30~50米，近4年情况较好，横向裂缝较少，现场调研发现裂缝间距基本为30~50米。二是车辙。为了防止车辙的出现，通常控制沥青的软化点大于85，弹性恢复大于95%，动稳定度大于5000次/毫米。

(四)裂缝处置措施

路面裂缝主要为半刚性基层反射裂缝，采取的主要处置措施：一是基层强度要求控制在3~4MPa,底基层强度控制在2 MPa,基层成形建议采用振动成形;二是水泥采用R42.5硅酸盐水泥,一般不用R32.5,控制水泥用量不超过4.5%;三是及时喷洒透层油。

二、内蒙古自治区

(一)典型结构

一般道路,沥青面层厚度16厘米(即4+5+7),表面层为AC-13或AC-16,不采用SMA,双层改性,沥青层设计方法以Superpave体系为主;基层一般为30~32厘米水泥稳定碎石(砂砾)结构;底基层为20厘米水泥稳定碎石(砂砾)结构;垫层视路基填料情况确定是否设置,若设置一般为20厘米级配碎石(砂砾)。

重载道路,自2010年以来采用ATB柔性基层。代表性道路G7高速公路集宁至呼和浩特段,沥青面层为17厘米(即4+6+7)沥青混凝土,双层改性;按照重载和轻载方向不同,柔性基层分别在沥青面层下设置12厘米ATB-25和8厘米ATB-25;基层为30厘米水泥石灰稳定砂砾;底基层为20厘米水泥石灰稳定砂砾;垫层为30厘米砂砾。另一代表性道路呼和浩特至包头改扩建项目,沥青面层为11厘米(即5+6)沥青混凝土,双层改性;柔性基层为沥青面层下设置11厘米ATB-25;基层为18厘米水泥稳定碎石结构;底基层为34厘米水泥稳定碎石(砂砾)结构;未设置垫层。

(二)路面主要病害

路面病害以裂缝和坑槽为主,车辙较少。

内蒙古自治区大多数高速公路通车时间不长,只进行日常养护(例如灌缝和坑槽修补),未进行预防性养护施工。

(三)裂缝处置措施

一是采用半刚性基层顶面做应力吸收层(1~2厘米)。二是半刚性基层顶面增加ATB柔性基层,效果比较明显,裂缝间距为100~200米。三是减少半刚性基层的水泥用量。四是基层顶面做预切缝,但效果不好。五是根据气候条件,适当提高面层沥青PG分级的等级。六是做好养护,及时灌封,尤其是在入冬前和开春前进行开槽灌缝处理,也采用硅酮耐候密封胶贴缝处理或粘贴胶带。

内蒙古自治区对防治路面裂缝方面诸多措施的效果进行了总结,使用效果排序为:采用大粒径沥青碎石柔性基层;采用ATB密级配沥青碎石基层;采用防裂半刚性基层,例如优化级配、掺加纤维等;采用改性沥青作为胶结料;预锯缝加玻璃纤维格栅。

三、河北省

(一)典型结构

河北省高速公路的发展经历了以下四个阶段,其高速公路沥青路面典型厚度、混合料级配类型等详见表1。

1987~2002年河北省高速公路典型厚度、混合料级配类型一览表　　表1

发展阶段	1987~1995 起步阶段	1996~1998 探索阶段	1998~2002 稳定发展阶段	2002至今 快速发展与技术迅速提高阶段
各阶段沥青路面典型厚度	12厘米 二层	15厘米 三层	15~18厘米 三层	18厘米以上;柔性基层的使用和大量新技术的推广应用
沥青混合料级配类型、材料、技术	LH系列、普通90号沥青	AC-16、AC-16、SMA-16、普通沥青	AC-16、采用GTM技术设计、上面层改性沥青	AC-13、ATB-25、ATB-30、柔性基层、GTM、LS-MA、纤维混凝土、组合路面、全寿命路面及柔性路面等

2002年以前,沥青层厚度15~18厘米,表面层以AC-16为主,采用GTM设计方法,表面层改性。

2003年至今,路面设计中沥青层厚度不小于18厘米,沥青层厚度一般为20~30厘米,均使用ATB柔性基层,中、上面层改性,表面层有AC也有SMA(如邢汾高速公路路面结构采用4厘米SMA+6厘米20型橡胶改性沥青混合料+8厘米AC-25C+8厘米ATB-25)。

近年来部分高速公路采用碎石封层作为应力吸收层,早期应力吸收层设在水稳基层顶面,后期考虑到防水将应力吸收层设在中、上面层之间,兼做防水层。

路面基层取消了无机结合料稳定细粒土和石灰粉煤灰稳定碎石,采用水泥稳定碎石或水泥粉煤灰稳定碎石。

对路面材料提出的指导性意见是:

(1)提高沥青面层混合料的高温稳定性的技术要求(动稳定度要求改性沥青混合料大于3600次/毫米,普通沥青混合料大于1500次/毫米)。

(2)上、中面层采用改性沥青,下面层采用较低标号的重交沥青(如AH-50)。

(3)重交通道路或路段上采用SMA等纤维沥青混凝土技术。

(4)基层混合料设计除考虑强度要求外,增加干缩性、施工和易性的考虑,减少施工离析和开裂发生。加强矿料级配优选,采用偏骨架密实型混合料。

京昆高速公路石家庄段(长 43.3 公里),应用了连续配筋水泥混凝土复合式路面结构(CRCP)。结构为 6 厘米 AC-13C 改性沥青混凝土+28 厘米连续配筋水泥混凝土+4 厘米 AC-13C 沥青混凝土+18 厘米水泥稳定碎石+16~20 厘米级配稳定碎石。2008 年建成通车,目前路面无明显病害,使用状况良好。

复合路面在沿海高速公路部分路段也有应用。

(二)设计方法

河北省沥青路面设计方法比较多样化,号称中国沥青路面的博物馆,除了常规的马歇尔设计方法外,GTM 法、Superpave 法等设计方法均有较多应用。

(三)裂缝处置措施

技术手段与山西、内蒙基本相同,养护要求及时灌缝。

(四)微表处、薄层罩面等养护技术的应用

河北省在计重收费时采取了超重 100%过路费单价增加 16 倍的收费方法,有效控制了严重超载车辆的通行。

在高速公路路面养护方面,主要采用微表处罩面、超薄磨耗层罩面、4 厘米沥青混凝土罩面等技术。维修的原则是尽量不铣刨。通过维修,微表处罩面一般使用年限为 1 年,最长使用年限为 3 年,路表粗糙,行驶舒适性较差。

现场热再生技术在石安高速、石黄高速的维修工程中有应用,新料的添加量控制在 30%左右。另外,石黄高速公路还采用了泡沫沥青厂拌冷再生技术,应用在基层和下面层。

养护工程中的纵向冷接缝采用划线机改造的喷洒热沥青的方法进行封缝。

四、吉林省

(一)典型结构

1.“十一五”至今沥青路面典型结构

沥青层 4~5 厘米,SMA+6~7 厘米,AC+8~12 厘米 ATB,沥青层总厚度一般为 18~22 厘米;双层改性,ATB 已作为典型结构使用 1700 多公里。

基层一般为 30~40 厘米水泥稳定碎石结构。

底基层为 16~20 厘米水泥稳定碎石结构。

2002 年以前修筑的高速公路半刚性基层用二灰碎石较多,之后全部采用水稳碎石。

2.长平高速改扩建路面结构

表面层为 5 厘米沥青玛蹄脂碎石抗滑层(SMA-16 型)。

中面层为 7 厘米中粒式沥青混凝土(AC-20 型)。

联结层为 13 厘米沥青稳定碎石(ATB-25 型)。

沥青层总厚度 25 厘米,其中 ATB-25 采用厂拌再生。本项目正在实施路基工程。

3.江密峰至延吉高速路面结构

表面层为 5 厘米沥青玛蹄脂碎石抗滑层(SMA-16 型)。

中面层为 7 厘米中粒式沥青混凝土(AC-20 型)。

联结层为 13 厘米沥青稳定碎石(ATB-25 型)。

沥青层总厚度 25 厘米。

(二)主要病害

吉林省高速公路路面病害主要是车辙和裂缝,个别高速公路还有块裂、冻胀等病害。

(三)裂缝情况及处置措施

现场调研江密峰至延吉高速公路,沥青层总厚度 25 厘米,2005 年通车,裂缝间距 5~80 米,平均间距约 30 米。据吉林方面介绍其他薄沥青层道路的裂缝间距在十几米。

其他采用 ATB 结构的路面裂缝,初期间距 100~200 米,但裂缝在逐渐发展,四五年后基本稳定在 35 米左右,但相比普通结构间距要大。

辽源一级公路试验段(观测时间为 2000~2004 年),在通车前 5 年沥青碎石试验段裂缝间距为 22~150 米,5 年后裂缝间距为 18~33 米;半刚性基层对比段裂缝间距分别为 10~30 米和 4~30 米。

吉林省减少或延缓路面反射裂缝的主要技术思路是采用柔性基层,一是在中重交通道路上采用柔性基层(密级配沥青碎石),二是在轻交通道路上采用级配碎石基层。

五、总结

本次调研总结如下:

(一)指导思想

随着建设里程的增长,各省(区)高速公路发展均经历起步、提高、稳定阶段,技术经验从无到有;路面厚度从薄到厚,沥青使用从基质到改性,路面结构仍以沥青路面为主导。目前,由于山西、河北建设实践较多,针对目前的问题均处于反思总结阶段;内蒙、吉林相对保守,处于大建设期,反思不多。

(二)路面典型结构

目前,各省(区)的沥青路面结构基本为半刚性基层或沥青稳定碎石(ATB)柔性基层加半刚性基层结构,但沥青稳定碎石(ATB)加半刚性基层结构的应用越来越多。

沥青面层厚度一般为 15~18 厘米(两层改性沥青),30~40 厘米厚的水泥稳定半刚性基层,15~20 厘米的低剂量胶凝材料底基层。除潮湿路基段落外,各省并不设置垫层结构。如设置柔性基层沥青稳定碎石(ATB),沥青层总厚度一般在 20~30 厘米之间。

沥青路面采用双层改性。

(三)目前主要的路面病害及应对措施

横向裂缝、车辙问题均存在。

各省(区)一致认为:半刚性基层沥青路面的横向裂缝问题是本结构的自然结果,无法根本解决。在路面结构的不变情况下,只能延缓、减少开裂的几率和时间(如降低水泥剂量或重型击实成形)。适当的增加沥青路面厚度能改善、延迟裂缝发生。已有的裂缝病害应及时灌缝养护。施工质量问题是目前车辙等病害的重要原因。路基的强度尤其是路基顶强度的均匀性及抗水损害能力对路面寿命与结构病害防治非常重要。

(四)相关的路面试验段与未来路面发展方向

山西、河北两省已开展了相关复合路面研究和实践。尤其是河北省多种路面结构均已铺筑了相当规模的试验段,吉林省白改黑不得已而为之的加厚路面和旧路罩面均是良好的实践样本。此外,各省(区)均已树立起路面的全寿命周期成本、耐久性路面理念。

(执笔人:辽宁省交通厅基本建设处 石 健;
辽宁省交通规划设计院 姜庆林 杨 阳;
辽宁省交通科学研究院 范兴华 王 阔;
辽宁省高等级公路建设局 程 毅;
辽宁省高速公路管理局 王 鑫)

国内外城市轨道交通发展经验对沈阳市轨道交通的启示

一、引言

随着城市化进程的不断推进,城市交通问题日益严重,大容量的公共交通方式成为解决问题的突破口和重点发展方向。城市轨道交通是一种大运量、快速度、低污染、安全、准点、舒适的公共交通方式,被称为"绿色交通",在世界各国的城市交通中成为骨干,对城市布局及空间发展起着极大的推动作用。

沈阳市城市轨道交通建设起步晚,运营管理经验少,但已进入快速发展时期,有必要借鉴世界上和国内成功的轨道交通运营经验。

二、国外城市轨道交通运营现状

1.法国巴黎

巴黎的地铁分成两个系统:运行的范围在二环之内的,命名为 Metro,地铁站入口有的用一个 M 作标志,有的用 Metro 作标志,共有 16 条线,用数字表示,也就是 M1~M14、M3bis(3 号线支线)和 M7bis(7 号线支线);运行的范围超出二环的,命名为 RER(大区快速铁路),共有 5 条线,用字母表示,就是 RER A、B、C、D 和 E。

法国巴黎轨道交通运营具有管理技术先进、票务制度多元化、换乘系统便捷等典型特点。

(1)先进的管理技术。巴黎地铁首创了完全由电脑操纵的自动化行车管理模式,从第一条全自动化的线路运营以来,至今尚未出现故障,安全可靠性较高。

(2)多元化票务制度。巴黎地铁使用 PMP(Paris Metro Pricing model)模型制定差异化票价。巴黎地铁采用多种票制,包括单票、本票、天票、周票、月票及特殊票。

(3)便捷的换乘系统。在享受便捷舒适的地铁乘车服务的同时,乘客还可以享受到巴黎地铁公司提供的 1000 多辆自行车租借服务,以缩短乘客出行时间,实现无缝换乘。

2.英国伦敦

伦敦市的轨道交通方式主要包括地铁、轻轨和地面有轨电车。地铁系统主要服务于市区(内伦敦范围),共有11条线路;地面有轨电车系统是一种由市郊铁路改造的快速轨道交通系统,设有5条线路,服务于市域范围内的外围地区;轻轨系统2条(包括道格兰轻轨和Tramlink),其中道格兰轻轨服务于道格兰地区,Tramlink服务于外伦敦的克洛伊登区。伦敦的地铁系统承担了伦敦市轨道交通80%以上的客运量,体现出伦敦地铁在伦敦轨道交通中的骨干作用。

英国伦敦轨道交通运营具有部分线路共线运输、车站同站台换乘、节能减排、票务多样化等典型特点。

(1)部分线路共线运输。伦敦地铁线路的共轨方式与规模特点都比较突出。在共轨的线路规模上,共轨区段里程约68公里,涉及的共轨线路有6条,共轨车站约70座,约占车站总数的26%。

(2)车站同站台换乘。伦敦地铁同站台换乘的车站站台大多以平面布置为主,且主要为通勤客流设计。

(3)节能减排。伦敦地铁制订了节能减排的行动计划,并成立了专门的组织机构。另外,还采用许多技术手段,如对地铁车辆升级改造,在维多利亚线及其他一些浅层隧道线路上采用了新型车辆并进行技术改造,减少了17000吨的二氧化碳排放量;在车站的节能设计上,节能照明(包括LED技术)等已成功应用于地铁车站。

(4)票务多样化。伦敦地铁车票分为单程票、往返票、日票、周票和月票等,票价根据区间范围的不同而有所差异。伦敦地铁还提供优惠票,如周末双日票、节日票、家庭票、学生票等。

3.日本东京

日本东京城市快速轨道交通分为地铁、JR(原日本国有铁路系统Japanese Railway)、私有铁路三部分。

通常,东京人把在轨道上行驶的电气化列车视为电车或城市铁路,并不严格区分地铁、国铁、私铁的概念。

东京现有13条地铁运营线路(304.1公里),在世界大都市地铁中线路长度位居前列,年均客流量高达29亿人次。

目前,东京地铁分别由东京地铁股份有限公司(简称"东京地铁公司")和东京都交通局(又名"都营地铁公司")负责运营。东京地铁公司负责运营的线路有9条(总里程为195.1公里),都营地铁公司负责运营的线路有4条(总里程为109公里),共设车站224个,与JR(Japanese Railway,日本国有铁路系统)、私营铁路共同组成了日本东京城市快速轨道交通。

日本东京轨道交通运营具有高路网密度、高出行率、多经营模式等典型特点。

(1)高路网密度。东京都轨道交通线网达到了1.01公里/平方公里,远高于伦敦(0.74公里/平方公里)、巴黎(0.74公里/平方公里)和纽约(0.41公里/平方公里)三大国际都市。可以说东京人的流动基本上是依存于轨道网络。而北京路网密度为0.65公里/平方公里(2012年),预计(2020年)达到1.24公里/平方公里,上海路网密度0.45公里/平方公里(2014年)。

(2)高出行率。轨道交通成为东京市民出行的首选方式,出行率高达76%(JR线占29.6%,地铁占23.8%,私铁占22.3%),私家车仅占15.7%。据北京市交通委数据显示,2013年北京市轨道交通在公共交通客运总量中占比接近40%,公共交通出行总占比为46%,以此推算轨道交通占总量的比重不足20%。

(3)多经营模式。日本铁道事业法规定铁道事业的建设主体与运营主体必须分离,这也造就了日本铁道事业的多种经营形态。

三、国内城市轨道交通运营现状

截至2014年年底,国家批复了北京、上海、广州、深圳、天津、重庆、哈尔滨、长春、沈阳、大连、石家庄、太原、青岛、南京、苏州、无锡、常州、徐州、杭州、宁波、福州、厦门、郑州、武汉、长沙、南昌、合肥、东莞、佛山、贵阳、南宁、西安、成都、昆明、兰州、乌鲁木齐等36个城市的轨道交通建设规划。

我国(除港澳台地区)已开通运营轨道交通的城市有22个,比2013年增加3个(长沙、宁波、无锡),运营里程达3100公里。

1.北京

北京地铁规划始于1953年,始建于1965年,最早的线路竣工于1969年,1971年开始运营。截至2014年12月28日,北京地铁共有18条运营线路(包括17条地铁线路和1条机场轨道),组成覆盖北京市11个市辖区、拥有268座运营车站、总长572公里运营线路的轨道交通系统。

北京市轨道交通运营调度高度集中、发车间隔小、每站设有公共文明引导员、专业科研技术团队支持等典型特点。

(1)调度高度集中。北京地铁实行高度的调度集中管理,所有运营公司的控制中心集中工作,大大提高了日常运营及应急救援效率。

(2)发车间隔国内最小。京港地铁4号线早高峰最小发车间隔达到1分43秒(103秒),这是目前国内轨道交通路网中发车间隔最小的线路。这一数据已经逼近了世界最短纪录——由俄罗斯地铁保持的最小发车间隔90秒。

(3)每站设有公共文明引导员。此举措缩短了站停时间,使站停时间从原来的平均 10~15 秒,缩短为 7~8 秒。

(4)专业科研技术团队支持。北京地铁公司所属北京地铁运营技术研发中心是专业的科研机构,主要负责北京地铁运营技术与管理的科学研究工作,包括行车组织管理、客运服务管理、运营安全管理、路网综合管理、轨道交通车辆应用、轨道交通车辆维护维修、轨道交通设备应用、轨道交通设备维护维修、进口设备国产化、节能减排等方面的研究。

2.上海

上海地铁第一条线路上海轨道交通 1 号线于 1995 年 4 月 10 日正式运营,是继北京地铁、天津地铁建成通车后投入运营的第三个城市轨道交通系统。截至 2014 年 12 月 28 日,上海轨道交通全网运营线路总长 567 公里,共有 14 条线路,车站共计 337 座。

上海市轨道交通运营具有乘客诱导系统完善、共线运输、换乘站设计合理等典型特点。

(1)完善的乘客诱导系统。上海地铁乘客诱导系统采用公众易于辨识的红、黄、绿三色反映运营的即时状态,将各线路乘客拥挤、列车故障和限流等动态情况用情报板形式实时反映出来,并在网上和电视中发布。该系统能及时有效诱导乘客及时避开拥挤区段,改乘其他线路。

(2)共线运输模式。上海地铁 4 号线利用既有 3 号线 9 个车站的 11.5 公里线路作为其运营线路的一部分,以形成 C 字形运营模式。这种共线运营模式在国内已运营的轨道交通系统中是独一无二的。

(3)合理的换乘站设计。世纪大道站是全国地铁唯一一个四线换乘的枢纽站,是上海地铁 2、4、6、9 号线 4 条线路的中转枢纽,并实现 4 线零换乘。

四、对沈阳市轨道交通运营的启示

1.沈阳地铁运营现状

沈阳地铁一、二号线分别于 2010 年 9 月 27 日和 2011 年 12 月 30 日通车试运营,现运营线路总长度 53.7 公里,共有车站 43 座。其中,一号线运营里程 27.1公里,设车站 22 座;二号线运营里程 26.5 公里,设车站 22 座。两条线于青年大街站形成十字换乘。近期规划地铁线网由“两横、三纵、两 L”7 条线组成,总长 210 公里。远期规划地铁线网由“四横、四纵、两 L、一弦线”11 条线组成,总长 400 公里。

沈阳市地铁运营具有国产化率全国最高和率先采用创新服务理念等典型特点。

(1)国产化率全国最高。在地铁一号线设备系统中,地产化率 45.8%,国产化率 76.62%。在地铁二号线设备系统中,地产化率 53%,国产化率 85.8%。

(2)创新服务理念。率先提出"Y"形排队线理念。排队线位于站台每个安全门的两端,根据实际情况呈"Y"形、"L"形或倒"L"形向斜后方延伸,并留出安全门中央位置,便于车内乘客顺畅下车。

2.沈阳浑南有轨电车运营现状

浑南新区现代有轨电车一期工程 1 号线、2 号线、3 号线和 5 号线共 4 条线路,总长约 60 公里,全线共设车站 71 座。浑南有轨电车二期规划线路包括 4 号线、6 号线、7 号线、8 号线、9 号线。一、二期线路总长 139 公里。

沈阳市浑南有轨电车运营具有全国首例 100%低地板、采用信号优先系统等典型特点。

(1)全国首例 100%低地板。全列车的底盘均距地面低于 35cm,轨道可直接在现有马路上嵌入铺设,不仅实现与汽车的路权共享,更免去了系统站台的建设,乘客抬脚就可乘车。

(2)信号优先系统。为了保证交通安全,有轨电车线路途经路口全部安装信号灯。这些信号灯采用相对优先的通行系统,与有轨电车车载信息设备衔接。运行时,当有轨电车驶近,信号灯将自动转换为绿色通行信号,给予有轨电车优先通行权。

3.国内外先进运营经验带来的启示

(1)加强政府部门顶层设计。沈阳市轨道交通系统中,浑南新区的地铁 9 号线与有轨电车 5 号线在设计过程中出现部分线路重合的情况。所以,要加强顶层设计,确定合理的线网规模和构架,确保城市轨道交通的建设符合城市发展的需要;合理的轨道交通线网走向,避免或减少不同轨道交通方式间的线路重复;优化与地面其他客运交通方式的衔接关系,让城市轨道交通引领城市的发展和布局。

(2)加强城市核心区路网密度。沈阳市二环内一、二号线线路全长为 30.1 公里,其中一号线重工街站至黎明广场站为 16.6 公里、二号线陵西站至五里河站 13.5 公里。目前,沈阳市二环核心区内轨道交通路网密度为 0.185 公里/平方公里,远小于东京都(1.01 公里/平方公里)、巴黎(0.74 公里/平方公里)、北京(0.65 公里/平方公里)、上海(0.45 公里/平方公里),应适当增加。

(3)加强轨道交通信息诱导系统的开发。沈阳市轨道交通运营企业应积极拓宽运营信息发布渠道,让乘客出门前就能知晓轨道交通运营最新情况,在车站里通过车站、车厢广播和信息显示屏了解实时运营信息,通过手机短信、微博等获知轨道交通重大应急情况,尽可能多渠道、全方位地满足全社会对轨道交通运营信息的知情权,为乘客提供更快速、更准确的出行提示。

(4)加强综合交通枢纽规划。合理规划城市综合交通枢纽,实现铁路、地铁、有轨电车、轻轨等轨道交通方式间的无缝换乘衔接及道路交通与轨道交通、慢行交通与轨道交通合理接驳。

(5)多元化的票价制定。目前,沈阳市轨道交通票价制度为单一的里程计价和老年卡制度,缺少具有调流作用的多票价制度,如高峰期票价、节假日票价、周票价、月票价等。轨道交通企业应根据实际运营情况及地区经济发展特点,制定多种票价制度,以满足人民的日常出行需求。

(执笔人:辽宁省交通高等专科学校　薛　亮　刘小玲)

第四部分

辽宁省普通干线公路专业化养护改革研究

国省干线公路是公路网的重要组成部分，对社会经济的发展和人民生活水平的提高具有重要作用。随着《辽宁省农村公路管理办法》的颁布实施，辽宁省将县道作为农村公路交由地方县级人民政府进行管养。干线公路养护管理体制和运行机制将随之调整，干线公路的专业化养护已经摆上议事日程。

一、干线公路养护所面临的形式与问题

目前辽宁省干线公路养护主要是指小修保养，包括日常养护和小修工程两部分。日常养护主要以道班为依托，实行标段定员养护，一般为每两公里一人，负责该路段的清扫保洁、路基整修、日常巡查等工作。病害处置、维修应急等工作则由小修队或机械队完成。现有的标段养护模式由于实行人工清扫，分散作业，管理难度大，巡查工作开展不到位，与养护生产脱节，维修养护和应急处置时效性差。桥梁路面等专业性强的养护作业设备不配套，技术水平差。总体表现为生产方式落后、工作效率低下、工作质量不高。

当前，公众对公路服务质量要求越来越高，加之路网规模的持续增大，以道班为依托的干线公路标段养护模式在工作的效率和质量方面已难满足社会要求。在现有条件下，整合资源，强化机制，走集约化、机械化、专业化养护的道路，是推动公路养护发展的必然选择和有效途径。

二、干线公路专业化养护的探索

2014 年，按照省交通厅的部署，结合阜新市、黑山县实施农村公路改革试点这一契机，省公路局组织锦州市黑山县公路段对干线公路专业化养护进行尝试，取得了明显成效。

(1)建立省市分级管理。以市为主的公路管养模式，重点强化市处的监管职能。按照花钱向社会购买服务的理念，由市处委托中介机构开展相关的养护检测和考评工作，加强市处养护管理力量，县公路段作为承包单位参与普通公路养护。

(2)推行养护合同管理。小修保养费划分为日常保养费和小修工程费两部分。其中，日常保养费主要用于养路工工资，专项列支，与县公路段签订包干协议使用；小修工程费实行养护合同管理，市处以签订合同的方式委托县区开展

养护生产工作,实行量化考核,计量支付,按月结算。

(3)取消标段养路工,实行专项公路巡查和专业化集中养护作业制度。建立市处、县段、道工三级巡查机制,市处委托中介机构成立专业的养护巡查队伍,一般每200公里配置1人,2人一组配置一台巡查车开展工作,以小修工程验收核量和养护检查考评为主,公路巡查为辅,巡查频率为每周一次;县段也成立专门的养护巡查队伍,分为养护管理人员巡查和道工巡查两个层次,管理人员巡查由养护公司副经理或分公司经理承担,结合养护生产进行公路巡查巡视,组织安排各项养护作业任务,巡查频率为每两天一次;道工实行分路段专项巡查,与养护公司签订巡查协议,主要负责所辖路段的公路巡查和应急处置工作,每天上下午各一次,配备专门的三轮机动车,巡查范围为10~15公里/人。剩余的标段养路工组建成不同的养护作业班组集中进行养护作业。针对雨雪等特殊天气及东部山区特别偏远的路线,考虑增加县级养护巡查车辆和人员,加强县级巡查管理力度,保证防汛和除雪防滑等养护工作需求。市、县巡查管理人员要能够熟练应用省局研发的巡查管理信息系统,开展巡查、报告和计量考核工作,实现养护事件网路化报送、处理、验收的闭合式管理模式。

(4)以机械化清扫代替人工保洁,提高机械化养护水平。各县区组建路面保洁队,推行路面专业化、机械化清扫模式,对城市出口路和重要干线,使用大型清扫车或配合高压水车进行清扫保洁;对一般干线公路可使用小型简易清扫车或自制清扫设备进行保洁作业;对交通量小、偏远的干线公路仍可采取人工方式进行清扫保洁。

(5)组建高素质、业务熟练、稳定性强的专业化集中作业养护队伍。通过机械化清扫和道工专项养护巡查提高工作效率、取消标段养路工节省下来的道工,按养护作业性质组成不同的专业化养护作业队,按辖区内及跨县区两种作业模式集中开展专项养护作业。本县辖区内专业化养护作业队伍主要包括小修队、绿化队、保洁队和集中作业队。跨县区专业化养护队主要包括路面灌缝队、桥涵维修队和交通设施维修队等。扶持培育专业维修队伍,鼓励异地施工,增强竞争力和专业化水平。对于技术能力较差、人员素质偏低、机械设备匮乏,不具备成立专业队伍条件的地区可考虑推行市场化运作模式,委托具备相应资质的社会队伍承担此项工作。

(6)打造干线公路综合养护站。加强公路养护站基础设施建设,县区要至少打造一个综合养护管理站。养护站仍由县区养护公司管理,位置选择在国道或重要干线附近相对居中区域,设置办公区、生活区、机械设备库、物资储备库四大功能区域,兼具养护生产和应急保障处置双重职能,具备条件的可适当拓宽服务功能。与道班相比适当增大管养里程(平原地区管养里程约50~70公里，辐射半径 20~30 公里，山岭地区管养里程约 100~150 公里，辐射半径 30~50 公里），综合养护站集中配置存放挖掘装载机、养护作业车、清扫车、水车、撒布器、推雪板等各类养护作业和应急处置机械设备，及时开展应急处置和养护生产作业。在建设综合养护站的同时，合理配合设置养护道班（管养里程约 30~50 公里），并对纳入布局的老旧道班进行维修改造，满足养护生产需要。养护站和道班设置要充分考虑养护生产作业及时性要求，人员、机械设备和材料能够合理调运，同时具备休息、就餐等生活条件，实行道工道班上下班制度。每个县区养护站和道班数量约 5~7 个，可满足干线公路养护生产需求。

（7）制定小修保养定额。通过定额进行详细的养护成本测算，明确各项费用构成和资金比例，确定养护生产作业项目类别和指导基价。各地区可以结合实际情况，对小修保养定额进行细化、补充和完善，形成本地区的小修保养费用定额标准，作为本地区专业化养护计量支付的依据。

（8）提高干线公路养护标准，加强检查和稽查。考虑各地区干线公路修建年限、路况水平、交通量和重载车辆通行等相关条件，确定不同养护标准，实行限时养护制度，同时加大省市养护检查力度，省局开展季度检查考评，市处实行月检月评，并根据检查结果进行相应奖惩，县区可根据实际情况开展自检自评。

三、干线公路专业化养护的成效和展望

黑山县公路段通过实施养护改革，将专业性养护与日常性养护相剥离，成立专业养护队伍，明确分工、落实责任，建立行之有效的工作考评机制，集中加强设备投入和专业性培训，大力发展专业化、机械化养护，使人员效能得到最大发挥。改革实施以来，共节省外雇临时养护人员 40~50 人，有效降低了养护成本。路面保洁和病害处理及时，路况水平明显提升；遗洒、险桥等突发性事件预防处理及时，无安全事故发生；职工队伍思想稳定，工作热情高涨，劳动效率显著提高。全县公路养护工作呈现良好态势。

总之，从一年来的改革实践看，干线公路养护专业化改革方向是正确的，改革措施是科学可行的，基层养护单位对待改革态度是积极的，专业化养护改革工作是有序推进的。下一步，干线公路专业化养护将要继续深入进行，重点放在干线公路养护站的建设上，提高公路养护站的规模、养护能力和辐射范围，继续引进新技术，增加机械设备，提高专业化养护工作水平。同时要做好经验总结，建立并完善相关制度体系，建立长效机制，待时机成熟后在全省范围内进行推广，带动辽宁公路养护水平的整体提升，实现全省公路交通事业的持续健康发展。

（执笔人：辽宁省交通厅公路管理局养护处　姚　卓）

高速公路养护作业控制区交通特性分析

随着我国已建高速公路运营年限的不断增长，每年均有大量高速公路需进行养护维修。为了不中断交通，“边施工边通车”是管理部门经常采用的方式。高速公路养护控制区势必会对交通运行产生影响，容易成为交通瓶颈路段。因此，有必要对养护控制区内交通特性进行分析，制定合理的交通组织方案，从而提高道路的通行能力与服务水平，保障交通运行安全。

本文的是依托辽宁省科研项目“辽宁省高速公路养护作业交通安全封闭设施标准研究”。该研究对长深高速、沈山高速公路养护作业控制区交通运行状况进行现场调查，采用摄像机对5个施工区共20个断面进行交通视频录制，视频录制时间共计逾66小时，通过“Adobe Premiere”软件提取交通流参数，共获得4.5万辆车交通基础数据，包括交通量、交通组成、地点车速及车头时距等。养护作业控制区类型包括双向四车道高速公路（长深高速）半幅封闭形式、单向超车道封闭形式、双向六车道高速公路（沈山高速）半幅封闭、二、三车道封闭、三车道封闭形式等5种类型，调查断面位置为上游正常路段、上游警告区、上游过渡区及施工路段4个断面。调查的养护作业控制区位置及封闭形式如表1所示，调查现场如图1。

养护控制区封闭形式及位置 表1

施工控制区名称	双向车道数（条）	封闭形式	施工区位置
长深高速阜新方向	4	半幅封闭	K497～K501
长深高速康平方向	4	超车道封闭	K432～K434
沈山高速北京方向	6	二、三车道封闭	K337～K339
沈山高速北京方向	6	半幅封闭	K330～K331
沈山高速沈阳方向	6	三车道封闭	K568～K570

图 1　交通调查现场

一、养护控制区交通组成特性分析

养护作业控制区交通组成特性是指不同车型在交通流中所占比率，与道路的通行能力和服务水平密切相关。依据《公路工程技术标准》(JTG B01—2014)，车型划分依据及车辆折算系数规定如表 2。

各汽车代表车型及车辆折算系数　　表 2

汽车代表车型	车辆折算系数	说　明
小客车	1.0	座位≤19 座的客车和载质量≤2 吨的货车
中型车	1.5	作为≥19 座的客车和 2 吨<载质量≤7 吨的货车
大型车	2.5	7 吨<载质量≤20 吨的货车
汽车列车	4.0	载质量>20 吨的货车

为方便交通调查，本文将车型标准划分为六种，分别为小客车、中客车、大客车及小货车、中货车、大货车，如表 3 所示。

交通调查中车型分类　　表 3

车 辆 类 型	说　明	车 辆 类 型	说　明
小客车	≤7 座	小货车	载质量≤2 吨
中客车	8~19 座	中货车	2 吨<载质量≤20 吨
大客车	>19 座	大货车	载质量>20 吨

通过对比分析，本文规定小客车、中客车、小货车的车辆折算系数为 1，大客车的车辆折算系数为 1.5，中货车的车辆折算系数为 2.5，大货车的车辆折算系数为 4。

经统计，长深高速和沈山高速交通组成情况如表 4 及图 2 所示。

通过对两条高速公路养护控制区交通组成情况对比可知，长深高速公路小客车比例较多，达到了 77.6%，而货车比例较少，占 15%左右。相比长深高速公路,沈山高速公路货车比例明显较多,占交通组成的一半以上,表现出非常明显的重载交通特征。若将各车型折算成标准小客车,则货车所占比例会更高,如图3所示。

高速公路养护控制区平均每小时交通量　　表4

公路名称	交通量(辆/小时)						
	小客车	中客车	大客车	小货车	中货车	大货车	总　计
长深	88.05042	0.355742	5.67507	3.677871	1.296919	14.42017	113.4762
沈山	368.3596	2.394344	11.42782	34.49185	29.88279	362.5278	809.0843

注:表中数据为多个调查路段平均结果。

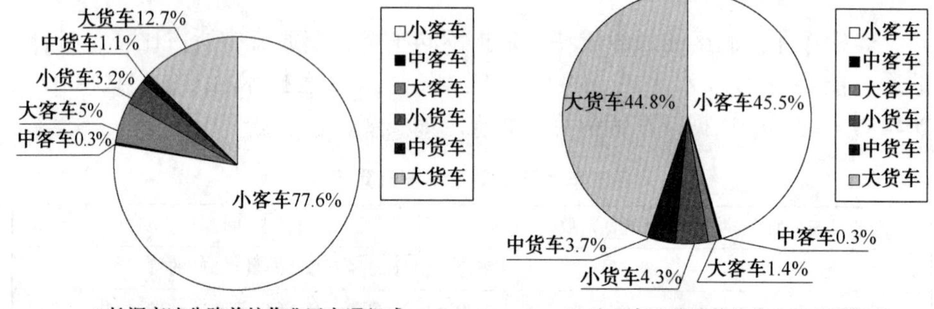

a) 长深高速公路养护作业区交通组成　　b) 沈山高速公路养护作业区交通组成

图2　高速公路养护控制区交通组成

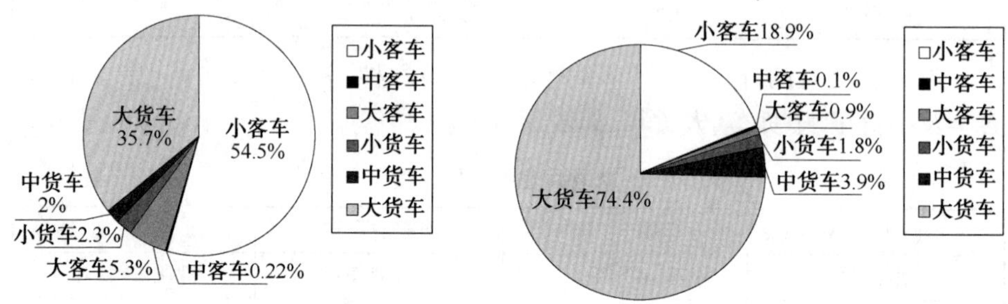

a) 长深高速公路养护作业区交通组成　　b) 沈山高速公路养护作业区交通组成

图3　折算标准车后高速公路养护控制区交通组成

二、养护控制区车速分布特性

因道路条件和交通环境变化的影响,高速公路养护控制区内速度变化较为复杂。为搞清不同封闭形式的养护作业区车辆运行特性,以及同一养护作业区内各区段的速度变化特点,我们提取不同养护作业区各区段的速度值进行统计分析。

(一)双向四车道高速公路半幅封闭养护控制区各区段速度分布

以长深高速半幅封闭养护作业控制区为例,统计养护控制区各区段速度分布情况,如图4~图7所示。

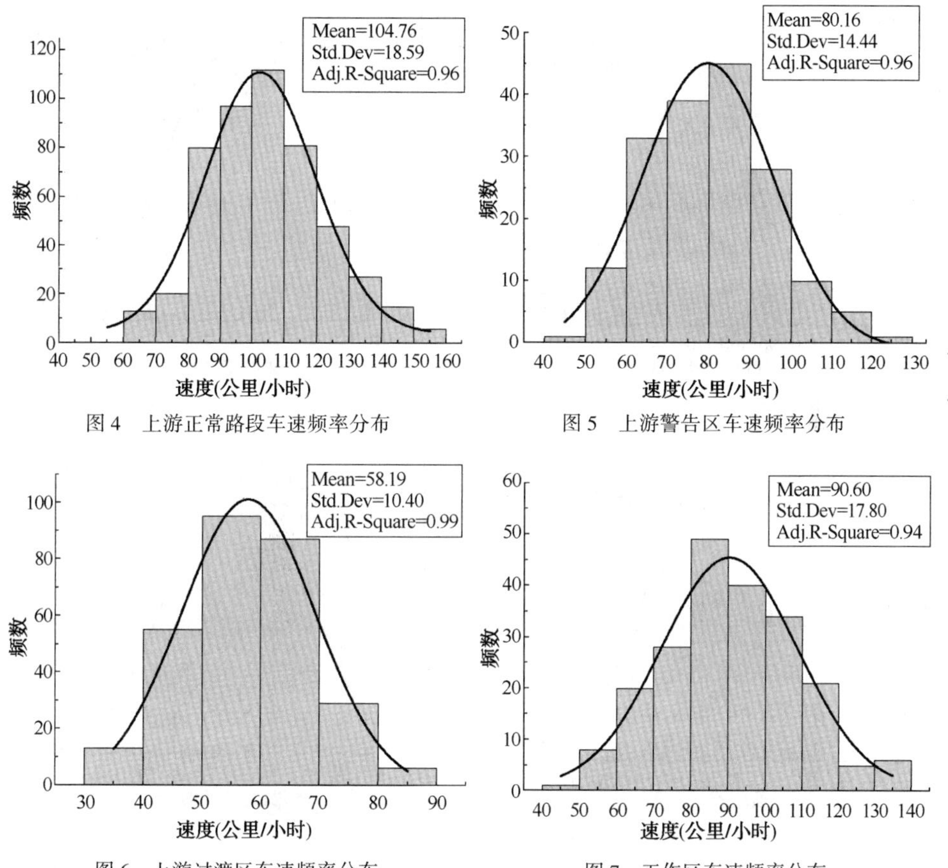

图4 上游正常路段车速频率分布

图5 上游警告区车速频率分布

图6 上游过渡区车速频率分布

图7 工作区车速频率分布

由图4~图7可以看出,双向四车道高速公路半幅封闭养护控制区各路段的车速分部均符合正态分布。正常路段的速度均值最大,为104.76公里/小时(该路段限速值为100公里/小时)。车辆进入警告区后,因警告标志和限速标志提醒,驾驶员开始降低车速,之后受到车道数目变化的影响,车辆被迫合流变道,速度进一步降低。进入施工作业区后,由于车辆行驶状态回归稳定,加之该路段车流量较少,车辆行驶速度开始提高。值得注意的是,无论是在警告区、过渡区还是工作区,大多数车辆仍超过限速值行驶,速度均值分别为80.16公里/小时、58.19公里/小时和90.60公里/小时,而各路段的限速值为60公里/小时、40公里/小时及60公里/小时。

(二)双向四车道高速公路超车道封闭养护控制区各区段速度分布

以长深高速超车道封闭形式的养护作业控制区为例,统计养护控制区各区段速度分布情况,如图8~图11所示。

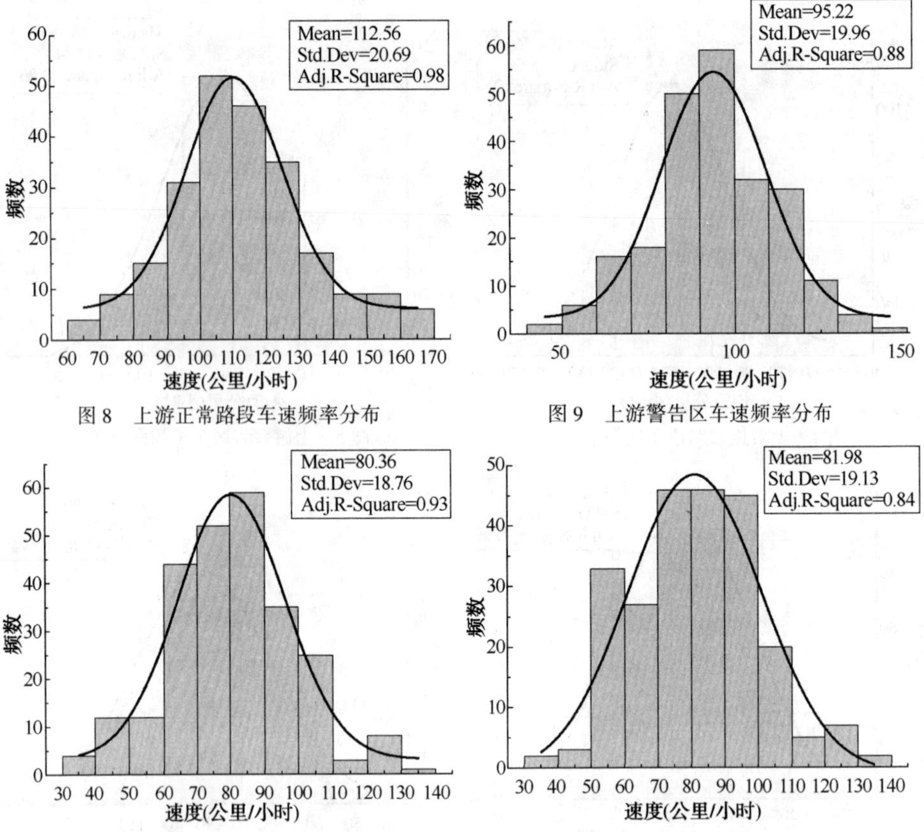

图8 上游正常路段车速频率分布

图9 上游警告区车速频率分布

图10 上游过渡区车速频率分布

图11 工作区车速频率分布

由图8~图11可以看出,双向四车道高速公路半幅封闭养护作业区各路段的车速分部均符合正态分布。与半幅封闭形式的养护作业区速度分布特点明显不同的是,因车辆只需经历一次变道过程,车辆在过渡区段速度明显增大。考虑天气及线形条件等因素影响,其他区段速度与半幅封闭形式速度分布状况相差不大。

(三)双向六车道高速公路半幅封闭养护控制区各区段速度分布

以沈山高速公路半幅封闭形式的养护作业控制区为例,统计养护作业区各区段速度分布情况,如图12~图15所示。

由图12~图15可以看出,双向六车道高速公路半幅封闭养护作业区各路段的车速分布均符合正态分布。因沈山高速高大型车比例较高,平均速度较长深高速低。正常路段的速度均值最大,为88.34公里/小时,此后车速逐渐降低,工作区平均速度仅为 54.82 公里/小时。因半幅封闭,车辆需占用对向车道行驶,且无法变道超车,交通流为跟驰状态,车辆行驶速度受大型车的车速影响较大,行驶速度较低。此种封闭方式的养护作业区通行能力和服务水平均较低。

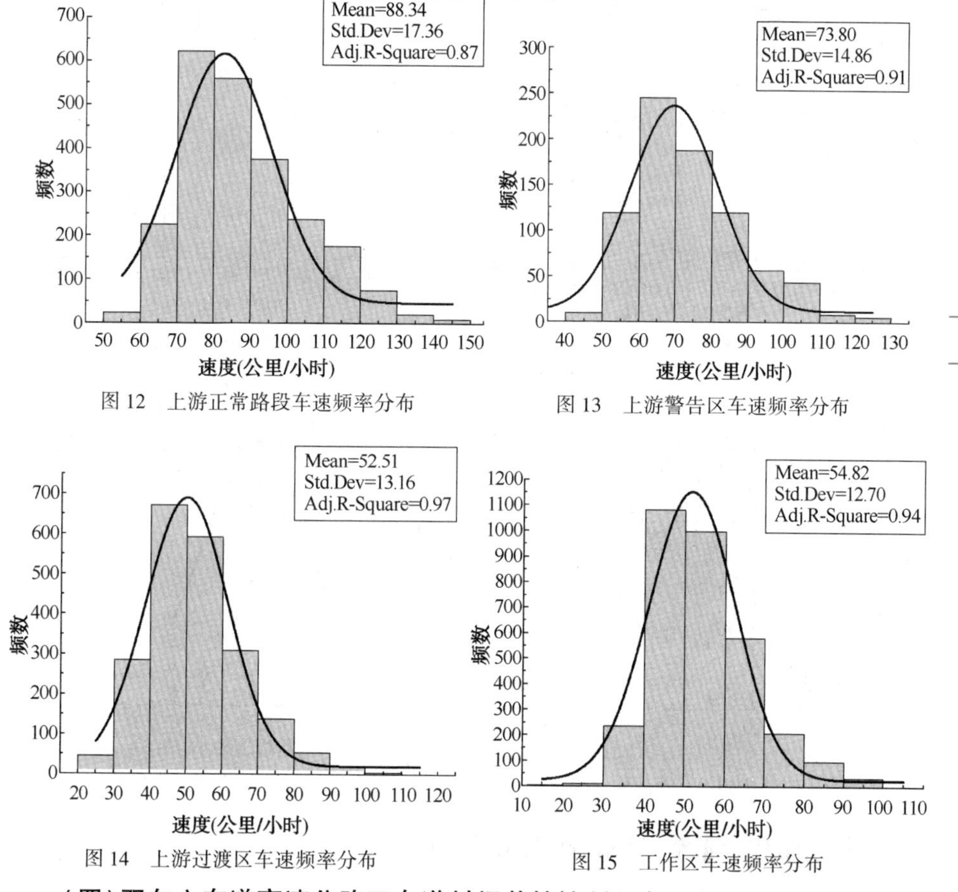

图 12 上游正常路段车速频率分布

图 13 上游警告区车速频率分布

图 14 上游过渡区车速频率分布

图 15 工作区车速频率分布

(四)双向六车道高速公路三车道封闭养护控制区各区段速度分布

以沈山高速公路三车道封闭形式的养护作业控制区为例,统计养护作业区各区段速度分布情况,如图 16~图 19 所示。

由图 16~图 19 可以看出,双向六车道高速公路三车道封闭养护控制区各路段的车速分布仍均符合正态分布,仅封闭三车道时作业区各区段的车速明显要高于半幅封闭形式各区段速度。

总结长深高速公路和沈山高速公路养护控制区速度分布特点可以看出,无论哪种封闭形式,除沈山高速半幅封闭形式作业区的工作区段外,其他作业区段内车辆速度大多都超过限速值,尤其是在交通量较小、大型车比例较低时超速现象更为明显。由此也说明现场设置的限速值偏低,可依据交通条件适当调高限速标准。

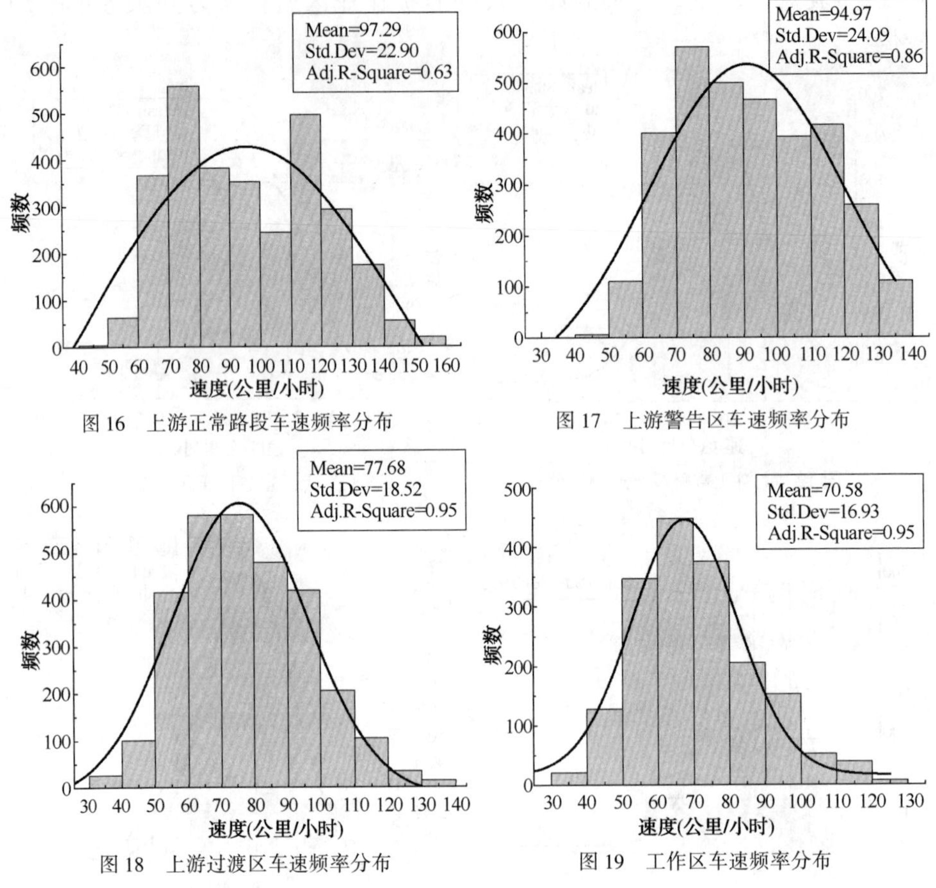

图 16　上游正常路段车速频率分布

图 17　上游警告区车速频率分布

图 18　上游过渡区车速频率分布

图 19　工作区车速频率分布

三、养护控制区车头时距分布特性

车头时距指的是行驶过程中相邻的两辆车通过道路上的某一指定地点的时间差,属于交通流中的微观参数,在分析道路通行能力中有重要的作用。美国《道路通行能力手册》规定,当车头时距小于等于 5 秒时,车辆即处于跟驰状态。因此,有必要对不同封闭形式的养护作业区各区段车头时距特性进行分析。目前研究结果认为,高速公路养护作业区交通流车头时距在 95%置信度水平下符合移位负指数分布。

(一)长深高速公路养护控制区车头时距特性

长深高速公路半幅封闭、超车道封闭形式养护控制区车头时距统计结果如表 5 所示。

长深高速养护控制区车头时距(秒)　　表5

封闭形式	平均值与标准差	正常路段		上游警告区		上游过渡区	工作区
		超车道	行车道	超车道	行车道		
半幅封闭	平均值	90.98	62.63	43.20	160.83	35.55	31.87
	标准差	231.62	187.21	43.98	140.95	47.77	41.74
超车道封闭	平均值	93.84	50.80	172.50	40.60	33.34	32.60
	标准差	100.08	43.42	248.20	45.83	39.34	37.73

对于半幅封闭形式的养护作业控制区,分析车头时距变化情况可以得到以下几点认识:

(1)正常路段超车道和行车道的平均车头时距分别为90.98秒和62.63秒,车头时距均较大,说明此路段交通量较小,交通流属于自由流状态。此外可以看出,超车道的平均车头时距明显比行车道要高,说明超车道有效地发挥了供车辆超车行驶的作用。

(2)上游警告区超车道和行车道的平均车头时距为43.20秒和160.83秒,行车道的车头时距远大于超车道,此时驾驶员受到限速及施工标志牌提醒,部分驾驶员已将车辆变道至超车道行驶,继续在行车道行驶的车辆数变少,导致超车道的车头时距减小而行车道的车头时距增加。

(3)上游过渡区和工作区平均车头时距为35.55秒和31.87秒,此时车辆已合流到一条车道上行驶,车辆密度增加,车头时距逐渐降低。可以看出,由正常路段到工作区,车头时距呈逐渐降低的趋势,并且平均车头时距都要大于30秒。现场调研情况和数据结果均能说明长深高速养护作业区的通行能力仍较高,交通流密度较低。

对于超车道封闭形式的养护控制区,分析车头时距的变化规律可以得到与半幅封闭养护控制区类似的结论:正常路段超车道作用发挥明显;在警告区内车辆已开始合流进入行车道;车头时距呈逐渐降低趋势;两种封闭形式的养护控制区车头时距相差不大。因长深高速交通量较小,大型车比例较低,无论哪种封闭形式的养护作业区对通行能力影响均较轻。

(二)沈山高速公路养护控制区车头时距分布特性

沈山高速公路半幅封闭、三车道封闭形式养护作业控制区车头时距统计结果如表6所示。

分析沈山高速公路养护控制区车头时距变化特点,可以看出沈山高速公路交通量较大,车头时距明显比长深高速公路小许多。由正常路段到工作区,车头时距呈逐渐降低的趋势。对于三车道封闭养护控制区,上游过渡区和工作区的平均车头时距较半幅封闭工作区车头时距小,并且正常路段和警告区的车头时距变化不明显。分析其原因,对于调查选取的半幅封闭形式和三车道封闭形式养护作业区段,统计得到大型车比例分别为58.1%和31.4%,即后者小型车所占比例较大,从而导致交通流运行状态存在差异。两种封闭形式的养护控制区工作区段,车头时距平均值在8秒左右,结合现场调研情况,此时工作区内车辆需跟随前车前进,交通流密度较大,已接近跟驰状态。

沈山高速养护控制区车头时距(秒) 表6

封闭形式	平均值与标准差	正常路段	警告区	上游过渡区	工作区
半幅封闭	平均值	15.91	11.64	12.25	8.12
	标准差	15.89	12.85	16.02	7.29
三车道封闭	平均值	11.96	11.46	7.74	7.67
	标准差	11.54	11.42	10.44	14.64

四、结论

本文以长深高速公路、沈山高速公路为代表,分析了四种封闭形式的养护作业控制区交通特性,通过比较其交通特性的异同点,可以初步得到影响高速公路养护控制区交通特性的主要因素为交通量、封闭形式及交通组成。

养护控制区段内,速度分布呈现正态分布特点。现场设置限速值偏低,导致多数车辆均超速行驶,交通量较小、大型车比例较低时车辆超速现象更为明显。

车辆进入养护控制区后,车头时距呈逐渐降低趋势,养护作业控制区对长深高速公路通行能力及服务水平影响较小,沈山高速公路养护控制工作区内交通流密度较大,交通流已接近跟驰状态,养护作业区对沈山高速公路通行能力和服务水平有一定影响。

(执笔人:辽宁省交通科学研究院　高立波　朱天明)

公路减速带的应用现状与材料选择研究

减速带作为一种强化型道路交通安全设施,现在已在我国及很多国家广泛使用。其原理是通过震荡迫使驾驶员自觉减速,从而保证安全行驶,保障行人安全,减少交通事故。本文简单介绍了减速带的应用状况及缺陷,重点阐述了减速带的施工设计和材料选择。

一、减速带的简介

减速带是安装在公路上迫使车辆减速的交通设施。它的形状一般为条状,也有点状的,材质主要是橡胶、金属、沥青、水泥等,一般黄色黑色相间,以引起视觉警示。减速带通常设置在公路道口、收费站出入口和厂矿、学校、小区出入口等需要车辆减速慢行通过的路段和容易引发交通事故的危险路段,使路面稍微拱起,以强迫机动车、非机动车减速行驶。

二、减速带的使用状况

减速带作为一种交通设施在国内外使用非常广泛。英国是较早采用道路强制减速带的国家之一,从 20 世纪 80 年代开始即把驼峰减速路障陆续应用于英国本土的公路事故多发路段,在控制车速减少交通事故中发挥了积极作用。北美国家在新建山区公路路面上用专用机械压出一条条道路强制减速带,以达到强制车辆减速的目的。日本根据本国多山路的实际情况,广泛采用热塑震荡减速带保证行车安全。随着对减速带重要作用的逐渐认识,我国很多地区公路管理部门和管养单位也开始大量使用减速带对车速进行强制控制,起到了预防交通事故的作用。

三、减速带的减速原理

减速带是通过路面起伏震荡影响驾驶员的驾驶心理实现减速目的的。当车辆以较高车速通过减速带时,剧烈的振动会从轮胎经由车身及座椅传递给车上人员,垂直曲线可以产生一个垂直方向的加速度,使驾驶员及乘坐人员产生强烈的震痛感,也对车辆及货物产生危险,迫使驾驶员主动降低车速,以提高道路安全性和降低事故率。

四、减速带的类型

减速带按照不同外形及功能可分为以下几种类型。

(一)减速丘

减速丘是在街道中央或延展到整个街道宽度的一个圆形凸起区域,6~10 厘米高,相距 100~150 米设置,是一种常用的速度控制设施。减速丘的断面形式有正弦曲线、圆弧形、抛物线和折线形 4 种。减速丘的优点是可有效降低车速,与行人、非机动车出行协调,实施方便;缺点是车辆通过时容易产生噪声,板块长期使用后易破坏脱落,且施工时会对路面造成一定的破坏,增加了道路的维护费用。

(二)减速台

减速台是减速丘的一种拉长形式,表面为一平台,长度通常可以容纳 1 辆标准小汽车。减速台的优点是可有效降低车速,大型车辆通过时的波动比减速丘相对缓和,可与行人和非机动车出行相协调;缺点是影响道路的美观,当小汽车通过时容易产生噪声,增加了道路的维护费用。

(三)行道突起

凸起的人行横道与减速台相似,在其表面施划了人行横道标线,两端设置无障碍设施,并配合人行横道标志一起应用。其缺点是当车辆通过时容易产生噪声,施工难度较大,增加的道路标志较多,增加了道路的维护费用。

(四)道钉减速带

道钉减速带是固定于路面上起标线作用的突起标记块,在高等级公路上用作中心标记线、车辆分道线、边缘线,也可用来标记弯道、进出口匝道、导流标线、车道变窄、路面障碍物等危险路段。道钉一般由壳体和反射体两部分组成。壳体多用铸铝、塑钢等多种材料制作,通过一些特殊工艺处理,能够承受较大的碾压和冲击,并具有良好的耐腐蚀性、耐磨损性。道钉减速带的缺点是受到车辆碾压或冲击后容易脱落,并对车辆形成一定的安全隐患,在沥青路面上安装易造成路面出现坑槽。

(五)路面凹槽减速带

这种减速带是在道路横向拉出凹槽,当车辆通过凹槽时适当降低速度。其缺点是对路面破坏大,夜间视觉不明显,减速效果差。

(六)震荡标线减速带

此类减速带的外形呈凸凹状,高度为 5~7 毫米。震荡标线具有抗污染、白度好、耐磨性好、柔韧性好、耐震感强烈、呼啸声响等特点,可以起到提示驾驶员按车道行驶和必须减速行驶,避免驾驶员疲劳驾驶,并达到强制减速的目的,提高车辆行驶的安全性。其缺点是制动效果差、车辆易打滑、减速效果差。

（七）驼峰式减速带

驼峰式减速带主要有橡胶减速带、铸钢减速带、水泥台减速带等。橡胶减速带（如图1）是根据车辆行驶中轮胎与地面特殊橡胶接触角度原理设计，用特殊橡胶制成，具有减震性、对车磨损少、噪声少、黄黑相间色彩分明、无须每年再涂漆、美观大方等特点。其缺点是易损坏，且残留的螺钉对车辆轮胎有磨损，存在安全隐患。铸钢减速带（如图2）是使用特种钢制作，规格在250毫米×350毫米×50毫米，黄黑相间颜色，承重在200吨以上。铸钢减速垫耐磨性强，承载重力大，不变形。其缺点是损坏后不易安装，受重载大货车侧后方碾压后横向变形和损坏。水泥台减速带是在道路表面浇筑的凸出地面20～40厘米的圆拱，施工方便，造价低。其缺点是刚性太强，与路面接触处不牢固，易损坏。

图1　橡胶减速带

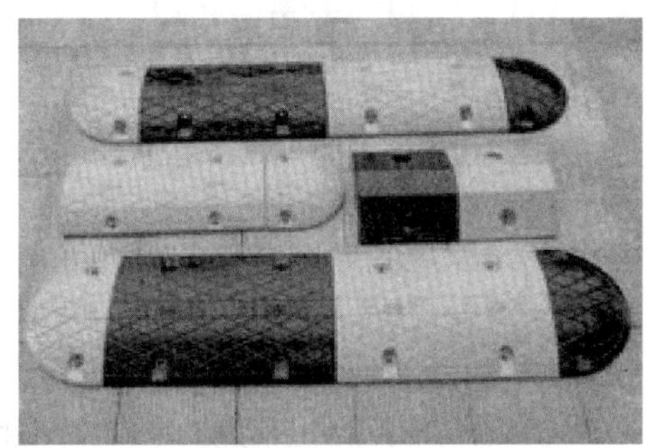

图2　铸钢减速带

五、镶嵌式花岗岩减速带的试用

减速带的类型有很多，现阶段运用于高速公路收费站内广场的减速带主要是橡胶减速带和钢载铸减速带。橡胶减速带和钢铸减速带受到车辆的碾压和冬季除雪机械的剐蹭后经常损坏，降低了使用功能，影响了收费站的站容站貌，且残留的螺钉对行车存在安全隐患，多次维修与安装也造成收费站内广场混凝土路面破损严重。经过多次考察和试验，辽宁省高速公路管理局丹东管理处采用花岗岩制作减速带（如图3），以镶嵌方式安装在收费站混凝土路面上。同时，从结构功能、适用条件、布设方式、经济效益等角度，结合运行车速理论，以限速、免维护为目的，提出了高速收费站减速带设计方法，并阐述了设计安装流程。

图3　花岗岩减速带

六、花岗岩减速带施工流程及施工方法

(一)施工流程

花岗岩减速带安装长度等同于车道的宽度。减速带设计宽度为25厘米,高度确定为嵌于路面以下10厘米、路面以上斜面垂直4厘米。施工流程为:对原破损的减速带拆除→清理路面→施工放线→对混凝土路面进行切割→对切割范围的路面进行彻底凿除并清理→减速带石材安装→建筑胶填缝→覆盖养生→涂刷反光漆→开放交通。

(二)施工方法

(1)对原破损的橡胶减速带进行拆除,并冲洗混凝土路面。

(2)在原减速带位置用墨线进行施工放样,确定新减速带位置及尺寸。

(3)按放样位置用切割机对混凝土路面进行切割,切割深度为12厘米,并保持切缝整齐、垂直。

(4)用凿岩机对切割范围的路面进行彻底凿除,清除残渣,并对坑槽内灰渣进行风水联合冲洗。

(5)在安装花岗岩石材前,用2厘米厚20号水泥砂浆找平坑槽底部,要注意灰浆饱满,然后再将石材镶入坑槽内,相邻两块石材间灰缝宽度为5毫米。

(6)将建筑胶填入花岗岩石材与混凝土侧壁之间的缝隙里,保证饱满密实。

(7)用塑料薄膜对安装后的减速带覆盖养生。

(8)养生期结束后,用黄、黑颜色反光漆对花岗岩石材进行涂刷,每块石材涂一种颜色,两种颜色交替间隔。

(9)反光漆干后,即可开放交通。

七、花岗岩减速带经济效益分析

现在辽宁高速公路共计286个收费站,设置减速带的长度约为1.1万延米,按照每3年更换维修减速带总量的1/2,每米减速带施工单价为260元,每10年高速公路在维修减速带项目中就要花费约400万元。如果减速带逐步更换成免维护的镶嵌式花岗岩减速带,其施工单价为每米240元,10年时间将节约资金500余万元,既提高了经济效益又减少了施工所带来的负面影响,提升了收费站形象。

八、怎样安全驶过减速带

(一)车辆通过减速带的几种方式

1.车辆单轮通过减速带

很多车辆在过减速带时,常用汽车一侧地车轮轧过去。驾驶人员认为这种

通过方式冲击力小，对汽车损害小，车内人员感觉震荡要小于两侧车轮同时轧过减速带。但实际上，单侧车轮轧过减速带时，冲击力完全由一侧悬架承担，在很大程度上增加了对单侧悬架的冲击，长时间这样操作会对单侧悬架产生影响，导致悬架错位、变形，甚至会使车轮定位出现偏差。所以这种方式是不正确的，不利于车辆本身及行驶安全。

2.车辆双轮不减速通过减速带

车辆双轮不减速通过减速带时，车辆悬架系统，左、右悬架平衡受力，抵抗冲击力，并将冲击力传递到车身加以减缓，虽然车身震动较大，但可以有效减小错位的可能性。不过，不减速通过减速带仍会加速胎面橡胶磨损，导致汽车跑偏，严重的还会损坏轮胎、轮毂、底盘悬挂等。所以这样的做法也不正确，不利于车辆本身及行驶安全。

3.车辆双轮斜着通过减速带

车辆改变方向斜着通过减速带时，感觉车身弹跳没那么大，但摇摆幅度大一些，这种情况也比较容易造成左右悬挂受力不均，损害悬挂系统，而且车辆占用道路较多，容易发生交通事故，不利于车辆本身及行车安全。

(二)怎样过减速带不伤车

正确通过减速带的方法应当是，驾驶员在发现减速带时应提前减速，让车辆对准减速带并以时速小于 20 公里速度垂直通过减速带。这种情况下，车辆颠簸感比较大，左右车轮同时收缩，来自地面的作用力由两个车轮的弹簧、减震器共同分担，受力均匀，对车辆底盘起到很好的保护作用，有助于延长车辆零部件使用寿命和保证车辆的行驶安全。

九、使用减速设施的一些建议

(一)合法性的原则

公路管理与施工部门在参与减速设施设置工作时，应当严格遵照合法性、人性化的原则，设计的减速设施必须符合现行的交通法律法规以及交通设施的国家标准、行业标准。

(二)谨慎合理的原则

在已建成道路上设置减速设施应综合考虑道路线形设计、交通安全、通行能力等。对一些确实影响交通安全的路段，如下坡路与道路汇合点或急转弯等特殊路段设置减速设施，应本着谨慎合理的原则，兼顾路段交通安全与道路整体的通行效率。在设置减速效果明显、对道路通行造成较大影响的障碍式减速设施时，应由交警部门会同道路主管部门、道路设计单位联合论证后再实施，避免减速设施设置的随意性和局部路段内设置过密。

(三)设计安装科学性和实用性

设置减速设施应与道路设计相结合,提高减速设施的科学性。积极向道路设计与建设单位提出意见,在改建、新建道路时把道路减速设施的设置融合在道路设计与建设中,和道路路面施工同时进行。通过道路设计人员的专门设计,可更好地综合考虑局部路段的安全问题与道路整体通行效率之间的关系。

(四)方法和措施得当

障碍式道路减速带是一种解决局部路段交通问题较为简单的方法和手段,它只是解决局部复杂路段交通安全问题的辅助方法,还要与合理科学的交通管理方法和措施结合起来,通过提升交通设计和交通设施的科学性、加大交通管理执法力度、进一步提高公众交通意识、不断完善交通管理制度等手段,改善道路环境,减少事故的发生。

(五)综合考虑负面效应

学校和人多的地方都安装了车辆强制减速带,对保护孩子和行人起到了一定的作用。但也存在噪声大、影响卫生等弊端。部分车辆为了减震从两边缝隙穿过,造成不安全隐患。因此,设置减速带还要综合评估此类负面效应,做适当调整。

十、总结

本文从减速带的设计分类和使用上进行分析,提出了新的观点,为求降低安装使用减速带对过往车辆的不利影响。

镶嵌式花岗岩减速带的设计安装是在原有减速带基础上进行改进,降低减速带的使用成本,解决重复施工的问题,力争做到免维护和提高经济效益。

关于设计方面的诸多问题,高速公路减速带的设置和减速带本身的制作材料、设计规格、长宽高比例、安装方式等还需要进一步的研究与实践。

(执笔人:辽宁省高速公路管理局丹东管理处　卜景东)

基于全寿命周期成本的高速公路养护管理探讨

高速公路养护管理的重要作用是根据路面实际运营状况及服务水平安排养护维修，为公众创建畅、安、舒、美的良好行车环境。通过对道路的养护管理，可以预防道路及安全设施的病害发生，及时修复出现的道路病害及设施损坏，尽可能延长道路及设施的使用寿命，延缓大修周期，降低运营管理成本。

作者从辽宁省一个基层的高速公路养护管理者角度出发，结合多年的高速公路沥青路面养护经验，探讨了将全寿命周期养护成本理念引入辽宁高速公路养护管理工作中，可以促使项目在有依据、有目标、有计划的前提下实施各类养护措施方案，保证了在恰当的时间对合适的路段进行合理的养护，让养护资金的利用和道路状况改善实现最大化。

一、辽宁省高速公路路网规划与建设情况

20 世纪 90 年代沈大高速公路建成通车，开创了我国建设长距离高速公路的先河，为 90 年代我国大规模的高速公路建设积累了经验。近十余年来，我国公路建设迅速发展。据相关数据统计显示，截至 2013 年年底全国高速公路通车里程已经突破 10 万公里，居世界第一。根据国家制定的高速公路发展规划，预计到"十二五"期末总规模约 8.5 万公里的"7918"国家高速公路网将基本建成，总里程约 12 万公里左右。

截至 2014 年年底，辽宁已建成高速公路总里程 4172 公里，提前一年完成了"十二五"规划确定的高速公路建设任务，实现"县县通高速"的目标，形成了"一环七射"的新格局(一环指五环高速公路，七射指京沈、沈大、沈丹、沈抚、沈铁、沈康、沈彰五条放射状高速公路。

1995—2014 年辽宁省例年高速公路里程见图 1。

我国目前在高速公路大规模建设的同时，已经进入了一个持续的维修养护期。高速公路沥青路面的设计寿命为 15 年，但从我国实际情形看，大部分沥青路面在运营后，短的 2~3 年，长的 7~8 年就进入大面积维修和改造期，同时在维持正常路面服务功能的前提下，每年都将进行不同程度的养护。

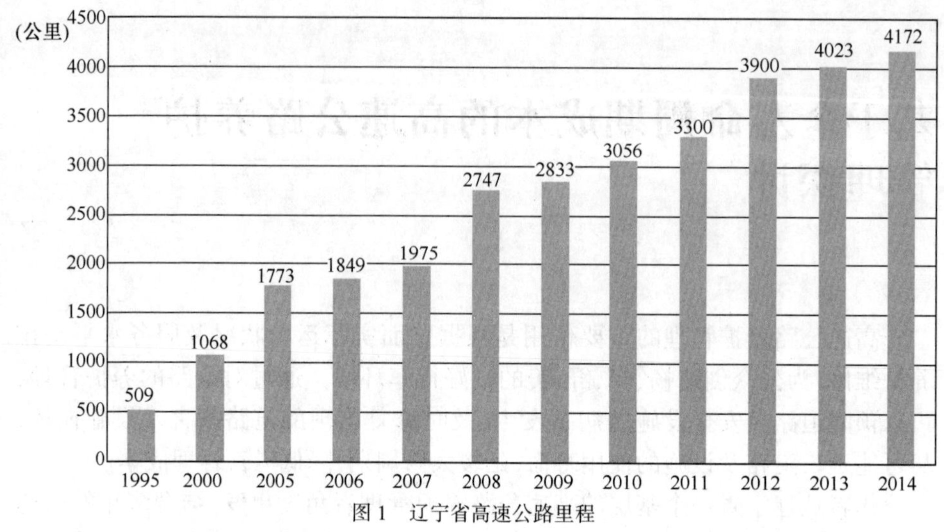

图1　辽宁省高速公路里程

二、国外发达国家的高速公路管理介绍

国外发达国家公路的大规模建设已经结束,重心逐渐转移到进一步完善公路网络系统和维护改造已有公路设施阶段,并已建立起系统的公路养护管理体系。本文以美国、加拿大、英国和日本等国家为例,对发达国家公路养护管理情况作简要介绍,为我国公路的养护管理提供借鉴和参考。

1.美国

美国的公路养护分为交通维护和专项养护两类,其中交通维护与我国日常养护、小修保养和应急处置相似,专项养护主要包含大中修养护和特殊的专项养护工程等。专项养护工程,一般委托给社会化的专业养护公司承担,公路管理机构以业主的身份负责与养护公司进行工程的合同谈判,并监督合同的执行及组织工程验收。交通维护有如下两种组织形式:州公路管理机构直接负责(目前美国大部分州都是这种模式);由州公路管理机构将工程承包给专业的养护公司(目前大部分州已经开始探索此种模式。该模式的优点是州交通厅的养护管理机构人员减少,管养费用降低,承包期内路况可以得到较好的保障)。

2.加拿大

20世纪80年代末,加拿大各省市交通部门进行改革,将养护工作全部推向市场,大量裁减人员编制,只留下很少的行政管理人员,至90年代初成功完成了机构改革。加拿大的养护承包合同一般为总价合同,政府对公路进行宏观管理,承包商在基础设施的相关维护上需要承担更全面的责任,所以承包商需要做出长远并且比较全面的考虑。这种养护管理的方式存在缺点是:养护承包的总价比较难确定,需要完善科学的公路和桥梁评价体系辅助决策,以及长期的经验积累,否则易产生很大的风险,造成招投标失败。

3.瑞典

瑞典国家公路由瑞典国家公路局(Swedish National Road Adiministration,简称 SNRA)负责建设和养护。该局是瑞典国有公路唯一管理机构,类似我国的交通运输部。SNRA 成立于 1841 年,原为瑞典皇家公路局,当时的主要职责为公路的规划与建设。1944 年后,公路的养护归公路局负责,养护部门机构庞大,成本较高,效率较低,纳税人意见很大。1992 年进行改革,实行养管分离,引入竞争机制,公路局分为两部分,即业主部分和承包人部分。业主部分负责建养的宏观管理;承包人部分改成商业化公司,归国家公路局负责,性质上属于国有公司。随着市场的成熟,国家公路局全面放开养护市场,实行完全的市场化运作,养护费用较改革前降低 10%~15%。瑞典公路的养护包含常规养护、阶段性养护和紧急性养护三种。常规养护和阶段性养护进行招投标,由地区公路局组织,根据投标人的文件和报价决定项目的中标单位。常规养护的合同期一般是 5 年,采用(3+2)年或(4+1)年,即先与承包人签 3 年或 4 年的养护合同,继而根据承包人的业绩及情况变化,最终决定是否进行合同的续签还是更换承包人。

4.英国

英国公路养护管理模式灵活多样,有以下几种典型合同模式:一是养护代理合同和养护承包合同。在区域内选择一个养护代理和一个承包商,养护代理代表业主进行养护管理,养护承包商负责实施养护工程,合同期限一般为 3 年。二是养护代理承包合同。该合同是目前英国公路养护管理中最常用的合同形式,合同范围包括路网管理、日常性和周期性养护、设计与施工活动。承包商在承包期内对作业活动从开始到结束负责到底,合同期限一般为 5 年,最长可至 7 年。三是设计+施工+投资+运营(养护管理)合同。目前英国有部分路段采用此种合同方式,承包商负责公路的设计、承建、投资和运营,包括公路的日常养护、后期的改善工程,合同期为 30 年。

5.日本

日本的公路养护主要分为日常养护和定期养护两类。日常养护有政府成立的专业机构负责,也有外包给专业公司负责的情况;定期养护则全部采用市场化的外包形式。高速公路养护由日本的道路公团负责,其养护维修工作包括日常养护和定期养护,如道路清扫、小修保养、大中修、改扩建、预防性养护、应急抢险等,都委托给专业的养护公司实施。普通国道的养护主要由国土交通省公路局设的分局以及地方政府分工承担。都道府县道路建设公司承担本辖区内除高速公路外的所有公路建设与管理工作。

6.德国

德国是世界上修建高速公路最早的国家,1932 年建成通车的波恩至科隆高速公路是世界上最早的高速公路。目前,德国公路密度居世界之首,高速公路里程居世界第四。德国高速公路建设起步早,不同路段质量差别很大,部分路段已严重老化,养护管理费用较高。联邦政府每年从高速公路收费中拨款用于高速公路的养护管理,先进的卫星收费系统保障了建设养护费用来源的基本稳定。州政府直接进行养护管理,约 50~60 公里设一个养护管理站,配各种维修和养护机械设备,负责承担全部的具体养护管理工作。这是一种纵向的专业化高速公路养护管理体制,适合于正规化、专业化的养护管理,能满足高速公路大流量、快速、高效、安全的运营要求。德国在高速公路规划、建设管理、运营效益、监控管理等方面有许多比较先进的经验,坚持一贯、科学、节约、高效的做法,确保了工程的耐久性。虽然很多公路是二战期间规划建设的,但是路线趋向、路面宽度等指标仍未落后,规划的科学性、预见性、系统性较高。建设管理方面,不追求低品质、大规模的集中建设,注重高品质和全寿命周期成本,工程整体质量高。超载超限货车管理手段先进,通过集成监控对车辆装载、行驶情况进行监控管理,确保车辆不超载、不违规行驶。

7.南非

在南非,运输部和各省政府依靠专业顾问进行道路设计、分析和现场施工管理,由特许经营者进行建设、运营、转让设施的方式越来越流行。施工和经营采用以路用性能保证为基础的合同制,特许经营者在合同期对路面的养护负全责,最长合同期限可达 30 年。这种方式不仅能在预算紧张的情况下提供道路建设所需资金,而且政府可按一定返还比例分享特许权的利润并获得税收。

8.澳大利亚

澳大利亚总的趋势是道路设计、施工和养护的私有化,私有化的程度随各州情况的不同而有所不同。国家的统计数据表明这种管理方式降低了养护成本。西部澳大利亚州 90%以上的公路养护业务实现了合同化管理,从而使雇员从 2500 人减少到了 700 人。政府对养护合同的正常管理能力起初有所担心,但实际上这种管理方式证明是成功的。

三、高速公路养护管理类型划分及处置措施

1.高速公路养护管理类型划分

在我国,道路养护概念一般是指对现有道路及其附属设施进行各种保养、维修及必要的改善工程的统称。其目的在于预防和消除病害,延长路面的使用寿命,提高道路的通行能力和服务水平。我国现行的《公路养护技术规范》

(JTG H10—2009)通常按工程性质、技术复杂程度和规模大小,将道路养护分为小修保养、中修工程、大修工程和改建工程等四类。该种分类方法反映的是“重修理、轻预防”的观念。《公路沥青路面养护技术规范》(JTJ 073.2—2001)中,将道路养护按工作性质和规模大小分为日常巡视与检查、小修保养、中修、大修、改建和专项工程六类。在日本《道路养护维修纲要》中,养护是指保持道路功能的行为。欧洲经济合作与发展组织(DECO)以路面结构是否被修改区分道路养护和维修,养护指不修改路面结构的维护措施。

随着工程技术的不断发展和多年的实践经验总结,国内外出现了根据病害类型、路面破坏程度以及所需采用养护维修措施的性质和功能分类,主要分为应急性养护、预防性养护、矫正性养护几种。

(1)应急性养护(Emergency Maintenance)是指路面发生严重的、紧急的病害,如坑槽等,必须马上进行修理的养护行为。也指一种为了维持路面现状而实施的养护措施,直到持久有效的养护行为进行。

(2)预防性养护(PPM-Pavement Preventive Maintenance)是美国20世纪90年代初提出的一种概念有别于传统的道路养护理念,主要有两个观点:一是使状态良好的道路系统保持更长时间,延缓未来的破坏,不增加结构承载能力的前提下改善系统的功能状况;二是在适当的时间将合适的措施应用在适宜的路面上。预防性养护的核心是要求采用最佳成本取得最佳效果的养护措施,强调养护管理的计划性。

(3)矫正性养护(Corrective Maintenance)是传统上的修补路面的局部损害或对某些特定病害进行的养护作业,适用于路面已经发生局部的结构性破损,但还没有波及全局的情况。显然这是一种事后、被动的养护方式,治标不治本,各种局部病害积累起来将形成全局性的结构性破坏,最终导致昂贵的修复(大修)工程。

另外,还有路面修复和路面重建。

路面修复(Pavement Rehabilitation)亦称路面复原,性质大概介于预防性养护与路面重建之间,就沥青路面而言主要是指铣刨后重新加铺。

路面重建(Pavement Reconstruction)是指路面的结构破损严重,不具备基本的承载力条件,或者路面功能衰减严重,已经不能维持使用的情况下,对路面进行的大规模、彻底的重新建设。

2.现有高速公路沥青路面养护处置对策

目前,国内外常用的沥青路面养护的措施有灌缝、雾封层、碎石封层、超薄冷拌封层(稀浆封层、微表处、开普封层)、薄层及超薄热沥青罩面(密级配混合料、OGFC开级配磨耗层、多孔隙路面、SMA、Novachip超薄黏结磨耗层)等。按照沥青路面常见病害及养护处置对策进行划分,总结如表1所示。

沥青路面常见病害及主要维修养护对策　　表1

	病害形式				
养护对策	横/纵向裂缝	麻面/贫油等	坑　槽	车　辙	网裂、松散
灌缝/贴缝等	√				
雾封层/含砂雾封层类		√			
微表处/Cape 封层		√		√	
超薄磨耗层		√	√		
碎石封层	√	√			
现场热再生				√	√
热(冷)料修补			√		
铣刨重铺类				√	√

四、基于全寿命周期的高速公路养护管理的新理念

随着辽宁高速公路网的逐步建设完成,绝大部分已建公路已经进入养护维修阶段,而养护质量的好坏直接关系到路面的使用寿命和服务水平。基于全寿命周期的高速公路养护管理的理念主要思想是指在高速公路使用期内,根据不同通车年份采取不同养护措施,将适宜的养护措施用在适宜的阶段,以最经济最合理的方式应用,避免技术应用的浪费。

根据表1中沥青路面常见病害及主要维修养护对策,作者以一条高速公路正式通车开始至服役期满(15年)为时间轴线,根据不同病害出现的时间,进行寿命周期内养护措施的合理规划与应用,绘制规划图如图2所示。

图2所示的养护图例,可为基层养护管理者提供适宜的养护决策。但是各养护管理处需要根据所辖高速公路的气候环境、交通量、荷载等因素综合考虑,分析预测各种路面病害形式即将发生的时间段,提前做好每条高速公路全寿命周期内不同时间段需要实施维修养护措施的长期规划,提高全省养护管理的总体协调性与计划性。各地方管理处也能够根据此规划合理安排资金与养护对策的选择,做到以预防性养护为主,避免出现被动性实施矫正养护。

值得注意的是,虽然制订如图2的长期养护规划可以帮助决策者从全寿命周期养护成本的角度思考问题。但是对于路面养护决策者而言,全寿命周期内长期养护规划制定的合不合理至关重要。同时需要注意的是制订的长期养护规划也不应该是一成不变的,而是应该持续地把路况的实际情况和预测进行对比,并结合最新的养护技术发展情况,不断进行修正和完善,以便更加合理统筹养护资金的使用,确保全寿命周期的服务水平。

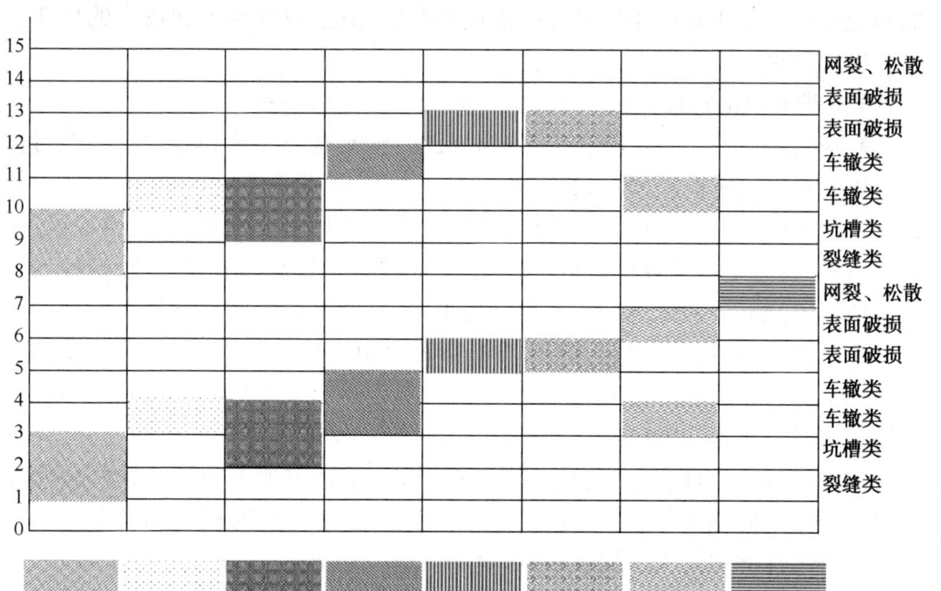

图 2　寿命周期内长期养护规划

五、基于全寿命周期内养护管理的影响因素

为了实现基于全寿命周期的高速公路养护管理，其中几项重要的关键影响因素值得道路工作者研究与注意。

1.现有高速公路路况检测与分析评价

准确评价现有路面的破损状况，并深层次挖掘路面内部的结构损伤，有效研判道路病害的发生及发展，是进行相应养护技术措施选择的前提条件。通过针对路面的检测手段，能够准确判断采用哪种适宜的养护技术措施。若采用了较高的养护技术措施，虽然可以解决路面出现的病害问题，但是也会造成了不必要的经济浪费；反之，路面的病害不会得到有效的处置。

2.养护技术手段的研究

目前国内外主要的高速公路养护技术措施已经有很多，且都有不同程度的应用。但是随着养护技术的深入研究与发展，对传统的养护技术措施认识逐渐提高，应用经验逐渐丰富，用以解决特定类型病害的技术处置措施的需求将会不断增加，针对区域环境、交通荷载、路面结构等特性研究新型的养护技术措施十分必要。

3.精细化施工组织及管理

有了好的养护技术措施，能否实施应用好将十分关键。养护技术实施队伍的专业化建设是实现高速公路养护质量的有效保证,以准确达到技术的预期目的和应用效果。

4.养护时机的选择

高速公路养护决策核心在于养护时机的选择,这也是达到养护经济性目标的关键。对于给定的路面,选择好养护技术措施应用的最优时间,才能使得养护成本最小而养护效果最好。采取得过早,造成养护资金浪费,不值得提倡;采取得过晚,错过了最佳养护时机,预防性养护的费用效益明显降低,预防性养护的价值得不到充分的体现。度的把握很重要,要让有限资金得到最大程度的利用。预防性养护时机的确定,应该基于路面的功能性能,在路面结构性能良好的情况下,在路面功能性能加速恶化之前进行。这就需要凭借一系列科学检测手段预先发现路面功能的衰减趋势,对路面变化发展过程进行跟踪监测,并进行归纳分析判断,得出合理的预防性养护时机,这是实现养护处治措施前使高速公路养护走向理性化、科学化的先决条件。总之,养护时机的确定要以国家和行业有关标准规范为依据,以现场检测数据为基础,以科学预测为导向。

(执笔人:辽宁省高速公路管理局阜新管理处　杜　宁)

辽宁省干线公路桥面防水技术应用研究

一、引言

辽宁省干线公路桥梁里程较长，且相当数量位于山区，建设标准低，抵抗水损害的能力较弱。近年来，随着交通量及轴载越来越大，以及气候条件越来越苛刻，辽宁省的桥面铺装层普遍出现了严重的早期病害，极大地影响了桥梁的服务品质，造成了巨大的经济损失。实践表明，水泥混凝土桥面铺装层破坏后的修复费用往往要数倍于原来的投资，而且修复时间较长，严重影响交通车辆行驶的安全性、快捷性和舒适性。

桥梁作为悬空结构物，受自然因素的作用显著，其上桥面铺装对自然因素的变化敏感，比路基路段的沥青路面更容易出现早期病害。有调查发现，在夏季炎热季节，箱梁桥面板的温度要比气温高25℃~35℃，车辙发生的可能性要高于普通路段；桥面对低温和温度的升降循环更为敏感，更容易出现各种形式的裂缝。

桥梁挠度大，震动剧烈，温度应力显著，有时还存在负弯矩，这些外力条件都决定了桥梁使用的材料承受的比在路面中要苛刻。另外，由于沥青混合料铺装层同水泥混凝土桥桥梁结构在材料性能上差异较大，即一柔一刚，因此会导致在外力作用下应力与变形的不连续。由于受这种复杂的温度应力、负弯矩、剪应力、超载、偏载及冲击力的影响，桥面铺装出现变形类损害和裂缝类损害。

在严苛的工作环境和工作条件下，桥面铺装病害不断。如我国的武汉长江二桥建成通车时间不长，就出现桥面铺装层裂缝、混凝土剥落、钢筋外露、许多大小不等的坑；湖北省武黄高速公路上的桥面铺装层通车3年，开裂和破损达总的铺装层面积的27.5 %，且有的经维修后不到一年又再度破坏，几乎每年都要维修；汕头海湾大桥的钢纤维桥面铺装层使用两个月出现了较多的裂缝，随后裂纹越来越多，局部还出现了破碎，通车不到两年需修补的面积已占行车道面积的3/4；南京长江大桥的公路桥在1996年8月维修共花费2000多万元，整修后不到半年又不得不重修；广东省佛开高速公路，开通不到两年，全线17座大型桥梁竟有14座被迫返工维修，重新铺装桥面，耗费3700多万元；苏格兰格拉斯哥市(Glasgow)的京斯顿大桥(Kingston Bridge)是全欧洲车流最繁忙的桥，于1990年出现桥面破坏症状,在无法中断交通进行施工的情况下,修复投资约12750万美元,是原桥梁造价2250万美元的5倍多。

造成混凝土桥梁桥面损害的原因众多,除了铺装层受力体系复杂等因素外,桥面铺装层防水技术的实施情况也是不可忽略的重要因素。辽宁省干线公路混凝土桥梁桥面由于忽视桥面防水技术造成铺装层损害较为普遍,桥台搭接处、桥墩接缝处、梁板连接处渗水现象也比较普遍。忽视桥面防水工作的直接结果就是桥面铺装层早期损害,渗水对混凝土梁板的腐蚀破坏。

二、国内混凝土桥面防水研究和应用现状

相比于国外,我国在混凝土桥面防水的研究几乎是空白,早期的混凝土桥梁一般采用水泥混凝土铺装作为应对之策。现在大多数混凝土桥梁使用沥青混凝土铺装,通常在主梁顶面上采用3~10厘米厚的水泥混凝土或4~8厘米沥青混凝土作为磨耗层。尽管北京、天津等地在混凝土桥面应用桥面防水层已有多年,但大多数地区对桥面防水的应用仍处于起步阶段。而且,各地区均没有完善的桥面防水设计、施工、检测规范和标准,尤其在防水材料的选择上缺乏科学性。目前桥面防水系统的材料和施工工艺主要照搬屋面防水工程,尚未形成一套适用于评价和选用桥面防水材料的性能指标和试验手段。这也导致桥面防水材料市场十分混乱,质量参差不齐。同时,已设置防水层的桥面铺装也产生了不少问题,如防水层与面层和桥面黏结强度不足而产生早期破坏、防水材料本身质量不过关以致起不到防水作用等。

目前国内常用的桥面防水材料有防水卷材、防水涂料和封层三类。防水卷材有催化氧化沥青和各种高分子改性沥青,如无规聚丙烯(APP)、苯乙烯-丁二烯-苯乙烯(SBS)、丁苯橡胶(SBR)等高聚物改性沥青生产的各种塑性体沥青卷材、弹性体沥青卷材以及优质氧化沥青卷材等。覆面材料已发展为采用膜面,如聚乙烯(PE)膜、铝箔膜等;还有各种矿物粒料,如采砂、河砂、片岩等。同时还发展了合成高分子防水卷材,其中有三元乙丙橡胶(EPDM)、聚氯乙烯(PVC)、氯化聚乙烯(CPE)等多种高档防水卷材。防水涂料从20世纪70年代开始应用以来,发展迅速。主要产品分为高档高分子防水涂料、中档改性沥青和低档沥青基防水涂料三类。高分子防水涂料目前主要有聚氨酯、硅橡胶防水涂料、水型三元乙丙橡胶复合防水涂料、CB型丙烯酸酯弹性防水涂料等;改性沥青防水涂料有氯丁胶乳沥青、SBS改性沥青、PVC煤焦油等;沥青防水涂料有膨润土沥青、水性石棉沥青、石灰沥青、乳化沥青等。

在桥面防水封层方面,我国过去常用乳化沥青石屑封层、热喷SBS改性沥青碎石封层和稀浆封层等,且积累了较多的经验。乳化改性沥青的抗水损害性

能、抗老化性能较好，但在高温条件下的抗剪强度、拉拔强度明显不足，故其高温性能不够理想；SBS 改性沥青的抗剪强度、拉拔强度、高温性能较好，但抗水损害性能相对不足。

总结我国桥面防水材料和技术的现阶段研究成果，有如下结论：

（1）在桥面防水工作的必要性方面普遍达成共识，各种防水材料和技术不断涌现，并得到一定的运用。但由于对各种防水技术缺乏系统深入的研究，各种防水技术尚不成熟，还没有形成统一规范的标准。

（2）防水卷材类、防水涂料和封层类三种防水技术中，以涂料类应用最为广泛。其中热固性黏结材料性能表现效果得到认可，但其造价最高；其他防水材料价格虽较低，但效果不一，通常薄层涂料易被刺破而丧失防水性能。

（3）封层类防水技术逐渐得到人们的关注，一是封层类造价一般较低（10~20 元/平方米），经改性的沥青和细集料合理的掺配往往具有较好的防水效果，同时克服了薄层涂料易被刺破丧失防水性能的缺点。

鉴于辽宁省干线公路桥梁桥面防水的现状，以及国内桥面防水材料和技术研究和应用的成果，重点推荐研究 SBS 改性沥青砂、橡胶沥青碎石、SBS 改性热沥青碎石三种封层类防水技术。

三、桥面防水黏结层材料路用性能要求分析

目前，我国还没有统一的桥面防水黏结层的设计、试验及施工方面的规范，在选用防水黏结材料时具有较大的盲目性。根据对辽宁省各地区公路水泥混凝土桥梁桥面防水的调研情况，并结合以往的研究，对常用的防水黏结材料进行对比分析，本文提出桥面防水层和防水材料必须满足的基本技术要求。

1.不透水性能

桥面防水黏结层的功能是在桥梁的使用期限内保证外界水分无法渗漏到桥面混凝土内，这要求防水黏结层不仅保持良好的完整性，而且还具有一定的抵抗外界破损的能力。防水黏结层施工过程中，防水材料要承受沥青混合料高温和压路机碾压作用，合格的防水材料应该保证在经受可能的施工损伤后仍保持良好的不透水性。在防水黏结层的使用过程中，在动荷载压力环境下保持不渗漏也是对材料性能的基本要求。

2.抗剪切性能

防水黏结层作为联结混凝土桥面和沥青铺装层的结构层，不仅要具备防水的功效，而且还必须具有良好的抗剪切性能，同时必须要与桥面混凝土和沥青铺装层具有较强的黏结力，使得整个桥面系统在行车荷载的作用下保持良好的整体性，不至于因为车辆的水平剪切作用而造成层间滑移，引起桥面拥包、坑槽

等病害。

3.耐低温性能

辽宁地区冬季温度很低,经常出现冬季极端低温气候,在桥面防水黏结层研究时应该加以考虑。桥面防水黏结层在极端低温下易变脆变硬,低温应力引起脆裂破坏。同时,温度变化冻融循环,易造成沥青类材料迅速发生老化,导致防水黏结层薄膜遭受热集料的损坏,降低防水黏结层的防水性能。冬季受低温或温度骤降的影响,防水黏结层脆性增加,会产生开裂破坏。因此,要求防水材料必须具备良好的低温性能。

4.抵抗桥面变形能力

桥面混凝土裂缝经常存在,主梁的连接处结构缝隙非常明显,特别是桥头桥台与主梁的连接处缝隙更大。所以在桥面板铺设的防水黏结层,必须能抵抗混凝土裂缝与桥梁结构缝隙造成的破坏。从桥梁建成通车开始,防水薄膜要经历混凝土桥面板由整体到开裂的过程,作为与桥面板黏结为一体的防水材料来说,要经历应力变化的整个过程,不仅承受拉区的弯拉变形,在裂缝处还要协调与梁体之间的变形关系。

5.耐久性能

市场上常用的防水黏结材料多数属于有机材料以及改性沥青材料,在热、光、风雨、氧等各种因素的综合作用下会发生氧化反应,进而导致老化。

研究发现,这种氧化反应在常温下进行的很缓慢,但在沥青混合料刚摊铺在防水黏结层之上,在夏季高温条件下由于热分解和热氧化反应,会使老化进程加快。材料老化后会丧失原有的一些性能。因此,要求防水材料具有优良的耐久性能。由于防水黏结层处在面层与桥面板之间,不易大修大补,就需要防水黏结材料具有比面层材料更好的耐久性。

6.施工简便、快捷

同桥面铺装层的施工不同,防水黏结层的施工受外界因素影响较多,比如施工车辆、洒铺技术等。为了减轻外界因素对防水黏结层施工的影响,应优先选用施工简便、自动化程度高的材料。

四、桥面防水材料路用性能试验及评价

经过调研发现,多数铺装层病害是由于在水平方向上的车辆荷载作用下,沥青层与水泥板之间的抗剪强度不足引起的。沥青铺装层与桥面板之间结合状态的好坏主要体现在层间抗剪切变形的能力上,抗剪切变形能力强、黏结性能好,层间就不容易出现滑动。防水黏结层的抗剪切能力是一项重要的技术指标,应根据基本技术要求着重选择对各种防水材料进行抗渗性能试验和抗剪切

性能试验研究。

通过对 SBS 改性沥青砂、橡胶沥青碎石、SBS 改性热沥青碎石三种防水材料，在试验温度为 25℃下，模拟防水黏结层在桥面铺装结构中的实际情况，进行的渗水试验和剪切试验，得到如下结果：

（1）通过渗水试验，得到试验条件下三种防水黏结层材料的渗水系数，其中 SBS 改性沥青砂为 5.67 毫升/日，橡胶沥青碎石为 19.0 毫升/日，SBS 改性热沥青碎石为 11.67 毫升/日。由此可知三种防水材料的抗渗性能的排序为：SBS 改性沥青砂>SBS 改性沥青碎石>橡胶沥青碎石封层。

（2）通过抗剪强度试验，得到试验条件下的三种防水材料抗剪强度，其中 SBS 改性沥青砂为 0.45 兆帕斯卡，橡胶沥青碎石为 0.53 兆帕斯卡，SBS 改性热沥青碎石为 0.50 兆帕斯卡。由此可知抗剪性能的排序为：橡胶沥青碎石封层>SBS 改性沥青碎石>SBS 改性沥青砂。

试验表明，SBS 改性沥青砂防水黏结层的沥青含量高，孔隙率小，渗水系数最小，所以其防水效果也最好。虽然同其他两种防水材料相比，其抗剪强度略低，但相差很小。该项防水技术的主要缺点是价格略高。橡胶沥青碎石封层防水黏结层的橡胶沥青具有粘度高、抗高温和低温性能好的特点，现场摊铺和撒布工作效率高，单一粒径碎石层间抗剪强度高。不足之处是孔隙率高，防水效果不如沥青砂，综合成本也较高。按技术和经济总体评价，SBS 改性沥青砂和橡胶沥青碎石封层都是目前较好的桥面防水技术。辽宁西北部气候干旱少雨，在确定桥面防水技术时应考虑这一因素。为此，本项目建议在辽宁省西北部地区进行桥面防水技术选用时，可以结合技术和经济的综合分析，选择使用 SBS 改性热沥青防水黏结层。

五、混凝土桥面防水技术施工质量控制

1.水泥混凝土桥面质量控制

为了使防水黏结层与桥梁面板达到良好的黏结效果，水泥混凝土桥面应保持平整、粗糙、干燥、清洁、无浮浆、无尘土、无杂物、无油污。尖锐突出物及凹坑应打磨或修补，桥面横坡不符合要求时应予以处理。由于桥面铺装对抗剪强度、抗拉拔强度的特殊要求，在防水黏结层施工之前应对混凝土桥面进行拉毛处理，处理时最好采用小型洗拉毛机具以保证桥面平整度的均匀性，拉毛之后采用吹风机将浮浆吹掉，对于桥梁两侧防撞栏处遗留粉尘采用吸尘器将吸走，最后采用高压水枪冲洗桥面，晒干后方能喷涂防水黏结层。

水泥混凝土桥面质量检测主要有三方面：

（1）混凝土强度。防水层施工要在水泥混凝土达到预期强度之后进行，以

避免防水层施工后由于水泥混凝土的较大收缩而起皱。

(2)水泥混凝土表面清洁度。目测桥面无油污、灰尘、碎石、砂粒等施工残留物,在桥面纵横向随机抽取几个区域用吹风机吹时无可见灰尘出现为合格。

(3)水泥混凝土表面干燥度。为了不发生防水层的起泡现象,含水量在8%以下时为干燥状态,桥面处于这种状态的时间是浇筑后1个月。

2.防水黏结层施工质量控制

防水层施工一般在不低于5℃气温下进行,雨天及五级风以上均不得施工。原材料质量执行复检制度。防水层施工完成后,应采取保护措施,不得再凿眼、打洞,防止破坏粘层,施工完毕应及时清理现场。操作人员应规范作业,防水层未固化以前不能让行人在上面骑车、践踏,实干后应尽量控制机动车辆运行,同时禁止在防水层表面刹车、掉头等。为了保证防水黏结层施工质量,在施工过程中要进行自检,随时进行外观检查,检查防水层有无破损、滑移、起泡、皱折、流淌、堆积现象。发现喷涂达不到要求应立即停止施工,找出原因,采取措施修补合格后方可恢复施工。

防水层施工质量检测内容主要包括防水层厚度检测、防水层黏结强度检测、防水层抗剪强度检测、防水层不透水性检测、外观检测。

3.沥青混合料铺装层施工质量控制

(1)沥青混合料的矿料质量及矿料级配应符合设计要求和施工规范的规定。

(2)沥青材料及混合料的各项指标应符合设计和施工规范要求,沥青混合料的生产每日应做抽提试验(马歇尔稳定度试验)。

(3)严格控制各种矿料和沥青用量及各种材料和沥青混合料的加热温度。

(4)拌和后的沥青混合料应均匀一致,无花白、无粗细明显离析和结团成块现象。

(5)摊铺时应严格掌握摊铺厚度和平整度,细致找平,要注意控制摊铺和碾压温度,碾压至要求的密实度。

(执笔人:辽宁省交通厅公路管理局　武泽锋　黄　强)

辽宁省普通公路路网运行监测体系建设研究

一、建设的目的和意义

当前辽宁省公路建设水平和建设规模已经达到了很高的水平,公路持续扩展延伸,机动车保有量高速增长。人民群众的出行需求已从过去的“走得了”向“走得好”转变,对公路交通的安全性、便捷性和服务水平等提出了越来越高的要求。而传统的公路管理方式或零散的软件系统管理显然已经不能适应发展的需要。为此大幅度提高公路路网管理水平,提高应对紧急突发事件的快速处理能力,及时向社会大众提供交通路况信息成为当务之急。

随着普通公路里程的持续增长,普通公路发挥着越来越重要的作用。特别是在极端天气条件下(例如 2007 年年初辽宁省大部分地区出现的自 1951 年以来最严重的暴雪和特大暴雪灾害),高速公路运输极大受限,道路损毁等抢修时间颇长,路径选择灵活、抢修要求较低的普通干线公路代替高速公路成为交通出行和道路运输的大动脉,承担着绝大部分的交通量。如何使普通公路在灾害条件下保持交通顺畅以及应急救援措施的顺利执行,这就迫切需要基于信息技术和网络技术的信息化手段融入普通公路管理之中。

因此,必须依靠先进的科学技术手段,加强对普通干线公路的监控与综合管理,在应急状态下能够做到科学决策、从容应对,逐步实现辽宁省普通公路网的“可视、可测、可控”,初步建成“可感知”的智能化路网管理模式。

有鉴于此,辽宁省交通厅公路管理局从 2013 年开始着力建设路网运行监测体系,形成以省局为中心、辐射各市及主要干线重要结点的应急处置架构。

二、系统建设原则

本系统建设的基本原则是:以业务为核心,以应用为灵魂,以网络、设备及相关技术为工具,以整合为手段,以安全为保障,以提高系统效益为目的。

该系统建设遵循了以下原则:

(1)先进性原则。采用当今国内、国际上最先进和成熟的软硬件技术,使新建立的系统能够最大限度地适应今后技术发展变化和业务电子化发展的需要。网络、主机设备、监测设备和系统软件产品尽量购置国际上知名厂商的产品,保证技术的先进性。配置方面采用目前国际上最流行的先进方式,充分利用购置的设备功能上和性能上的潜力。

(2)可靠性原则。任何时候用户使用系统,系统都能够提供服务,保证高可靠性,实现7×24小时不间断工作。

(3)安全性原则。系统应该能够保证正确的人访问正确的信息,任何非法的访问都被杜绝。保证信息的有效性、机密性、完整性、可靠性、不可抵赖性和标识,系统在硬件、网络、数据库和数据、应用操作权限和身份认证方面加载全面的安全措施。

(4)可扩展性原则。包括用户数量、应用范围上的可扩展性(或性能可扩展性)及业务上的可扩展性(或功能可扩展性)。同时,系统平台应具有良好的可伸缩性,良好的可管理性,便于对系统的统一管理、统一监控,降低管理成本。

(5)可管理性原则。便于系统管理员的管理,并在系统发生任何问题的时候都能够很容易地进行诊断,并立即采取有效的措施,使得系统时刻处在良好运行的状态。

(6)易操作性原则。各种应用软件设计、工作流程设计尽可能简约化、自动化、人性化,满足各级用户的易于操作需求。

(7)标准化原则。在系统数据格式、数据通信等多层面遵循标准化原则,使该系统具备最佳的兼容性。

三、总体功能

在省级应急指挥中心及市级应急指挥分中心,通过大屏幕显示系统,直观地展示公路路况的详细数据(包括基本属性数据、空间数据及多媒体数据)及各业务系统数据、GPS卫星定位信号,形成一个查询准确、显示全面、操作便捷、管理高效、美观实用的监控管理系统。

与专业气象台合作建立的辽宁省公路管理局气象信息系统,使领导及工作人员在监控指挥中心就能实时了解全省各地的气象信息,及时指导日常养护、大中修工程施工、防汛抢险、除雪防滑等工作。

对公路路况和交通量信息、国省干线公路重要节点、突发事件处理等进行实时远程监控,实时采集事件现场的图像、语音、数据等,通过远程传输系统传送到指挥中心。局各级领导及相关人员在指挥中心或者办公室的电脑前,能实时了解全省路段内所发生的情况,不必亲自跑到现场。指挥中心的指挥决策人员如身临其境,迅速采取有效措施,实时指挥,提高了快速反应和重大突发事件的处置能力,以及决策的准确性和及时性,实现公路管理的创新化、网络化、智能化、系统化、可视化的调度指挥方式。

四、辽宁省普通公路路网运行监测体系功能描述

(一)省级应急指挥中心及市级应急指挥分中心

按照辽宁省交通厅党组的要求,2012年辽宁省普通公路省级应急指挥中心开始进行改造,14个市级应急指挥分中心开始进行建设。2012年年初,通过监控点踏勘、市级中心建设场所调查,确定了省局监控大厅改造方案及部分市级分中心建设方案。后经专家评审、合同审核、招投标、现场踏勘和联合设计等工作,下发了《省级应急指挥中心改造、市级应急指挥分中心建设及普通公路路网运行监测工程建设实施方案》。2013年年初各市开始进行场地装修,年底完成了省局中心及市级分中心的设备安装调试工作,实现了外场监测点与市级分中心及省局中心的三级应急联通体系。

辽宁省普通公路省、市应急指挥中心如图1所示,包括拼接显示系统、视频监控系统、GPS车辆调度系统、应急抢险指挥系统、气象平台、视频会议系统和IP电话系统等。

图1 辽宁省交通厅公路管理局路网监测与应急指挥中心监控大厅

1.拼接显示系统

拼接显示系统由指挥中心大屏幕监控墙系统、日常职守监控墙系统、LED显示屏系统三部分构成。

指挥中心大屏幕监控墙系统主要用于路况信息实时监控、养护巡视跟踪、应急抢险指挥及重点工程建设情况跟踪,通过对GIS系统、GPS定位系统及网络视频图像监控系统以及其他各种管理业务进行整合,实现了对各种业务的综合显示;通过公路地理信息系统,直观地显示公路路况的详细数据(包括基本属

性数据、空间数据及多媒体数据)及各业务系统数据、GPS卫星定位数据,将全省公路运行的实时状况通过电子地图综合显示在大屏幕上,形成了一个查询准确、显示全面、操作便捷、管理高效、美观实用的监控管理系统。省级中心系统由30块50英寸一体化背投显示单元按照3×10的方式拼接而成。市级分中心系统由6块50英寸一体化背投显示单元按照2×3的方式拼接而成。

日常职守监控墙系统用于一般性日常监控,功能同大屏幕监控墙系统一致。省级中心系统由9块42英寸液晶显示单元按照3×3的方式拼接而成。市级中心系统由6块40英寸液晶显示单元分列DLP两侧。

LED显示屏系统主要用来显示日期、时间及流动消息。

2.视频监控系统

该系统实现对全省普通公路固定路网监测点、应急抢险车、养护巡查车、单兵手持设备等实时视频进行采集、录像、上传,在省、市应急中心可以对各任一固定点、移动执法车辆的视频图像进行调用、切换显示、实时监视、录像保存、网络浏览、对外发布等。

3.GPS车辆调度系统

GPS车辆调度是对所有车辆进行快速精确定位,实现对全省普通公路系统资源的总体把握和实时掌控。一方面可以根据各流动管理车辆的分布情况及状态,了解全省公路管理系统的运行状况,加强管理水平;另一方面,可以根据管理力量的分布情况,及时调整各种力量的分配和调度,提高系统管理网络的分布密度,保证系统网络的整体效用。同时,还可实现对车辆的实时调度,在发生重大事件时可以保证在第一时间内确定距离事发地点最近的车辆,并可以调动一切可调动的力量前往事发现场进行处理和指挥。另外,通过GPS卫星定位的跟踪功能,还可以了解各流动管理车辆的行驶路径和操作记录,加强对流动车辆的监控和管理,提高应急中心的监管能力。

4.气象平台

建立气象应急预报预警机制,与气象部门密切合作,通过公路专用气象信息网页、电话传真、手机短信等服务方式及时了解全省各地短期、中期、长期气象预报,做好雨雪等天气过程公路应急防范工作,全面提高公路的服务水平。

5.应急抢险指挥系统

通过应急抢险指挥系统将事发现场在公路地理信息系统上准确定位,并将突发事件现场的图像、语音、数据等通过实时综合通信平台传送到指挥中心。决策者和管理人从大屏幕上或者计算机上直接观看事件现场,并能与现场抢险组织人员视频通话,如身临其境,迅速采取有效措施,实时指挥,提高快速反应和重大突发事件的处置能力,提高决策的准确性和及时性,高效迅速解决问题。

此外、应急中心还配置了视频会议系统和 IP 电话系统,用于信息交流传递和应急处置会商。

(二)固定监测点

为贯彻落实交通运输部《关于印发"十二五"公路养护管理发展纲要的通知》的要求,按照辽宁省交通厅的部署,辽宁省公路局开展辽宁省普通公路网运行监测建设工作。

1.路网监测点设置遵循的原则

监测点选择要将以下因素纳入综合考虑:易拥堵路段、气象条件恶劣路段,省界、城市出口路,隧道、500 米以上的大型桥梁,长下坡、高危边坡等易发生安全事故的险工险段、事故黑点路段,治超站、服务区、铁路道口,通往重要旅游点、产业区、交通枢纽及原材料产地等重要路段。

监测设施设置位置要求:选择反映交通运行状态的合理性和代表性的位置,原则上间距在 20 公里以上,做到层次清晰、布局合理。隧道和 500 米以上的大型桥梁要在两侧各设置 1 套监测设施,对于 1000 米及以上隧道要在隧道内按照每隔 300~750 米间距设置 1 套监测设施。其他节点原则上设置 1 套监测设施。

监测设施的具体位置应选择在视野开阔、便于安装仪器之处,同时考虑用电及管理的需要,尽量与道班、交调点等设施相结合。

2.完成情况

截至 2014 年年底,辽宁省共建设固定监测点 275 套、交通事件检测点 8 处、自动气象监测站 4 个。各类监测设施实时监视公路网运行状态,有效扩展了路网运行监测范围。

辽宁省普通公路网运行监测工程分为图像监控系统、交通事件检测系统、气象监测系统、供电系统和传输系统。

(1)图像监控系统。固定路网监测点(如图 2)将网络高清快球摄像机安装在 12 米高的立柱上。摄像机具备 20 倍光学变焦能力,可进行 360°无限水平转动。各级中心同时配备图像增强器对高清和标清视频信号进行连续、实时的降噪和增强处理,提高在夜晚、雾天、雨天、雪天等恶劣天气下拍摄视频图像的清晰度。

(2)交通事件检测系统。交通事件检测系统是以枪式固定摄像机图像作为输入,通过对视频图像的处理分析,实现在图像的覆盖范围内进行交通参数、交通事件和交通事故的自动检测,主要包括车辆事故,车辆停驶、交通拥堵、抛撒物、火灾等。系统能够实时快速的报警,为道路的交通安全管理和正常运行提供极大的帮助。

(3)气象监测系统。气象检测器包括路面温度、路面状态和湿滑程度、能见度、风速、风向、雨量、温度、湿度等传感器。设备布设于道路沿线,用于主线路段路面温度、路面状态和雨、雪、冰等造成道路湿滑因素的检测,搜集风速、风向、温度、湿度、能见度、雨量等信息。检测信息经处理传回监控分中心,方便监控分中心根据气象状况及时做出控制方案。

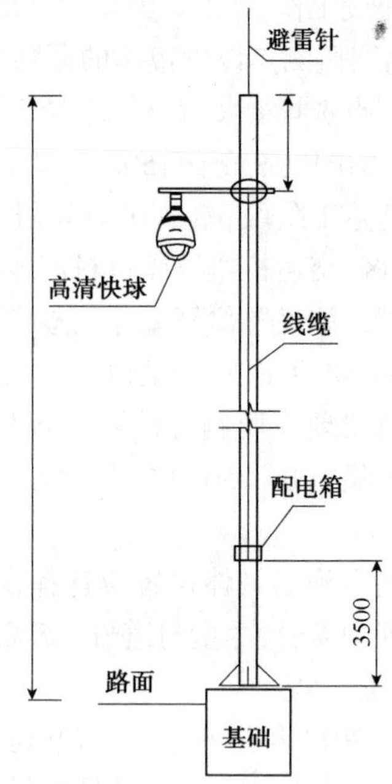

图2　辽宁省普通公路网运行监测点

(4)传输系统。由于普通公路检测点分布分散,视频传输主要依靠租用运营商光纤,目前为每个固定监测点提供至少4M的有效传输带宽。

(三)应急车辆

2013年辽宁省开展市、县应急抢险车装备和改造工作,截至2014年年底全省配备应急抢险车105台,保证每个市县至少有1台应急抢险车,有效加强了应急处置机动能力。

应急指挥车(如图3)经过改装均配备了GPS定位系统、车载云台、高倍变焦摄像机、遮阳板显示器、通信系统、警灯警报及扩音系统。

(四)无线单兵手持设备

基于多年来演练与实战经验,辽宁省普通公路引进了18套手持单兵移动监控设备(如图4所示),利用其夜视能力强、机动性能好等优势,有效弥补了夜间车载监控设备图像效果差及抢险车辆无法到达第一现场等缺陷。

图 3　辽宁省普通公路应急车辆

图 4　辽宁省普通公路单兵手持监控设备

五、应用效果

（一）机械化桥快速架设应急演练

为进一步做好 2014 年全省公路防汛工作，锻炼各级公路、路政部门应急抢险队伍，检验 HZ 应急重型机械化桥快速架设水平，2014 年 6 月 26 日辽宁省公路局、省路政局在丹东联合组织机械化桥快速架设应急演练。省交通厅、公路局、路政局领导在省级应急指挥中心观看了 HZ 应急重型机械化桥快速架设过程，全面检验了包括市级分中心、移动巡查车、手持单兵设备等路网监测设施在内的公路应急指挥调度系统。同时对防汛指挥调度、队伍集结、交通组织、抢险抢通等一系列防汛抢险工作流程进行了演练，加强了公路部门与路政部门相互配合，有效提高了协同作战能力。

（二）视频会议及远程培训

2014 年通过应急中心的视频会议系统，辽宁省公路局举办了多次视频会议及远程培训活动,主要包括:2014 年 4 月 20 日召开视频会议部署“五一”及近期安全生产和廉政工作。2014 年 6 月 9 日通过视频会议系统组织全省公路系统安全生产管理相关人员观看《生命的红线》、《生产安全事故典型案例盘点(2014 版)》两部安全生产影片。2014 年 7 月 17 日通过视频会议系统组织全省公路气象专业知识培训。2014 年 7 月 23 日通过视频会议系统组织召开全省防汛及建设养护半年检查通报视频会议。

(三)在防汛抗旱和除雪防滑工作中的应用

2014 年辽宁省先后遭遇大范围强降水天气过程。厅、局各级领导多次来到省公路局监控指挥中心,通过视频查看了省交通防汛抗旱和除雪防滑情况,并现场下达命令,部署具体措施,有效地发挥了先进装备设施在应急抢险工作中的重要作用。

六、管理与培训

(一)组织开展全省路网运行监测工作培训

2014 年 4 月 18 日,辽宁省公路局在锦州组织开展全省路网运行监测工作培训。会议主要针对市级应急指挥分中心、固定监测点、应急巡查车、单兵手持监控等设备进行操作培训,培训在日后的防汛工作中起到了明显效果。

(二)下发《辽宁省普通公路网监测设施运行管理办法(暂行)》

2014 年辽宁省下发了《辽宁省普通公路网监测设施运行管理办法(暂行)》,进一步加强和规范辽宁省普通公路网监测设施运行管理,充分发挥各类监测设施在公路养护管理、路网监测、应急处置中的作用,切实保证监测设施的正常运行。

(执笔人:辽宁省交通厅公路管理局路网安全中心　李　东)

公路工程基本建设项目投资估算建设期贷款利息计算方法研究

一、概述

建设期贷款利息是公路工程造价的动态组成部分，目前利率为6.55%（按五年以上），一般占总投资的7%~9%左右（工期越长影响比例越大），对于投资额巨大的公路工程是一项不小的费用。长期以来，关于公路工程造价文件编制中的建设期贷款利息存在多种不同的计算方法，几乎每个省都有自己的习惯做法，导致建设期贷款利息差别较大，最大的可相差14%。本文结合多年的工作经验以及对有关规定办法的理解提出合理的计算方法。

1.工程建设项目贷款额度和项目资本金

在编制公路工程基本建设项目投资估算建设期贷款利息的计算过程中，首先确定贷款额度，贷款额度与项目资本金之和等于投资估算总金额（以下所说的投资估算总金额均含建设期贷款利息）。

投资估算总金额和项目资本金均有相关规定。在国发〔1996〕第35号《国务院关于固定资产投资项目试行资本金制度的通知》中规定"投资项目资本金，是指在投资项目总投资中，由投资者认缴的出资额，对投资项目来说是非债务性资金，项目法人不承担这部分资金的任何利息和债务……"，还规定"本通知中作为资本金基数的总投资，是指投资项目的固定资产与铺底流动资金之和，具体核定时以经批准的动态概算为依据。"由此可知，贷款比例是贷款总额和建设期贷款利息之和。按照国发〔2009〕第27号《国务院关于固定资产投资项目资本金比例的通知》，铁路、公路、城市轨道交通等项目最低资本金比例为25%。

投资估算总金额的75%即为项目贷款额度，最后将确定的贷款额度根据资金使用计划分配到建设期各年度计算贷款利息，由此计算确定最终的投资估算总金额。

2.公路基本建设项目建设期贷款利息的有关规定

按照交通部JTG M20—2011《公路工程基本建设项目投资估算编制办法》的规定，建设期贷款利息系指建设项目中分年度使用国内贷款或国外贷款部分在建设期应归还的贷款利息。费用内容包括各种金融机构贷款、企业集资、建设债券和外汇贷款等的利息。

计算方法:根据不同的资金来源按需付息的分年度投资计算。

建设期贷款利息=∑(上年末付息贷款本息累计+本年度付息贷款额÷2)×年利率

即

$$S=\sum_{n=1}^{N}(F_{n-1}+b_n\div 2)\times i$$

式中:S——建设期贷款利息(元);

N——项目建设期(年);

n——施工年度;

F_{n-1}——建设期第(n-1)年末需付息贷款本息累计(元);

b_n——建设期第 n 年度付息贷款额(元);

i——建设期贷款年利率(%)。

二、投资估算中建设期贷款利息的计算

在公路工程建设项目投资估算编制过程中,建设期贷款利息的计算不仅直接影响到工程投资估算总金额的确定,也关系到投资估算总金额的合理性。合理的计算方法,可以做到在建筑安装工程费、设备及工器具购置费及工程建设其他费用(不包含建设期贷款利息)确定的情况下,以最不利的资本金筹集方式谋取最少的工程投资总金额。

综合以上分析,正确的贷款及贷款利息按以下步骤计算。

1.科学确定合理的投资计划

施工工期、资金、资本金及贷款使用计划均对工程投资总金额有影响,因此施工工期、各年度投资计划、资本金使用计划及贷款计划应根据工程实际计划合理确定,从而得到合理、经济的工程投资估算总金额。

2.建设期贷款利息几种计算方法的比较

以某高速公路为例,项目比较方案全长 172.185 公里,第一部分建筑安装工程费 1020949.9 万元,第二部分工器具购置费 35927.2 万元,第三部分工程建设其他费用(不含建设期贷款利息)221827 万元。工可报告编制时间 2014 年 7 月,施工工期四年,2014 年至 2017 年资金使用比例分别为 15%、30%、30%、25%(此例中视为各年度投资计划、资本金使用计划及贷款计划相同)。

方法一:以静态投资额作为贷款基数,复利计算建设期贷款利息(表 1)

预备费按 9%计列,静态投资额(不含建设期贷款利息)为 1393787.5 万元,按静态投资额的 75%筹集资金。

某高速公路投资估算及建设期贷款利息计算(方法一)　　表1

项　　目	合　计	2014年	2015年	2016年	2017年
不含利息的估算总金额(元)	13937874517				
利率(%)	6.55				
年投资比例(%)	75	15	30	30	25
贷款额度(元)	10453405888	1568010883	3136021766	3136021766	261335147
年度贷款利息(元)	1332156098	52352356	208773005	427857063	644173674
贷款本息合计(元)	11785561985	1619363240	3344794771	3563878829	3257525146
投资总金额(元)	15270030615				

按照上述方法计算,贷款本息合计1178556.2万元,贷款额及利息并不是按照最终的投资估算总金额计算得出,所占投资估算总金额的比例为77.18%(超过75%),那么项目资本金为22.82%(低于25%),未达到基本要求,不能真正反映工程投资实际情况。

方法二:建设期贷款利息也作为贷款基数,复利计算建设期贷款利息(表2)

某高速公路投资估算及建设期贷款利息计算(方法二)　　表2

项　　目	合　计	2014年	2015年	2016年	2017年
不含利息的估算总金额(元)	13937874517				
利率(%)	6.55				
年投资比例(%)	75	15	30	30	25
贷款额度(元)	11558108367	1733716255	3467432510	3467432510	2889527092
年度贷款利息(元)	1472936640	56779207	230835868	473072446	712249118
贷款本息合计(元)	13031045007	1790495463	3698268378	3940504957	3601776210
投资总金额(元)	15410811160				

仍然以上述高速公路为例,假设投资估算总金额为A,计息前总造价为C(13937874517元),利率$i=6.55\%$。

第一年贷款利息$S_1=0.15\times A\times 75\%\div 2\times i=0.05625Ai$;

第二年贷款利息$S_2=(0.15\times A\times 75\%+S_1)+0.3\times A\times 75\%\div 2)\times i=0.228684375Ai$;

第三年贷款利息$S_3=((0.15\times A\times 75\%+S_1)+(0.3\times 75\%\times A+S_2)+0.3\times A\times 75\%\div 2)\times i=0.468663202Ai$;

第四年贷款利息$S_4=((0.15\times A\times 75\%+S_1)+(0.3\times 75\%\times A+S_2)+(0.3\times 75\%\times A+S_3)+0.25\times A\times 75\%\div 2)\times i=0.705610641Ai$。

总利息$S=S_1+S_2+S_3+S_4=1.459208218Ai$。

总投资额$A=C+S=C+1.459208218Ai$；

$$A=C\div(1-1.459208218\times6.55\%)=15410811160\text{ 元。}$$

利息 $S=1.459208218Ai=1.459208218\times15410811160\times6.55\%=1472936640$ 元。

项目贷款总金额$=A\times75\%=11558108367$ 元。

上述计算中表面上看贷款 1155810.8 万元，占投资总金额的 75%，实际按复利计算，意味着利息也在贷款范围内（每年利息未偿还，并作为后续年度的贷款基数），实际贷款 1303104.5 万元，占总投资额的 93.5%，那么项目资本金仅为 6.5%，与有关规定不符。

方法三：建设期贷款利息也作为贷款基数，单利计算建设期贷款利息（表 3）

某高速公路投资估算及建设期贷款利息计算（方法三）　　表 3

项　目	合　计	2014 年	2015 年	2016 年	2017 年
不含利息的估算总金额（元）	13937874517				
利率（%）	6.55				
年投资比例（%）	75	15	30	30	25
贷款额度（元）	11498394338	1724759151	3449518301	3449518301	2874598585
年度贷款利息（元）	1393317934	56485862	225943449	451886898	659001726
贷款本息合计（元）	12891712272	1781245013	3675461750	3901405199	3533600310
投资总金额（元）	15331192450				

仍然以上述高速公路为例，假设投资估算总金额为 A，计息前总造价为 C（13937874517 元），利率 $i=6.55\%$。

第一年贷款利息 $S_1=0.15\times A\times75\%\div2\times i=0.05625Ai$；

第二年贷款利息 $S_2=((0.15\times A\times75\%)+0.3\times A\times75\%\div2)\times i=0.225Ai$；

第三年贷款利息 $S_3=((0.15\times A\times75\%)+(0.3\times75\%\times A)+0.3\times A\times75\%\div2)\times i=0.45Ai$；

第四年贷款利息 $S_4=(0.15\times A\times75\%)+(0.3\times75\%\times A)+(0.3\times75\%\times A)+0.25\times A\times75\%\div2)\times i=0.65625Ai$。

总利息 $S=S_1+S_2+S_3+S_4=1.3875Ai$。

总投资额$A=C+S=C+1.3875Ai$；

$$A=C\div(1-1.3875\times6.55\%)=15331192450\text{ 元。}$$

利息 $S=1.3875Ai=1.3875\times154331192450\times6.55\%=1393317934$ 元。

项目贷款总金额$=A\times75\%=11498394338$ 元。

上述计算中贷款 1149839.4 万元，占投资总金额的 75%，贷款利息由资本金偿还，那么项目资本金为 25%。

方法四：建设期贷款利息也作为贷款基数，单利计算建设期贷款利息，利率按基准利率上浮 10%(表 4)。

某高速公路投资估算及建设期贷款利息计算(方法四) 表 4

项　　目	合　计	2014 年	2015 年	2016 年	2017 年
不含利息的估算总金额(元)	13937874517				
利率(%)	7.205				
年投资比例(元)	75	15	30	30	25
贷款额度(元)	11614500215	17422175032	3484350065	3484350065	2903625054
年度贷款利息(元)	1548125770	62761856	251047422	502094844	732221648
贷款本息合计(元)	13162625985	1804936888	3735397487	3986444909	3635846702
投资总金额(元)	15586000287				

从 2011 年开始,国家实行货币政策从紧政策,受到融资平台的限制,辽宁省近年来实际贷款利率在基准利率基础上上浮 10%。具体计算过程同方法三,只是利率 $i=6.55\%\times(1+10\%)=7.205\%$。

四种方法计算对比如表 5。

某高速公路投资估算建设期贷款利息计算对比表 表 5

	建设期贷款利息计算方式	利息金额(万元)	备　　注
方法一	以静态投资作为贷款额基数,复利计算	133215.6	不符合有关要求
方法二	投资总金额(含建设期贷款利息)作为贷款额基数,复利计算	147293.7	适用于建设期内不还利息,利息仍计息
方法三	投资总金额(含建设期贷款利息)作为贷款额基数,单利计算	139331.8	按银行要求,定期偿还利息,因此按单利
方法四	投资总金额(含建设期贷款利息)作为贷款额基数,单利计算,利率上浮 10%	154812.6	与目前实际相吻合

方法一建设期贷款利息只作为建设成本,不在建设期支付而在经营期偿还的计算办法目前业内较多采用,但与《资本金使用制度》和《编制办法》的有关规定相违背,不建议采用。

方法二符合经济评价与参数的计算的方法,贷款额计算接近实际情况。

方法三适用建设期贷款利息在贷款当期由银行直接扣除后再发放贷款余额的情况,或理解为建设期贷款利息在当年按约定归还(占用资本金),因此不再按复利计算。

方法四与目前贷款的实际情况相符,但因利率上浮 10%报国家审批时或有困难。

辽宁省实际情况是贷款利息计入资本金,并定期返还银行,建设期贷款利息不应作为复利计算,因此正确并符合实际的应采用方法四。

三、结论

综上所述,建设期贷款利息应按单利计算,贷款总额应按投资估算,即计息前总造价与建设期贷款利息之和为基数计算,这样才能更符合实际。

项目资本金使用计划和施工工期如果不同,投资估算总金额也会发生较大变动。一般情况下,项目建设初期应尽可能使用资本金,减少贷款,减小投资规模。因此在项目可行性研究投资估算编制阶段,应充分规划资本金基本情况,确定合理的资本金使用计划,这样才能得到较为合理、经济的投资规模,为项目经济评价提供合理的数据,为项目决策提供合理的依据。

(执笔人:辽宁省交通工程造价管理中心　韩　玫　张　波)

运用信息化技术进行工程造价管理研究

改革开放以来,我国高速公路建设取得了长足进步。随着社会经济快速发展,高速公路建设投资规模日益增大,高速公路造价已成为整个国民经济发展备受瞩目的焦点。高速公路造价管理在项目建设中起着重要作用,是建筑经济、技术与管理的高度结合。与国外发达国家相比,我国的工程造价管理研究起步较晚且观念相对落后,现行的工程造价管理大多缺乏系统的管理模式,并且缺乏对建设项目全过程的综合管理意识。目前国内还没有正式运用云计算数据系统平台进行工程造价管理与控制,但有些省份已开始进行工程造价管理云计算系统研发,未来运用云计算数据系统进行工程造价管理是大势所趋。

目前辽宁省交通项目推进力度逐步加大,高速公路、普通公路、沿海港口、铁路和运输场站建设齐头并进,大交通格局逐步形成。出于交通建设管理与市场经济发展相适应的要求,造价管理工作更需与时俱进,应加强项目实施过程中材料单价、工程量清单、预算造价、计量支付、工程变更、投标限价、项目决算等全过程的监督管理,切实控制工程总体投资。为了使工程造价管理信息化、准确化、高效化、智能化,提高造价监督工作效率和信息综合分析能力,合理控制工程造价,提高投资效益,有必要进行全省的工程造价管理运用信息化技术的研究,以全面加强交通运输工程造价管理,促进交通基础建设的健康发展。

一、造价管理信息化基础建设

构建造价管理信息化系统架构(图 1),建立云计算模型。通过云系统把实体工程转化为工程量,也可通过大量的工程基础数据云分析计算形成模拟的工程实体动画,进而进行造价动态直观管理。通过云计算系统,管理者可随时用设备终端查看各项目的各类别造价指标及构成情况,查看现场施工情况,并随时下达指令给现场管理人员。通过云计算系统平台,科学分析工程各项造价指标,合理控制工程造价,为项目决策与审批提供数据支持,实现对全省交通运输工程造价监督管理基础信息、造价市场监管信息的更加全面、及时、有效的动态管理。

信息化系统硬件建设要按照国家及省政府关于网络信息化建设的方针、政策及指导意见,网络服务器及云计算设备要推进社会集约化建设,最大限度实现资源共享,避免重复建设,节省人力物力。政府部门或机关单位可租用社会网络服务器,或者购买社会服务,提高社会资源的利用率。

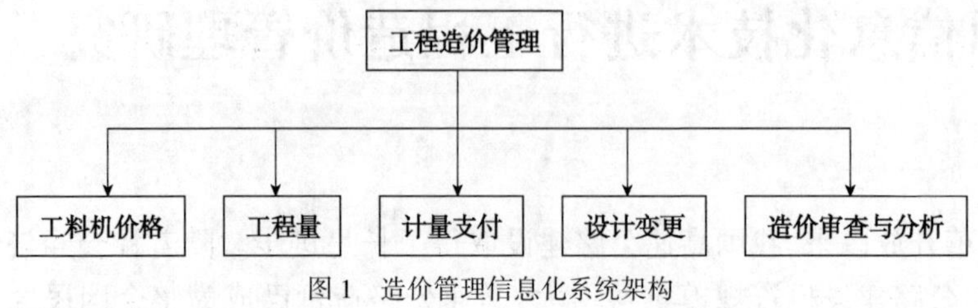

图1　造价管理信息化系统架构

二、工料机价格信息管理

工料机价格是编制工程项目造价的基础数据,是进行资产评估、造价分析、发布价格指数的基本依据,包括各地区劳动力、材料、成品、半成品、设备、工器具等市场价格。价格信息的准确程度直接影响工程预算造价的高低,为了准确预算工程造价,必须详细、准确地调查了解工料机价格信息,通过信息化管理,实现全省范围内工料机价格信息共享,提高价格信息的准确程度,避免不同造价预算单位重复调查工料机价格的繁琐工作。

由于材料、设备等种类繁多以及科技发展的日新月异,新材料、新设备将不断出现,通过信息化管理,可及时掌握它们的价格信息,也可以随时查阅各地最新的和历史的价格信息。通过对历史资料的分析,并结合分析期宏观及微观的各种信息,为投资决策提供依据。

收集料场信息,对料场注册信息进行审查,定期维护、审查料场的材料规格、产量、地理坐标等信息,建立本省的料场信息库。通过已建立的料场信息库对具体料场分布情况进行查询、对料场中的材料价格进行查询,提取有用的价格信息,为造价审查提供依据。通过与地理信息系统地图连接,计算出原材料到场的距离,并按照原材料单价、装卸次数、场外运输损耗等参数计算出原材料的到场价格。生成省内各地区的材料单价文件,将计算出的工料机单价生成Excel 文件并导出。

三、工程量信息化管理

目前使用的工程量清单中,体现的是同一项细目数量总和,不能体现实体工程数量。如桥梁桩基础 C30 混凝土细目,清单中是一个合同段的所有基桩 C30 混凝土数量总和,不能体现某个合同段中直径 1 米基桩多少根、直径 1.2 米的基桩多少根等。通过信息化管理,即可准确统计清单工程量,也可准确统计实体工程数量。

按照施工设计图纸，录入的各分项及子分项实体数量，系统按计量支付工程量清单编号自动生成工程量清单，也可生成一个分部工程（如一座桥梁）、一个标段、一个项目的实体工程数量统计表，或生成一个分部工程（如一座桥梁）、一个标段、一个项目的工程量清单。录入预算单价、成本单价、合同单价后，可生成一个分部工程（如一座桥梁）、一个标段、一个项目的实体工程预算造价、成本造价、合同造价，形成各类经济技术指标。

目前工程量的计算均是工程技术人员，按照设计图纸，通过大量繁琐的工作累加计算的，工作任务量相当大，且容易出现错、漏、重叠等现象。可研发工程量计算软件，对设计图纸扫描，自动分类计算各工程细目工程量，实现对工程量的信息化管理。

四、计量支付信息化管理

现在工程项目的计量支付均由施工单位的计量人员按照合同清单单价计算当月完成的工程金额，填写计量支付报表并逐级上报施工监理、设计代表、项目管理机构、建设单位进行审核批复，工作量大且很难准确统计实际完成的工程量。通过信息化管理，调用工程量数据库中的数据，录入已完成的各实体工程数量，可自动按清单支付格式计算已完成工程量，同时生成各类计量支付报表。形成单项工程、分部工程、标段工程、一个项目及全省完成的形象工程统计报表和计量支付报表，可有效的对计量支付进行动态监督管理，严格控制造价。

五、设计变更信息化管理

管价管理人员调用工程量管理系统中的数据，可计算工程变更增减数量。调用工程量管理系统中清单单价，可计算变更金额。计算完成，可自动生成各类变更报表。与计量支付管理系统关联，可形成设计变更计量支付报表，并与其他计量支付合并统计，生成各标段、各项目、全省的设计变更统计表，有效监督控制设计变更。

实现对设计变更事项数据信息管理，对设计变更事项数据的审查，对设计变更的统计和查询，形成设计变更统计报表（如图 2 所示）。

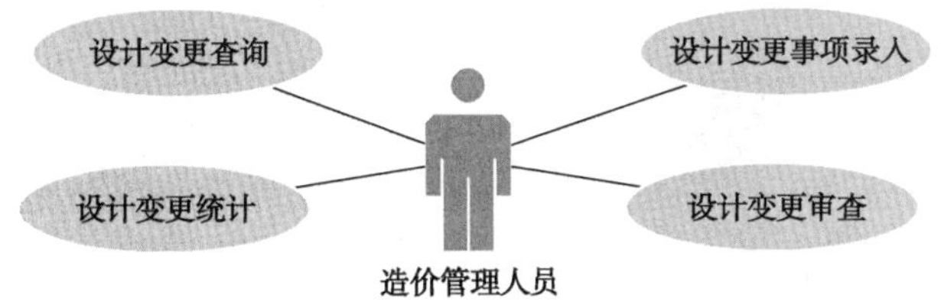

图 2　设计变更信息化管理系统框架

六、造价审查与分析信息化管理

项目造价审查包括对估算、概算、预算、招标上限、项目决算等审查。通过与工料机信息系统、工程量信息系统关联,实现对项目造价的审查。通过与计量支付、设计变更系统关联,快速形成各标段、各项目的竣工决算报表。通过造价审查数据的统计分析,对设计的合理性、工程概算、工程预算、合同造价等做出正确判断,为项目决策、建设、设计提供主要的依据,对工程造价实行动态管理。

辽宁省的高速公路建设在国内起步较早,已产生了大量的造价文件,积累了丰富的造价数据,但缺乏对这些文件和数据的归纳整理,也缺乏对工程造价的系统管理。因此有必要建立云计算数据系统,对各个高速公路项目的造价数据进行整理,形成相应的造价指标,为合理的控制高速公路造价提供依据。

通过工程造价信息化管理,可实现对工程项目全过程的有限监督管理。设计阶段,通过分析各项造价指标,在满足使用功能的前提下,修改优化设计,尽可能达到设计方案合理,有效控制工程造价;招投标阶段,合理确定招标控制价,使中标价趋于合理,杜绝围标、哄抬标价的现象;施工阶段,严格按合同执行,加强工程结算、支付管理,加强设计变更管理,科学、公正控制工程造价;项目竣工后,进行决算审查,严格控制不合理支出,杜绝腐败现象的发生。

(执笔人:辽宁省交通工程造价管理中心　王新志)

发展汽车快修品牌连锁业的思考

进入21世纪以来,我国汽车保有量快速增长。据统计,2003年到2013年,全国民用汽车拥有量从2380万辆增长到1.37亿辆,其中家用汽车已经突破1亿辆,城镇家庭每百户家用汽车拥有量从1.4辆增长到21.5辆,全国千人汽车保有量从18辆跃升到98辆。2014年我国生产汽车2372.29万辆,同比增长7.26%,销售2349.19万辆,同比增长6.86%,再创记录,连续第六年位居全球第一。我国已进入汽车社会。伴随着汽车行业的兴起,汽车维修业也迅速升温,现已从单纯的道路运输车辆维修保障行业发展为面向全社会的民生服务业。显而易见,汽车行业的"春天"已经来临,但作为刚刚起步的汽车快修品牌连锁业来说,距离"春天"还有待时日。

一、快修品牌连锁逐步成为汽车维修的发展趋势

连锁规模化经营早已在餐饮、电器和零售业兴起,并取得了良好的经济效益。作为同样为百姓服务的汽车维修业,近些年来国际流行的连锁经营模式也已在国内兴起,并以其成本低、速度快、反应及时、适应性强、方便快捷以及技术信息资源和专用设备可共享等诸多优点快速地占领着市场。它正在取代传统汽车维修企业以零散性为主的经营模式,发展前景广阔,必将逐步成为汽车服务业主导经营发展模式、汽车维修市场的主力军。

1858年连锁经营诞生于西方发达国家,是大工业生产和流通领域发展到一定程度的产物,兼具了大机器工业生产和传统商业特点两个方面优势,由于实现了经营过程的集中化、标准化、简单化和专业化,所以自问世以来就发展迅猛,现已成为商业领域占主导地位的组织形式。

汽车快修品牌连锁经营主要有以下特点:一是经营管理实现"五统一",即统一管理、统一订货、统一定价、统一形象、统一服务规范;二是投资相对较少,相对于4S店上千万的投资,一般投资在20万~50万元之间,占地少、人员精简,配件供应由总部负责,资金周转灵活,投资的风险也大大降低;三是资源可以共享。按照规定开办连锁维修网点的,在经营场所所在的地级市主城区或者县、市行政区范围内,可以共享技术负责人和《汽车维修业开业条件》(GB/T 16739—2014)规定的大型维修设施设备,特别是一些价格较贵的检测诊断设

备;四是市场竞争力较强。汽车4S店一般只能维修某一固定品牌,市场容量有限,不够灵活。而快修店没有品牌限制,更容易占领市场份额。

现阶段国内汽车维修品牌连锁经营企业主要采用以下几种方式:一是全资直营。总部派员直接进行经营管理,承担全部投资及盈亏。连锁店一般为总部下属的实行经济独立核算的非法人分支机构和样板企业。连锁店多数设在总部周边地区。二是合资(合作)经营。多方持股,总部处于相对控股地位,为第一大股东。其品牌可作为无形资本注入,经营效益按股份分配。三是承包经营。总部全权承包经营现有汽车修理厂,承包期内按合同对所得利润进行分配,其余利润归总部。四是特许(加盟)经营。连锁店向总部支付品牌使用费,有偿获得总部的管理指导、技术服务、零配件供应。连锁店与总部无产权关系,如违反协议,影响企业形象与信誉,总部可随时收回或撤销其特许经营权。以上四种模式从发展阶段来看,合资(合作)经营和承包经营适用于连锁经营的初、中级阶段,而特许(加盟)经营则是连锁经营的高级形式。

二、快修品牌连锁业发展状况

1.国外发达国家快修连锁业发展概况

美国、日本、德国等发达国家快修连锁经营模式发展较快,世界比较著名的汽车快修连锁品牌有美国的NAPA(蓝霸)、AUTOZON、AC德科,日本的AUTOBACS、YELLOW HAT以及德国的BOSCH等。其中,美国的NAPA(National Automotive Parts Association,美国国家汽车配件协会)作为美国大型的汽车配件经销商,2002年全球“Fortune 500”排名第235位,发展了特许加盟汽车快修养护连锁店1.05万家,星罗棋布地分布于全美50个州,使有车一族为爱车做维修保养就像去快餐店一样方便。NAPA、AC德科也因此被称为汽修业的“肯德基”和“麦当劳”。据统计,美国有20多个品牌的汽车维修公司旗下的快修连锁店和配件销售公司规模都达到500家以上,快修连锁企业的维修配件销售量占全国汽车配件市场的70%~80%。快修连锁业的发展,集中整合了各类汽车品牌的维修零部件,打破了汽车制造商的垄断,形成了高质量、低成本的零部件采购、供应网络。以汽车专业维修、快速养护为主的汽车养护中心和以事故车维修、保险理赔及紧急事故处理为主的事故车维修中心是美国汽车连锁服务的两种重要业态,也是当今美国汽车服务业的主流。

2.国内发达地区快修连锁业发展情况

1998年“快修连锁”初现中国,美国NAPA进军北京市场,打造了“蓝霸”品牌。随后,德国博世BOSCH、美国AC Delco等快修连锁品牌也纷纷抢滩中国。2005年5月全球第二大零部件供应商博世贸易有限公司在广东收购了11家维修企业,创建了博世专修品牌,一举打开了中国市场,如今博世已经在中国发展了1300家汽车维修连锁店。世界石油巨头“壳牌”也与上海汽车销售公司合资设立了“安吉-杰菲”汽车快修连锁公司,总投资3000万美金,计划用5年时间在全国开设1000家维修店。近年来,国内的汽车快修连锁经营企业也迅速崛起,厂商们纷纷向市场推出各自的连锁品牌。汽车快修连锁行业在上海、江苏、浙江、广东等地发展至今,比较有影响的品牌有笛威欧亚汽车科技集团与上海强生公司共同开设的“AUT-MAN强生快车手”以及“新焦点”、“百援”、“置信精典”、“中车快修”、上海大丰集团的“新奇特”等。上海快修连锁品牌已发展至60个经营品牌,店面总数达600家左右。江苏省致力于培育自有品牌,于2010年相继出台了《江苏省汽车快修业开业条件》(DB32/T 1692.2—2010)和《“江苏快修”品牌认定管理办法(试行)》等地方标准和文件,规范快修连锁业发展。经连锁总部申请,在行管部门委托协会定期对各地市推荐的“江苏快修”服务品牌企业审核认定的基础上,为其门店颁发“江苏快修”服务标牌,并由协会集中向社会发布。

3.辽宁省快修连锁业发展状况

截至2013年年底,辽宁省共有机动车维修企业15810家,其中一类汽车维修企业968家、二类汽车维修企业3603家、三类汽车维修企业10564家,一、二类维修企业仅占汽车维修企业总数的28.9%,三类维修企业占比高达66.8%。三类专项维修企业数量虽多,但其投资有限,缺少先进的检测诊断设备;从业人员文化素质不高,理论知识和实际操作能力不足,对于新技术、新工艺、新设备的掌握有限;维修技术和管理水平相对落后,多数是维持生计的“夫妻店”。基于以上原因,部分三类企业维修服务质量难有保障,更谈不上走“快修连锁”发展之路。目前,辽宁省成规模的汽车快修连锁企业主要有鑫永泰(沈阳)、驰加(大连)、快飞特(辽阳)、路路通(盘锦)、奥星越秀(锦州)、万里行(朝阳)等,多数集中在大中城市,部分品牌仅在本市发展,尚未形成规模,连锁经营网点数量有限,且绝大多数都是以全资直营方式存在,存在起步较晚、规模有限、资金制约、发展较慢等问题。全省汽车快修品牌连锁业尚处于起步发展阶段,真正连锁经营意义的领导品牌有待培育,引领示范作用有待发挥。

三、快修品牌连锁业目前存在的主要问题

1.市场有待规范,制度尚需完善

自2007年辽宁省开展机动车维修市场清理整顿以来,维修企业经营资质全面提高,维修经营行为得到进一步规范,但多数城市无证修理的“路边店”依然存在,多数设施设备简陋,低成本运作,人员也未经专业培训,凭借低廉的价

格挤占市场。其中也不乏许多合法的汽车配件销售商,靠销售配件“顺便”从事维修作业。这些行为很大程度上抢占了快修业务。相对而言,正规快修店按照国家标准开业条件要求,设施设备条件、组织条件和人员条件等都要符合相关规定,均需要一定的成本,在同一市场环境下竞争显然不占优势,形成了典型的“优不胜,劣不汰”局面。与此同时,汽车快修连锁尚缺乏对应的开业条件标准,行业管理部门缺乏许可依据。城市快速发展过程中,对于促进快修连锁业发展的政策引导支持力度不足,在一定程度上制约了快修连锁业的快速发展。

2.市场认知度不够,理念尚未形成

中国步入汽车社会不过10年左右的时间,国内的加权平均车龄与国外相比还差很多,绝大多数私家车还处于保修期内,或者刚出保修期,日常保养换油在4S店或特约维修店就解决了,尚不需要更多的维修业务服务。对于多数汽车消费者而言,他们对修车绝对是“外行”,随便找个修理厂就把爱车交给他们,既担心维修质量,又担心价格欺诈,所以还是认可汽车4S店、特约服务站或大型综合性修理厂,买的是一个放心。对于快修连锁企业本身而言,虽然在很多大中城市已经发展起步,但连锁网络化建设尚不健全,总部的管理和技术支持也很有限,没有真正地达到“五统一”,以致出现了“貌合神离”、“连而不锁”的现象,距离汽修行业的“肯德基”、“麦当劳”还有很大差距。

3.起步发展较慢,品牌效应不强

对于全国而言,汽车快修品牌连锁还处于成长阶段,众多国际品牌还只是在北京、上海、广州、深圳等一线城市试水,服务领域还没进一步拓展。对于辽宁省而言,真正叫得响的汽车快修连锁品牌较少,且均在一个城市发展,扩张速度远逊于汽车4S店。个别品牌因扩张速度过快,收编了一些基础较为薄弱、服务能力水平不高的小企业,虽然品牌数量增加了,但却忽略品牌质量,很大程度上也影响了品牌形象。

4.专业特色不明显,市场定位不准确

据了解,辽宁省部分汽车快修连锁店经营效益并不乐观,很多都处于维持状态。沈阳市某一品牌的快修连锁店旗下的4家连锁机构,2013年下半年每家月产值不足1万元。究其原因,有市场和社会经济环境的问题,也有人工等成本上涨、内部管理等原因。同时,有车一族的多样化、个性化需求越来越多,单纯从事日常的修理,由于人员技术和场地设施设备条件的限制,在肇事车和整车大修等方面无法与4S店和综合性一类修理厂竞争,部分零活散活又被许多“路边店”抢走,无法发挥自身优势,致使经营效益不佳。

5.配件供应和人员技术支持成为发展瓶颈

汽车维修技术信息和配件是维修业生存的必需品,但长期以来汽车主机厂对于维修技术信息和维修配件实行“授权制”,除4S店和特约服务站外,其他修理企业无法得到维修技术支持和正规配件供应,市场上的配件又“鱼目混珠”,导致维修质量很难得到保障。主机厂的“垄断”直接造成了汽车维修市场的不公平竞争,也成为快修连锁等绝大多数企业的“硬伤”。快修连锁企业承接车型是综合性的,对于技术人员提出了更高的要求。出于成本考虑,快修店较少派员进修培训。同时社会培训机构实际技能水平有限,而主机厂的专业品牌培训又不对外,畅销车型的技术资料被4S店把持。多方因素造成了快修连锁企业“巧妇难为无米之炊”的尴尬。

四、我省发展快修品牌连锁业的建议

1.强化市场秩序,加强政策引导

行业管理部门要进一步加大管理力度,强化维修市场的动态监管。一要严格市场准入,认真贯彻落实新开业条件标准,引导有条件的三类专项维修企业合理整合资源,开展合作(合资)经营,打造连锁经营模式。二要净化市场发展环境。通过经营管理质量达标创建活动,规定企业经营行为,引导企业达标。通过经营信誉考核和全省“去哪修车网”建设,合理引导有车族选择经营信誉优、服务质量高的企业消费。三要合理制订发展规划。按照“因地制宜、合理布局、供需平衡、便民惠民”的原则,结合经济社会发展总体规划,编制发布适合本地区的维修业专项规划,在城市建设发展中为汽车维修业提供功能空间。鼓励引导快修连锁企业走进大型社区、公共停车场、高速公路服务区及旅游景点服务区,并为其发展提供便利条件。

2.强化理念建设,充实发展内涵

充分学习借鉴江苏、福建等省份经验,从实际出发,制订发布快修连锁业开业条件地方标准,进一步细化补充专项维修开业条件。充分发挥行业协会的桥梁纽带作用,为快修连锁企业发展提供服务咨询,引导企业不断学习先进的管理理念,指导企业建立健全管理机制,促进快修连锁企业服务理念、服务方式和服务质量全面提升。加强宣传引导,逐步提升快修连锁服务的社会认可度。

3.加强品牌建设,发挥示范作用

快修连锁业发展,品牌建设先行。要研究建立健全品牌培育、发展、激励和保护的政策和机制,营造良好的品牌发展环境。下大力气培育扶持一批地方品牌,提升品牌价值和影响力,逐步打造市级和省级品牌。引进国际国内知名快修连锁品牌,鼓励大型维修企业拓展快修连锁业务,完善网络布局,充分发挥龙头骨干企业的引领示范作用。

4.鼓励专业发展,提升服务品质

适应市场的发展,不断满足消费者个性化、多样化的需求,才能在残酷的市场竞争中立于不败之地。引导快修连锁企业明确市场定位,鼓励开展轮胎、玻璃和变速器维修等技术有特长、服务有特色、创造附加值高的维修服务。快修连锁企业要加强内部管理,提高维修作业效率,在保证维修质量的前提下以“快”致胜。同时探索开展保险、代步车、二手车信息登记等服务,不断提升服务品质。

5.打破配件和技术信息垄断,强化人才队伍建设

交通运输部已经明确建立实施汽车维修技术信息公开制度,并鼓励原厂配件生产企业和授权配件经销企业向售后市场提供原厂配件。2015 年 12 月 31 日前汽车生产企业要公开全部已经入《车辆生产企业及产品公告》国产车型以及已获 CCC 认证的国产及进口车型的汽车维修技术信息,以保障所有维修企业平等享有获取汽车生产企业维修技术信息的权利,促进汽车维修市场的公平竞争。对于辽宁省而言,要抓住这次机遇,同时发展配件物流,充分运用物联网技术,研究建立汽车维修配件追溯体系,实现维修配件可追溯、可追踪。进一步完善职业资质制度,加强培养高技能人才,充分发挥辽宁省职业教育集团优势,推进职业院校和企业的双向互动,专业链接逐步延长和拓展,让学生获得更多的实习机会,毕业后更容易上岗,同时也减少了企业的培训成本。

(执笔人:辽宁省交通厅运输管理局　赵锦鹏　米　宸　牛鑫森)

第五部分

辽宁省温拌沥青技术研究

温拌沥青技术是近几年来,在能源紧缺、全球气候变暖的大背景下,快速发展起来的具有革命性意义的沥青铺面技术。随着石油能源消耗急剧增加,全球气候在近五十年来明显转暖,且呈愈演愈烈的趋势,由此导致的气候异动和次生灾害频繁发生,如不及时采取措施,将最终威胁人类生存。1997 年在欧盟、日本等主要发达国家的推动下,通过了京都议定书,要求在 2010 年全球温室气体的排放量比 1990 年减少 5.2%。作为最主要的缔约者,欧盟承担了最大比例的消减任务。在政策面的强力推动下,温拌沥青技术在欧洲研发并迅速进入应用阶段。

2007 年,在北京、上海、江苏、辽宁、河南、河北、四川、浙江 8 个省区先后实施了 20 余个温拌沥青项目,成功应用于城市道路、高速公路和城市快速道路薄层铺装、低温季节和高海拔地区施工、桥面超薄层、隧道铺面等路面类型。进入 2008 年,温拌沥青技术全面进入隧道路面、超薄磨耗层以及低温施工的商业应用阶段。与此相配合,多省、直辖市、自治区温拌产品标准与地方标准进入或已经完成了制定程序。中国温拌沥青技术尽管起步稍晚,但发展势头更加迅猛,且在世界上已占有重要地位。国内应用的温拌沥青技术基本实现了与全球最新技术同步,应用领域也越来越广泛。

一、温拌沥青技术研究

辽宁省自 2006 年引进温拌沥青技术,到目前为止,大体可分为三个阶段。一是技术引进使用阶段(2006—2008 年),二是技术消化改进阶段(2009—2011 年),三是技术自主创新与推广应用阶段(2012 年至今),见图 1。

(一)技术引进使用阶段

2006 年辽宁省交通厅立项开展“温拌沥青混合料应用研究”,项目主要采用掺加 Sasobit 温拌剂和利用 Evotherm 浓缩液实现沥青混合料温拌化。最终研究出一套切实可行的温拌施工技术,既保证了沥青路面良好的使用性能,又达到了节能减排的目的。项目主要研究内容如下:

1.温拌沥青混合料沥青胶结料组成研究

调查研究温拌沥青混合料的使用情况,总结出本项目重点研究方向。通过物理、化学的方法,特别是针对沥青在高温区和低温区的不同使用功能,分析研究沥青胶结料的降粘机理。在此基础上,选择本项目使用的原材料,包括胶结料、矿料、温拌剂。通过对原材料基本性能测试,试验确定温拌剂的类型和掺量以及乳化剂的类型及乳化沥青(基于乳化平台的 Evotherm 温拌沥青技术)生产工艺。

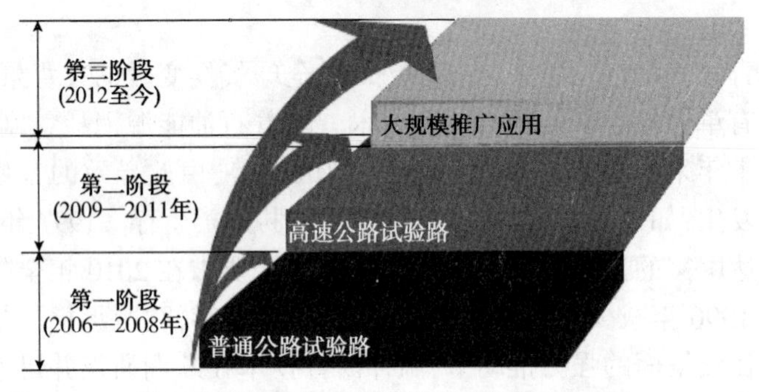

图1　温拌技术在辽宁省研究与应用的三个阶段

2.沥青胶结料性能研究

选用辽河 90 号基质沥青、西太 90 号基质沥青、辽河 SBS 改性沥青、西太 SBS 改性沥青以及掺加 3%Sasobit 后的胶结料进行不同温度下的粘度试验,绘制粘温曲线,并进行 PG 分级试验,确定高低温性能等级。

3.温拌沥青混合料配合比设计方法、检验控制指标研究

混合料配合比设计的好坏直接影响到路面的使用性能,好的矿料级配组成,能使矿料和胶结料最大限度地发挥性能,从而获得较佳的使用品质。另外,由于温拌剂的加入,改变了沥青的黏度,粘附在矿料表面的沥青膜厚度发生改变,须对相应的级配范围作调整,以保证混合料的整体性能。所以,对材料的控制,工艺研究,包括投料顺序、拌和温度、成型温度等试验研究是很重要的。

4.温拌沥青混合料路用性能和沥青性能研究

根据前面的研究,选定实施方案后,进行温拌沥青混合料路用和力学性能试验,明确混合料强度随时间变化规律,研究分析温拌沥青混合料的高温、低温、水稳定性、抗疲劳性能、静动态模量以及劈裂强度等技术指标。

5.铺筑试验路并进行跟踪观测、检测

结合室内试验的成果,在选定的试验路段铺筑试验路,验证级配、设计方法和施工工艺的可靠性,并进行跟踪观测和检测。

6.编制温拌沥青混合料设计施工技术指南

在总结试验路经验的基础上,编制温拌沥青混合料设计施工技术指南,以

指导该技术的大面积推广应用。

项目组在进行大量的调研、室内试验的基础上,2007 年分别在岫岩-水源二级公路铺筑了基于 Sasobit 温拌剂的试验路段 6000 平方米,在沈北新区-弯道三级公路铺筑了基于乳化平台的试验路段 3500 平方米。通过两年的检测和观测结果,试验路段路面使用状况良好,证明节能减排型温拌沥青混合料技术是可行的,性能是可靠的。

(二)技术消化改进阶段

2009 年辽宁省交通厅立项开展"温拌阻燃沥青混合料应用技术研究",通过项目研究将温拌沥青技术与阻燃沥青技术相结合,拟解决两方面问题:一是解决隧道路面铺装沥青混合料在火灾发生时的阻燃、抑烟问题。二是通过采取适当的技术手段,降低施工温度,减少有害气体的排放,降低烟雾浓度,改善隧道内施工环境。项目主要研究内容如下:

1.无卤阻燃改性沥青的研制与性能评价

对国内外阻燃剂进行广泛调研,以阻燃、抑烟效果作为主要控制指标,兼顾环保、经济性等因素,通过试验研究,比选出几种类型阻燃剂。根据阻燃剂的特点,采取复配的方式进行阻燃沥青制备,通过氧指数、烟密度试验确定阻燃剂的最佳复配比例。研究调和剂对沥青理化性能的影响;研究沥青调和机理,通过试验研究确定调和剂的最佳掺量。确定无卤阻燃改性沥青配方。以氧指数、烟密度、烟气毒性作为主要评价指标,对阻燃沥青进行燃烧性能评价。试验包括氧指数试验、烟密度试验及烟气毒性等级评价(生物试验法)等。由于绝大多数阻燃剂为粉末状颗粒,阻燃沥青多为沥青胶浆,三大指标试验难以科学评价其路用性能,为此,本研究采用动态剪切试验(DSR)和弯曲梁流变试验(BBR)分别评价阻燃沥青的高温性能和低温性能。

2.温拌阻燃沥青混合料性能研究

温拌阻燃沥青混合料性能研究分为路用性能评价和阻燃性能评价。其中,路用性能评价分别选用 SMA13L、UTFC10、AC13 等混合料级配类型进行试验研究,试验包括高温车辙试验、低温弯曲试验、低温约束冻断试验、飞散试验、水敏感性试验、疲劳性能试验、劈裂试验和静态模量试验;阻燃性能评价采用锥形量热仪试验,包括引燃时间测试、热释放速率检测、燃烧质量损失检测、烟气生成总量及有害气体产率测试等。

3.季冻区阻燃温拌沥青混合料隧道路面施工工艺研究

根据前述研究成果,结合新建和改建公路隧道路面的特点,开展阻燃温拌沥青混合料的拌和、摊铺、碾压等施工重要环节工艺研究。结合选定的试验隧道路面铺装工程,进行阻燃温拌沥青混合料目标及生产配合比设计,确定试验路施工方法，铺筑试验路，对沥青混合料设计方法和施工工艺进行验证，对试验路进行检测和观测，评价温拌沥青使用性能并编写试验路总结报告。

4.施工技术指南的编写

根据项目室内试验研究及试验路铺筑的成果，编写《季冻区公路隧道阻燃温拌沥青混合料路面施工技术指南》，指导公路隧道阻燃温拌沥青混合料路面的设计和施工。

2010 年 7 月，在长兴岛疏港高速公路毛湾隧道新建工程中铺筑了温拌沥青试验路，总面积约 6000 平方米，并总结了原材料要求、施工工艺和质量控制指标。通过试验路观测和检测，路用性能均符合规范要求。与热拌沥青混合料相比，施工过程中烟气浓度降低 80%以上，有毒气体的排放量减少 90%以上，明显改善了隧道内沥青路面施工环境，减少了对施工人员健康状况的影响，节能环保。

(三)技术创新与推广应用阶段

截至 2011 年年底，温拌沥青混合料技术在辽宁省普通公路路面、高速公路新建隧道路面及养护工程路面中得到应用，总面积达到 20 万平方米。该技术在应用过程中仍存在一些问题：

(1)温拌剂市场产品多，使用者难以选择质优价廉的产品；

(2)温拌材料添加工艺、温拌沥青混合料施工工艺不完善；

(3)温拌沥青技术适用条件不明确；

(4)温拌材料(温拌剂或温拌沥青)的评价指标不明确，难以进行质量控制。

针对温拌沥青技术存在的问题，2012 年 1 月辽宁省交通厅立项开展“温拌沥青的推广应用研究”(任务书编号 201207) 重点科研项目研究，期限为 2012 年 1 月至 2013 年 12 月，由辽宁省交通科学研究院、辽宁省交通厅公路管理局、辽宁省高等级公路建设局共同完成。项目研究内容主要包括：国内外温拌沥青技术应用情况调研，分析温拌材料的市场情况，对辽宁省应用的温拌沥青路面质量状况、各类温拌剂应用效果、温拌沥青技术施工工艺等进行系统总结，通过室内试验及试验路铺筑研究确定温拌沥青技术的适用条件及应用范围，推荐 1~2种适用于辽宁省的温拌材料，建立温拌沥青技术质量评价体系，根据室内试验及实体工程应用情况编写《温拌沥青路面施工技术规范》。

2012—2013 年，温拌沥青技术在辽宁省公路工程建设中得到大规模推广应用，其中高速公路路面中推广应用约 80 公里，普通公路路面中推广应用约 300 公里。室内试验和现场检测结果表明，温拌沥青技术推广应用工程路用性能良好，节能减排效果显著。

温拌沥青技术推广过程中,主要应用了 Evotherm DAT、BMH 型、LKW-Ⅰ型及 BLT 型四种温拌剂,各种温拌剂都能实现沥青混合料温拌效果。课题组对温拌剂的应用情况进行了检测。检测结果表明,本省自主研发的 BLT 型温拌剂表现出良好的路用效果,各项路用性能指标与进口产品 Evotherm DAT 相近,节能减排效果十分显著,并且对沥青及沥青混合料路用性能没有负面影响。

二、温拌沥青技术应用领域

随着温拌沥青技术的应用日趋成熟,温拌沥青技术的应用范围更为多元化,辽宁省主要在城市道路工程(节能减排)、寒冷地区公路工程(低温施工)、特殊公路工程(隧道路面)、特殊材料路面工程(橡胶沥青)、特殊级配路面工程(密实型超薄罩面)等方面均得到了广泛的应用。

(一)城市道路的建设和养护

节能减排是开发温拌沥青技术的原始动力。节能是指节约沥青混合料生产过程中加热集料所消耗的能源;减排包括两个方面,一是减少混合料生产过程中温室气体和有害物质的排放,二是减少混合料运输、摊铺过程挥发出的有机烟雾和粉尘。

相对于传统热拌沥青混合料,温拌沥青混合料的加工温度可以降低 30℃~60℃,节省燃油 20%~30%。

相对于传统的热拌沥青混合料,温拌沥青混合料是典型的环境友好型技术,可大量减少施工过程烟尘和有害气体的排放。图 2 为温拌、热拌混合料出料场景。

a) 温拌出料

b) 热拌出料

图 2 温拌、热拌混合料出料情况对比

根据国家环境分析测试中心检测数据显示,使用温拌沥青比热拌沥青二氧化碳排放量减少了 61.5%,生产 1 吨沥青混合料可以减少二氧化碳排放 4.5 千克(表 1)。

温拌沥青摊铺施工现场检测表明,苯可溶物、苯并芘等易致人体出现肺癌等病症的技术指标大幅度下降,这对于保护现场施工人员的身体健康能起到积极的作用;减少“沥青烟”排放达90%以上,可减少对环境的污染和对施工人员健康的危害(表2)。

温拌、热拌混合料有害物排放对比表 表1

测试项目	单位	热拌	温拌	降幅(%)
二氧化碳(CO_2)	mg/m^3	2.6	1	61.5
氮氧化合物(NO_x)	mg/m^3	151	40	73.5
一氧化碳(CO)	mg/m^3	104	91.3	12.2
二氧化硫(SO_2)	$10^4mg/m^3$	13	3.3	74.6
烟尘	mg/m^3	5.6	2.56	53.8

注:本表来自国家环境分析测试中心现场实测值。

摊铺现场检测有害物质排放对比表 表2

测试项目	单位	热拌	温拌	降幅(%)
沥青烟	mg/m^3	21.1	2.06	90.2
苯可溶物	mg/m^3	19.5	0.58	97
苯并芘	$\mu g/m^3$	0.0944	0.0187	80.2

在全球气候日趋变暖,国家投入大量的人力物力努力减少二氧化碳排放量的大环境下,采用温拌沥青技术将会带来巨大的社会效益,节约生产混合料所需燃料,减少对现场人员在有害化学物质环境下作业的健康损害。

(二)低温环境下施工

对于热拌沥青混合料而言,影响碾压效果的是沥青的黏度,而黏度则关联于碾压时沥青混合料的温度。而影响温拌沥青混合料碾压效果的是沥青黏度与结构性水膜的叠加。

采用温拌沥青技术生产的温拌混合料的摊铺、碾压工作性对温度的敏感度大大降低,会形成温度不敏感区间,使得低温施工作业条件下达到目标压实度的压实温度范围明显扩大(见图3、图4)。

(三)隧道工程路面铺装

隧道路面工作状态和施工工况与普通路段存在较大差异。隧道空间封闭,摊铺作业时通风条件差,摊铺作业产生的大量烟、热无法及时排除,导致施工作业环境极其恶劣,设备故障率上升,操作人员的体力、耐力下降快,身体受害大,对隧道摊铺项目难以实施有效的质量控制和管理,施工质量无法得到保证。

采用温拌沥青混凝土路面后,可以有效解决隧道沥青路面施工存在的以下几点问题:

(1)热拌沥青混合料摊铺、碾压的温度较高;
(2)产生的大量热辐射和有毒沥青烟气无法排除;
(3)施工人员的身体健康受到极大威胁;
(4)沥青浓烟降低了能见度,导致施工质量较差。

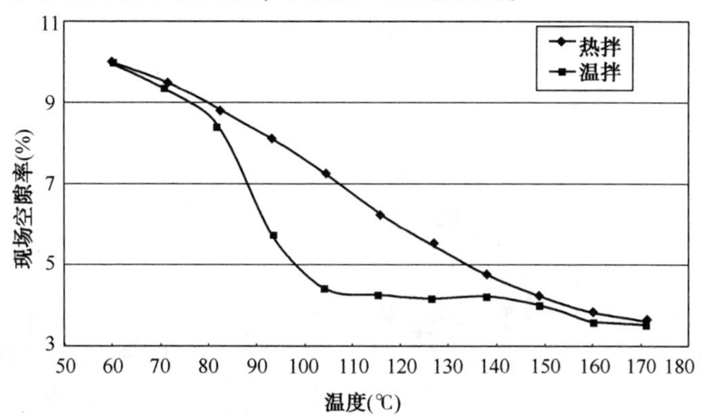

图3 低温施工应用原理图

a) 热拌沥青路面

b) 温拌沥青路面

图4 温拌、热拌沥青混合料低温施工路面对比

图5为温拌、热拌沥青混合料隧道内施工情境对比。

a) 热拌沥青路面

b) 温拌沥青路面

图5 温拌、热拌沥青混合料隧道内施工情况对比

(四)高粘度胶结料降温施工

高粘度沥青(如橡胶沥青)对应的混合料路面铺筑时,为降低胶结料粘度,要求拌和、摊铺及碾压等施工过程温度均较高,使得沥青胶结料严重老化,并释放大量的有毒烟气,严重影响施工人员的健康,严重污染环境。采用温拌沥青技术则大大降低了施工温度,减轻沥青胶结料的老化,有效控制有毒气体的排放量。

图6为温拌、热拌橡胶沥青施工现场对比。

a) 热拌橡胶沥青路面

b) 温拌橡胶沥青路面

图6 温拌、热拌橡胶沥青路面施工情况对比

(五)沥青混凝土薄层罩面

密实型薄层罩面(SMA-10、AC-10、SAC-10、UTAC-10、ECA-10)目前在市政道路、高速公路预防性养护等方面得到了大量应用。由于其铺装厚度薄(2~3cm),在施工中散热速度极快,没有足够的有效碾压时间,容易出现压实不足的情况。通过采用温拌沥青技术,与密实型薄层罩面技术相结合,能有效解决密实型薄层罩面技术所面临的问题,使得密实薄层获得额外的2~4倍的可碾压时间,并增强压实效果(见图7)。

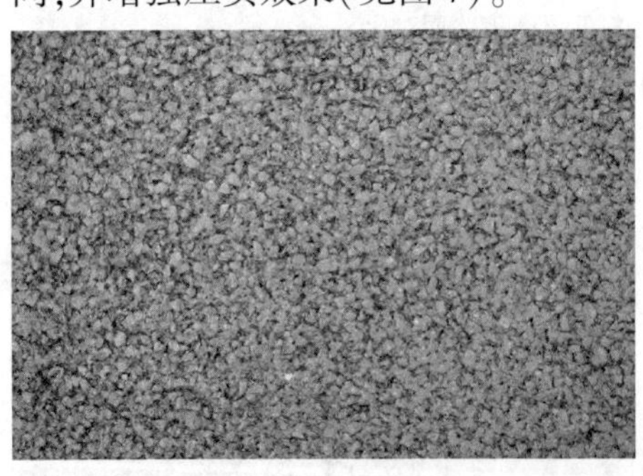

图7 温拌沥青混凝土薄层罩面

(六)热拌再生混合料

厂拌热再生在国内应用趋于成熟,但同时存在沥青回收料比例难以提高的瓶颈。厂拌再生料需要依靠新集料对沥青回收料的热传导保证最终的正常拌

合温度，旧料温度太高会加剧旧沥青分解，影响再生混合料整体性能。EWMA温拌沥青技术降低了拌合温度30℃以上，给厂办热再生工艺带来创新空间，可以大幅度提高旧料利用比例，并保障再生混合料的整体性能。

（1）采用温拌沥青技术降低拌和温度，减轻胶结料的进一步老化。减轻RAP料中旧沥青在生产过程中的二次老化，可提高对旧沥青的再生恢复效果，增进新加沥青、再生剂、旧沥青之间的融合与均匀分布，从而提高再生沥青混合料的路用性能。图8为RAP料中沥青二次老化情况，图9为RAP料黏壁情况。

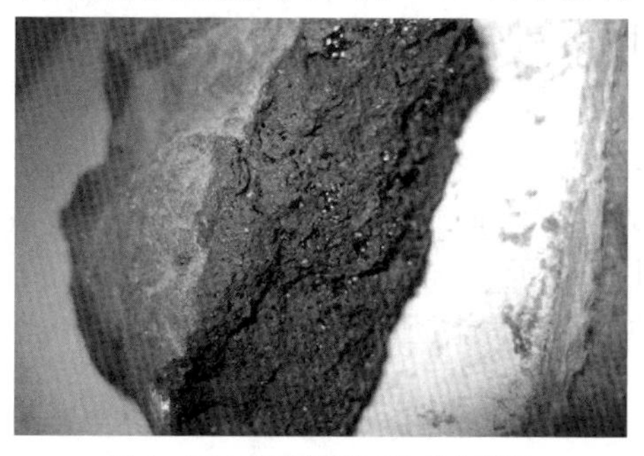

图8　RAP料中沥青二次老化情况

图9　RAP料黏壁情况

（2）采用温拌沥青技术降低出料温度，可使厂拌再生料的添加比例增加至50%。在现有施工工艺条件下，提高厂拌热再生RAP料的掺加比例（30%以上），可改善再生混合料的施工条件，拓宽厂拌热再生技术的应用范围。图10为厂拌温再生设备，图11为厂拌温再生路面情况。

图10　厂拌温再生设备

图11　厂拌温再生路面

三、结论与建议

（一）结论

温拌沥青技术在辽宁省公路工程建设中得到了大规模推广应用。截至2014年年底，高速公路路面中推广应用约100公里，普通公路路面中推广应用约400公里。室内试验和现场检测结果表明，温拌沥青技术推广应用工程路用性能良好，节能减排效果十分显著。

随着温拌沥青技术的应用日趋成熟,温拌沥青技术的应用范围更为多元化,辽宁省主要在城市道路工程(节能减排)、寒冷地区公路工程(低温施工)、特殊公路工程(隧道路面)、特殊材料路面工程(橡胶沥青)、特殊级配路面工程(密实型超薄罩面)等方面均得到了广泛的应用。

(二)建议

温拌沥青混合料长期路用性能有待跟踪评测。目前阻碍它的应用主要是由于成本的增加和长期性能的不确定性。

据国家环境分析测试中心检测,采用温拌沥青技术可节省加热燃油20%~30%,同时减少二氧化碳排放50%,摊铺时减少沥青烟90%。必须对节能环保特点进行深入细致的研究,以推动温拌沥青混合料的发展。

随着道路行业的智能化和多功能化,沥青路面要更加凸显以人为本的理念,体现公路设计的人性化,提高其安全性与舒适度。因此,温拌沥青技术今后在排水降噪、融雪化冰、太阳能利用等一些特殊功能沥青路面中的应用将有更为广阔的空间。

(执笔人:辽宁省交通科学研究院　南雪峰)

普湾新区跨海大桥施工监控技术方案研究

一、工程概况

普湾大桥位于大连市普湾新区松木岛东南部海域，是渤海大道一期工程中一座跨海特大桥。主桥全长为740m，采用挂篮悬浇逐段施工，桥孔布置为70m+5×120m+70m，结构形式采用预应力混凝土变高度连续箱梁。主桥跨中、边支点处梁高3.4m，中支点处梁高7.8m，梁高变化段梁底曲线采用1.8次抛物线，边跨8.6m范围内为直线段。单幅箱梁截面为单箱双室，箱梁顶宽16.5m，底宽10.5m，两侧翼缘悬臂长度为3m。图1为施工中的普湾大桥主桥。

图1　普湾大桥主桥

二、施工监控目的和任务

连续梁桥的施工监控有三个方面的主要目的：一是使结构在建成时达到设计所希望的几何形状，二是使结构在建成时达到合理的内力状态，三是在施工过程中保证结构的安全。

本桥施工监控采取理论计算预测→按预测进行节段悬臂施工作业→节段施工作业完成后实测应力和线形数据反馈→根据实测反馈进行参数分析、识别及优化→下一施工阶段理论计算预测的循环次序进行，其主要工作内容包括阶段施工前的预测计算、节段悬臂施工过程中的控制测量、实测结果与计算预测结果的偏差分析及优化分析三个方面。施工监控总体思路如图2所示。

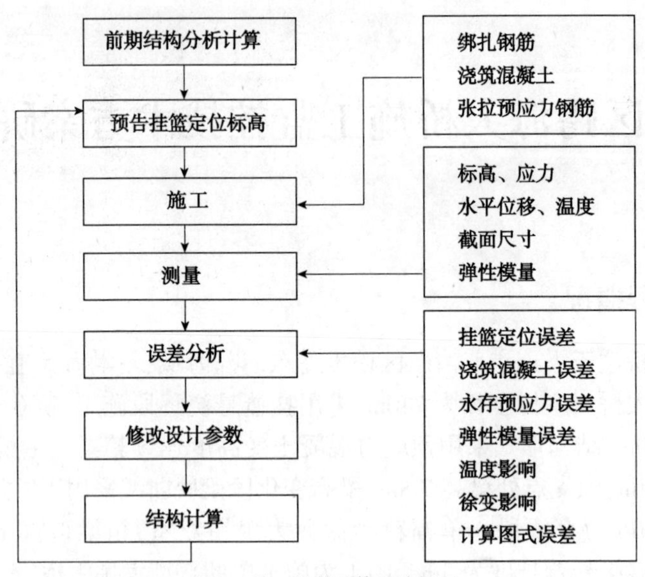

图2　施工控制总体思路框图

三、施工监控技术重点

根据普湾大桥挂篮施工的工艺特点、跨海大桥特殊的作业环境，在实施监控工作时需要考虑以下几方面内容：

(1)普湾大桥主桥具有多次合龙过程，工序复杂，可能出现主梁向下预拱的现象，施工过程中结合实测资料及类似桥梁经验进行控制；

(2)混凝土收缩徐变对结构线形影响较为明显，施工前收集相关资料进行预测分析，施工过程中结合实测资料进行详细分析；

(3)预应力张拉损失、梁体截面尺寸、混凝土材料性能及浇灌重量、施工周期、结构的温度场等对桥面的竖向线形影响比较敏感，应作为精度控制的重点；

(4)预应力张拉对结构线形及结构受力安全均有较大影响，在张拉过程中应进行重点控制。

四、施工监控主要内容及测点布置

(一)施工阶段仿真计算

桥梁的施工控制计算分析不仅应能够对整个施工过程进行正确描述，反映整个施工过程结构的真实受力行为，而且也能确定结构各个阶段的理想状态，为施工提供中间阶段结构状态。施工监控的过程就是通过对施工过程的仿真计算，初步确定每个悬浇阶段的立模标高，并在施工过程中根据施工监测的成果对误差进行分析、预测和调整后续梁段的立模标高，以确保施工过程中结构的可靠度和安全,确保合龙精度以及成桥后的桥面线形、内力符合设计要求。图 3 为计算模型立面图。

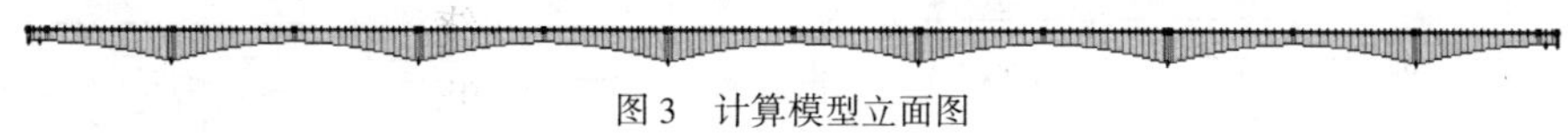

图 3　计算模型立面图

(二)立模标高确定

本桥采用正装计算法确定桥梁施工阶段理想状态,正装计算法是按桥梁施工安装的顺序,分阶段分步骤模拟计算结构的实际形成过程,以确定施工各阶段结构的内力状态和线形。

主梁立模标高是主梁线形的基础,成桥合理线形和施工过程中计算完成后,就可以确定主梁施工预拱度,从而求得各施工阶段的立模标高。

梁段立模标高设置原则:

$$H_{施}=H_0-f_s+f_m+f_g$$

式中:$H_{施}$——主梁梁底立模标高;

H_0——主梁梁底设计标高,即成桥状态设计线形;

f_s——从梁段安装到成桥状态累计位移,向下为负;

f_m——主梁的活载预拱度,取活载最大位移的 1/2;

f_g——挂篮变形产生的挠度。

(三)结构变位监控

普湾大桥结构变位监控主要内容为主梁标高监测、主梁轴线平面坐标监测、墩顶水平偏位及墩身垂直度监测、基础沉降监测。

1.主梁标高监测

在挂篮移动到位、块件混凝土浇筑完毕、预应力张拉完毕等施工环节进行主梁的标高监测,适时反馈施工中主梁的线形,为判断主梁自重集度、混凝土弹性模量、临时荷载、徐变系数等参数提供依据。

主梁标高在纵桥向每施工节段设一测试截面,截面布置在该施工节段距前端 10cm 处,每个测试截面布置三个测点。测点采用预埋钢筋,把顶部磨圆作为测标,顶部露出桥面 5~10mm,主梁标高测点布置如图 4 所示。

2.主梁轴线平面坐标监测

在每个梁段立模阶段和合龙前进行轴线和里程测量。定时观测主梁轴线在结构自重、预应力以及日照作用下的平面位置变化,进一步了解悬臂箱梁扭转变形引起的主梁侧向变形。截面布置同主梁的标高测点布置一致。

3.墩顶水平偏位及墩身垂直度监测

在悬臂浇筑主梁节段至一半至合龙前,每浇筑一个节段测量一次,施工浇筑混凝土前后各测量一次。监测平衡施工情况,保证对称施工。测点布置在每个墩顶截面上下游各设一个测点。

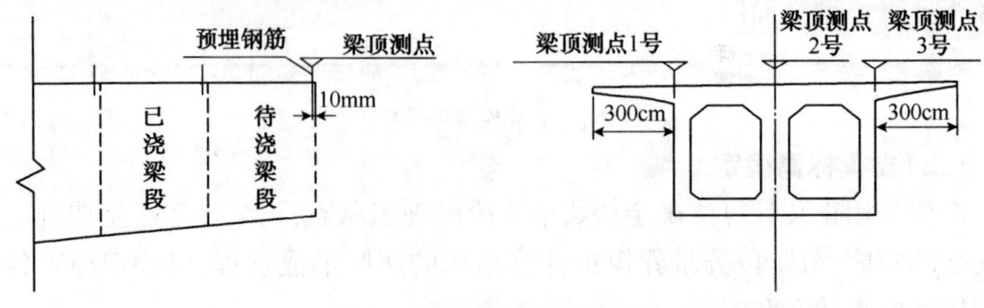

图4　主梁线形监控测点布置图

4.基础沉降监测

测试工作每完成一个节段后进行一次,测量各施工工况中基础的累计沉降和不均匀沉降值。四个主墩墩底截面各设置四个沉降观测点,如图5所示。

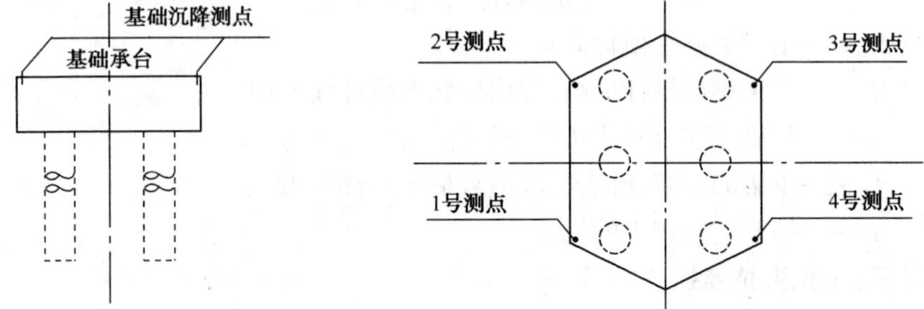

图5　桥墩沉降测点布置图

(四)结构应力监控

结构的应力测试结果一方面用来评价施工质量,另一方面还可用于桥梁结构的跟踪监测,进一步完善桥梁设计理论。对大跨度预应力混凝土桥梁而言,由于混凝土材料的非均匀性和不稳定性,受设计参数的选取(如材料特性、密度、截面特性等参数)、施工状况的确定(施工荷载、混凝土收缩徐变、预应力损失、温度、湿度、时间等参数)和结构分析模型等诸多因素的影响,结构的实际应力与设计应力很难完全吻合,即计算应力不可能反映结构的实际应力状态。因此,在预应力混凝土结构的应变实际测试中,通过系统识别、误差分析与处理,可使测试应力尽可能地接近于实际,从而较准确地掌握结构的真实应力状态。

结构应力测点在主梁L/8处、L/4处、0号块外端、边跨合龙处、主跨跨中合龙处布置,横桥向断面布置详情如图6所示。

(五)结构温度场监控

根据对几个控制截面的温度场的测量,估计日照温差对悬臂端标高的影响,验证仿真计算模型温度场的情况;在对合龙前每个T悬臂端的标高及主梁伸长量进行48小时连续观测,绘制“时间—挠度曲线”及“时间—伸长量曲线”,

寻找主梁悬臂端横向及纵向变形影响的规律。

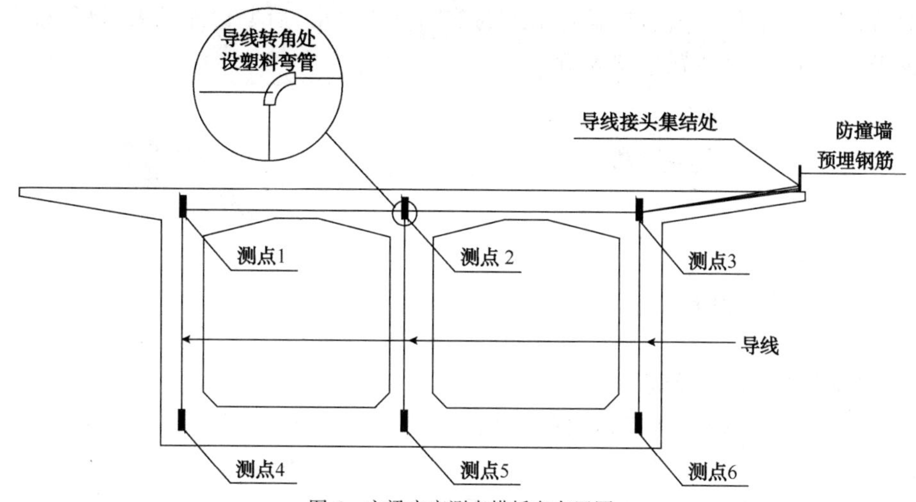

图 6　主梁应变测点横桥向布置图

温度测试断面左右幅相同，0 号块外端、L/8 处、跨中合龙段横桥向具体布置情况如图 7 所示。

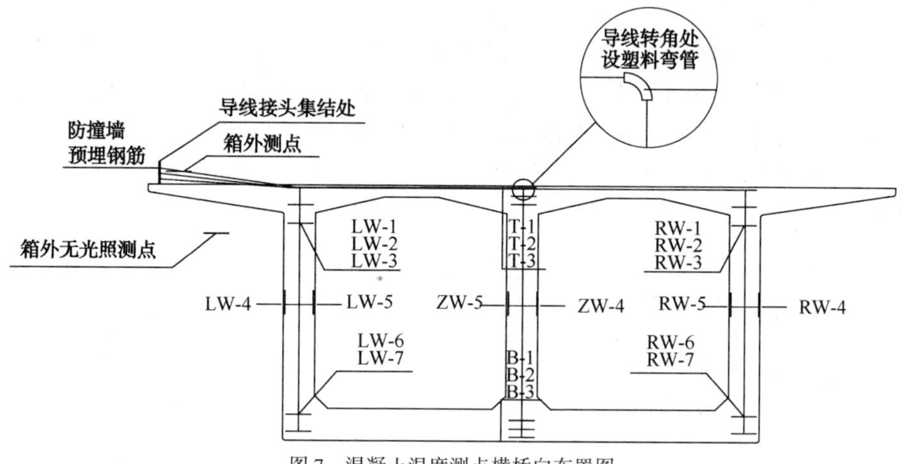

图 7　混凝土温度测点横桥向布置图

(六)混凝土力学性能、预应力损失测试

由于现场混凝土配制、浇筑的复杂可变性，应在混凝土浇筑前对混凝土试块进行弹性模量等性能参数的试验，以确定混凝土的标号与水泥牌号、水灰比、塌落度、水泥用量等指标的关系，并保证在整个大桥施工期的一致性。原则上在混凝土浇筑后应留取试样进行有关性能测试。

为了验证设计中早期预应力损失取值的合理性，应对预应力孔道进行摩阻试验，为悬臂浇筑挠度控制提供预应力度的参考数据。测试钢束的选择需与施工及监理单位协商决定；锚具变形及夹片滑移损失建议按锚具厂商提供的数据取值，不另行试验。要求在悬臂施工的前期检测短束、后期检测长束，每种束至少采样3组，测点布置如图8所示。

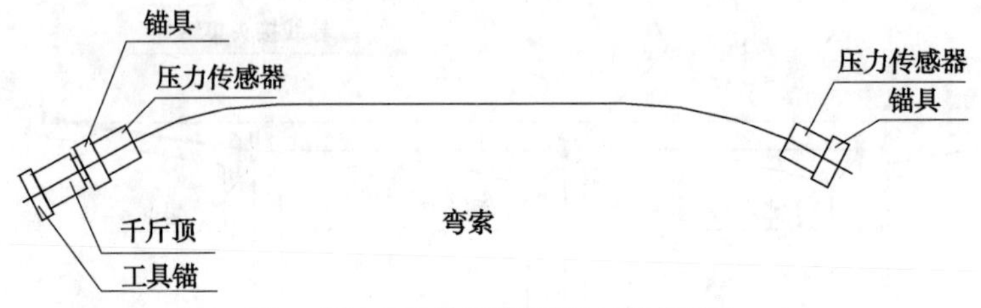

图8　预应力孔道摩阻试验传感器布置图

(七)线形调整原则

普湾大桥主桥结构状态随着施工阶段的不同会发生变化，结构实际参数与设计值会有一些偏差，加上现场施工荷载及环境变化的不确定性也会使结构的内力状态和线形偏离设计值，这种偏离不仅影响桥梁的合龙，还会危及施工安全。因此，通过调整最初主梁标高、预应力张拉控制力等，使成桥后主桥结构状态接近或者达到预先设计的结构状态，将是施工过程中最值得关注的问题。必须要通过现场监控及调查手段，收集已完成工程的结构状态及施工过程参数，整理实测控制参数，再通过监控分析计算，预测后续施工过程的结构线形及内力状态，提出后续施工过程应采取的措施和调整后的控制参数，指导施工，保证施工过程结构的安全，使桥梁最终达到设计成桥状态。

根据现有的施工技术水平、仪器精度及《公路桥梁桥涵施工技术规范》，本次监控项目控制精度见表1。

施工控制误差范围　　表1

序　号	检　查　项　目	规定值或允许偏差
1	轴线偏位(mm)	10
2	悬臂梁段高程(mm)	±10
3	相邻节段高差(mm)	10
4	合龙后同跨对称点高程差(mm)	L/5000
5	横坡(%)	±0.15
6	平整度(mm)	8
7	立模标高允许误差(mm)	±5
8	成桥后主梁线形(mm)	±20

线形调整的基本原则是：小于施工控制误差范围±5mm误差不作调整；大于施工控制误差±5mm的误差，在后续节段调整一半；施工线形与计算线形的

几种偏差方式及其处理方法如图 9 所示。

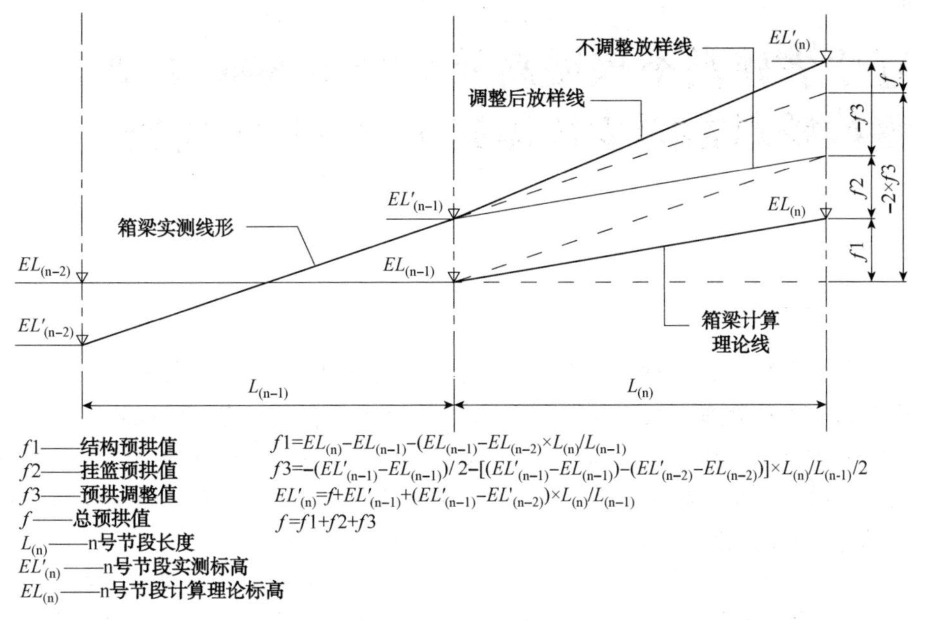

图 9　线形偏差及其处理方法示意图

五、方案技术总结

根据普湾大桥挂篮施工的工艺特点、跨海大桥特殊的作业环境制定了以上施工监控技术方案,技术方案总结如下:

(1)从主要施工材料、施工阶段受力情况、悬臂施工工艺特点、关键工况的重点监控参数等方面综合考虑施工监控内容,保证了施工监控工作的完整性。

(2)根据施工阶段的仿真计算确定了监控的主要参数及关键测试断面,优化了测点布置,有针对性地完成施工监控要求,具有一定的工程经济性。

(3)提出了施工过程中实际参数的误差控制范围,并为指导施工提供了具体的调整方法,同时保证了施工过程中结构的安全性。

(执笔人:辽宁省交通规划设计院公路养护技术研发中心
李万德　朱　晶　于传君)

辽宁省建昌至兴城高速公路 2-80m T 型钢构桥双幅同步转体施工设计技术研究

一、引言

随着我国高速公路的快速发展,建设中越来越多的遇到需跨越山区深谷、现有公路或铁路施工的情况,且既有线路的管理单位日益要求跨线施工尽可能小的影响其正常通行,这就迫使设计或施工单位需要寻找更好的施工方法解决这个问题。而桥梁转体施工法的出现,很好地解决了这一难题,并得到日益广泛及普遍应用,成为桥梁施工工艺发展的重要方向。

桥梁转体施工是指将桥梁结构在非设计轴线位置制作(浇注或拼接)成形后,通过转体操作就位的一种施工方法。它可以将桥梁施工从施工较困难的作业区域转移至相对便捷施工的作业区域。根据桥梁结构的转动方向,转体施工可分为竖向转体施工、水平转体施工及平转与竖转相结合的施工,其中以平转施工应用最多。建兴高速丁家沟公铁分离式 T 型刚构桥就是采用平面转体法施工的。

二、工程概况

(一)工程条件

建昌至兴城高速公路丁家沟公铁分离式立交桥,跨越铁路处高速公路里程为 K77+278.00,交角为 69.4°。桥梁外缘间总宽 24.5m,向兴城市方向为 1.01078%的上坡路段和-1.82117%的下坡路段,全桥位于 $R=12000$m 的凸型竖曲线、平面为直线的平曲线上,桥面横坡为 2%,桥下铁路净高不小于 9.0m。

该桥以 69.4°的斜交角度跨过既有京哈客运专线(秦沈段),行车密度大。2014 年 10 月前建成本桥是建兴高速重点工程能否按时全线通车的关键。

如何既能快速、安全地在客运专线上架起立交桥,又能不干扰或尽量少干扰正常的铁路运输,是本桥设计最大的技术难点。选择合理的结构形式和相应的施工方法,是本桥方案设计成功与否的关键。

(二)设计构思

转体施工法在我国西南各省使用较多,主要是转体法要求的施工设备少、操作简便。近年来结合先进的同步千斤顶和计算机自动控制技术,转体施工法逐步推广应用于大跨度、大吨位桥梁上。例如:广州丫髻沙大桥(主桥为76m+360m+76m三跨连续自锚式钢管混凝土拱桥),为先竖转后平转的转体桥,平转质量达13600t;大秦铁路大里营铁路斜拉桥,为平转法施工的40.75m+50m跨度布置的独塔斜拉桥,转体质量为3400t;贵州省水柏铁路北盘江大桥为主跨达236m的上承式拱桥,转体质量为10400t。常规的设计方案有顶推法施工的预应力混凝土连续梁方案、吊装法施工的连续钢混结合梁方案、拖拉法施工的连续下承式桁梁结合梁方案。如采用此三种方案,将会对铁路运输产生频繁的干扰,给国家造成不小的经济及社会的损失。如果在建设丁家沟公铁桥时,在客运专线两侧平行于铁路线路线外支架分段浇筑长为138m的主桥梁体,对称拆除支架形成受力合理的平衡转动体结构,能在很短的时间(60min)内将结构平转到桥位。经反复论证,最终决定采用转体法施工的预应力混凝土T型刚构桥设计方案。该方案通过新技术、新工艺的应用,确保铁路运输安全和畅通,从而取得了良好的社会效益和经济效益,降低了桥梁造价,在建兴高速公路建设中充分体现了“科技建兴”的指导思想。

三、主体结构设计

该主桥位于直线段上,桥梁设计为双向四车道,为分幅桥,单幅桥宽为11.60m,左右幅桥间净距0.45m。桥跨布置为80m+80m预应力混凝土T型刚构(见图1),采用支架现浇、平面转体的施工方法,转体段支架现浇施工完成后转体与边墩旁支架现浇段完成合拢。

图1　丁家沟公铁分离式立交桥(主桥转体前后)

主梁分为转体施工段、边跨支架现浇段及合龙段,其中转体施工段为138(69+69)m,由0、1、2号段组成,分段长度分别为15m、23.5m、30.5m,边跨支架现浇段节段长为8.95m,合龙段节段长为2.0m。转体段支架现浇施工完成后转体与边墩旁支架现浇段完成合龙。本桥主梁按照全预应力结构设计。全桥箱梁采用同济大学“桥梁博士 V3.2.0”程序进行纵桥向内力分析和配束。用

"MIDAS 2010"版程序进行校核,考虑的附加力如下:

(1)基础变位(不均匀沉降)。主墩沉降按 20mm、边墩按 10mm 进行计算。

(2)温度荷载。设计合拢温度为 15℃;有效温度作用效应:升温温差取 19℃,降温温差取-38℃;主梁上缘梯度温度按《公路桥涵设计通用规范》(JTG D60—2004)取值,并按以下两种工况机型组合:全桥升温组合(梯度温度)、降温组合(梯度温度)。

(3)收缩徐变。由于结构体系转换,混凝土徐变对结构产生的效应按照《公路钢筋混凝土及预应力混凝土桥涵设计规范》(JTG D62—2004)第 4.2.12 条办理,收缩徐变引起的预应力损失按照《公路钢筋混凝土及预应力混凝土桥涵设计规范》(JTG D62—2004)第 6.2.7 条办理。

(一)上部结构设计

主梁横断面采用单箱单室直腹板截面,中墩顶处 4.0m 段为等高段,梁高 8.2m,由中墩顶至跨中方向 57.5m 为变高段,梁高经 1.8 次抛物线渐变至 3.5m,合龙段及边跨现浇段为 3.5m 等高段。

箱梁顶板宽 11.6m,两侧翼缘长 2.7m。箱梁顶板等厚段长度 0.3m,主墩顶变厚段长度为 3.5m;底板厚采用原图纸设计;腹板在 2 号节靠近主墩侧开始变厚,变厚段长 4m,由 80cm 变至 60cm。箱梁构造顶、底板平行,坡度同路线横坡,腹板竖直。

主梁采用纵、横、竖三向预应力体系。纵横预应力束采用 Φs15.2 高强度低松弛钢绞线,标准强度平均 $f_{pk}=1860\text{MPa}$,以预埋塑料波纹管制孔,群锚锚固。其中纵向预应力束分为顶板束、腹板束、底板束,纵向悬浇顶板束、腹板束采用 15-Φs15.2、19-Φs15.2 钢绞线,顶、底板合拢束采用 15-Φs15.2、13-Φs15.2、钢绞线,顶板横向预应力束采用 3-Φs15.2 钢绞线,墩顶横梁采用 19-Φs15.2 钢绞线。

竖向预应力束采用 JL32 精轧螺纹钢筋,80cm 厚度腹板段竖向预应力间距为 0.25m,其他位置竖向预应力间距为 0.5m。

(二)下部结构设计

T 构主墩墩采用墩梁固结,单箱单室矩形截面,墩身为 620×400cm 空心墩。基础为 ϕ150cm 桩基础。过渡墩采用 680cm×180cm 实心墩。基础为 ϕ150cm 桩基础。过渡墩处与本桥相接的引桥为装配式预应力混凝土预制 T 梁,主引桥梁高不等。为保证主引桥顺接,设计中将过渡墩盖梁设计成带台阶式的钢筋混凝土盖梁,盖梁高 2.0m、宽 2.4m。桥墩、台身及桩基础等按极限状态法及裂缝控制进行结构设计和配筋,并考虑桩土共同作用。钻孔灌注桩基础采用"m"法设计计算。

(三)主要附属设施设计要点

桥面铺装采用 8cm 沥青混凝土+防水层+8cmC50 混凝土。

在安全防护方面,全桥均设置防撞墙。其中,跨越铁路处外侧设置双层防撞设施,内侧采用 SS 级加强型防撞护栏,外侧采用 SS 级防撞墙,防撞护栏与防撞墙间净距为 0.5m;跨越铁路桥孔外侧防撞墙顶设置高 2.75m 防落网,防落网网眼尺寸为 5mm×5mm。两幅桥内侧缝隙盖 10cm 厚钢筋混凝土封闭板。为进一步保证铁路的安全运营,在防撞墙侧面预埋螺栓及法兰,安装异物侵限检测网。

四、转动系统设计

桥梁转体施工与其他施工工艺的最大区别在于实现桥梁转体“转得动、转得稳、转得准”的目标。为此,转体施工桥梁设计最关键的是转动体系的设计。

平面转体施工一般分为滑道体系转体施工和单铰转体施工两大类。滑道体系转体施工稳定性好,转体重量分散在两个滑动铰上,滑动铰的设计相对容易,比较适用于大吨位转体。单铰转体,即中心球铰承压面承受全部转体重量,纵向及横向稳定可由球铰面间的摩阻力提供,转体时瞬间产生的不平衡由上盘保险腿承受。这就要求以球铰为中心,构成平衡力矩与不平衡力矩的荷载。

而转动结构体系方案的选定,主要在考虑结构、结构的几何参数、转体重量等桥梁结构自身的特点的同时,也应考虑现场的地形地貌、场地建筑物等客观场地条件。

综上所述,根据丁家沟公铁分离式桥梁自身结构特点及场地条件等综合条件,设计时未采用需要有宽阔、平整施工场地的大直径环道体系,而采用了中心支承-保险撑脚稳定的平转转动的球铰体系。

(一)转动系统结构的设计

转动系统一般由下转盘、球铰、上转盘、撑脚与滑道、转动牵引系统组成,转体结构如图 2、图 3 所示。上转盘支承转动结构,下转盘与基础相连。通过上转盘相对于下转盘转动,达到转体目的。转动系统必须兼顾转体、承重及平衡等多种功能。按转动支承时的平衡条件,转动支承可分为磨心支承、撑脚支承和磨心与撑脚共同支承三种类型。丁家沟公铁分离式立交桥转体主桥即为磨心支撑。磨心支承由中心撑压面承受全部转动重量,通常在磨心插有定位转轴。为了保证安全,通常在支承转盘周围设有支重轮或支撑脚。正常转动时,支重轮或支撑脚不与滑道面接触,一旦有倾覆倾向则起支承作用。

1.转体下盘

转体下盘为支撑转体结构全部重量的基础,转体完成后与上转盘共同形成桥梁基础。下转盘上设置转动系统的下球铰、保险撑脚环形滑道及转体拽拉千斤顶反力座等。千斤顶反力座用于转体的启动、止动和姿态微调等。

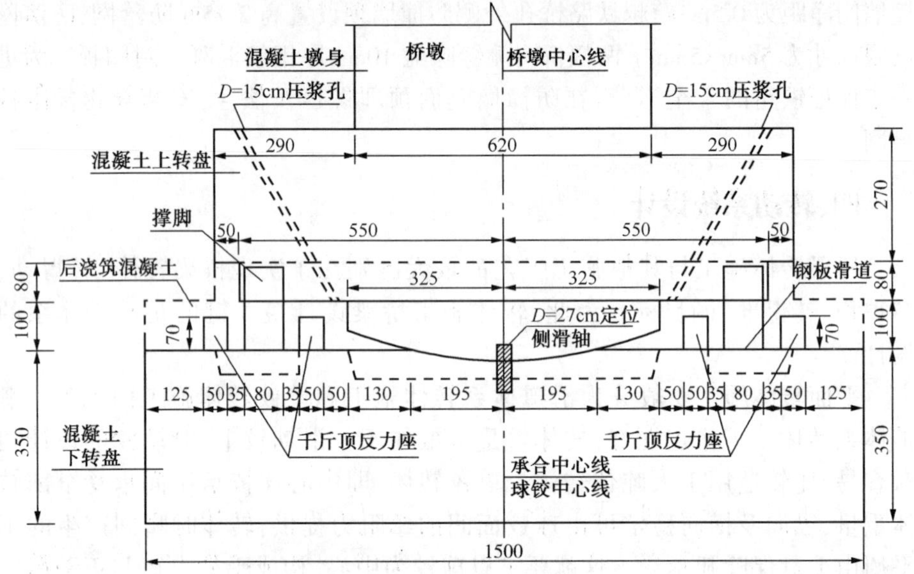

图 2　转动系统结构总立面图(cm)

图 3　转动系统结构总示意图

2.球铰

球铰分上下两片,是转体施工的转动体系,而转动体系的核心是转动球铰,它是转体施工的关键结构,制作及安装精度要求很高,必须精心制作、精心安装。

本桥球铰直径为 ϕ3900mm,定位中心转轴的直径为 ϕ270mm。分上下两片,是转体施工的转动体系,而转动体系的核心是转动球铰,它是转体施工的关键结构,制作及安装精度要求很高,必须精心制作,精心安装。球铰由上下两块钢质球面板组成,上面板为凸面,通过圆锥台与上部的牵转盘连接,上转盘就位于牵转盘上;下面板为凹面,嵌固于下转盘顶面。上下面板均为 40mm 厚的钢板压制而成的球面,背部设置肋条,防止在加工、运输过程中变形,并方便球铰的定位,以及加强与周围混凝土的连接。钢球铰面在工厂制造加工,在下球铰面上按设计位置铣钻四氟板镶嵌孔。下球铰顶面安装后镶嵌 760 块 ϕ6cm 的聚四氟乙烯滑动片,上下面板之间填充黄油聚四氟乙烯粉。

3.上转盘

上转盘是转体的重要结构,在整个转体过程中形成一个多向、立体的受力状态,上转盘布有纵向预应力筋。转台是球铰、撑脚与上盘相连接的部分,又是转体牵引力直接施加的部位。撑脚预埋到上转盘中,均匀布设,并与下滑道之间稍留间隙,转体时加垫聚四氟乙烯滑板,用于保证转体过程中转体结构的稳定。上转盘附着在下转盘上安装,固定成型后,试平转运行。

本桥上盘布有纵向预应力筋。上盘边长 1200cm,高 270cm;转台直径为 ϕ1100cm,高度 80cm。转台是球铰、撑脚与上盘相连接的部分,又是转体牵引力直接施加的部位。

4.撑脚与滑道

上盘撑脚即为转体时支撑转体结构平稳的保险腿。从转体时保险腿的受力情况考虑,转体对称的两个保险腿之间的中心线与上盘纵向中心线重合。在撑脚的下方设有环形可调式滑道,转体时保险腿可在滑道内滑动,以保持转体结构运行平稳。

本桥每个上盘下设有 8 个撑脚,每个撑脚为双圆柱形,下设 24mm 厚钢板。双柱为两个 ϕ800mm×24mm 的钢管,全桥撑脚钢管内灌注 C50 微膨胀混凝土。撑脚在工厂整体制造后运进工地,在下盘混凝土灌注完成、上球铰安装就位时即安装,并在撑脚走板下支垫 6mm 钢板作为转体结构与滑道的间隙。在撑脚的下方(即下盘顶面)设有 130cm 宽的滑道,滑道半径为 500cm,整个滑道面在一个水平面上,相对高差不大于 2mm。

5.转动牵引系统

根据转体的总重量选用相应型号的液压、同步、自动连续牵引系统(牵引系统由连续千斤顶、液压泵站及主控台组成),形成水平旋转力偶,通过拽拉锚固且缠绕于转台周围上的钢绞线(预留备用钢绞线),使得转动体系转动。

本桥转台内预埋转体牵引索,预埋端采用 P 型锚具,同一对索的锚固端在同一直径线上并对称于圆心,注意每根索的预埋高度和牵引方向应一致,每根索埋入转盘长度大于 300cm,每对索的出口点对称于转盘中心。牵引索外露部分圆顺地缠绕在转盘周围,互不干扰地搁置于预埋钢筋上,并作好保护措施,防止施工过程中钢绞线损伤或严重生锈。待上转盘混凝土达到设计强度后,进行整个转动系统支承体系的转换。抽去垫板使转台支承于球铰上。施加转动力矩,使转台绕球铰中心轴转动。检查球铰的运转是否正常,测定其摩擦系数,为转体施工提供依据。

摩擦系数按下式测算:

$$\mu=\frac{3M}{2RG}$$

式中:μ——摩擦系数;

M——转动力矩(tm);

G——转台总重量(t)。

设计静摩擦系数为 0.1,动摩擦系数为 0.05,若测出的摩擦系数较设计出入较大,应找出原因,并作相应处理。

(二)转动系统结构设计关键技术

1.转动球铰

在转体结构中,转动铰既是转动中心,又承受结构的全部重力,是受力最集中的区域。对球铰必须作充分的考虑和研究,既要容易转动,还要有足够的强度和制作精度。

(1)球铰类型的选择。对于单铰转体结构,预防结构倾覆是至关重要的。在相同倾覆力作用下,采用凸铰的转体结构的倾覆力臂总是大于采用凹铰的转体结构(见图 4)。另外,采用凹面铰还可防止铰面间填充的润滑剂在转体结构重压下流失。因此,丁家沟公铁分离式立交桥转体球铰一改过去桥梁转体施工惯用的凸铰(蘑菇头)而采用凹面铰。

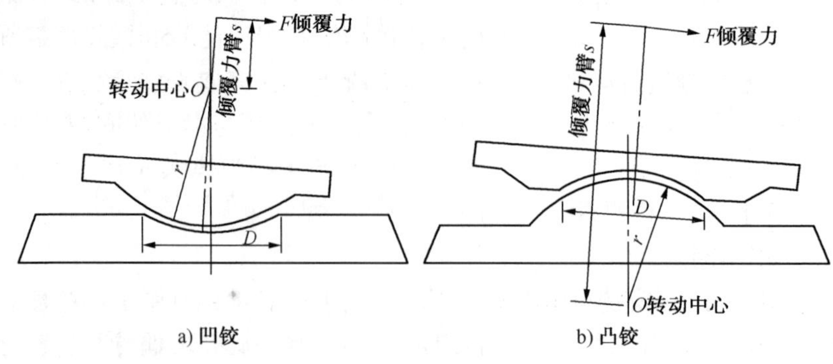

图 4　凸铰和凹铰的比较

(2)球铰转盘材质的选择。就大吨位平面转体施工桥梁来说,其平面转体系统的核心部分可分为钢材质转盘与钢筋混凝土材质转盘两大类。钢材质转盘与钢筋混凝土材质转盘相比,专业工厂加工,精度高,摩擦系数小,转体难度小。通过设计,我认为采用钢与填充式聚四氟乙烯复合滑片作为摩擦副的转体球铰,能为转体顺利实施提供良好的条件。

(3)球铰的计算。转体结构总重 $N=8500\text{kN}$,上盘、下盘混凝土均为 C55,球铰直径 $D=3.9\text{m}$,计算如下:

$N=6.3\times107\text{N}$,$A=39002\times\pi/4=11.95\times106\text{mm}^2$,$M=3.89\times1010\text{N}\cdot\text{mm}$。$y_0=1689\text{mm}$,$I_0=39004\times\pi/64=1.1356\times1013\text{mm}^4$,所以 $\delta=N/(A\times0.75)\pm M\times y_0/I_0=7.02\pm5.78=12.8\text{MPa}\leqslant f_{cd}=24.4\text{MPa}$(C55 混凝土)。

(4)球铰的制造与安装。球铰为转动体系的核心,是转体施工的关键结构,制作及安装精度要求很高,必须精心制作、精心安装。其制造精度控制如下:

平面光洁度不小于▽3;

球面各处的曲率应相等,其曲率半径之差±1mm;

边缘各点的高程差不大于 1mm;

椭圆度不大于 1.5mm;

各镶嵌四氟板块顶面应位于同一球面上,其误差$\ngtr$1mm;

球铰上、下面形心轴和球铰转动中心轴务必重合。

钢球铰面在工厂制造,在下球铰面上按设计位置铣钻四氟板镶嵌孔,同时在下球铰面上设置适量的混凝土振捣孔,以方便球铰面下混凝土的施工。

施工中要精确安装下球铰,精密对位后进行锁定。在混凝土灌注前将球铰中心轴的预埋套筒精确定位并固定,以便中心轴的转动。

下球铰混凝土灌注完成后,将转动中心轴 $\phi270\text{mm}$ 钢棒放入下转盘预埋套筒中。然后进行下球铰聚四氟乙烯滑动片和上球铰的安装。聚四氟乙烯滑动片安装前,先将下球铰顶面清理干净,球铰表面及安放滑动片的孔内不得有任何杂物,并将球面吹干。根据聚四氟乙烯滑动片的编号将滑动片安放在相应的镶嵌孔内。

滑动片安装完成后,各滑动片顶面应位于同一球面上,其误差不大于 1mm。检查合格后,在球面上滑动片间涂抹黄油聚四氟乙烯粉,使黄油聚四氟乙烯粉均匀充满滑动片之间的空间,并略高于滑动片顶面,保证滑动片顶面有一层黄油聚四氟乙烯粉。涂抹完黄油聚四氟乙烯粉后,严禁杂物掉入球铰内,并尽快安装上球铰。上球铰精确定位并临时锁定限位,上下球铰吻合面外周用胶带缠绕密封,严禁泥砂或杂物进入球铰摩擦部。

球铰安装要点:

(1)保持球铰面不变形,保证球铰面光洁度及椭圆度;

(2)球铰范围内混凝土振捣务必密实;

(3)防止混凝土浆或其他杂物进入球铰摩擦面。

球铰安装精度质量控制如下:

(1)球铰安装顶口务必水平,其顶面任两点误差不大于1mm;

(2)球铰转动中心务必位于设计位置,其误差:顺桥向±1mm;横桥向±1.5mm。

2.转体结构的牵引力计算及设备配置

转体总重量W为85000.0kN。

其摩擦力计算公式为:

$$F=W\times\mu$$

启动时静摩擦系数按$\mu=0.1$,静摩擦力$F=W\times\mu=8500.0$kN;

转动过程中的动摩擦系数按$\mu=0.05$,动摩擦力$F=W\times\mu=4250.0$kN。

转体拽拉力计算:

$$T=\frac{2}{3}\times\frac{(R\cdot W\cdot\mu)}{D}$$

式中:R——球铰平面半径,$R=195$cm;

W——转体总重量,$W=85000.0$kN;

D——转台直径,$D=1100$cm;

μ——球铰摩擦系数,$\mu_{静}=0.1$,$\mu_{动}=0.05$。

计算结果:

启动时所需最大牵引力$T=2/3\times(R\cdot W\cdot\mu)/D=1004.6$kN;

转动过程中所需最大牵引力$T=2/3\times(R\cdot W\cdot\mu)/D=502.3$kN。

本桥每个转体选用两套四台ZLD100型液压、同步、自动连续牵引系统(牵引系统由连续千斤顶、液压泵站及主控台组成),形成水平旋转力偶,通过拽拉锚固且缠绕于直径1100cm的转台圆周上的22-Φs15.2钢绞线,使得转动体系转动。

3.转体角速度控制

转体角速度$w\leqslant0.02$rad/min。

五、结语

建兴高速丁家沟公铁分离式立交桥,跨越京哈客运专线铁路(秦沈段),为2×80m T型刚构桥,采用转体法施工。这是适应桥址处地形,对铁路运营影响最小、最合理的桥型,结构尺寸设计合理,满足T型刚构纵横向受力要求;转体施工设计构思、转体结构、转动体系设计合理,可以保障转体施工的顺利实施,可为同类型桥梁的设计提供参考和借鉴。

该桥主桥是采用双幅同步转体法施工的 T 型刚构桥，单幅转体重量达 8500t，开辽宁省高速公路转体法施工桥梁的先河。工程已于 2016 年 6 月 26 日平稳地完成了转体施工。该桥是辽宁省目前转体吨位最重的桥梁，为辽宁省高速公路的大型跨线、跨河桥建设提供了一种获得较好经济效益与社会效益的新技术和新工艺，提高了辽宁省高速公路桥梁建设的科技含量和建设水平。

（执笔人：辽宁省交通规划设计院　赵云鹏）

公路隧道防排水与冻害防治关键技术研究

一、前言

(一)课题来源

辽宁省近十年建成通车的公路隧道较多,沈抚、本辽、阜朝、朝黑、沈吉、抚通、桓永、丹通、丹海、庄盖、阜盘等11个项目共有86座隧道。据调查,冬季部分隧道出现衬砌接缝渗漏水结冰、电缆槽内积水结冰,并导致部分隧道路面结冰等病害。通过现场实地踏勘与辽宁省高速公路管理局的反馈信息,2012—2013年冬季全省共有31座隧道出现渗漏水导致的冻结现象,共计100余处。

作为辽宁“高速公路隧道病害专项整治行动”的重要组成部分,公路隧道防排水与冻害防治关键技术研究项目以预防和治理公路隧道水、冻病害,提高公路隧道防排水与抵抗冻害综合能力为总体研究目标,通过对辽宁省高速公路隧道防排水措施、冻害现象、冻害特征、冻害分布及隧道工程地质、水文地质和防排水措施等资料进行详细调研,归纳防排水措施与冻害的关系,总结冻害发生主要类型、主导因素及其影响程度,并采取现场测试、理论分析与物理试验的手段开展研究。

(二)研究目的与内容

通过本项目的研究拟达到以下目的:

(1)查明当前公路隧道防排水与抗冻保温体系设计、施工及现场管理中存在的问题。

(2)掌握隧道各类水、冻病害发生的基本条件、主要类型、主导因素及其影响程度。

(3)明确温度场、地下水流场耦合作用下的隧道冻害机理。

(4)建立一套可表征水、冻病害主导环境因素作用等级的指标体系。

(5)提出针对不同环境作用等级下的冻害分级标准。

(6)提出一整套科学合理的公路隧道防排水及冻害预防与整治的设计、施工与管理措施。

本课题成果将构建一套较为完善的区域性技术体系,充实行业隧道防排水及抗冻设计与施工规范体系,有效指导未来公路隧道防排水及抗冻保温设计、施工与管理工作，提高公路隧道对各类水害与冻害的抵抗能力，有效保障隧道通行的安全性与舒适性。

（三）课题分解为以下五大部分内容：

（1）对辽宁现有公路隧道防排水及抗冻保温措施、设计参数、施工及管理方式、冻害表现特征等进行现场调研，明确隧道冻害发生基本条件、主控环境因素及危害程度。

（2）对隧道冻害主控环境因素指标进行跟踪监测，并针对特定隧道工程进行衬砌状态、气象、水文地质、工程地质等现场全面检测和测试工作，研究不同防排水措施条件下的交换温度场（气温、地温和水温）与地下水流场耦合作用下的季冻区公路隧道冻害发生机理。

（3）基于冻害发生机理研究成果考虑不同的防排水措施，提出以冻胀力和冰害指数两大指标分别建立冻害分级标准，并构建既有隧道与新建隧道的冻害程度评判与预测标准和方法，形成公路隧道冻害评估与预测理论和方法。

（4）基于冻害发生机理研究与对当前各隧道冻害级别评估的结果，从改造防排水构造、保温、加热和密封措施等方面提出对既有隧道冻害整治成套技术体系。

（5）以施工过程地下水流场监测为途径建立动态防排水与抗冻设计体系，研究施工过程对水流自然条件的动态监测与评估方法，并结合冻害预测方法确定冻害预测级别，同时从可靠度设计理论出发提出一套相应的防排水设计与冻害的技术措施。

通过深入研究，本项目拟建立公路隧道防排水与冻害防治技术体系。重点突破防排水体系由于渗漏水导致的失效问题，从设计、施工和维修多个方面对现有防排水体系进行分析，以期完善防排水体系；另外进行新体系的研发，从根本上遏制冻区隧道渗漏水问题。采用系统调研、现场测试、数值仿真、理论分析和物理试验等手段，完成季节冻结区公路隧道冻害发生机理研究，从隧道防排水设计、保温隔热措施和加热升温技术等方面建立科学合理的高速公路隧道冻害整治和防治技术体系，并在此基础上编制《公路隧道防冻害技术指南》，促进辽宁省公路隧道冻害整治和防治技术的迅速发展。

二、国内外公路隧道防排水及冻害情况调研

（一）隧道冻害发生的表现形式

寒区隧道若出现冻害，外在表现一般为衬砌漏水积冰、路面溢水结冰，或者衬砌剥落掉块。这些现象中的一个或多个发生时，均表明隧道发生冻害。

1.隧道衬砌漏水结冰

隧道衬砌一旦发生渗漏水，冬季就会结冰产生冻害。拱部的渗漏水点，冬

季水从衬砌漏出过程中不等滴落就会产生冻结，在拱部形成挂冰，并不断增长变粗，遇冷会更加坚硬，如图 1 所示。

拱部以下的渗漏水点，水会沿着隧道衬砌表面漫流而下，在边墙部位汇集，冬季会在隧道两侧形成冰凌，多条相近的冰凌会逐渐发展而连成一片，形成冰侧墙，如图 2 所示。

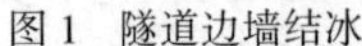

图 1　隧道边墙结冰

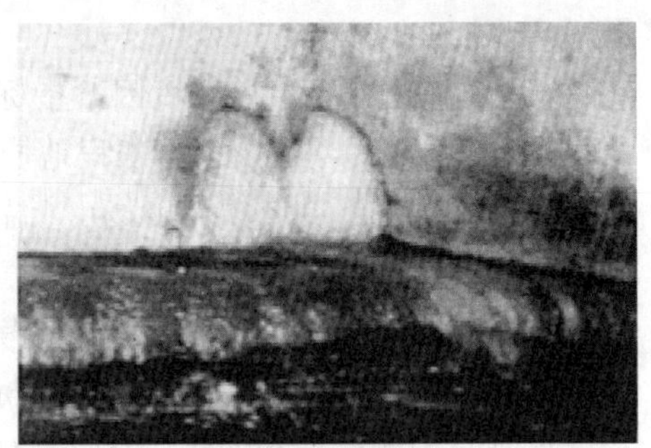

图 2　隧道拱部结冰

对于目前的复合式衬砌结构，分析隧道衬砌漏水结冰的直接原因，主要可以归纳为衬砌裂缝、防水层失效和衬砌背部有水涌出三个。这三个原因都发生时，隧道衬砌才会漏水结冰。其中，衬砌裂缝包括施工缝或变形缝、衬砌内部裂缝和超载裂缝；防水层失效包括防水层接缝不严密和防水层破损；衬砌背部有水涌出分为隧道围岩内部有水源补给和无水源补给两种情况。

2.隧道路面溢水结冰

隧道水沟中的水因堵塞而溢出，在路面上形成积水，在冬季结冰。如果溢水沿路面流淌，逐渐冻结，就会在行车道上形成冰漫型冰锥。

隧道路面溢水结冰主要是由于围岩中地下水丰富和排水系统失效两个原因造成的。排水系统失效主要是由于防排水设计不当、堵塞和破裂损坏造成的。堵塞主要包括泥沙堵塞和冰冻堵塞两种。

3.隧道衬砌剥落掉块

隧道衬砌剥落掉块这种病害刚开始的时候并不明显，往往是断断续续，发展较为缓慢。隧道衬砌一旦构成纵横交错的裂纹，裂纹将隧道衬砌割裂成网状，逐渐碎裂为大小不一的碎块，最后在局部压力的作用下出现碎块的掉落。

目前，随着我国交通运输“十二五”规划的发布，交通建设将进入高峰期。由地理位置所决定，高纬度寒冷地区既有的大量隧道面临着严重的冰害、冻害威胁。如何在这些既有隧道中采取行之有效的措施，避免冻害现象的发生，是当前隧道工程界迫切需要解决的问题。

(二)国内外寒区隧道防排水措施现状与发展趋势

1.国内寒区隧道防排水措施现状与发展趋势

在我国,为防止隧道内水流冻结所引起的衬砌挂冰、隧底结冰成锥、衬砌胀裂及线路隆起等冻害,要求流水通畅且不冻结,故在设计中针对不同温度采取了不同的防排水措施。

(1)保温水沟。保温水沟采用浅埋式(即浅埋至隧道内的最大冻结深度),在水沟内采用保温措施,以达到冬季水流不冻结的目的。

(2)中心深埋水沟。中心深埋水沟是将水沟埋置于洞内相应的冻结深度以下,利用地温达到水流不致冻结的排水设施。

(3)防寒泄水洞。防寒泄水洞一般适用于严寒地区最冷月平均气温低于-25℃,当地黏性土的冻结深度大于2.5m,采用深埋水沟因埋置较深,明挖施工可能影响边墙的稳定,且冬季有水的隧道。

(4)配套排水设备:

①盲沟。为了疏导和防止衬砌背后积水,减少静水压力和避免洞内漏水,可在衬砌背后设置盲沟。常用的盲沟形式有矿渣棉盲沟、表贴式盲沟、片石盲沟。

②泄水孔、横沟、横导洞。汇集于竖向或环向盲沟的地下水,通过泄水孔流入保温水沟中。泄水孔的断面一般为10cm×10cm(高×宽)。深埋水沟通过隧底横沟与盲沟连接,横沟的坡度不宜小于5%,坡度大些使排水畅通,也是防止水流冻结的措施。设防寒泄水洞的隧道,横沟以暗挖的横导洞代替,衬砌背后盲沟与横导洞以钻孔沟通。钻孔直径一般不宜小于10cm。

③洞外暗沟。保温水沟、深埋水沟及防寒泄水洞中的水流流出隧道后,应采用暗沟通过路堑地段流入地形低洼处。暗沟一般用明挖法施工,结构可用预制构件。为防止水流冻结,暗沟应埋置于冻结线以下,坡度不宜小于5‰,并应隔开一定距离(一般50m左右)设置检查井和沉淀坑。暗沟的平面位置应根据洞口地形布置。

④保温出水口。在严寒地区,深埋水沟、防寒泄水洞、洞外暗沟均应设防寒出水口。防寒出水口有端墙式及掩埋保温圆包头式两种。出水口处地形较陡时宜采用端墙式,地形平坦宜采用掩埋保温圆包头式。保温出水口的保温材料可就地取材,如采用塔头草、泥炭、草袋等。

2.国外寒区隧道防排水措施现状与发展趋势

从隧道冻害问题出现以后,人们就开始对隧道冻害机理进行研究。一提起隧道的冻害,通常人们想到的是围岩冻胀压力,因为有许多资料在谈到寒区隧道的冻害问题时,对冻害产生的原因都笼统地归结为“隧道衬砌混凝土在围岩的冻胀压力作用下开裂破坏”。早期的隧道工作者在对隧道冻胀机理的研究中提出了含水风化层冻胀说。20世纪80年代，日本对北海道、东北地区的大量隧道冻害进行调查后发现，凡是有冻害的隧道，衬砌周边围岩均有10~20cm左右厚的风化层。冬季严寒时，边墙部位风化层大都夹有冰镜（夹在风化层中游离状薄层冰体）。而拱顶部位，尽管风化层厚达50cm，却几乎不生成冰镜。从衬砌变形的情况看，衬砌的边墙部位因冻胀水平力较大而向内变形，有的发生了水平状裂缝（净空收敛20~30mm），而拱顶几乎不存在冻胀，变形较小。通常认为衬砌的冻胀是由于风化层中的水冻结而引起的。边墙部位的风化层含水较拱顶大得多，所以冻胀主要在边墙，拱顶很少冻胀。为了确定隧道周边围岩的含水风化层能够产生多大的冻胀率，日本对北海道19座隧道取样进行了室内冻胀实验，结果表明当试件原始含水率小于25%时冻胀率很小（即冻胀率在10%以下），随着含水率的上升冻胀率增加。据实测，当含水率大于25%时，岩石风化层的冻胀率远远大于水结成冰的冻胀率（9%），其原因在于冻胀现象并不单纯是围岩中水冻结而造成的体积增大，更主要的是远处水分从未冻结部位转移到衬砌周围的围岩，又冻结成冰。

（1）苏联防排水研究。苏联采用综合的防排水措施（防水层、衬砌内的排水管、排水沟）预防结冰，防治冻害。排水措施一般设置在岩层季节性冻结范围之外，当冻结深度相当大时，在衬砌与岩石接触面上采用保温材料或对排水设施加保暖层；排水沟采用热水或蒸汽水进行人工加热；对衬砌漏水的地段，进行表面局部加热，如采用空气隔热板或红外线辐射等方法。

（2）挪威防排水研究。挪威属于高纬度且多山国家，在20世纪80年代已投入运营公路隧道有364km，其中大多数处于冻土区，受到严寒霜冻影响较大。根据温度监测数据，挪威大部分隧道在冬季时边墙的温度下降到-20℃，从排水沟中流出的水很快冻结成冰凌状，在隧道进出口处和部分隧道内出现路面结冰现象，隧道拱顶处结成的冰柱和围岩节理中水的冻结作用加大了意外事故的发生概率，严重影响到隧道的运营。在暖季来临的解冻期间，必须清除隧道拱顶松动的岩石和冰块，以免发生冰块脱落危险。所以，无论寒季还是暖季，隧道的正常运营都受到威胁，漏水和霜冻是养护维修费用的主要消耗因素，需要有解决这两个问题的合理措施。为此，挪威的相关专家组组成的技术委员会提出了一个解决方案，即通过对围岩裂隙水发育区注浆，封堵地下水，并且在洞口加设防冻保温以防止霜冻的影响。经过工程的检验，证明该方法在挪威是可行有效的。

（3）日本防排水研究。日本在北海道上羽晃隧道进行了两种试验，即将隧道衬砌表面敷上绝热材料，尽量防止地热放出，借以保持隧道衬砌表面的温度不致降到冰点以下。甲式是在衬砌表面安装聚乙烯波纹管作为防水板,留出18mm的空隙作为排泄隧道漏水之用,在防水板上面喷涂35mm厚的氨基甲酸乙酯泡沫绝热层;乙式是在衬砌混凝土表面上直接喷涂13mm的防水砂浆作为防水层,并喷涂35mm厚的氨基甲酸乙酯泡沫绝热层。试验结果表明:①在最低气温达-20℃累计负温超过-510℃·d的严寒地区,甲式衬砌混凝土表面温度的最低值保持在3℃以上;②乙式衬砌混凝土表面温度最低值保持在4℃左右;③未保温地段衬砌表面温度最低值为-11℃,衬砌背后的冻结时间持续4个月。日本主要采用两种方法预防隧道冰柱,即表面绝热处理和双层绝热衬砌。所谓表面绝热处理是在隧道衬砌表面铺设一层防水板或喷涂绝热层。在日本Ranpoke试验隧道内,分别对经过表面绝热处理的隧道围岩温度和无表面绝热处理的隧道围岩温度进行量测。量测结果表明,在冬季无表面绝热处理的部分衬砌背后围岩冻深可达93cm,而有绝热层部分衬砌由于绝热材料的保护,衬砌的日平均温度始终保持在0℃以上,不会引起冻胀破裂。目前表面绝热处理已发展到采用双层绝热衬砌,此项技术不仅应用于既有隧道,而且还应用于采用新奥法施工的新隧道。具体的施作方法是在外衬砌(或喷混凝土)完成后,铺设防水板或喷涂绝热材料,完成内衬砌。同样,双层绝热衬砌在Ranpoke试验隧道内作了模拟试验,外衬砌厚25cm,内衬砌厚35cm,绝热层厚d=30mm。试验隧道结果表明,无预防冰柱的部分衬砌背后围岩冻结深度达到84cm,而设置预防冰柱工程的部分,其最大冻深仅在绝热体上出现,这充分体现了铺设绝热材料对保持围岩温度起到了有效的作用。

(执笔人:辽宁省交通规划设计院　焦鹏飞　王佳伟　林立彬)

跨海湾混凝土桥梁结构耐久性设计研究

一、工程简介

本文所述跨海湾桥梁位于我国北方黄海某海湾处，为跨越海湾而设置，环境作用类别可归为滨海环境。主桥采用（49m+80m+49m）三跨预应力混凝土悬浇箱梁方案，引桥采用先简支后结构连续T梁及先简支后桥面连续T梁方案。主桥下部桥墩为薄壁式，群桩基础；引桥下部桥墩为圆柱式，带承台双桩基础，桥台为肋板式。本桥所跨越海湾位于我国北方，存在冬春季节冻融及除冰盐的情况，海湾的设计高水位为6.66m（黄海高程），设计低水位为0.49m。

二、耐久性总体设计思路

所谓混凝土的耐久性，是指在使用过程中，在内部的或外部的，人为的或自然的因素作用下，混凝土保持自身工作能力的一种性能。或者说结构在设计使用年限内，抵抗外界环境或内部本身所产生的侵蚀破坏作用的能力。

本桥混凝土结构耐久性的总体设计思路为：

（1）基本措施：采用海工耐久性混凝土，主要以氯离子扩散系数为控制参数。在原材料选择方面，主要考虑使混凝土具备高抗氯离子扩散能力、高抗裂性能及高工作性能。

（2）附加措施：通过表面防腐涂装、硅烷浸渍等附加防腐措施增强结构防腐性能。

桥梁耐久性主要通过结构设计、构造措施、材料、施工质量控制、附加措施加以控制。

三、混凝土结构腐蚀环境分区

根据《公路工程混凝土结构防腐蚀技术规范》（JTG/T B07—01—2006）（后文简称《公路防腐规范》）表3.0.4-2注5规定：海洋环境中的水下区、潮汐区、浪溅区和大气区的划分，按《海港工程混凝土结构防腐蚀技术规范》（JTJ 275—2000）（后文简称《海港防腐规范》）规定执行。混凝土的环境分区按表1确定。根据海湾设计水位可知，本桥混凝土结构部位划分如表2。

混凝土环境分区 表 1

项　目	大 气 区	浪 溅 区	水位变动区	水 下 区
分区(m)	设计高水位 +1.5m 以上	大气区下界至 设计高水位-1m	浪溅区下界至 设计低水位-1m	水位变动区以下

海水环境混凝土部位划分 表 2

项　目	大 气 区	浪 溅 区	水位变动区	水 下 区
分区(m)	8.16 以上	8.16~5.66	5.66~-0.51	-0.51 以下

四、作用等级

根据《公路防腐规范》表 3.0.4-2 规定：

(1)"离平均水位 15m 以下的海上大气区,离涨潮岸线 100m 内的陆上环境"的作用等级为 E 类(很严重类)；

(2)"水中区、水下区"的桥墩、桩基础的作用等级为 D 类(严重类)；

(3)"潮汐区(水位变动区)和浪溅区,非炎热地区"桥墩、承台的作用等级为 E 类(很严重类)。

因本桥上部结构距平均水位的高度都在 15m 左右,所以上部结构符合第(1)项规定,作用类别可定义为 E 类;盖梁、墩身、承台、系梁大部分符合第(1)项、第(3)条规定,作用类别按 E 类控制;桥墩桩基础均位于水下区,符合第(2)项规定,作用类别按 D 类控制。

根据《公路钢筋混凝土及预应力混凝土桥涵设计规范》(后文简称《公路桥涵规范》)征求意见稿表 4.5.2-3,本桥上部结构的环境作用等级为Ⅲ-E 类,盖梁、墩身、承台、系梁的环境作用等级为Ⅲ-E 类,位于水下区和土中区桩基的环境作用等级为Ⅲ-C 类。

五、结构设计

(一)裂缝设计计算控制

根据《公路桥涵规范》的规定,对于Ⅲ类环境,钢筋混凝土构件的最大裂缝不宜大于 0.15mm,不得进行带裂缝的 B 类构件设计。

根据《公路防腐规范》的规定,对于 D 类作用类别的结构,钢筋混凝土构件的裂缝宽度不宜超过 0.2mm;对于 E 类作用类别的结构,钢筋混凝土构件的裂缝宽度不宜超过 0.15mm,预应力构件应按全预应力构件设计。

根据《海港防腐规范》的规定,对位于大气区、浪溅区的钢筋混凝土构件,其最大裂缝宽度限值为 0.2mm;对位于水位变动区和水下区的钢筋混凝土构件,其最大裂缝宽度限值分别为0.25mm和0.3mm。

根据《公路桥涵规范》征求意见稿的规定，对位于Ⅲ-C类作用等级的钢筋混凝土构件，裂缝宽度不宜超过0.20mm；对于Ⅲ-E类作用等级的钢筋混凝土构件，裂缝宽度不宜超过0.15mm，且E类时预应力结构应采用全预应力设计。

综合以上四个规范的要求，结合各部位构件所处环境及作用类别区，本桥各构件的最大裂缝宽度按表3控制。

最大裂缝宽度限值表(单位:mm)　　表3

构件名称	上部结构	盖梁、墩身、承台、系梁	桩　基
限值	全预应力构件设计	0.15	0.2

(二)各结构部位的钢筋净保护层厚度

相关试验表明，即使是低水灰比、高质量的混凝土，在暴露于有氯盐存在的环境中，混凝土表面12mm深度内的氯离子含量远远超过25~50mm深度内的含量。因此在滨海环境中的混凝土工程，钢筋保护层厚度对保证混凝土结构的耐久性至关重要，比一般环境的保护层要大一些，同时还要考虑施工偏差的因素，需对它进行严格的施工控制和质量检查。各规范对钢筋净保护层厚度的规定见表4~表7。

《公路桥涵规范》对钢筋净保护层厚度的规定　　表4

环境条件		Ⅱ(mm)	Ⅲ(mm)
构件类型	上部结构板梁、盖梁、墩台身	40	45
	基础、桩基承台	75	85

注:本规范未考虑施工偏差因素。

《公路防腐规范》对钢筋净保护层厚度的规定　　表5

环境作用等级		D(mm)	E(mm)
构件类型	板、墙等平面形构件	45+10	50+10
	柱等条形构件	50+10	55+10
	直接接触土体浇筑	70	70

注:本规范考虑施工偏差因素10mm。

《海港防腐规范》对钢筋净保护层厚度的规定(单位:mm)　　表6

大气区	浪溅区	水位变动区	水下区
55	55	55	35

注:保护层厚度为主筋表面与混凝土表面距离。

《公路桥涵规范》征求意见稿对钢筋净保护层厚度的规定(单位:mm)　　表 7

环 境 条 件		Ⅲ-C	Ⅲ-E
构件类型	上部结构板梁	45	60
	盖梁、墩台身	50	65
	基础、桩基承台	75	85

根据以上四本规范的要求,结合各构件的实际情况及施工条件,对本桥中各构件的钢筋净保护层厚度规定如表 8。

钢筋净保护层厚度(单位:mm)　　表 8

环境作用等级		D(Ⅲ-C)	E(Ⅲ-E)
构件类型	上部结构板梁		60
	盖梁、墩身、承台、系梁		65
	桩基	75	

(三)结构构造设计

本桥所有结构构件中提供用于检查维修的入口,不留盲角,入口及通道的强度和尺寸必须满足人员、设备和更换部件的要求。为结构耐久性及施工方便,混凝土结构角隅处采取圆形倒角处理。

(四)附属结构设计

桥面铺装、支座、伸缩缝、检查车、照明、机电设备等部件的使用寿命需达到 25~50 年,同样必须具备可维修和可更换条件。

(五)防水设计

为提高桥梁的耐久性,应注重桥梁防水整体性原则,注意桥面、伸缩缝、接缝等的防水。各防水构造和措施如下:

桥面防水材料要求具有良好的抗渗性能,与沥青面层有足够的黏结强度;面层碾压后,有良好的无破损性,良好的耐高温、低温性能;对桥面状况有良好的适应性;能较好抵御桥面裂缝的影响;材料寿命不应低于面层寿命;良好的边缘密封性;施工简洁、环保。

在混凝土箱梁内的所有低点设置排水孔,在可能出现排水渗漏的地方留有可替代的出口,以防止箱内积水。

排水管、泄水口的设计要选用密封性好的材料,以保证桥面水在排除过程中不流经桥梁构件。桥梁构件表面应有利于排水,不在缝或止水带处排水。

箱梁的内部空间有利于通风,避免过高的局部潮湿和水汽长期聚积。

设计尽量避免外露钢构件内部钢筋的连接,混凝土上不拆除的预埋钢构件须予以镀锌处理。

六、混凝土的原材料及配比要求

(一)混凝土强度等级选择

综合考虑各本规范规定及实际施工要求,本桥各结构部位混凝土强度等级要求见表9。

各结构部位采用混凝土最低强度等级　　表9

结构部位			最低强度等级
主桥	悬浇箱梁	现浇	C50
	墩身、盖梁、承台	现浇	C40
	桩基	现浇	C35
引桥	预制板梁	预制	C50
	墩身、盖梁、承台	现浇	C40
	桩基	现浇	C35

(二)防腐抗冻高性能混凝土的原材料及配比要求

本桥盖梁、主桥墩身、承台和水中引桥墩身、桩基系梁位于浪溅、水位变动区,为提高耐久性,采用高流态耐海水侵蚀的抗冻高性能混凝土。混凝土用水泥采用C3A含量低的硅酸盐水泥,采用聚羧酸系高效减水剂实现低水胶比和高流态,采用优质引气剂保证混凝土含气量在4%~6%范围内,提高混凝土抗冻耐久性能。添加适量矿物掺和料,提高硬化混凝土的抗渗性能(密实性)。因桩基位于水下区,作用等级为D或者Ⅲ/C,不需要采用防腐抗冻高性能混凝土。

1.防腐抗冻耐久混凝土的原材料指标

抗冻高性能混凝土,根据具体部位及强度等级的不同,各项指标并不完全相同,除满足《水运工程混凝土质量控制标准》的要求外,原材料、配合比须满足下列要求:

(1)水泥要求:应采用品质稳定、标准稠度低、强度等级不低于42.5的硅酸盐水泥或普通硅酸盐水泥,水泥比表面积≤350m^2/kg,80μm方孔筛筛余≤10%,其中的游离氧化钙含量≤1.5%,碱含量≤0.6%,C3A含量≤10%,氯离子含量低于0.03%。

(2)矿物掺合料:可根据需要在混凝土中掺加粉煤灰、磨细高炉矿渣、硅灰等,其指标应满足表10~表12的要求。

(3)集料:不得采用可能发生碱-集料反应(AAR)的活性集料;水溶性氯化物折合氯离子含量不得超过集料重的0.02%。

粉煤灰的质量指标 表 10

物理性能			化学性能			混合砂浆性能		
比表面积	含水率	45μm 筛余量	烧失量	SO_2 含量	CL^- 含量	需水量比	7d 活性指数	28d 活性指数
(m^2/kg)	(%)	(%)	(%)	(%)	(%)	(%)	(%)	(%)
≥600	≤1.0	≤12	≤5	≤3	≤0.02	≤105	≥80	≥90

磨细高炉矿渣的质量指标 表 11

物理性能			化学性能			混合砂浆性能		
比表面积	含水率	密度均匀性	烧失量	SO_2 含量	CL^- 含量	需水量比	7d 活性指数	28d 活性指数
(m^2/kg)	(%)	(%)	(%)	(%)	(%)	(%)	(%)	(%)
350~450	≤1.0	≤5	≤3	≤4	≤0.02	≤100	≥75	≥100

硅灰的质量指标 表 12

物理性能					化学性能				混合砂浆性能	
比表面积	含水率	密度均匀性	细度均匀性	45μm 筛余量	烧失量	SO_2 含量	火山灰活性指数	CL^- 含量	需水量比	28d 活性指数
(m^2/kg)	(%)	(%)	(%)	(%)	(%)	(%)	(%)	(%)	(%)	(%)
≥18	≤3	≤5	≤5	≤10	≤6	≤85	≥90	≤0.02	≤125	≥85

细集料应选用级配良好、质地均匀坚固、吸水率低、空隙小、细度模数 2.6~3.2 的洁净中粗河砂，细集料含泥量不大于 2.0%，泥块含量不大于 0.5%，云母含量不大于 0.5%，轻质物含量不大于 0.5%，硫化物或硫酸盐含量不大于 0.5%。

粗集料应选用质地均匀坚硬、粒形良好、级配合理、线胀系数小的洁净碎石或卵石，含泥量不大于 1.0%（C50 以上混凝土不大于 0.5%），泥块含量不大于 0.25%，压碎指标不大于 10%，针片状颗粒含量不大于 7%，硫化物或硫酸盐含量不大于 0.5%，最大粒径不超过 25mm。

（4）化学外加剂：减水剂（或泵送剂）的减水至少达到 20%，外加剂中氯离子含量不得大于混凝土中胶凝材料总重的 0.02%。

（5）拌和用水及养护用水：不得采用海水、污水和 pH 酸碱度小于 5 的酸性水，水中的氯离子含量不应大于 200mg/L，硫酸盐含量按 SO_{4-} 计不大于 500mg/L。

2.高性能混凝土配合比设计原则

抗冻高性能混凝土配置原则：选用低水化热和低含碱量的水泥；选用高效减水剂（泵送剂），取用偏低的拌和水量；限制混凝土中胶凝材料的最低和最高用量，并尽可能降低胶凝材料中的硅酸盐水泥用量；掺用粉煤灰、磨细矿渣、硅灰等矿物掺和料；通过适当引气提高混凝土耐久性，新拌混凝土中引气量一般控制在4.5%~6%,气泡间隔系数小于250μm。

胶凝材料用量不宜低于340kg/m³,不宜高于480kg/m³,最大水胶比(W/B)不超过0.4,并根据规范对水胶比进行严格控制。要求混凝土抗冻和耐久性指数DF%不小于80%。

混凝土骨料中严禁采用海砂,混凝土用拌和水的氯离子含量不大于200mg/L,混凝土28天龄期氯离子扩散系数≤4.0E-12。

七、附加耐久性措施

为提高结构整体的耐久性,对位于大气区、浪溅区及水位变动区的结构构件采用防腐涂层防护。混凝土防腐涂层按照现行行业标准《混凝土桥梁结构表面涂层防腐技术条件》JT/T 695—2007设计。

(一)基本规定

混凝土结构防腐涂层体系采用长效型,设计使用年限为20年。

防腐根据环境分区划分为大气区和浸水区。对本区域,8.16m以下的墩身为浸水区,腐蚀类型为Im2;其余部分为大气区,腐蚀类型为Ⅲ-2。因桩基位于水下区,作用等级为D或者Ⅲ/C,故不需要设置防腐涂层。

涂层体系的性能指标见表13。

混凝土表面防腐涂层性能指标 表13

腐蚀环境类型	防腐寿命	耐水性(h)	耐盐水性(h)	耐碱性(h)	耐化学品性能(h)	氯离子渗透性($mg/cm^2 \cdot d$)	附着力(MPa)	耐候性(h)
Ⅲ-2	20年	240	240	720	72	$\leqslant 1.0\times10^{-3}$	≥1.5	1000
Im2	20年		3000	720	72	$\leqslant 1.0\times10^{-3}$	≥1.5	1000

(二)防腐涂层体系

混凝土涂层体系应由底层、中间层和面层配套涂料涂膜组成。本桥采用的涂层系统配套见表14。

混凝土表面防腐涂层配套 表14

<table>
<tr><th>腐蚀环境类型</th><th colspan="2">涂 层 名 称</th><th>涂装方式</th><th>涂层干膜厚度(μm)</th></tr>
<tr><td rowspan="6">Ⅲ-2
(大气区)</td><td>底层</td><td>环氧封闭漆</td><td>喷涂</td><td>50</td></tr>
<tr><td colspan="4">环氧腻子修补</td></tr>
<tr><td>中间层</td><td>环氧树脂漆</td><td>喷涂</td><td>200</td></tr>
<tr><td rowspan="2">面层</td><td>氟碳面漆</td><td>喷涂</td><td>40</td></tr>
<tr><td>自洁氟碳面漆</td><td>喷涂</td><td>40</td></tr>
<tr><td colspan="3">涂层干膜平均总厚度</td><td>330</td></tr>
</table>

续上表

腐蚀环境类型	涂层名称		涂装方式	涂层干膜厚度(μm)
Im2 (8.16m以下的墩身为浸水区)	底层	湿固化环氧封闭漆	喷涂	50
	中间层	湿固化环氧树脂漆	喷涂	300
	面层	氟碳面漆	喷涂	50
		自洁氟碳面漆	喷涂	40
	涂层干膜平均总厚度			440

八、总结

可以通过裂缝宽度、净保护层厚度、构造、防水等结构设计内容提高结构耐久性。

位于浪溅、水位变动区的结构构件，应保证满足规范规定的混凝土强度最低要求，并建议采用防腐抗冻高性能混凝土提高结构耐久性。

选用合适的防腐涂层可有效提高结构的耐久性。

（执笔人：辽宁省交通规划设计院　赵立岩）

公路桥梁诊治技术交通运输行业研发中心桥梁结构试验室建设方案研究

一、项目背景

21世纪前20年是我国经济社会发展的重要战略机遇期,是全面建设小康社会的历史阶段。在新的历史时期,国民经济的快速发展,人民生活水平的不断提高,城镇化、机动化进程的持续加快,经济结构的调整和生产方式的转变,走新型工业化道路、实现经济社会全面协调可持续发展,必将对公路交通发展提出更新、更高的要求。可以说公路交通新的跨越式发展为交通科技创新提供了新的历史机遇和挑战。

随着我国交通事业的高速发展,公路桥梁总量也呈现出快速增长的趋势。到2012年年底,全国公路桥梁数量为71.34万座、3662.78万米,居世界第一。预计至2020年,桥梁总数将达到近80万座,保障公路网络安全畅通的同时降低桥梁的养护成本成为未来交通发展面临的重大挑战。

我国广义上的寒冷地区地域广阔,分布于我国东北、西北、华北、青藏高原和中部地区的二十余个省份,约占总国土面积的70%。寒冷地区桥梁数量巨大,其运营环境和灾害防治方面都与一般地区桥梁不同,且管理维护工作更加困难。因此,组织开展我国寒冷地区桥梁结构检测、加固改造、专用材料和设备等诊治养护关键技术研究与开发,对于促进和保障交通建设的可持续发展是有意义的。

2005年,交通运输部发布的《公路水路交通科技发展战略》(交科教发〔2005〕29号)和《公路水路交通中长期科技发展规划纲要(2006—2020年)》提出了要建成一批交通行业重点实验室和交通行业研发中心。2011年,交通运输部发布的《公路水路交通运输"十二五"科技发展规划》明确指出推进行业研发中心建设进程,使之成为除行业重点实验室之外的开展科技研发与成果转化的重要平台。同年,《关于交通运输行业研发中心建设的实施意见》(交科技发〔2011〕436号)提出到2015年建设15个左右的行业研发中心,到2020年建设20个左右行业研发中心,形成覆盖交通运输发展重点领域,使行业研发中心成为技术开发与成果转化的重要基地、高层次工程技术人才培养的重要基地。

2013 年年初，交通运输部正式开展行业研发中心的申请工作。2013 年 4 月，辽宁省交通厅以辽宁省交通规划设计院为依托，积极开展行业研发中心的申报工作，研发方向为“公路桥梁安全检测与加固改造技术及装备”。2013 年 8 月，交通运输部正式批准以省交通规划设计院为依托，建设“公路桥梁诊治技术交通运输行业研发中心”，并开展桥梁结构实验室等硬件设施建设。2014 年 3 月，交通运输部正式同意省交通规划设计院开展公路桥梁诊治技术交通运输行业研发中心的建设运行，有效期为 5 年。

二、依托单位基本情况

“公路桥梁诊治技术交通运输行业研发中心”的依托单位辽宁省交通规划设计院（图 1）成立于 1954 年，是国有科技型企业，为辽宁省高新技术企业和国家十佳自主技术创新企业。辽宁省交通规划设计院现拥有 23 项资质证书，其中 11 项为甲级资质，主要从事公路规划勘察设计咨询、轨道交通、市政工程、公路路面、桥梁和隧道养护、智能交通、综合运输体系规划和工程项目管理等业务。多年来，先后完成省内外 50 余条高速公路（5000 余公里）的勘察设计任务，为国家交通基础设施建设事业做出了突出贡献。

图 1　辽宁省交通规划设计院

辽宁省交通规划设计院从事公路养护业务已经有 16 年的历史，成为辽宁专业化从事公路养护任务的骨干企业，形成了集科研开发、试验检测、加固设计与施工、专业化养护和产品加工为一体，围绕公路、桥隧诊治业务的完整产业链。

2000 年以来，设计院已先后完成省内外 16500 余座桥梁定期检测，700 座余桥梁特殊检测，200 座桥梁荷载试验，43 座隧道（近 3.6 万延米）定期检测，以设计、施工总承包的方式承担了 200 余座桥梁的加固改造设计和加固施工。2008 年以来，完成了 300 余座（近 1.4 万延长米）高速公路桥梁的加固维修施工。多年来，已经在吉林、黑龙江、内蒙古、浙江和四川等省、自治区承担了多项桥梁检测、评价、加固施工任务，效果良好，并受到一致好评。

同时,省交通规划设计院还结合辽宁省和我国北方地区自然环境恶劣、天气寒冷、沿海环境和除冰盐的大量使用、混凝土桥梁结构的冻融损伤等问题较典型的特点,紧紧围绕桥梁诊治与评价技术、桥梁养护管理技术、桥梁维修加固技术、桥梁耐久性检测评价技术、桥梁结构实时监测技术和维修加固专用材料及设备等,通过与国内大专院校和科研院所的大力合作,广泛开展了新技术、新产品、新工艺研究开发工作。在辽宁省交通厅的大力支持下,先后投入资金5000万元,立项开展了近20余项科研课题研究,取得了丰硕的成果,其中有12项被评为国际先进水平,并有11项分别获得省科技进步二、三等奖,5项获得中国公路学会三等奖,1项获得省技术发明三等奖。上述科研成果在辽宁公路桥梁建设和维修养护及管理中得到广泛应用,取得了巨大的经济效益和社会效益。

三、国内交通行业桥梁工程结构实验室介绍

为了落实研发中心的的规划目标和发展要求,辽宁省交通规划设计院规划建设桥梁工程结构实验室。实验室建成后将成为集技术与产品研发、生产服务为一体的综合基地,在全国同类单位中占据领先位置。设计院先后调研了交通部公路科学研究所、重庆交通科研设计院、东南大学、福州大学、西安建筑科技大学等国内高校和科研院所的结构实验室。

1.交通部公路科学研究所桥梁中心结构实验室

交通运输部公路科学研究所桥梁中心结构实验室是旧桥检测与加固技术交通行业重点实验室,实验室占地面积2400平方米,固定资产达5000多万元,十万以上的仪器设备30多台套。实验室主要配备大型反力墙、反力台座、钢结构反力架、多通道动态加载系统、大吨位压剪试验机、大吨位脉动疲劳试验机、环境试验箱、多通道数据采集系统以及各种材料力学与耐久性试验设备(见图2)。

a) 反力墙与反力架

b) 多通道动态加载系统

图 2

c) 大吨位压剪试验机

d) 大吨位脉动疲劳试验机

e) 环境试验箱

f) 多通道数据采集系统

图 2 交通部公路科学研究所桥梁中心结构实验室配备的主要试验设备

2.重庆交通科研设计院结构动力学实验室

重庆交通科研设计院结构动力学实验室是桥梁工程结构动力学国家重点实验室。该实验室主要配备大型反力墙、反力台座、双台座地震模拟振动台、多通道动态疲劳加载系统、大吨位拉索疲劳试验系统、大吨位支座动态压剪试验系统和多通道数据采集系统(见图 3)。

a) 试验大厅和地震模拟振动台

b) 拉索疲劳试验系统

图 3 重庆交通科研设计院结构动力学实验室试验大厅及主要设备

3.东南大学结构试验室

东南大学结构试验室是混凝土及预应力混凝土结构教育部重点实验室,现有建筑面积12000平方米,其中九龙湖校区8500平方米,四牌楼校区3500平方米。该实验室拥有固定资产设备价值7000余万元,其中主要有MTS结构加载系统、单向地震模拟振动台、立卧式火灾试验系统、大吨位压剪式试验机、反力墙和反力台座、MTS疲劳试验机系统以及配套的静动态数采系统等,可以开展工程结构静力、拟静力、拟动力、疲劳、振动台、火灾试验等(见图4)。

a) 东南大学九龙湖校区结构实验室全景

b) 东南大学九龙湖校区结构实验室大厅

c) 东南大学四牌楼校区结构实验室大厅

d) 大型反力架

图4　东南大学结构实验室各校区大厅及主要设备

4.福州大学土木工程学院结构实验室

福州大学土木工程学院结构实验室是防震减灾国地联合中心和工程结构福建省高校重点实验室。实验室基本建设投资规模约7000万元,其中与工程结构重点实验室有关的部分为土木工程综合实验室(4236平方米)、工程结构实验室(4478平方米)、风洞实验室(1250平方米)等三大实验室,并主要拥有阵双向地震模拟振动台系统、MTS伺服加载系统、电液伺服压剪系统(见图5)。

5.西安建筑科技大学结构试验室

西安建筑科技大学结构试验室是结构工程与抗震教育部重点实验室,实验室建筑面积4000平方米,设备总值2500余万元。试验室配备了电液伺服程控试验机、地震模拟振动台、多通道数据采集仪、长柱试验机、疲劳试验机、大吨位拉力实验机和大空间环境试验箱等大型设备(见图6)。

a) 结构实验室全景

b) 地震试验台

c) 反力墙和反力架

d) MTS伺服加载系统

图 5 福州大学土木工程学院实验室全景及主要设备

a) 试验大厅

b) 反力墙和反力架

c) 疲劳试验机

d) 大空间环境试验箱

图 6 西安建筑科技大学结构试验室试验大厅及主要设备

四、桥梁结构试验室建设方案

(一)实验室总体方案

辽宁省交通规划设计院研发中心基地占地52.2亩,其中一期工程占地25.4亩,二期规划(图7)占地26.8亩。二期工程计划建设桥梁结构实验室(图8)、材料实验室(图9)和材料设备加工车间(图10),建筑总面积约13000平方米,投资约4000万元。

图7 研发中心二期规划效果图

图8 结构实验室效果图(约3100平方米)

图9 材料实验室效果图(约5000平方米)

图10 材料设备加工车间效果图(约4800平方米)

(二)实验室设备购置方案

1.设备购置需求

根据研发中心的整体规划和主要研发内容,结合交通行业各实验室的建设经验,制定研发中心桥梁结构实验室的设备购置需求(见表1)。

设备配置与功能描述 表1

序号	设备类型	功能描述
1	桥梁结构力学实验设备	可从事足尺和大尺度的结构或构件的静力、拟静力、拟动力试验和疲劳性能试验研究;可开展桥梁整体或关键构件的加固后力学性能试验
2	桥梁结构检测与监测技术研发所需设备	可开展桥梁快速检测与试验技术研究,桥梁拉索(杆)与预应力索检测研究;可开展寒冷濒海地区桥梁远程实时监测技术;可开展荷载激励下基于桥梁结构实时响应信息的评估理论的损伤识别研究。可开展桥梁、独立特大桥的信息管理系统及相关信息系统集成的研究与开发;可开展大规模桥隧群综合监控系统的研究与开发
3	桥梁诊治及维修加固材料及设备研发所需设备	具备桥梁结构或构件在特定人工环境下结构长期性能演化与耐久性试验研究,可开展多环境因素与外部荷载耦合作用下结构长期性能、损伤与劣化过程规律研究。可开展抗盐冻混凝土及材料、季冻地区混凝土结构表面防腐涂层材料、混凝土裂缝灌缝材料、植筋胶等材料的研发

2.设备配置方案

(1)桥梁结构力学实验设备的构成。桥梁结构力学实验设备主要配套购置结构动态测试系统、微机控制电液伺服大吨位压剪试验机、专用轮式滚动疲劳加载装置、千斤顶、微机控制全自动压力试验机、电液式多功能疲劳试验机和试验数据采集系统。这些设备配合反力架设施可进行桥梁结构构件和大比例模型静力与疲劳试验。其中，结构动态测试系统可实现对桥梁的梁、典型混凝土或钢结构、缆索和整体式桥面结构等的动静态加载测试和疲劳加载测试。结构动态测试系统主要包括大吨位动态作动器、配套的连接板及附属配件、反力架及控制器。专用轮式滚动疲劳加载装置可模拟车辆荷载对桥梁模型的疲劳作用。大吨位压剪试验机可进行大型支座和大比例墩柱静力破坏试验。电液式多功能疲劳试验机可进行钢结构、小型混凝土构件及锚夹具疲劳性能试验。

(2)桥梁结构检测与监测技术研发所需设备的构成。桥梁结构检测与监测技术研发所需设备主要面向寒冷气候下濒海地区桥梁结构检测与长期性能监测技术的研究。通过购置无线桥梁结构测试系统、非接触式全场3D变形及应变量测系统，可进行桥结构快速检测与试验技术研究。通过购置有远距离无线操控能力的测量仪器以及相关采集系统，建立桥梁长期性能监测数据采集系统平台，通过数据采集与分析可快速、高精度获取桥梁运营状态下的响应数据。这些设备包括模块化数据采集系统、多功能数据采集传输系统、动态数据记录系统、静态数据记录系统、高密度电法测量系统、动态光纤光栅解调仪、分布式光纤测试系统、冲击回波测试仪、金属超声波探伤仪、桥梁CT、模块化和便携式数据采集系统。

(3)桥梁诊治及维修加固材料及设备研发所需设备的构成。桥梁诊治及维修加固材料及设备研发主要设备包括三类：多功能气候试验室、材料耐久性设备和材料无损测试设备。多功能气候试验室用于开展大比例桥梁结构模型或构件在特定人工环境下结构长期性能演化试验研究。该试验系统是一种综合性的多功能环境模拟试验设备，为大比例结构模型或足尺寸混凝土构件或钢构件提供多种环境条件和不同的测试手段，实现寒冷地区滨海环境下不同环境耦合的模拟试验。材料耐久性设备主要包括高低温交变湿热试验箱、交变盐雾腐蚀试验箱、混凝土单面盐冻试验机、混凝土快速冻融试验机、氯离子迁徙仪、无电极水泥混凝土电阻率测定仪、混凝土水气渗透率测试仪、非接触式混凝土收缩变形测定仪、钢筋混凝土电化学快速腐蚀测试系统。材料测试与设备研制设备包括微波消解仪、电感耦合等离子体发射光谱仪、液相色谱仪、混凝土气孔分析样品制备系统、混凝土气孔结构分析仪、全自动张力仪、接触角测量仪、红外成像系统、电磁振动试验系统、电液伺服疲劳试验机。

五、经济社会效益分析

(一)经济效益分析

我国现有公路桥梁71.34万座，其中约50%运营年限超过20年。大批桥梁正逐步进入养护维修高峰期,仅“十一五”期间交通运输部投入 270 亿元用于危旧桥改造,在用桥梁结构的安全已成为交通可持续发展面临的挑战。加大相关领域的攻关研究,形成行业牵动性技术,具有重要的潜在市场应用价值。

目前,辽宁省交通规划设计院每年承担省内高速公路、普通公路桥梁检测、特大桥梁监测的收入达 2000 余万元,桥梁维修加固改造收入达 6500 万元。研发中心成立后作为专业的公路桥梁诊治与加固改造单位,每年的桥梁检测、监测收入将达到 3500 万元,桥梁加固改造和装备收入将达到 7000 万元,桥隧管理软件和健康监测软件转让费将达到 100 万元,桥梁养护产业的年均产值预计三年后将达到 1.7 亿元,并以每年约 30%的速率增长。

(二)社会效益分析

公路桥梁诊治技术交通运输行业研发中心成立后,可加快寒冷地区和濒海环境条件下公路桥梁诊治技术及装备领域的研究工作,大幅度提高交通领域创新能力,打造核心技术,形成自主知识产权,不断提升我国在桥梁诊治技术及装备领域的研究水平,形成行业牵动技术,提高我国桥梁结构长期性能与安全技术的行业整体水平和国际竞争力。

同时,通过“产学研”有机结合,可建立有效的人才培养机制,培养具有良好发展潜质的高层次、高水平、领军型和创新型的科学技术人才,保证我国桥梁长期性能与安全技术领域科学技术的持续发展和行业整体科技水平的提高。

(执笔人:辽宁省交通规划设计院公路养护技术研发中心
郭　骞　张冠华　郭卫民)

高速公路沥青路面养护技术路段抗剪切能力评价

辽宁省自20世纪90年代开始修建沈大高速公路以来,高速公路的建设迅速发展。截至2014年年底,辽宁已建成高速公路总里程达到4172km,实现了"县县通高速",高速公路路网密度为2.83公里/百平方公里,达到发达国家的水平。庞大的高速公路网为公众提供了良好的出行服务,同时也需要高速公路管理部门在满足正常运营服务的前提下进行不断的维修养护,以保持道路的正常服务水平。

辽宁省高速公路在多年维修养护过程中,应用过多种养护技术,在一定程度上解决了路面病害,延缓了道路使用寿命,达到了维修养护的目的。维修养护技术措施的实施都是在原有破损路面基础上,进行相应的清理之后,根据病害处置对策,选择适宜的维修养护技术。不管是微表处技术、超薄磨耗层技术,还是铣刨重铺、现场热再生技术等,都存在着维修养护的路面结构与原始路面结构层间黏结的问题。如果层间黏结的问题处理不好,很容易在车辆荷载作用下造成层间剪切破坏,大大降低养护技术的应用效果,缩短该技术措施应有的使用寿命。

本文作者选择了几种养护技术措施、不同维修时间、不同高速公路的路段,进行钻芯取样,并利用自行研制的沥青混合料剪切试验装置验证了这些技术的层间黏结效果。

一、剪切试验方法介绍

现有路面结构抗剪试验,施加的剪切力通常与试件的剪切面具有一定的角度,这样在剪切面除了会产生剪切应力外,还会产生垂直于剪切面的正应力,使得试验得到的沥青路面结构抗剪能力偏大。而且目前的大部分路用力学试验仪受试验模具的影响,抗剪试验的试件尺寸较薄,无法较好的测试路面实际受剪时的破坏情况。

(一)试验装置

本文作者采用单位自行设计制造的一台可用于路面钻取芯样的剪切试验装置(如图1),安装在具有伺服系统和环境箱的试验设备中(如MTS、LMT等)

使用,可根据需要调整荷载、加载速率和试验温度。此加载设备可自动采集数据并进行处理。

图 1　剪切试验装置

图 2 是典型的荷载–变形图(两组平行试验取均值)。按公式(1)计算抗剪强度。

$$\tau_b = \frac{P_{max}}{A}$$

式中:τ_b——抗剪强度,MPa;

P_{max}——作用在试件上的最大荷载,kN;

A——截面面积,m^2。

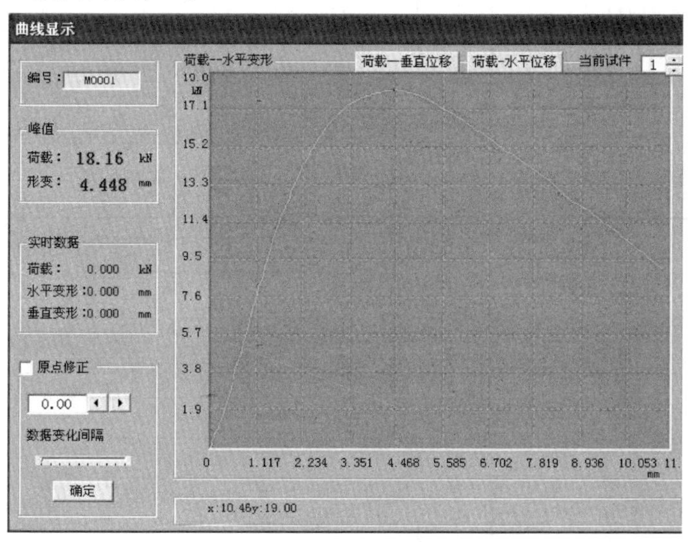

图 2　典型荷载–变形曲线

(二)试验条件

对于直接剪切试验,试件的直径、设备的加载方式、加载速率以及环境温度都将对试验结果产生影响。为了避免数据的变异,增强试验结果的可参考性,根据实际情况并借鉴现有资料,确定了各影响因素的适宜参数值。

1.试件的直径

本研究考虑到配合试验室制备的试件和路面取芯的尺寸,开发的直剪仪配有两套剪切模具,可分别对直径 100mm 和直径 150mm 的沥青混凝土试件或芯样进行剪切试验。

2.加载方式

本直剪仪配合 LMT 设备使用。LMT 设备可以灵活施加应变或应力模式的荷载,并且可以调整加载速率。选择的荷载模式最好和实际路面的受力状况相同,而实际路面的受力不是简单的应力或应变模式。由于许多道路用试验仪器都是以控制应变的模式加载,比如马歇尔稳定度仪和直接拉伸试验仪等,因此本研究也采用控制位移的加载模式。

3.加载速率

本研究采用 5mm/min、10mm/min、20mm/min、50mm/min 四种加载速率对 AC-16 沥青混合料分别在 25℃和 60℃条件下进行剪切试验。沥青混合料的剪切强度见表 1 和图 3。

不同加载速率测得的剪切强度 表 1

加载速率(mm/min)	混合料平均抗剪强度(MPa)	
	25℃	60℃
5	0.665	0.139
10	0.845	0.375
20	1.104	0.478
35	1.029	0.567
50	1.029	0.572

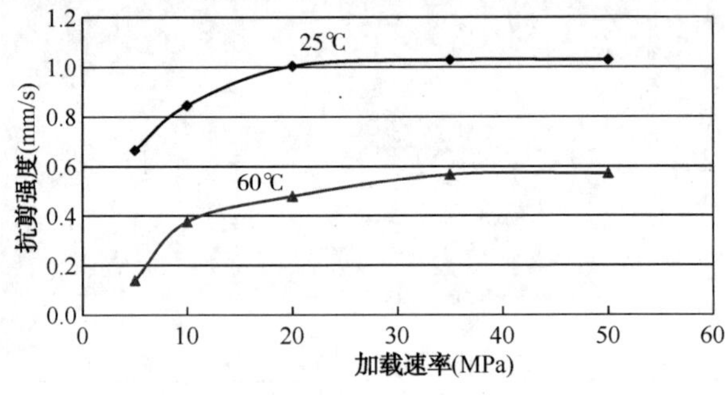

图 3 不同加载速率测得的剪切强度

由试验数据可得,同等条件下,加载速率越大,试验所得剪切强度越大。因此,加载速率为 50mm/min 时,所测得的剪切强度比以 5mm/min、10mm/min、20mm/min 进行加载时结果要大。试验测得的数值大一些,会使条件及操作误差影响相对减小,更有利于判断试件性能的优良。为了尽量模拟静载剪切作用，经综合考虑，最终采用50mm/min的加载速率进行下一步试验。

4.环境温度

根据辽宁地区的气候条件及本次试验目的，选取25℃和45℃温度条件下进行剪切试验，用以考察常温和高温条件下沥青路面各层及层间黏结抗剪切能力。试验前需将试件在设定的温度下保温4h，试验过程中用环境箱控制温度。

二、路面芯样钻取

针对不同的养护技术类型，选择了微表处技术、超薄磨耗层技术、现在热再生技术三种技术类型，针对不同应用年份的情况，在相应位置进行钻芯取样，详细情况如表2所示，部分钻取芯样如图4所示。

养护技术路段钻芯取样情况（钻芯时间2012年7月）　　表2

高速公路	技术类型	施工时间（年份）	桩　号	试验温度（℃）
锦阜高速	超薄磨耗层	2008	K24+400	25
锦阜高速		2008	K24+400	45
锦阜高速		2008	K19+600	25
锦阜高速		2008	K19+600	45
丹锡高速		2009	K201+300	25
丹锡高速		2009	K201+300	25
丹锡高速		2009	K201+300	45
丹锡高速		2009	K201+300	45
沈丹高速		2011	K164+660	25
沈丹高速		2011	K164+660	45
沈大高速	微表处	2011	K68+430	45
沈大高速		2011	K68+430	
沈大高速		2011	K161+130	45
沈大高速		2011	K161+130	45
沈大高速		2011	K161+130	25
沈山高速		2011	K362+600	45
沈大高速		2012	K25+050	45
丹大高速	现场热再生	2010	K1334+950	25
丹大高速		2010	K1334+950	45
丹大高速		2010	K1334+950	45
沈大高速		2011	K68+430	25
沈大高速		2011	K68+430	25
沈大高速		2011	K68+430	45
沈大高速		2011	K68+430	45

图4　部分路段钻取芯样

三、剪切试验研究

根据钻取芯样的实际情况，作者对芯样不同层间结合处进行了剪切试验，以验证黏结效果。剪切后试件如图5所示。

图5　剪切试验后试件

(一)超薄磨耗层

截至钻芯时为止，超薄磨耗层技术在辽宁应用最长时间为4年。对芯样进行与原路面黏结界面、原路面上中面层黏结界面的层间剪切试验后的结果如图6所示。

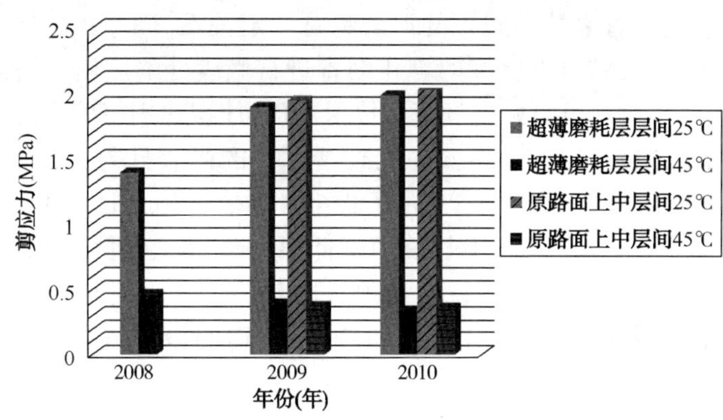

图6 超薄磨耗层路面芯样层间剪切强度结果

由图6试验结果可知,在25℃试验条件下,超薄磨耗层与原路面剪切强度随着使用年限的增加而降低,使用4年较使用1年,层间剪应力降低近30%。在45℃试验条件下,超薄磨耗层与原路面剪切强度随着使用年限的增加而无明显降低现象。

原路面结构的上、中面层间剪切强度结果随时间增长无明显变化规律,施工3年以内的超薄磨耗层与原路面剪切强度基本相当。

(二)微表处

微表处技术在辽宁应用较多的是原沈山和沈大高速公路。由于这两条高速公路交通量较大,钻芯困难,因此仅钻取了部分应用年限的路段芯样,分别对芯样进行了与原路面黏结界面、原路面上中面层黏结界面的层间剪切试验,结果如图7所示。

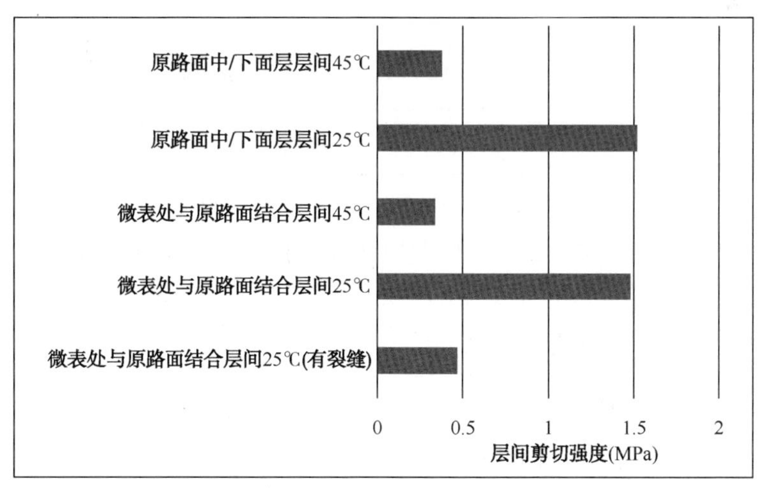

图7 微表处技术路面芯样层间剪切强度结果

由图 7 可知,微表处与原路面剪切强度略低于原路面的上中面层,这与微表处是采用乳化沥青冷拌和施工的混合料有一定关系。但同时也给予我们一定的启示,若采用黏结效果更好的乳化沥青进行微表处的应用,是提升该技术应用空间的有效手段,可更好地发挥该技术在预防性养护中的作用。

同时对比 25℃条件下有裂缝和无裂缝芯样的微表处与原路面层间剪切试验结果可知,有裂缝芯样的剪应力降低 68%左右。由此证明路面横向裂缝处路面在车辆荷载作用下,抗剪切能力降低很多,也是罩面类路面形成脱皮、坑槽的主要原因。这更进一步说明在预防性养护技术应用时,需要根据路面破损状况进行技术选择,或者在应用前采用合理的措施进行裂缝等病害的修补。

(三)现场热再生

现场热再生技术在辽宁主要从 2010 年的原大庄高速公路开始应用,以解决路面车辙问题为主,本研究主要对沈大高速公路的芯样进行了再生层/原路面黏结界面、原路面上/中面层黏结界面的层间剪切试验,结果如图 8 所示。

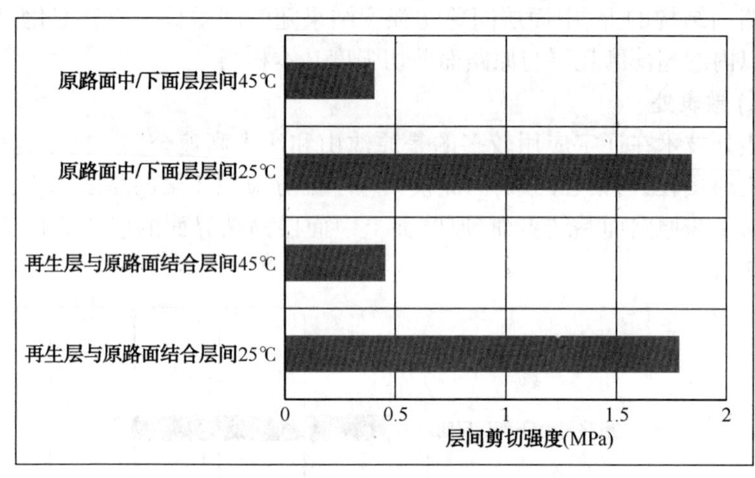

图 8　现场热再生技术路面芯样层间剪应力试验结果

由图 8 所示的现场热再生路面剪切强度试验结果可知,现场热再生路面芯样的层间剪切强度与原路面层间剪切强度基本相当,证明现场热再生后的路面结构在抗剪切能力方面基本没有下降。

四、结论与建议

本文仅仅是通过对路面芯样的剪切试验研究,进行养护技术应用效果的简单评价,能够对该技术应用效果的判断起到一定的辅助作用,但不足以完全具有代表性,关键还是要以现场的实际作用效果为依据。

同时,针对某一项养护技术的抗剪切能力评价,本文所钻取芯样的样本空间也偏小,更系统的研究需要考虑交通荷载、气候环境、路面结构、施工等因素,才更加具有可靠性。若能进行逐年的钻芯取样分析层间剪切强度与技术应用年限的关系,将会对沥青路面养护技术的抗剪切能力提出相对准确的评价。

(执笔人:辽宁省交通科学研究院　朱建平;
辽阳公路路政管理局　张书立)

辽宁东部山区高速公路隧道渗漏水原因及处治措施研究

一、引言

鹤大高速丹东至通化段于2012年9月26日通车运行，全长197公里，起点位于辽宁与吉林交界处，止于丹东古城子村。沿途穿越辽宁东部山区，为山岭重丘地貌，高速公路桥隧比高达30%，尤以丹东至桓仁段居多。鹤大线宽甸管段内共有46座隧道，总长度为43211米，隧道分布较密集，其中特长隧道2座、长隧道36座、短隧道8座。辽东地区受海洋季风影响，年降雨量较大，地下水资源丰富，同时地处北方，冬季温度低，属季节性冰冻区，冬季寒冷漫长，冻霜时间长。鹤大高速丹东至通段自开通运行以来，经过两年多的时间对46座隧道的日常及定期检查发现，管段内共有30余座隧道在2012年和2013年冬季发生了不同程度的渗漏水，冬季隧道渗漏水病害已成为隧道主要病害。本文结合宽甸管段隧道渗漏水实例，陈述隧道渗漏水的危害、成因及处治措施，以供参考。

二、隧道渗漏水危害

2012年及2013年每至11月末左右，部分隧道相继出现不同程度的渗漏水现象，直至次年4月初结束。这给高速公路行车安全带来极大隐患，其危害主要是冻害和水害。

1.冻害

受低温影响，漏水点位于拱部的隧道会于渗水点处形成冰柱，悬挂在拱顶或拱腰处，若不及时处理，挂冰脱落容易对过往车辆造成威胁。渗水量较大时，挂冰越积越大形成巨型冰柱，侵入隧道建筑限界内，严重危及行车安全。

隧道排水沟因结冰堵塞，致使隧道排水困难，水沟冻裂破损，破坏隧道排水系统。

隧道渗漏水水量较大，渗漏点较多时，会在隧道路面形成大面积结冰，极易引发交通事故。

隧道渗漏水会侵入防火喷涂、边墙瓷砖空隙中，在低温冻胀的影响下，致使喷涂、瓷砖起鼓脱落,对隧道内的附属设施产生不良影响,并影响行车舒适性以及隧道内的美观。

2.水害

渗漏水会对隧道内电力设施造成不同程度的破坏。隧道内的通风及照明设施大部分为钢铁制品,遇水加快锈蚀,影响使用寿命,增加隧道的维护费用,严重时会造成隧道机电的短路、漏电进而引发火灾等。

隧道渗漏水会导致衬砌材料混凝土材料劣化和砂土流出,使围岩松弛而成为外荷载,引起病害。

三、隧道渗漏水成因

隧道的修建破坏了山体原始的水系统平衡,使隧道成为所穿越山体附近地下水聚集的通道。在隧道防排水施工中,工艺质量不达标,极易造成隧道渗漏水现象发生。通过对管段内隧道渗漏水观察发现,渗漏点主要集中在四个部位:①施工缝处渗漏水;②边墙拱脚处涌水;③车行横洞或人行横洞内涌水;④中央花管阻塞引起的路面返水。通过调研、查阅资料和现场的实地勘查,总结出造成隧道渗漏水病害的原因主要有以下几个方面:

1.客观原因

(1)辽东地区年降雨量较大,山体内地下水资源丰富,隧道建成以后破坏了围岩内原有的水系平衡和应力平衡,为了达到新的平衡,需承受地层内部水压力和围岩压力。而隧道大部分位于地下水位线以下,衬砌背后水压较高,长期聚积后易沿防水薄弱处(防水板焊接缝和防水板破损部位)渗透,一般通过沉降缝或施工缝渗漏至隧道内部。

(2)隧道周围裂隙水中的含钙化学物质和混凝土析出物易造成隧道排水系统堵塞,使衬砌背后水流不畅,水流无法排出,进而形成渗漏。

2.主观原因

在隧道施工中,由于施工材料的选择和施工质量问题,容易造成隧道防排水系统存在一定的缺陷,为地下水提供了迁移的途径。

(1)隧道防排水系统保温措施不完善。辽东地区冬季寒冷,统计发现隧道渗漏水主要发生在 11 月月末至次年 4 月月初之间。此时间段隧道内气温大都处于 0℃ 以下,极限气温达到-29℃,低温成为影响隧道渗漏水主要因素。隧道防排水系统的保温措施无法满足实际要求,水结冰导致隧道防排水系统水流不畅。如果不能及时疏通,会造成隧道部分纵向排水管、纵向排水管检查井及横向排水管堵塞严重,导致衬砌背后水无法排出,水压不断升高,迫使水流沿衬砌防水薄弱处流出,形成渗漏。此外,隧道中央花管洞外出水口段结冰堵塞,也会导致隧道内排水困难,引发渗漏水现象发生。

(2)隧道防水系统存在缺陷。在施工过程中,可能存在防水板被刺破造成破损、防水板焊接不够密实存在缝隙、防水板与混凝土之间空隙过大、止水带缺失或安装反向等施工问题。防水层由于受施工质量、材料质量等因素的影响,在隧道运营期间容易产生破坏,衬砌背后的水容易在施工缝处聚集,引起施工缝渗漏水,特别是墙角部位的渗漏水现象尤为突出。

(3)隧道排水系统施工不完善。由于施工问题,可能会造成隧道内环向盲沟、纵向排水管和横向排水管之间连接不实,无法形成闭合环路,导致水从排水缺口处流出,形成渗漏。部分隧道由于排水需求大,横洞内横向排水管无法满足排水要求,水量聚集过大,造成车行横洞和人行横洞涌水。

(4)二衬质量缺陷。二次衬砌在施工中质量、厚度、防渗性不达标也会引起渗漏水的发生。二次衬砌混凝土虽然具有一定的防水性,但施工中可能由于振捣不到位,混凝土与橡胶止水带等防水结构黏结能力较差,在外力作用下易分离,此种情况会引起施工缝处出现渗漏水现象。

四、隧道渗漏水应急处治措施

鉴于渗漏水发生的突发性、不确定性及其危害的严重性,对隧道渗漏水的应急处治显得尤为重要。我们结合宽甸段隧道管养经验,针对不同情况的隧道渗漏水,提出下面几种应急处治措施。

1.加强日常巡查

《公路隧道养护技术规范》规定,高速公路隧道检查每周不少于一次,特别是在雨季或冰冻季节更应增加日常检查的频度。宽甸地区每年 11 月末左右进入冬季,隧道渗漏水进入了多发时期,这段时间应安排应急车辆及隧道养护人员对隧道进行每日两到三次的巡查,重点观察隧道内施工缝,施工缝墙角、车行横洞及人行横洞等易发生渗漏水病害位置。日常巡查主要是加强对隧道排水系统的检查,观察隧道外排水口水量大小,保证隧道排水系统的畅通。检查宜以徒步的目视检查为主,检查人员要配备必要的检查工具或设备,及时记录检查结果并整理备案,做到第一时间内发现险情,将隧道渗漏水危害程度降到最低。

2.人工除冰防滑

对管段内所有发生渗漏水隧道观察发现,大部分渗漏点渗水量较小,渗水点往往因为冰冻而停止渗漏,渗水时间维持在一天到两天之内。对于已经发生渗漏的隧道,在渗漏点处或有结冰地方应设置警示标志。拱顶有冰柱悬挂的隧道及时安排升降车辆和工人对冰柱进行清除。路面有结冰的隧道要安排人员进行人工除冰,除冰完成后撒布适量防滑剂,防止二次冰冻。针对漏水量较大,漏水持续几十天不止，路面大面积结冰的情况，采取在漏水点处架设导流设施（排水槽、排水管）或安排车辆接水运送至隧道外的方法处理，同时组织人员进行除冰防滑工作。在人工作业中要做好施工安全防范措施，必要时封闭道路并配备人员疏通交通。

五、隧道渗漏点处治方法

针对不同类型的渗漏水，主要采用以下几种处理方法：

1.注浆封堵法

对于渗水量较小的施工缝处，采用注浆封堵的方法进行处理，以期达到充填裂隙、凝结土体、隔断水源的目的。具体施工工艺如下：

（1）布孔。根据渗水面积和位置，用电钻在渗水缝处布设注浆孔，孔深为混凝土厚度的一半，用清洗机清洗注浆孔。

（2）埋入注浆管，由快硬防水砂浆固定注浆管，并抹压缝的表面。

（3）注浆。用智能高压注浆泵通过注浆嘴向孔内注入水溶性聚氨酯堵漏剂。该材料遇水立即生成一种不溶于水的胶状物，以5~10倍体积膨胀于缝中。

（4）清理及外观处理。注浆完成几天后，割除注浆管外露部分，并用防水砂浆抹平表面。注意调整砂浆颜色，保证衬砌的整体外观质量。

图1、图2为注浆管布设示意图。

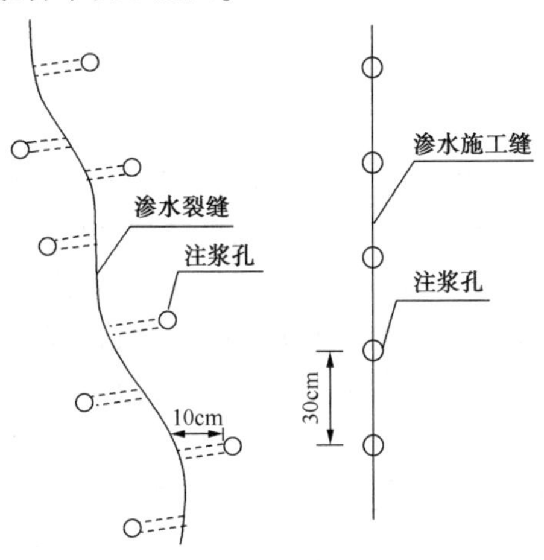

图1　注浆管布设图

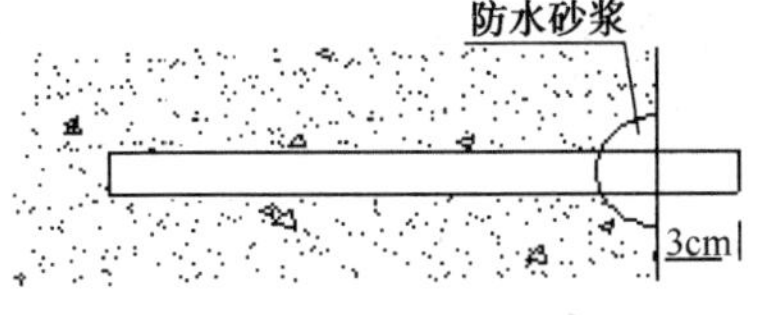

图2　注浆管布设图

2.剔槽疏导法

对于隧道内渗漏水量较大的漏水点,采用剔槽疏导方法,将水引走排出,不使其扩散侵蚀。具体施工方法是在漏水点处(施工缝位置)打孔放水。打孔完毕后从打孔处竖直凿一条倒梯形槽,槽底应落在渗水的裂缝上,用钢丝刷清除槽中混凝土残渣并用清水冲洗槽及周围,然后在槽中固定PVC排水管(外用透水布包裹),将水直接引到隧道中央花管中排出。排水管周围配备电伴热带,最后用防水砂浆抹平并涂抹防水护面剂(约1.5mm厚)。

3.增设横向排水管

对于横洞内横向排水管无法满足排水要求,导致横洞涌水的,采用增设横向排水管的方法。具体做法是:在原横向排水管下方位置凿槽,放入适当口径排水管并与原隧道内纵向排水管、环向盲沟连接,与隧道内排水系统形成闭合回路,保障横洞衬砌中的水顺利排出。最后用防水胶嵌缝,填充水泥浆并抹平,与衬砌外观保持一致。

4.中央花管疏通法

对于隧道中央花管排水不畅引起的隧道路面返水、边墙根部涌水的,采用疏通中央花管的方法进行治理。通过对隧道外排水口水流大小分析隧道中央花管的堵塞情况,挖开路面对隧道内中央花管进行彻底清淤疏通。加强中央花管出口段的保温措施,提高中央的抗冻能力使水沟排水畅通,减少水压力,避免积水现象。

六、结语

在隧道常见病害中,冬季渗漏水尤为严重。鹤大高速丹东至通化段,由于2012年和2013年降水量偏大,冬季气温较低,因此出现多处渗漏现象,严重影响了整条线路的运营安全。有鉴于此,及时发现隧道渗漏水现象,第一时间采取应急处置措施处理,运用最为合理的施工方法进行维修,就成为隧道日常养护中的一项重点工作。本文希望能通过对鹤大高速宽甸段隧道运营中出现的问题及一些处理方法的分析,为所有隧道养护工作者提供一定的参考,寻求更有针对性、更耐久适用的渗漏水及冻害整治措施,进而提升对高速公路隧道的管养水平。

(执笔人:辽宁省高速公路管理局宽甸管理处　徐鹏声　戴鹏飞　牟　乐)

桥梁基础旋挖桩施工方法及质量控制研究

旋挖钻机在国际上的发展已经有几十年的历史,在中国也是在最近几年才被逐渐认识和应用,成为近年来发展最快的一种新型桩孔施工方法。旋挖钻孔灌注桩技术被誉为“绿色施工工艺”,其特点是工作效率高、施工质量好、尘土泥浆污染少。

一、施工方法

1.桩位放样

根据建设单位提供的测量控制点和设计图纸的有关数据进行测量放样,定出桩位并加以维护,开钻前桩位须经监理单位复核无误后方可进行施工。

2.埋设护筒

根据地质条件选择壁厚为8~12mm钢板制作的钢护筒,高度为2~3m,内直径较桩径大于等于20~30cm,用于固定桩位。护筒埋设后顶部高于地面20cm。

3.旋挖施工方法及要求

黏结性好的土层采用干式清水钻进工艺,无须泥浆护壁。松散易坍塌地层或有地下水分布、孔壁不稳定的土层必须采用静态泥浆护壁钻进工艺,并保证孔内水头不低于护筒底标高,防止塌孔。现场泥浆池一般为钻孔容积的1.5~2倍,泥浆池底部和四周要铺设塑料布或采取其他封闭措施,防止泥浆外流,污染环境。钻孔时先将钻头着地,通过显示器上的清零按钮进行清零操作,记录钻头的原始位置(此时,显示器显示钻孔的当前位置的条形柱和数字)。操作人员可通过显示器监测钻孔的实际工作位置、每次进尺位置及孔深位置,操作钻孔作业。在作业过程中,操作人员可通过主界面的三个虚拟仪表的显示(动力头压力、加压压力、立卷压力)实时监测液压系统的工作状态。开孔时,利用钻头自重并加压作为钻进动力,当钻头被挤压充满钻渣后将钻头提出地表,操作回转手柄使机器转到土方运输车方向的位置,用装载机或挖机将钻渣装入土方车运出工地。通过操作显示器上自动回位对正按钮机器自动回到钻孔作业位置,或通过手动操作回到钻孔作业位置。此工作状态通过显示器回位标识进行监视。施工过程中通过钻机本身的三向垂直自动控制系统反复检查成孔的垂直度,确保成孔质量。钻孔过程中根据地质情况控制进尺速度,当由硬地层钻到软地层时,可适当加快钻进速度,当由软地层变为硬地层时,要减速慢进,在易缩径的地层中,应适当增加扫孔次数,防止缩径。对回填土层采用保护措施进行施工,对硬塑层采用快转速钻进,以提高钻进效率,砂层则采用慢转进并适当增加泥浆比重和黏度,如在实际施工过程中出现卵石层,则采取以下措施;对于粒径较小的卵石层采用斗式钻头慢速钻进,粒径较大的卵石层采用锥形螺旋钻头钻进后更换斗式钻头清渣,如此往复,直至穿过卵石层,对于深度较浅的卵石层可采取人工直接开挖,开挖一定深度后再改用旋挖钻机钻进的方法。钻渣要及时运出工地,保护环境。钻孔记录要及时填写,专人负责,记录主要内容;工作项目、钻进深度、钻进速度及孔底标高、时间、根据钻进速度及土层变化情况取样,认真做好地质情况记录,绘制孔桩地质剖面图,每桩必须备有渣样盒,在盒内标明样品在孔内所处的位置和取样时间,桩孔地质剖面图与设计不符时,请监理和设计单位确定是否进行变更设计,钻孔达到预定或设计孔深后,提起钻杆,测量孔深及沉渣厚度。

4.终孔

钻孔达到设计深度后,必须核实地质情况,通过钻渣与地质柱状图对照以验证地质情况是否满足设计要求,如与勘测设计资料不符,及时通知监理工程师及设计单位到现场进行确认处理。如满足设计要求,立即对孔深、孔径、孔型进行检查,对于孔径、孔壁、垂直度等检测项目采用测孔仪进行检测,孔深及沉渣厚度检测;成孔后,根据旋挖桩显示界面的钻孔深度 L1,利用测绳测量孔深 L2,两者对比,如果 L2 小于 L1,更换清底钻头进行清底,并重新测定孔深,确认满足设计规范要求后并经监理验收合格后立即进行清孔。

5.清孔及检测

清孔采用抽浆法清孔,清孔时注意保持孔内水头高度,清孔目的是清除钻渣和沉淀层,尽量减少孔底沉渣厚度,防止桩底存留过厚沉渣层降低桩的承载力,清孔分两次进行,第一次清孔就应满足设计及规范要求,否则不应下放钢筋笼,下放导管后再进行二次清孔,灌注砼前清孔必须达到以下标准,孔内排除或抽出的泥浆用泥浆比重仪,砂率检测仪检测,泥浆比重为 1.03~1.10,黏度 17~20s,含砂率≤2%,胶体率 > 8%,浇筑水下混凝土前孔底沉渣厚度不大于 5cm,孔底沉渣的测量采用前端悬挂平坨的测绳在孔壁周围测量孔深测点不少于 4 个,两者低标高之差为沉渣厚度,每次测量前必须采用钢尺对测量绳进行校核,严禁采用加深钻孔深度方法代替清孔作业,清孔合格后安放钢筋笼。

6.钢筋笼安装

主筋采用搭接单面焊,满足接头在同一截面不超过 50%,并满足焊缝长 10d 要求,接头不可在孔内形成向内的错台,防止刮碰导管法兰,钢筋笼净保护层不小于 50mm，钢筋笼外侧可对称设置混凝土圆形滑轮垫块，或采用 $\phi10$ 钢筋制作的保护耳，确保保护层满足要求，钢筋笼安放时，应对准孔位吊直扶稳，缓慢下沉，避免碰撞孔壁，下沉至设计位置后，应立即固定防止移动，经检验合格后进行导管安装。

7.导管安装

选用 250～300mm 内径导管，安装前应对导管进行水密、拉拔、承压试验，合格后才能投入使用，底管长度一般不小于 4m，导管总长根据桩孔深度调配，下导管前对每节导管进行编号，注明长度，节与节之间的连接紧密不漏水，导管底部距孔底 25～40cm，导管安装经检验合格后进行二次清孔，合格后进行水下混凝土灌注。

8.水下混凝土灌注

水下混凝土灌注应连续进行，不得随意中断，在水下混凝土灌注过程中，有专人测量导管埋深，填写好水下混凝土灌注记录，并保证首盘混凝土用量埋管 1 米以上，以后埋管在 2～6m 之间。提升导管时应避免碰撞钢筋笼，当混凝土面接近钢筋笼底部时，应放慢灌注速度防止钢筋笼上浮，混凝土灌注完成后应高出设计桩顶标高 50～100cm，每根桩做 3 组试块，养护 28 天龄期进行桩基混凝土抗压强度试验。

二、质量控制及预防措施

1.混凝土灌注

旋挖桩灌注混凝土时严格控制导管埋入混凝土中的深度，严禁导管拔空，采用混凝土数量及实测数据确定混凝土导管的埋入深度，为保证混凝土灌注连续性，待现场混凝土达到一定数量后再开始混凝土的灌注，混凝土到场后，试验员和技术员对拌和站提供的混凝土的标号、数量进行核查，并检测混凝土坍落度，灌注速度连续均匀，并应特别注意拆卸导管时避免碰撞孔壁防止孔壁掉渣后侵入桩身混凝土中，导致桩身缩径。

2.沉渣厚度及二次清孔

吊放钢筋笼前沉渣厚度必须满足要求，待吊管安装完毕后，再次测量沉渣厚度，不满足要求时，进行二次清孔，二次清孔必须认真对待，决不允许不进行二次清孔或敷衍了事。钢筋笼接长时在确保连接垂直的基础上要加快焊接速度，尽可能缩短沉放时间，这有利于钢筋笼顺利吊放以及减少沉渣。

3.桩身的垂直度的控制

清除钻机位置处的杂物，松软土层，进行场地平整，压实。开钻前用线锤法吊中测定钻杆的垂直度小于 0.5%，用水平尺检查钻机水平。钻进过程中当钻孔深每达到5m左右时,用水平尺校核机架水平度,用吊垂检查垂直度,不符合要求时及时纠正。

4.预防桩孔偏斜

安装钻机时要使转盘、底座水平。起重滑轮缘、固定钻杆的卡孔和护筒中心三者应在同一轴线上,并经常检查校正。由于主动钻杆较长,转动时上部摆动过大,必须在钻架上增添导向架,控制钻杆上的提引水龙头,使其沿导向架向下钻进。再有倾斜的软硬土层钻进时,应吊住钻杆控制进尺,低速钻进,或回填片石,冲平后再钻进。

5.预防断桩

混凝土坍落度应严格按设计规范要求控制;灌注混凝土前应做好与混凝土搅拌站的沟通联系,确保混凝土浇筑的连续性;边灌混凝土边抖动导管密实混凝土,做到连续作业,一气呵成。灌注时勤测混凝土顶面上升高度,随时掌握导管埋入深度,避免导管埋入过深或导管脱离混凝土面;严禁不经测算盲目提拔导管,防止导管脱离混凝土面;钢筋笼主筋接头要焊平;导管应使用经检漏耐压试验合格导管。

6.坍孔处理

钻孔过程中发生坍孔后,要查明原因进行分析处理,可采用护筒跟进法穿过塌层后继续钻进。根据现场情况,如坍孔程度轻,可增大泥浆比重(控制在1.15~1.4之间),改善其孔壁结构,钻头每次进入液面时,速度要非常缓慢,等钻头完全进入浆液后,再均匀下到孔底,每次提钻速度控制在0.3~0.5m/s,坍孔严重时,必须及时采用黏土回填重新钻孔。

7.缩孔处理

钻孔发生弯孔缩孔时,一般可将钻头提到偏孔处进行反复扫孔,直到钻孔正直,如发生严重弯孔和探头石应采用小片石或卵石与黏土混合物回填到偏孔处,待填料沉实后再钻孔纠偏。

三、结束语

旋挖成孔灌注桩的施工方法具有施工质量可靠、成孔速度快、成孔率高、适应性强大大缩短了工期,废浆少、低噪声、污染小保护了环境,克服了机械成孔时孔底沉淤土多,桩侧摩阻力低,泥浆管理差的缺点,极大地提高了施工质量。同时,其成孔费用消耗等经济技术指标比其他方法成孔费用低,具有较高的的经济效益和社会效益。

(执笔人:辽宁省交通工程质量与安全监督局　徐金凤)

物探方法在桥梁浅基础检测中的适用性研究

一、引言

桥梁浅基础病害日益突出，特别是水的冲刷效应使基础埋置深度减小，造成其承载力不足，严重影响桥梁结构的安全。然而基础是隐蔽工程，大都埋藏于地下或水中，通常要采用基础开挖的方式进行病害调查和诊断，费时、费力。当遇水中基础时，现有检测方法几乎无能为力。因此，针对桥梁浅基础有效检测的方法有待研究。

近年来，物探技术已被广泛应用于各种工程勘察中，只要探测目标和周围物质存在物性差异，物探技术就能做出较准确的评价。桥梁浅基础可看成是地质体的一部分，一般由混凝土或浆砌片石等组成，它和周围土体在物性参数上必然有一定差异。因此，将物探技术应用于桥梁浅基础的无损检测是一个有效的途径。

二、物探方法分类

物探方法利用物探仪器，探测目标和周围物质间的物性差异，找出与均质条件下物性的差异，并研究该差异与勘探目标之间的关系，达到解决地质问题或工程问题的目的。

目前，工程物探发展了很多实用的方法，按照各种方法勘察地质物性参数的不同主要分为电法勘探和地震波法两大门类，具体方法汇总如表1所示。

物探方法汇总　　表1

<table>
<tr><th colspan="2">分类</th><th colspan="2">方法</th></tr>
<tr><td rowspan="6">电法</td><td rowspan="4">传导类电法</td><td rowspan="2">电阻率法</td><td>电剖面法</td></tr>
<tr><td>电测深法</td></tr>
<tr><td colspan="2">激发极化法</td></tr>
<tr><td colspan="2">高密度电法</td></tr>
<tr><td rowspan="2">电磁波法</td><td rowspan="2">人工场源
电磁测深法</td><td>可控源音频大地测深法</td></tr>
<tr><td>瞬变电磁法</td></tr>
</table>

续上表

<table>
<tr><th colspan="2">分　类</th><th colspan="2">方　法</th></tr>
<tr><td rowspan="4">电法</td><td rowspan="4">电磁波法</td><td rowspan="3">天然场源
电磁测深法</td><td>大地电磁测深法</td></tr>
<tr><td>高频大地电磁法</td></tr>
<tr><td>音频大地电磁法</td></tr>
<tr><td colspan="2">探地雷达</td></tr>
<tr><td colspan="2" rowspan="3">地震波法</td><td rowspan="2">浅层地震法</td><td>反射波法</td></tr>
<tr><td>折射波法</td></tr>
<tr><td colspan="2">瑞雷波法</td></tr>
<tr><td colspan="2" rowspan="4">其他方法</td><td colspan="2">重力勘探</td></tr>
<tr><td colspan="2">声波勘探</td></tr>
<tr><td rowspan="2">工程 CT</td><td>地震 CT</td></tr>
<tr><td>声波 CT</td></tr>
</table>

三、电法勘探

电法勘探是根据地质环境的电磁学性质(如导电性、介电性、导磁性等)和电化学特性的差异,通过对人工电场或天然电场、电磁场或电化学场空间分布规律的观测研究,解决地质问题的物探方法。

电法勘探可利用多种物性参数,场源、装置形式也较为丰富,观测内容或测量要素多,且应用范围广。根据测量地质物性的不同,电法勘探主要分为传导类电法和感应类电法(电磁法)。

1.传导类电法

传导类电法勘探以岩石、矿石间电性差异为基础,主要分为常规电阻率法、激发极化法和高密度电法。

常规电阻率法分为电阻率测深法、电阻率剖面法。电阻率测深法(简称电测深法)以地质环境间电阻率差异为基础,在人工电流场下采用不同极距观测同一位置不同深度地质的视电阻率。该方法可查明地质构造或解决与深度有关的地质问题,对地层横向分布具有很好的测量效果,但是纵向分辨率不高。电阻率剖面法的原理是保持单位电极距不变(即勘探深度不变),将整个观测装置沿测线方向逐点移动进行测量,获得地下一定深度处地断面沿水平方向的变化。总结起来,常规电阻率法缺点较为突出,即施工自动化不高,工作效率低,一般运用较少。

电法勘探中发现,当向大地供入电流或切断电流的瞬间,在测量电极之间总能观测到随时间变化的电位差。这种在充、放电的过程中,产生随时间缓慢变化的附加电场的现象,称为激发极化效应(简称激电效应)。激发极化法以地质环境的激电效应差异为基础,通过观测、研究人工建立的直流(时间域)或交流(频率域)激电场分布规律进行地质勘探。该方法测量参数多,受地质不均匀影响较小,可以将低阻体中的含水层和其他物质分开。

高密度电阻率法综合了电阻率测深法和电阻率剖面法的特点,是多种排列的常规电阻率法与资料自动处理相结合的综合方法。该方法测点密度和电极数量远比常规电阻率法大,可根据需要自动进行电极排列、极距及测点的转换,实现数据的快速采集和处理。该方法具有以下优点:①电极布设一次性完成,减少了电极布设引起的测量误差;②可进行多种电极排列装置测量,从而获得丰富的地质测量信息;③数据采集和收录自动化(或半自动化)程度高,不仅采集速度快,而且避免了人工操作带来的误差和错误;④可对资料进行预处理并显示剖面曲线形态,脱机处理后还可以自动绘制和打印各种成果图件。高密度电阻率法是一种成本低、效率高、信息丰富、解释方便且勘探能力显著提高的电法勘探新方法。但高密度电阻率法测量结果解释以定性分析为主,只能确定目标体的几何形态,准确埋深需要结合其他方法共同确定。

2.电磁法

电磁法勘探以岩石、矿石间磁性差异为基础,主要分为可控源音频大地测深法、瞬变电磁法、音频大地电磁法和探地雷达。

可控源音频大地电磁法简称 CSAMT 法,是在大地电磁法(MT)和音频大地电磁法(AMT)的基础上发展起来的人工源频率域测深方法。该方法具有信号强、工作效率高和探测深度大等特点。但其缺点主要表现为:①设备笨重,交通不便时使用非常困难;②静态效应、阴影效应和近场效应对其影响大,导致电性分布发生严重畸变,没有好的办法进行校正;③绝大多数情况下,只能进行标量测量,不能进行矢量或张量测量;④频率范围有限,一般工作频率在 0.5Hz~8192Hz,故不能反映浅部地层信息。

瞬变电磁法基本原理就是电磁感应定律。衰减过程一般分为早、中和晚期。早期的电磁场相当于频率域中的高频成分,衰减快,测深小;而晚期成分则相当于频率域中的低频成分,衰减慢,测深大。通过测量断电后各个时间段的二次场随时间变化规律,可得到不同深度的地质特征。该方法具有发现异常能力强、探测深度大、受地形影响小等优点,对浅中部工程地质勘查有较好的分辨率。但是该方法要求足够强的供电电流,设备较笨重、装置大,野外劳动强度大,工效低,特别是在地形条件差的地方,布线十分困难。

音频大地电磁法是交流电法勘探的一个分支,利用音频和亚音频范围内的天然大地电磁场及交变电磁场测量某地电阻率变化,可应用于浅层地质的普查。其优点是:①利用天然场源,无近场效应影响,仪器轻便,适用于地形、气候条件恶劣的山区;②观测频带宽,从0.1Hz到100kHz,最小探测深度几米至最大探测深度2000m,工作效率高;③在现场能实时获得成像结果。但该方法的缺点是信号弱,在强干扰的地方,采集的天然信号离散大,数据质量低。

探地雷达(GPR),亦称地质雷达,其原理是利用一个天线发射高频电磁波,而另一个天线接收来自地下介质界面的反射波。因为电磁波在不同介质中传播时,其路径、强度和波形随所通过介质的电性及几何形态而变化,所以根据接收到的波的旅行时间、幅度与波形等资料,可推断介质的结构。与电阻率法及地震法等常规物探方法相比,探地雷达具有分辨率高、无损性、高效性和抗干扰能力强等特点。实测表明,对于地下4m以内的浅层区域成像,探地雷达是一种低成本、使用潜力大的地球物理成像方法。在这里需要特别指出的是,雷达探测的效果主要取决于不同介质界面的电性差异,既介质之间的介电常数差异越大,探测效果越好,反之则较差。在电阻率小的环境中,探地雷达的探测深度大大降低,特别是在有水的环境里。

四、地震波法勘探

地震波法主要分为浅层地震法和瑞雷波法。地震法勘探相比其他物探方法,具有精度高、解释成果单一的优点。

1.浅层地震法

浅层地震反射波法利用地层间弹性差异形成的反射波信息,进行地质结构和构造勘探。因此,在测线的不同位置上,反射时间的变化就反映了地下地层的埋深及构造特点。通过这一特点,可以确定垂向地层分布情况,达到工程地质勘查的目的。浅层地震反射波可以压制多次波和各种随机干扰波,从而大大地提高信噪比和地震剖面的质量,并且可以提取速度等重要参数。

浅层地震折射波法是通过人工震源激发的地震波在地下介质中传播,当下层介质的波速大于其上层介质波速以及波的入射角等于临界角的情况下,就会沿着速度界面传播,产生折射波。折射波引起界面各点的振动,并以新的形式传至地面,在地面通过检波器观测折射波到达的传播时间,就可求出折射界面的埋藏深度。

浅层地震法的不足之处主要表现在:①工作费用较高;②在山地区域工作难度大,资料解释准确性较差。

2.瑞雷波法

瑞雷波法是利用瑞雷波的传播特性检测地表下一个波长深度范围内岩土的平均剪切波波速随深度变化的一种方法。瑞雷波法勘探主要利用瑞雷波的两种特性,一是瑞雷波在分层介质中传播时的频散特性,二是瑞雷波传播速度与介质的物理力学性质的密切相关性。其基本原理为:利用瑞雷波的频散特性求得在介质中的瑞雷波速,然后再利用波速与介质其他物理力学参数的相关性对介质体做出工程评价。

与浅层反射波法与折射波相比,瑞雷波的特点是不受地层速度差异的影响。反射波法和折射波法对于波阻抗差异较小的地质体界面反应较弱,不易分辨。尤其是折射波法要求下覆地层速度大于上覆层速度,否则形成勘探盲层。瑞雷波法则不存在这类问题。瑞雷波法优点是对细层较为敏感,分层较细,纵横向分辨率高。

五、其他勘探方法

除了前述的两大类方法,物探法还包含重力勘探法和工程 CT 等。

重力勘探以岩石、矿石间密度差异为基础,通过观测、研究天然重力场的变化规律解决地质问题。该方法观测的是天然重力场,因而成本低,且具有探测深度大的优点。不过,重力异常是不同深度地质相互叠加得到的,难以进行有效的分离,因此重力勘探法对于浅层地质探测的精度不高。

地震 CT 和电磁波 CT 是一种新的工程物探方法,也称层析成像法。它可以从地质外部测得数据准确、可靠地反演内部结构直观图像,分辨率高,解析成果直观。但是地震 CT 必须要有成对钻孔,属于有损检测,且成本较高。而声波 CT 需有钻孔数据,且属于单点测试,所以测试速度的准确性受仪器精度和测试方法的制约。

六、物探方法在浅基础检测中的适用性

物探异常具有多解性,产生物探异常的原因往往是多种多样的。就某种物探方法而言,应视其解决具体问题的适宜性进行评判。由于物性特征参数各异,任何一种方法都只是其他方法的补充和印证,而不是取代或覆盖。综合物探法不是多种方法或手段的任意罗列,也不是投入的方法和手段越多越好,而应是最佳方法或手段的优化组合,使其达到“技术可靠、经济合理”的目的。每种物探方法都有其严格的应用条件和使用范围,合理地综合运用几种物探方法,并与地质研究紧密结合,才能得到较为肯定的结论。

通过上文对多种物探方法的简介,总结各方法的优缺点如表 2 所示。

各种物探方法优缺点汇总表　　表2

物探方法	浅层分辨率	有水环境应用	施工自动化	工作效率	设备轻便性	无损性	抗干扰能力	成本
电阻率法	一般	适用	不高	低	轻便	无损	一般	低
激发极化法	一般	适用	高	高	轻便	无损	一般	低
高密度电法	高	适用	高	高	轻便	无损	较好	低
可控源音频大地测深法	低	适用	一般	高	笨重	无损	较好	低
瞬变电磁法	较高	适用	一般	低	笨重	无损	较好	低
音频大地电磁法	较高	适用	一般	高	轻便	无损	一般	低
探地雷达	高	不适用	高	高	轻便	无损	强	低
浅层地震法	高	适用	一般	高	轻便	无损	较好	较高
瑞雷波法	高	适用	高	高	轻便	无损	较好	较高
重力勘探	低	适用	高	高	轻便	无损	较好	低
工程CT	高	不适用	一般	低	轻便	有损	较好	较高

桥梁浅基础检测需满足两点基本的要求是:①浅层地质检测分辨率高;②适用于有水的环境。

通过表2中对比可以看出,在满足上述基本要求外,综合考虑其他因素的影响,高密度电法可以很好地满足桥梁浅基础检测的要求。当浅基础处于无水环境时,由于地质雷达法效率高、资料处理方便,受外界干扰较小,可用于浅基础普查。在普查基础上根据检测目的要求,对可疑点或可疑堤段做进一步详查。详查采用高密度电法,确定基础土体分层情况和隐患位置、隐患类型。同时,在经济成本允许的条件下,也可辅助于浅层地震法或者瑞雷波法进行检测。几种物探方法互相参照验证,综合分析以提高隐患判断的准确性和可靠性。

七、结论与展望

本文总结了各种物探方法的基本原理和优缺点,并在此基础上分析各方法在浅基础检测中的适用性,为桥梁浅基础检测提供了新的思路。

(执笔人:辽宁省交通规划设计院公路养护技术研发中心
杜海鑫　刘心亮　于传君)

抗冻耐久水泥混凝土在辽宁省高速公路应用阶段性成果分析

随着国家基础设施建设投资规模的增长，对混凝土材料的应用需求也在不断增大。据相关统计报告显示，在建设高峰期间，我国一年投入到公路、桥梁、隧道、铁路、建筑等行业的混凝土总量约40亿立方米。然而，由于受到多种因素的影响，许多水泥混凝土结构物在远未达到设计使用年限即出现严重破损，使水泥混凝土结构物的安全性、舒适性以及美观性受到了严重影响。运营管理者每年都要额外投入大量的人力、物力和财力用于对破损严重结构物的检测、维修、加固，甚至拆除重建，给整个社会造成很大的经济损失和不良影响。因此，提高水泥混凝土结构物耐久性越来越引起社会各界广泛地关注。

交通运输是服务经济社会发展的先导性行业，高速公路又是确保交通运输网络畅通的主动脉，保障高速公路桥梁等结构物在设计使用年限内安全服役既是行业建设与管理者应尽的责任和义务，也对促进国民经济健康有序发展有着重要的现实意义。辽宁省自1986年正式开始沈阳至大连高速公路建设至今，已经完成31条高速公路和3条改扩建高速公路建设，目前累计通车里程4172km；完成特大桥53座，累计长度76km；大桥625座，累计长度162km；中小桥2312座，累计长度86km；隧道112座，累计单洞长度200km。辽宁省在30年高速公路建设中不断研究探索水泥混凝土工程百年寿命的技术路径，依托辽宁省高速公路建设项目开展了抗冻耐久水泥混凝土的研究，吸取国内外水泥混凝土应用及研究成果，在沈平高速公路推广应用了抗冻耐久水泥混凝土。

一、应用抗冻耐久水泥混凝土的必要性

（一）辽宁省高速公路混凝土面临的主要不利气候因素分析

大量研究表明，除荷载作用以外，混凝土结构由于长期与空气、水体等外界元素接触，冷热循环、干湿交替等环境因素变化对混凝土性能的保持产生显著的影响，且这种影响在季节性冰冻地区表现尤为严重。从影响机理上分析，冻害危险性主要取决于混凝土的自然饱水程度和临界饱水程度。上冻之前受到降雨影响，致使混凝土局部表层一定深度范围内出现饱水状态，冬季冰冻和消融产生的体积变化和饱水浓度增加使混凝土从内部出现微裂缝，贯通后向表面

发展导致出现剥蚀和崩裂等损坏。

辽宁省冬季除了气候寒冷以外,最大的特点是冻融循环次数多。从东北地区多年气象统计结果与混凝土耐久病害特征对比分析看,辽宁省在冬季平均低温指标低于吉林和黑龙江,但混凝土发生冻融损坏的程度要比吉林和黑龙江严重。从气象特点比较上看,辽宁省在冬季低温绝对值上低于吉林与黑龙江,但在年冻融次数指标统计中则明显高于两者。这一气候特点决定了辽宁省大部分地区的高速公路混凝土将同时承受寒暖冻融与低温冰冻的双重作用。根据以往的气象资料显示,辽宁省大部分地区的冬季冻融次数(一年内出现日最低温在-6℃以下且最高温大于0℃的天数)在100次左右,每年上百次的冻融循环作用对混凝土的抗冻性能提出了极为严峻的考验。

为了深入了解辽宁省高速公路桥梁混凝土所面临的气候环境,我们结合科研工作对辽宁省27个有代表性地区的冻融循环次数、入冬前的降雨量情况进行了统计,并按照相关研究成果对冻融损坏指数进行了计算,并按照27个地区冻融破坏指数由低到高进行排序(见表1)。

辽宁省部分地区的冻融次数及降雨量数据 表1

观测站	极端最低气温(℃)	极端地表最低温度(℃)	10~3月平均相对湿度(%)	10~3月平均降水量(mm)	地表最低温度小于t℃的天数(同日地表最高温度>0,d)								冻融破坏指数(次·mm)
					<0	≤-3	≤-6	≤-10	≤-15	≤-20	≤-25	≤-30	
朝阳	-34.4	-40	61.5	37.2	174.3	153.8	134.6	106.1	66.3	28.3	6.2	0.5	5007.12
建平	-27.9	-38.3	60.0	39.7	177.5	157.2	135.4	106	69.7	32.6	7.6	0.6	5375.38
长海	-15.9	-16.1	79.0	85.6	130	98.4	63.6	22.8	1.2	0	0	0	5444.16
彰武	-31.2	-35.1	67.8	49.8	161.1	138.8	117.3	89.6	57.3	22.2	2.8	0.1	5841.54
大连	-18.8	-21.9	72.3	86.4	131.7	102.5	68.3	30.2	5.2	0.3	0	0	5901.12
阜新	-27.1	-35.3	65.3	54	164.5	142.8	120.8	92	59	22.5	3.2	0.2	6523.2
兴城	-27.5	-37.1	73.1	56.4	162.7	141.1	117.5	82.9	40.5	11.6	1.3	0.2	6627
锦州	-22.8	-31.2	65.9	54.6	165.5	146	122.5	89.7	47.4	13.4	1.5	0	6688.5
新民	-28.8	-32.1	68.6	68.5	150.6	124.3	100.5	73.1	38.8	7.8	0.9	0	6884.25
黑山	-27	-34	70.7	56.9	163.1	143	121.3	90.8	53.7	17.5	2.4	0.1	6901.97
绥中	-25.2	-34.6	72.1	62.4	160.7	137.8	112.2	76.1	38.6	9.9	1.2	0	7001.28
瓦房店	-23	-31.2	72.7	79.7	149.2	124.1	95.6	60.6	23.3	4.1	0.2	0	7619.32
皮口	-21.5	-27.8	78.4	79.4	151	125	97.9	63.4	26.5	5	0.4	0	7773.26
开原	-36.3	-42	70.3	86.7	148.3	123.1	98.8	70.8	44.7	20.7	4.8	0.5	8565.96
鞍山	-26.9	-32.5	63.9	104.3	141.7	111.9	85.1	56	24.4	5	0.6	0.1	8875.93

续上表

观测站	极端最低气温(℃)	极端地表最低温度(℃)	10~3月平均相对湿度(%)	10~3月平均降水量(mm)	地表最低温度小于 t℃的天数(同日地表最高温度>0,d)								冻融破坏指数(次·mm)
					<0	≤-3	≤-6	≤-10	≤-15	≤-20	≤-25	≤-30	
营口	-28.4	-37.2	71.2	96.3	146.9	120	93.2	62.6	29.2	6.8	1.1	0.2	8975.16
熊岳	-28.7	-33.7	72.1	88.4	152.7	127.8	102.5	69.8	36.4	10.9	1.8	0.1	9061
庄河	-25.2	-31.5	77.9	93.1	156.3	128	100.3	67.6	30.1	6.1	0.8	0.1	9337.93
沈阳	-29.4	-36.2	69.1	103.2	151.3	119.9	92.7	66.9	38.1	11.9	1.9	0.3	9566.64
桓仁	-30.6	-38.7	73.1	103.7	151.9	121	92.6	66.2	38.9	16.2	3.9	0.5	9602.62
本溪	-33.6	-33.8	68.9	120.1	136.9	107	82.7	56.6	29	7.9	0.9	0.1	9932.27
岫岩	-31.5	-36.4	76.8	104.9	155.7	123	94.9	67.3	37.9	11.5	1.7	0.2	9955.01
清原	-34.4	-41.1	73.1	116.7	151.5	116.8	91.6	68.7	46	25.2	9.7	2.1	10689.72
章党	-35.9	-36.7	73.2	114.3	150.9	123.2	98.8	70.6	42.8	18.2	4.4	0.6	11292.84
草河口	-30.2	-36.7	79.0	126.7	156	119.9	90.1	66.7	40.6	16.2	3.9	0.6	11415.67
丹东	-25.8	-36	79.2	124.8	153.5	122.6	94.2	61.7	27.7	6.4	0.9	0.2	11756.16
宽甸	-34	-39.8	76.0	144	170.5	129.9	102.7	78.1	51.3	22.4	7.9	1.7	14788.8

注:长海为1996—2000年气象数据,其余为1971—2000年气象数据。本数据仅供研究之用。

通过计算分析发现,除辽南的部分地区冻融作用影响相对较小外,其余大部分地区的冻融损坏指数均高于8000次·mm,属重冻地区。这就意味着辽宁省大部分地区高速公路桥梁结构物混凝土均将面临较严重的冻融环境影响,尤其是朝南向的混凝土构件,较长时间的日照环境促使冻融温差加大,冻害现象更为突出。因此,预防和延缓混凝土在自然冻融循环条件作用下的损伤,提升水泥混凝土抗冻性能及除冰盐剥蚀是保障辽宁省高速公路水泥混凝土构件使用寿命必须考量的首要因素。

(二)辽宁省高速公路桥梁混凝土构件现状分析

在对辽宁省已通车运营的高速公路桥梁混凝土调研时发现,目前辽宁省已通车高速公路的桥梁个别梁板、盖梁、伸缩缝、防撞墙、墩柱等构件混凝土存在早期损坏现象,对高速公路服务质量造成影响。分析认为早期损坏的原因主要是由于混凝土自身耐久性不足,无法有效抵抗冻融、除冰盐等环境作用。应用抗冻耐久混凝土是解决当前辽宁省高速公路桥梁部分构件早期损坏的必经之路。

我们依托沈平高速公路改扩建工程,开展抗冻耐久混凝土的应用,既是为提高本项目水泥混凝土抗冻耐久性,同时也为下一阶段全面开展抗冻耐久混凝土积累了经验。

二、前期调研、科研及探索实践成果分析

(一)调研成果

在沈平项目正式应用抗冻耐久混凝土之前,我们专题开展了十分广泛的调研、分析与总结工作,重点查阅了美国波特兰水泥协会 Steven H.Kosmatka 等三位所著的《混凝土设计与控制》(第 14 版)、中国土木工程学会编写的《混凝土结构耐久性设计与施工指南》(CCES01—2004)、赵国堂及李华健编著的《高速铁路高性能混凝土应用管理技术》、刘秉刚编著的《混凝土结构耐久性设计》等业内具有深远影响力的相关书籍,参考了丹麦大贝尔特工程、厄勒海峡大桥、加拿大联盟桥、杭州湾跨海大桥、港珠澳大桥混凝土耐久性设计方案,参照了 GB/T 50476—2008《混凝土结构耐久性设计规范》和 JTG/T B07-01—2006《公路工程混凝土结构防腐蚀技术规范》以及建筑、港工、铁路等相关混凝土设计标准、规范及相关技术研究成果。

通过以上研究成果和应用案例可以得到以下结论:

(1)粉煤灰、矿渣灰、硅灰等矿物掺和料的合理添加,有利于混凝土抗渗性能提高及混凝土长期强度增长。大量研究表明,矿物掺合料由于富含氧化铝、氧化钙等活性物质,在水化反应中消耗了水泥水化产生的氢氧化钙结晶体(耐久性差的源头之一),生成有助于后期强度增长的水化胶凝产物,同时借助矿物掺合料自身具有的球体形态效应、活性效应和微集料效应的发挥,对改善混凝土工作和易性、提高混凝土的抗渗性能和后期强度增长特性十分有利。

(2)掺加聚羧酸高效减水剂及优质引气剂是提高混凝土抗冻性能最为经济适用的技术措施。“混凝土技术最大的进展之一是 20 世纪 30 年代中期发展起来的引气混凝土。当今引气技术被引入几乎所有的混凝土,其主要是为了提高混凝土暴露在水及除冰盐条件下的抗冻性,同时改善混凝土其他性能。”(《混凝土设计与控制》)研究表明,在混凝土中引入一定量的气体,可有效提高混凝土抗冻及抗除冰盐剥蚀能力。美国学者 Power、Pigone 和 Plea 也曾在 1963 年起在伊利诺伊州进行了长达 40 年的混凝土抗冻性能露天跟踪试验,试验结果验证了引气对提高混凝土抗冻及抗盐冻性能的显著作用。

通过成果调研分析,对于辽宁省高速公路桥梁结构物而言,自然冻融和除冰盐冻是目前高速公路桥梁混凝土保持长期耐久性性能的两大手段。传统以单纯水泥为胶结料的配合比设计体系已不能完全满足要求,通过掺入矿物掺合料和适量的优质引气剂是目前提高混凝土抗冻、抗渗和抗盐蚀能力最为经济的技术措施。

(二)专项科研成果

我们依托沈阳绕城改扩建黄河高架桥工程,组织开展了《辽宁省高速公路高品质水泥混凝土施工技术研究》专项课题研究工作,取得了一系列十分有价值的技术成果,课题成果经鉴定达到国际先进水平。

1.冻融地区高速公路水泥混凝土耐久性设计体系研究

研究提出了适用于辽宁省高速公路混凝土的环境类别与等级划分方法、对应的混凝土抗冻指标要求。部分研究成果已被交通部正在编写的《公路工程抗冻设计与施工技术细则》所采用。

(1)环境类别及作用等级划分方法

结合对辽宁省自然气候特点、冻融统计数据的分析,课题研究提出了辽宁省高速公路桥梁混凝土构件的环境类别与等级划分方法,具体如表2。

冻融环境对混凝土结构的环境作用等级 表2

环境作用等级	环 境 条 件	结构构件示例
D1	次水积<8000次·mm地区的无盐环境混凝土中度饱水	受雨雪淋湿的桥墩
D2	次水积<8000次·mm地区的无盐环境混凝土高度饱水	水中桥墩、承台构件
	次水积<8000次·mm地区的盐环境混凝土中度饱水	有氯盐的桥梁防撞墙、桥墩、桥面铺装、伸缩缝、与渗漏含盐水接触的墩柱盖梁
	次水积≥8000次·mm地区的无盐环境混凝土中度饱水	受雨雪淋湿的桥墩
D3	次水积<8000次·mm地区的有盐环境混凝土高度饱水	海洋或有氯盐的水中桥墩、承台等
	次水积≥8000次·mm地区的有盐环境混凝土中度饱水	有氯盐的桥梁防撞墙、桥墩、桥面铺装、伸缩缝、与渗漏含盐水接触的墩柱盖梁
D4	次水积≥8000次·mm地区的有盐环境混凝土高度饱水	海洋或有氯盐的水中桥墩、承台等

注:1.中度饱水指冰冻前偶受水或受潮,混凝土内饱水程度不高。高度饱水指冰冻前长期或频繁接触水或润湿土体,混凝土内高度水饱和;

2.无盐或有盐冻结的水中是否含有盐类,包括海水中的氯盐、除冰盐或其他盐。

本分级方法提出将次水积作为判别混凝土所处冻融环境影响程度的指标,综合考虑了环境有害冻融次数与入冬前降雨量两项因素耦合作用,并根据辽宁省高速公路桥梁工程不同部位构件与水、氯盐等的接触特点给出了相应的示例。

(2)对应的混凝土抗冻指标要求

不同的环境作用等级、不同的设计使用寿命要求下,混凝土的自身抗冻等级要求有所不同。课题研究提出了辽宁省高速公路不同桥梁结构物类别对应的抗冻等级要求,同时结合抗冻等级、混凝土强度等级的不同提出了含气量、气泡间距系数等要求(见表3)。

辽宁省高速公路桥梁水泥混凝土抗冻等级要求 表3

环境作用等级	冻融环境条件	桥梁	
		使用寿命	
		50年	100年
	适用的桥梁类别	小桥、通道、涵洞	中桥及以上桥梁
D1	次水积<8000次·mm地区的无盐环境混凝土中度饱水	F200	F250
D2	次水积<8000次·mm地区的无盐环境混凝土高度饱水	F250	F300
	次水积<8000次·mm地区的有盐环境混凝土中度饱水		
	次水积≥8000次·mm地区的无盐环境混凝土高度饱水		
D3	次水积<8000次·mm地区的有盐环境混凝土高度饱水	F300	F350
	次水积≥8000次·mm地区的有盐环境混凝土中度饱水		
D4	次水积≥8000次·mm地区的有盐环境混凝土高度饱水	F350	F400

2.水泥粒径组成对混凝土强度影响研究

研究以激光粒度方法分析了常用水泥熟料颗粒组成情况与混凝土强度的影响规律,为实际应用中提出水泥细度上限控制要求提供了重要参考。按照目前水泥产品的国家标准要求,比表面积仅提出不小于300m^2/kg的下限指标要求。这一要求主要基于保障水泥满足强度指标要求的目的,但却忽略了比表面积过大后所带来的水化热量加大、混凝土易早期开裂、后期强度不增长等现实问题,也导致施工过程中过分强调早期强度而忽视长期强度增长的重要性。

影响比表面积的因素主要集中在熟料的磨细控制方面。为深入了解规律,课题选择强度等级42.5MPa的普通硅酸盐水泥为研究对象,并通过掺入相同矿物组成、但不同粗细的水泥熟料,从微观层面研究不同水泥颗粒细度对混凝土强度的影响规律(见表4)。

不同粒径熟料粗粉的掺量对各龄期抗压强度的影响 表4

龄期	掺量	强度(MPa)					
		100~150μm	80~100μm	60~80μm	45~60μm	30~45μm	<30μm
3d	10%	18.23	20.73	21.15	18.75	19.69	21.67
	20%	15.63	20.42	22.40	19.06	20.00	22.08
	30%	13.23	18.33	19.69	20.63	22.71	22.71
28d	10%	40.52	39.06	38.65	46.25	41.88	46.71
	20%	33.40	39.17	38.15	47.19	41.56	48.13
	30%	31.04	35.63	42.60	50.63	46.25	51.79
90d	10%	49.17	50.00	51.04	52.50	58.33	55.63
	20%	45.21	48.33	51.25	53.54	57.29	52.50
	30%	37.29	48.13	53.13	55.42	56.88	52.08
180d	10%	50.21	49.79	56.88	55.00	68.96	64.38
	20%	46.88	48.13	57.50	60.83	65.94	58.75
	30%	40.63	44.58	58.13	63.33	62.08	55.83

根据试验所得结果,硅酸盐熟料制成的熟料粗粉<30μm部分有早强作用,但后期活性低;在30~45μm范围内,对早期强度降低不大,且充分发挥了后期的潜在活性;45~60μm后期活性依旧充分。后续180d测试结果表明,45~60μm能够在中后期水化,达到强度的后期增进和发展作用。

为此,基于课题研究成果,在实际应用中对水泥比表面积提出上限控制指标,同时尽量控制小于30μm颗粒占比是确保混凝土强度持续增长的有效途径。

3.技术应用指导性要求研究

研究编写《辽宁省高速公路高品质水泥混凝土施工技术指南》。《辽宁省高速公路高品质水泥混凝土施工技术指南》重点围绕原材料技术指标、配合比设计主要参数、现场施工工艺等施工保障措施提出了详细的技术要求,为沈平改扩建工程抗冻水泥混凝土两项应用指导意见的编制提供了重要依据和参考。

通过开展专项科研工作,使我们在冻融分区指标、水泥微观尺度研究等方面取得重要突破,更加充分了解了辽宁省高速公路桥梁混凝土构件所处的环境类别和作用等级,获得了矿物掺合料、引气剂对混凝土力学、工作性能、耐久性能的影响规律,掌握了抗冻耐久水泥混凝土在原材料优选、配合比设计、施工工艺等方面的控制要点，为辽宁省高速公路混凝土耐久性设计、施工管理体系的充实完善提供了强有力的技术借鉴。

(三)工程应用探索实践

2009年，我们依托机场路工程建设在防撞墙和伸缩缝混凝土施工中试验性的掺加了一定量的引气剂和聚丙烯腈纤维以提高混凝土抗冻、抗裂能力，取得了一定的成效，同时通过经验总结对伸缩缝混凝土的设计方案进行了调整。2010年，丹通高速公路在伸缩缝、桥面铺装、防撞墙等部位应用粉煤灰、矿粉等矿物掺合料，从实体检测数据看，取得了很好应用效果。2012年，我们依托省交通厅重点科研项目《辽宁省高速公路高品质水泥混凝土施工技术研究》研究，选取黄河北大街高架桥工程的C40、C50等级混凝土，应用了粉煤灰、矿渣粉等矿物掺合料，同时掺入了适量的引气剂，实际效果很好。2013年，施工企业依托辽滨疏港高速公路大规模应用了矿物掺合料，同样取得了令人满意的效果。

三、阶段性管理工作成果

为确保新技术成功推广应用，我们重点分析了混凝土技术应用管理中的薄弱环节，并从完善制度体系角度提出有效的管理措施，有力保障了各项工作顺利推进。

一是在辽宁省高速公路首次开展水泥混凝土专项技术咨询工作，制定专项技术咨询实施方案，保障管理工作机制顺畅运行。鉴于项目中标施工企业缺少此类水泥混凝土配合比设计和施工相关经验，我们在本项目首次开展水泥混凝土技术的专项咨询工作，并组织印发了《沈阳(王家沟)至铁岭(杏山)公路改扩建工程水泥混凝土技术咨询服务工作实施方案》，清晰划定应用抗冻混凝土的工程范围，细化分解了参建各方的工作职责，并分别从矿物掺合料级别控制、外加剂质量控制、施工工艺控制、原材料质量控制等方面提出明确的技术与管理要求。

二是编制并印发了技术应用指导意见，有效指导配合比设计与施工管理。

由于本项目招标阶段并未明确应用此项技术，因此设计中针对耐久性措施的要求并不完善，而招标文件中相应条款也不完善。为保障新技术的顺利应用，需要提出若干指导性意见供各方参考执行。为此，我们组织编制了《辽宁省沈阳(王家沟)至铁岭(杏山)公路改扩建工程水泥混凝土配合比设计指导意见》和《辽宁省沈阳(王家沟)至铁岭(杏山)公路改扩建工程水泥混凝土施工技术与质量控制指导意见》。两项指导意见总体涵盖了混凝土构件环境等级划分、耐久性指标要求、配合比设计方法及关键参数控制、施工现场管理要点、施工工艺要求、检测方法及频率要求等关键内容,基本满足《公路工程混凝土结构防腐蚀技术规范》中对混凝土耐久性设计的有关要求。

三是及时编写了《沈平高速公路改扩建工程抗冻耐久水泥混凝土第一阶段技术应用总结报告》,为下一阶段技术推广应用提供重要指导。

为保证工程建设顺利推进,我们及时对项目开工半年来抗冻混凝土技术应用状况进行了总结分析,结合各方对原材料、配合比、实体质量等各方面的检测情况,重点剖析了当前抗冻耐久混凝土在材料控制、外加剂掺加方式、拌和站精度控制、抗冻耐久性检测等方面存在的问题,同时制定了下一步强化管理工作的重点要求,为下一阶段工程推进提供重要指导。

四、阶段性技术成果

较以往辽宁省高速公路混凝土工程相比,通过近半年技术摸索、试验和现场实践管理,本项目在以下几个方面取得了阶段性成果:

(一)混凝土耐久性设计体系得到进一步充实

通过两项指导意见的印发,初步搭建了辽宁省高速公路混凝土耐久性设计的体系框架,并通过工程实践对其适用性进行了检验。新项目即将面临招标,目前我们结合新版技术标准的实施,正在积极论证现有技术成果的适用性与可行性,并已按照国家规范的要求将耐久性设计的理念、方法贯彻在新建高速公路项目的施工图设计之中,使理念、方法、要求在具体工程实践中得到切实和充分的贯彻应用,进一步体现了全寿命周期设计理念。经与设计单位多次共同研究探讨,计划自铁岭至本溪高速公路的施工图设计开始,将桥梁混凝土的耐久性设计体系融入设计文件中,促使桥梁结构耐久性设计取得重大进步。这主要体现在以下几个方面:

一是桥梁混凝土工程下部结构混凝土强度等级由C30提高至Ca35,桩基混凝土强度等级由C25提高至了C30。

二是补充、细化了桥梁混凝土不同部位构件的环境作用等级、相应混凝土性能指标要求(抗冻耐久性指数、抗渗指标、气泡间距系数、最大水胶比、最小水泥用量、最大氯离子含量及最大碱含量等指标)。

三是补充、细化了对粉煤灰、磨细高炉矿渣粉、硅灰、混凝土引气剂等外掺料的技术指标要求。

四是补充了对处于冻融环境下的水泥混凝土掺加引气剂的要求。

(二)混凝土质量管理体系得到了进一步完善

一是将混凝土含气量指标正式纳入了混凝土生产拌和质量控制体系之中,要求参建各方对含气量指标进行常态化监控,进一步充实了现场管理工作体系。

二是将气泡间距系数、抗冻耐久性指数、电通量指标纳入了混凝土实体耐久性能检测体系，通过委托相关机构对全线不同标段、不同等级的混凝土抗冻、抗渗性能进行了集中检测，全面评估本项目桥梁混凝土抗冻耐久性能。

三是在新建和拟建项目招标前期工作中，结合本项目抗冻水泥混凝土的技术应用经验，将目前经过验证较为成功的管理要求作为重要条款纳入到招标文件技术规范，重点有以下几方面：

(1)补充和细化了拌和站设备配置要求，将计量精度作为重要检查内容纳入了管理体系。

(2)补充了水泥、矿物掺合料、聚羧酸减水剂、引气剂的技术指标要求、检测项目及频次要求，对于水泥重点增加比表面积和熟料指标要求以确保后期强度增长。

(3)补充和调整了抗冻水泥混凝土配合比设计中关于含气量、抗冻耐久性指数、抗氯离子扩散系数、气泡间距系数指标的检验要求。

(4)补充和细化了水泥混凝土施工过程中对拌和站精度、拌和物含气量及坍落度、运输、浇筑、振捣、养生等工艺检查的具体要求。

(5)补充了抗冻水泥混凝土耐久性检验项目、频率等具体要求。

通过对招标文件技术规范的补充、细化和调整，进一步落实技术应用取得的成果，促使混凝土质量管理体系进一步完善。

(三)沈平高速公路混凝土施工控制精细化程度与实体质量进一步提高

1.水泥混凝土抗冻耐久性有了显著的提高

从目前已完成的梁板、墩柱等混凝土试件检验结果都满足抗冻耐久技术指标的要求，现场实体外观抽检情况看，空心板腹板、箱梁腹板、T梁腹板位置及墩柱表面可见大量均匀分布的微小气孔，无明显的漏振、过振现象，达到了预期的效果(参见图1、图2、图3)。

图1　箱梁外观表面局部

图2　空心板倒角局部

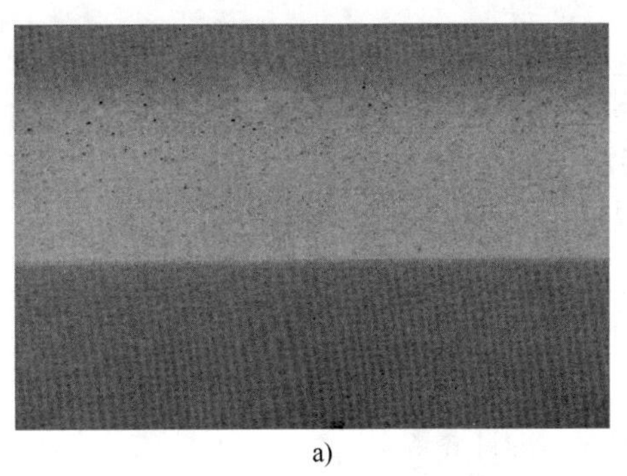
a)

b)

图3　T梁马蹄和底板局部

2.混凝土施工工艺更加完善

在各方高度重视下,施工现场管理人员能够从加强含气量监测、加强原材料质量监控、加强拌和站精度监控、优选控制施工工艺参数、改进提升养护方法等多个方面采取有效措施,提升混凝土拌和与施工质量,取得显著成效。例如:为解决外加剂与引气剂分层沉淀问题,在外加剂罐内增加搅拌装置,提高了拌和质量;针对空心板表面易产生浮浆层不利于后期桥面铺装质量的问题,要求对空心顶板混凝土表面二次处理;采取多孔皮管喷淋、墩顶储水桶+塑料薄膜保湿养生等工艺措施,有效解决了现场遇到的实际问题。

3.试验评定28d强度稳中有升

为综合评估本项目应用抗冻混凝土技术后的强度状况,辽宁省高等级公路建设局对本项目中心试验室前期对不同等级混凝土28d强度指标的检测结果分别与丹通高速公路(丹东段)、庄盖混凝土现场检测有关数据进行了综合对比分析,具体如表5、图4所示(数据数量所限,仅可用于对比分析,不作为评判依据)。

沈平改扩建工程水泥混凝土标养试块28d抗压强度检测结果分析表　　表5

对比项目	项目名称	C30	C40	C50
28d实测强度(MPa)	沈四改扩建	36.9~51.2	46.1~62.7	53.8~68.8
	丹通丹东段	39.2~42.5	50.2~59.1	62~67.9
	庄盖高速	35.0~42.5	46.9~50.9	55.1~62.2
平均值(MPa)	沈四改扩建	44.0	53.3	61.0
	丹通丹东段	41.3	52.7	63.6
	庄盖高速	37.3	49.6	59.6
富余系数	沈四改扩建	1.47	1.33	1.22
	丹通丹东段	1.38	1.32	1.27
	庄盖高速	1.24	1.24	1.20

续上表

对 比 项 目	项目名称	C30	C40	C50
强度指标变化率(比丹通丹东)(%)		+6.5	+1.1	-4.0
强度指标变化率(比庄盖)(%)		+17.9	+7.4	+2.3

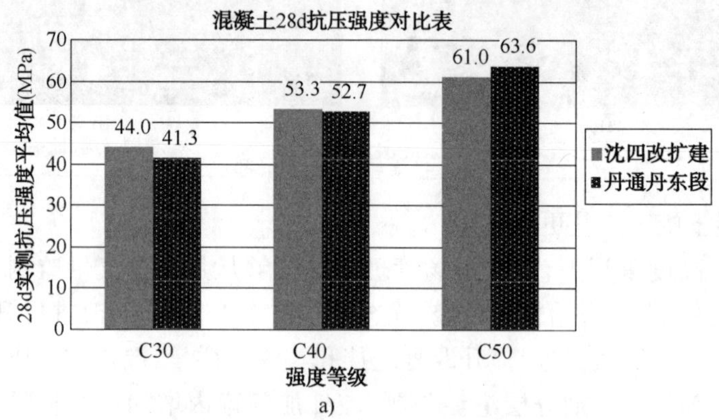

a)

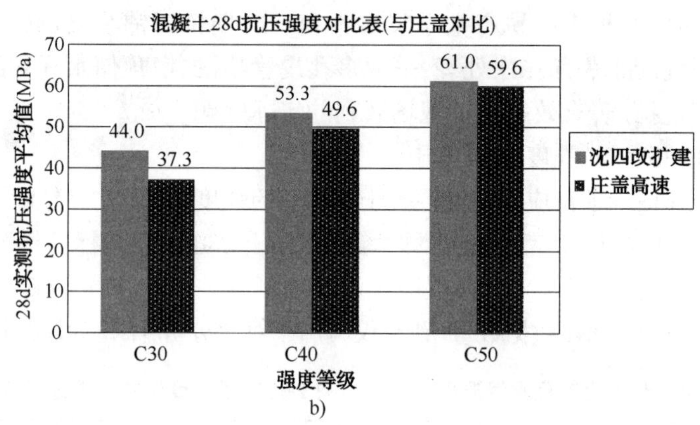

b)

图 4　沈平改扩建项目混凝土强度与丹通(丹东段)、庄盖对比图

分析可知:本项目 C30 混凝土抗压强度指标富余系数达 1.47,C40 混凝土的抗压强度指标富余系数为 1.33,C50 混凝土抗压强度指标富余系数为 1.24,满足规范要求且具有较高的富余系数。总体强度水平与丹通线水平相当,其中 C30、C40 等级的混凝土强度略高于丹通线水平,C50 混凝土强度指标略低。总体强度水平高于庄盖线。其中 C30 混凝土强度指标增幅 17.9%,C40 增幅 7.4%,C50 增幅 2.3%。

(四)混凝土实体抗冻耐久性能得到了进一步提高

根据其他省份试验经验及相关科研成果报告,我们整理了普通混凝土的抗冻耐久性能试验情况，并结合目前的抗冻试验情况进行了综合对比，见表6、表7。

普通混凝土与本项目抗冻混凝土(引气混凝土)气泡间距系数比较　　表6

混凝土类别	气泡间距系数(μm)		
	C30	C40	C50
普通混凝土	580~800	580~800	580~800
本项目试验平均值	211	224	237

普通混凝土与本项目抗冻混凝土(引气混凝土)抗冻融次数比较　　表7

混凝土类别	冻融次数(次)/气泡间距系数(μm)		
	C30	C40	C50
普通混凝土	20~30	25~40	50~75
本项目试验平均值(取已冻融次数的平均值)	178	181	234

虽然目前试验尚未全部结束，但从已获取的实际实验数据分析表明，本项目采用抗冻引气混凝土后的气泡间距系数减少了2.4~3.8倍，抗冻融循环性能C30、C40混凝土提高6倍以上，C50等级混凝土提高3倍以上。

(五)存在主要问题及对策分析

在取得阶段性成果的同时，施工管理中也发现了一些问题需要解决。

(1)原材料质量存在一定波动，现场管理力度需进一步加强。从目前掌握的试验数据看，胶凝材料方面水泥的颗粒细度组成仍不十分稳定，尤其微小颗粒组分含量偏高，可能对后期强度增长造成不利影响。石料方面，碎石级配不稳定、针片状偏多的问题依然存在。外加剂方面，不同企业产品的气泡稳泡性能参差不齐，现场管理不规范。针对原材料质量方面的问题，一是对于不合格材料全部清除出场，并对于相关单位及相关责任人进行处罚；二是调动项目指挥部、中心试验室、监理单位等监管各方工作能动性，加大原材料抽检频率、处罚处理及追究相关责任人等手段，有效控制原材料质量；三是针对外加剂产品存在的问题，将采取约谈生产企业、限期整改方式，强化企业对产品质量监管责任和意识。

(2)个别标段拌和站原材料计量误差过大，混凝土生产精细化程度有待提高。通过施工过程检查发现，个别企业的拌和站计量误差较大，尤其是对粉煤灰及矿粉的计量误差较大。拌和站原材料计量不准确将直接影响混凝土的质量，特别是掺量相对较少的外加剂和粉煤灰、矿粉的计量误差较大，都直接会导致混凝土拌和物工作性的较大波动，有时会出现离析、分层、泌水、表面浮浆等现象。针对这一问题,我们将借助拌和站管控一体化系统的正式上线运行,相关各方应对混凝土拌和站计量精度进行过程动态监测,掌握生产过程中计量偏差状况,及时发出有关处理意见;同时要求复工前进行重新动态标定,监理现场全程监督,留存影像记录,复工后每月对计量精度进行不少于两次检查,留存详细的检查记录报项目指挥部备案。

(3)不同实体混凝土构件外观质量良莠不齐,施工工艺有待加强。通过施工过程检查发现,个别标段在对抗冻水泥混凝土施工工艺的掌握上依然有待加强,个别梁板表面气泡过多,蜂窝、过振等问题依然存在。个别标段墩柱浇注、振捣工艺控制不精细,实体外观不理想,气泡分布不均匀。针对以上问题,我们在大规模施工之前发布了混凝土施工控制指导意见,对施工中的关键性工艺参数予以明确要求,并通过开展技术培训、指导等方式,强化各方对现场工艺控制要点的掌握和运用。同时在施工过程中还派驻了有相关试验及工程经验的技术骨干常驻现场,跟踪解决现场技术难题,为施工工艺控制提供技术保障。

五、经济与环保效益分析

(一)建设投资经济效益分析

与普通混凝土相比,抗冻耐久性混凝土主要在胶凝材料组成、外加剂组成和配合比检验项目等三个方面存在差异(石料的变化相对较小,未计入分析),相应费用有所变化。

1.矿物胶凝材料组成变化

我们根据已审批的配合比对抗冻耐久混凝土经济性进行了对比分析,水泥、粉煤灰和矿粉按照市场价格计算具体如表8。

抗冻耐久水泥混凝土胶凝材料费用对比分析 表8

混凝土等级	水泥用量(kg/m^3)			粉煤灰(kg/m^3)	矿粉(kg/m^3)	单立费用变化(元)
	预　算	实　际	差　量			
C30	388	281	-107	66	33	-26.23
C40	399	317	-82	73	36	-16.34
C50	479	346	-133	77	39	-33.41
平均值						-25.3

2.外加剂组成变化

抗冻耐久混凝土除正常掺加聚羧酸高性能减水剂外,需要额外掺加引气剂(约占聚羧酸减水剂的1%)。根据目前已批复的配合比,按照优质引气剂市场价格在 1.5 万元/t，具体如表 9。

抗冻耐久水泥混凝土外加剂材料费用对比分析 表 9

混凝土等级	增加引气剂（kg/m^3）	单价（元/kg）	单立费用变化（元）
C30	0.028	15	+0.42
C40	0.04		+0.6
C50	0.053		+0.8
平均值			+0.6

3.配合比检测项目变化

在配合比试验内容方面，相比于普通混凝土，抗冻耐久混凝土在试验配合比设计和施工抽检中增加了 300 次快速冻融试验、气泡间距系数试验、抗氯离子渗透系数试验三项验证内容。按照辽宁省物价局颁发的《关于交通工程材料试验检测收费标准的通知》（辽价函〔2007〕37 号）标准及非标试验费用标准计算，具体如表 10。

抗冻耐久水泥混凝土配合比抽检试验费用对比分析 表 10

增加试验项目	检验频次	单价（元/次）	预估配比数量	混凝土量（m^3）	费用变化（元/m^3）
快速冻融	2 次/配合比	20000	6 个	2000	120
抗氯离子扩散系数				5000	48
气泡间距系数				10000	24
				20000	6

从对试验项目增加费用的分析看，由于耐久性试验项目增加相应带来了试验费用的总体增加。当混凝土数量较小时，配比试验费用增加折算成单位体积混凝土均摊费用较大。但随着混凝土量的增加，均摊费用呈现线性下降的趋势。

4.总造价对比分析

根据表 8、表 9、表 10 的计算结果对总费用进行综合对比，具体如表 11 所示。

通过表 11 的计算不难看出，配合比试验费用对初始总投资变化情况影响较大。在假定 6 个配合比的前提下，当混凝土工程量小于 10000m^3 时，原材料节约的成本小于配合比增加的费用，应用抗冻水泥混凝土需增加一定量的初始投入，但随着混凝土量的增大，增加投入的资金数额也在不断减少；当混凝土工程量超过 10000m^3，则原材料节约的成本优势不断加大，抗冻耐久混凝土也开始体现出显著地经济效益。综合分析,混凝土量越大,相应经济效益越显著。

抗冻耐久水泥混凝土总费用对比分析　　表11

混凝土工程量（m^3）	胶凝材料节约费用（元）	外加剂增加费用（元）	试验增加费用（元）	合计费用（元）
1000	-25300	600	240000	215300
2000	-50600	1200	240000	190600
3000	-75900	1800	240000	165900
4000	-101200	2400	240000	141200
5000	-126500	3000	240000	116500
6000	-151800	3600	240000	91800
7000	-177100	4200	240000	67100
8000	-202400	4800	240000	42400
9000	-227700	5400	240000	17700
10000	-253000	6000	240000	-7000
11000	-278300	6600	240000	-31700
12000	-303600	7200	240000	-56400
13000	-328900	7800	240000	-81100
14000	-354200	8400	240000	-105800
15000	-379500	9000	240000	-130500
16000	-404800	9600	240000	-155200
17000	-430100	10200	240000	-179900
18000	-455400	10800	240000	-204600
19000	-480700	11400	240000	-229300
20000	-506000	12000	240000	-254000

除此之外,相关研究也表明,抗冻水泥混凝土在预防混凝土早期损坏、减少维护维修投资方面也具有显著效益。但由于短期内无法全面掌握辽宁省在高速公路混凝土养护、维修方面的相关投入情况,本次分析暂时无法从全寿命周期范围对抗冻耐久混凝土的经济效益进行分析。

(二)绿色环保效益分析

粉煤灰、矿渣粉均为电厂和炼钢厂工业加工的副产物,抗冻耐久混凝土配比中掺入了占水泥用量的20%～25%的粉煤灰和矿渣粉，在工业废料应用方面取得显著成效。以沈平改扩建项目为例，经初步计算，本项目共计约32万m^3混凝土应用了矿物掺合料，共消耗工业废料总量约3.2万t，对高速公路建设期的生态环保起到了积极的推动作用。

六、下一阶段推进措施

2015年是“十二五”规划的收官之年，同时也是谋划“十三五”发展方向的承启之年。在省交通厅的坚强领导下，我们将继续围绕创建“五个交通”行业发展总目标，以强化创新驱动发展战略为支撑，以省交通厅开展的“质量安全年”活动开展为载体，在保证高速公路建设质量与安全的基础上，切实抓好抗冻水泥混凝土技术应用管理各项工作，积极跟踪总结技术应用管理经验，有力助推“十三五”期间我省高速公路领域的技术进步。

一是依托混凝土精细化施工专项活动，针对施工中关键且易失控的薄弱环节，重点加强对墩柱、盖梁、防撞墙、桥面铺装等部位的施工现场技术指导与管理控制，做实混凝土拌和物性能监测与实体质量检查，确保现场施工质量稳定。

按照目前的工作计划，我们将依托混凝土精细化施工专项整治行动对沈平高速公路、铁本高速公路的重点桥涵部位的现场施工控制情况进行持续跟踪督导、检查与总结。此次活动重点以提高混凝土施工精细化水平为总目标，通过落实标准化施工理念和先进技术经验，实现混凝土质量水平提升的目的。活动自2015年1月开始将分为三阶段实施。活动提出以钢筋保护层合格率、构件几何尺寸合格率、预埋筋位置准确率、入模含气量合格率、构件气泡间距系数等作为考核指标，并制定了详细的评定标准与奖惩措施。

二是充分总结沈平改扩建项目抗冻水泥混凝土的应用经验，结合行业新技术标准的颁布实施，依托省交通厅“十三五”技术政策平台，进一步对水泥混凝土耐久性进行深入研究和探索，完善辽宁省高速公路水泥混凝土耐久性设计及施工体系，促使水泥混凝土工程的使用寿命达到或超过设计使用年限。

新版工程技术标准提出高速公路中桥以上桥涵结构物100年使用寿命的要求。按照《混凝土结构耐久性设计规范》（GB/T 50476—2008）有关规定，辽宁省高速公路桥梁工程下部结构墩柱、盖梁等构件混凝土等级将提高等级。与此同时，在新项目的桥涵设计中，我们将针对耐久性方面的设计内容进行重新修改完善，在充分掌握高速公路沿线气候、水腐蚀等环境因素的基础上，结合设计使用年限的不同提出不同使用部位混凝土的环境作用等级和相应的抗冻、抗渗等耐久性指标要求。此外，在施工管理方面，我们将综合分析沈平改扩建工程抗冻水泥混凝土的应用经验,并重点对水泥混凝土配合比设计、各种原材料质量指标要求、拌和及施工设备配置、施工工艺的有效控制及各项检测等方面进行深入的研究和探讨,完善辽宁省高速公路水泥混凝土耐久性设计及施工体系,确保水泥混凝土工程的使用寿命达到或超过设计使用年限。

(执笔人:辽宁省高等级公路建设局　于百刚　宋宪辉)

公路建设工程智能管控一体化系统研究与应用

一、背景

近年来,“质量”和“安全”是交通建设工程项目重中之重的两个管理核心。通过管理手段的提升,实现“质量达标”和“安全生产”两大核心管理目标,始终是项目管理单位亟待解决和突破的方向。针对“工程质量”方面,项目管理单位面临诸多挑战:交通建设工程项目的工程质量需要持续提高,工程建设的规范性和标准化需要持续进行改进。工程项目管理工作的科学化、专业化、模块化、精细化和管理闭环等管理需求日益凸显等。

在交通建设工程项目中,混合料是整个工程项目的基础,混合料生产质量合格、足额使用是工程项目质量达标的前提。其中,生产质量合格是指将性能达标的原材料足额地按照施工规范和设计要求进行生产加工而形成混合料;足额使用是指将质量合格的混合料按照设计要求足量应用到施工部位。但是,在原材料、混合料生产等施工过程中发生的试验、生产等数据造假,劣质材料以次充好,贵重材料和混合料偷工减料,设备能力不足,施工行为违规操作等不当行为一方面影响了工程项目的质量,另一方面也加大了工程项目的管理难度。上述不当行为甚至已经演变成行业的一种常态,以至施工单位将“违规和造假”等不当行为作为惯例贯穿整个工程项目,导致重大质量事故屡见不鲜,严重制约了交通建设行业的发展与进步。

针对上述情况,应用信息化技术强化工程项目的管理手段已成必然趋势。在辽宁高速公路建设管理部门的大力支持下,沈阳新一代信息技术有限公司的研发人员利用他们对工程项目的理解和认识,在行业内率先对混合料生产过程进行研究和分析,十年磨一剑,推出行业领先、针对高速公路施工过程的《公路建设工程智能管控一体化系统》(如图1),并在高速公路工程项目上进行应用,取得了显著的效果,对项目施工过程中存在的问题和不足起到了极大的遏制作用。

本文正是以《公路建设工程智能管控一体化系统》(以下简称系统)为切入点,对其原理和现场应用效果进行阐述和分析,促进行业的进步。

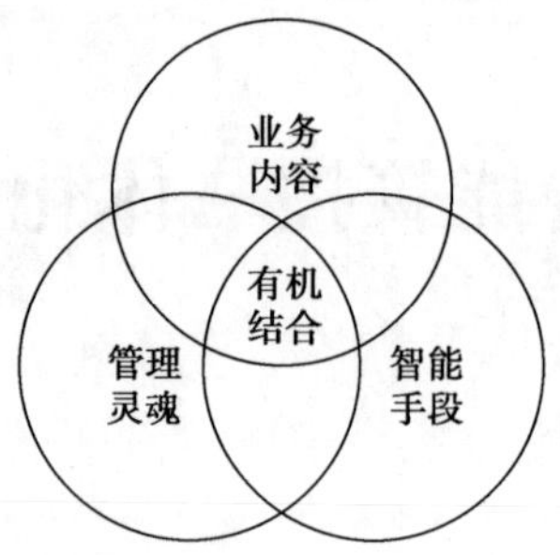

图1 《公路建设工程智能管控一体化系统》的研究方法

二、系统简介

系统是以“质量”为核心,通过信息化技术对施工过程关键环节的行为数据24小时不间断地进行实时采集、传输、汇总和分析,及时发现可能存在的问题或风险,第一时间提醒项目管理部门予以处理并对处理结果进行反馈。系统对关键环节进行全过程的质量与成本监控,将过去管理的事后处理演变为“事前预防、事中处理、事后总结”,并实现了管理闭环,提高了管理水平。

(一)系统的研究历程与技术变迁

自2000年8月至2014年12月,系统的研发过程历时14年,历经了4个版本(详见图2),通过不断的业务完善和技术升级,取得了巨大的进步。系统的数据采集技术,也从设备终端计算机数据库采集技术,逐渐升级为从设备传感器数据采集技术。数据库采集技术与传感器采集技术的优缺点比较如表1。

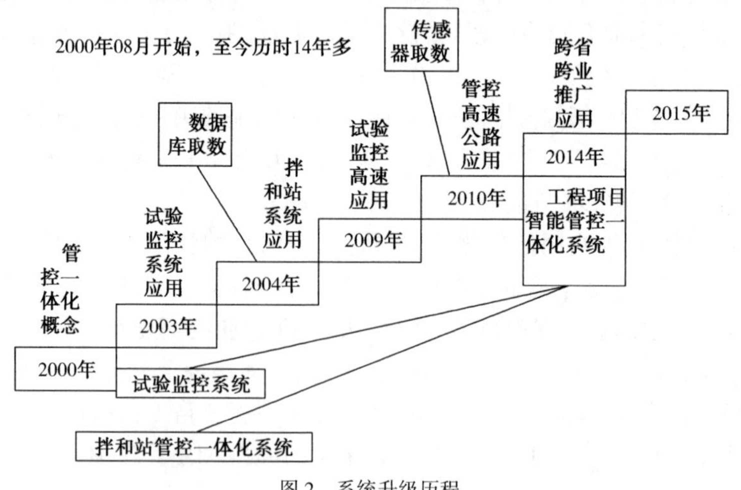

图2 系统升级历程

不同采集方案的优劣势对比表 表1

方　式	优　点	缺　点
2000年至2010年数据库采集方式	成本低； 这样的监控没有意义	不反应设备生产真实情况。比如： ①在设备标定的环节，出现大数标定的情况，无法判断； ②存在数据造假情况； ③对不同规格替代，改变配合比，不反馈； ④采出的数据是自身设定数据比自身采集数据的监控，回避矛盾； ⑤个别设备精度达不到要求，用软件方法过滤（或修正数据）把合格数据送到数据库存储； ⑥及时性差。 这样的监控没有意义
2011年至今传感器采集方式	独立于设备控制系统进行计量。能够： ①判断大数标定； ②不存在数据造假； ③能够发现不同规格替代改变配合比； ④采集数据不和自身比对； ⑤过滤软件没有用途； ⑥及时性好。 这样监控才有意义	成本高； 这样监控才有意义

（二）系统组成

系统按业务及物流分类可以分为材料采购、材料库存、产品生产、产品库存、产品销售、人员管理、设备管理、质量（试验）管理等。

系统按信息流顺序分类可以分为设备层、控制层、作业层、业务层、管理层、监督层等。

系统按数据采集范围分类可以分为汽车衡数据自动采集、拌和站搅拌设备（水泥混凝土搅拌设备、水泥稳定土搅拌设备、沥青混凝土搅拌设备、流量计、液位仪、SBS改性沥青设备）数据自动采集、8个主要试验项目的自动数据采集和200多试验项目的非自动数据采集（形成三大过程数据源、三大类型数据，即材料、加工产品，如水泥混凝土混合料、水泥稳定土混合料、SBS改性沥青、沥青混凝土混合料等过程数量数据、生产过程工艺数据、试验过程及试验数据）。

系统按涉及系统分类可以分为水泥混凝土、水泥稳定土、SBS改性沥青、沥青混凝土管控一体化系统，交通工程试验监控系统，视频监控系统。

系统按技术分类可以分为物联网技术、互联网技术、云计算技术、大数据技术等（如图3）。

(三)系统功能

系统通过传感器采集技术的应用,直接从信号源读取相关数据(见图4),实现最真实的拌和现场生产情况反馈,促进项目施工过程存在问题的解决。

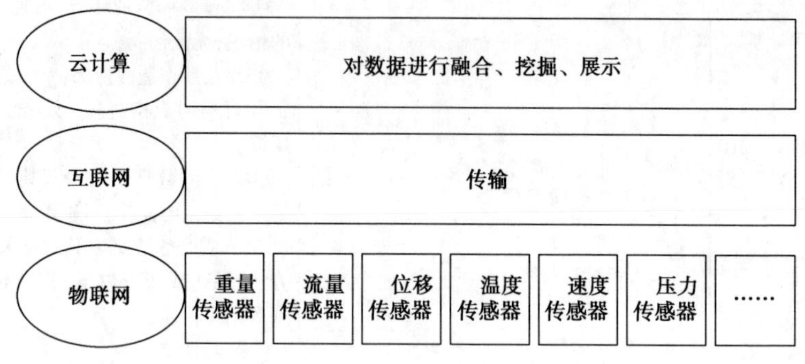

图3　系统的技术架构

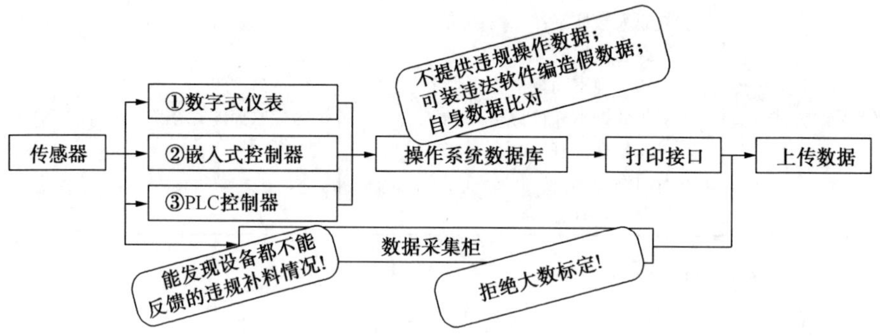

图4　传感器采集技术说明

(1)遏制材料进场过程中贵重原材料丢失,以及用劣质材料代替优质材料等以次充好行为;

(2)能及时发现水泥混凝土搅拌设备、SBS改性沥青设备、沥青混凝土搅拌设备不具备履约能力,遏制大数标定等行为;

(3)能及时发现生产过程中配合比设定错误导致的质量问题;

(4)能及时发现并遏制水泥混凝土生产中少放水泥、SBS改性沥青生产中少放SBS改性剂、沥青混合料生产中少放沥青等偷工减料行为;

(5)能及时发现并遏制私自改变配合比、混合料生产时违规补料等违规操作行为;

(6)能及时发现并遏制出料过程中的混合料丢失等现象;

(7)遏制编造假的试验检测数据等数据造假行为;

(8)遏制出现事故落实责任难等责任不清问题和不足。

(四)系统关键技术

系统采用专用计量算法,识别下料冲击引起的信号抖动峰值,计取真实重量信号。根据传感器信号变化趋势进行智能分析,避免落差和设备抖动的影响。根据储料斗进料和出料时重量的分析,识别料斗泄漏故障。采用减量计量方法,避免了称仓剩余料重的影响和拌和设备零点漂移的影响,具体情况见图5。

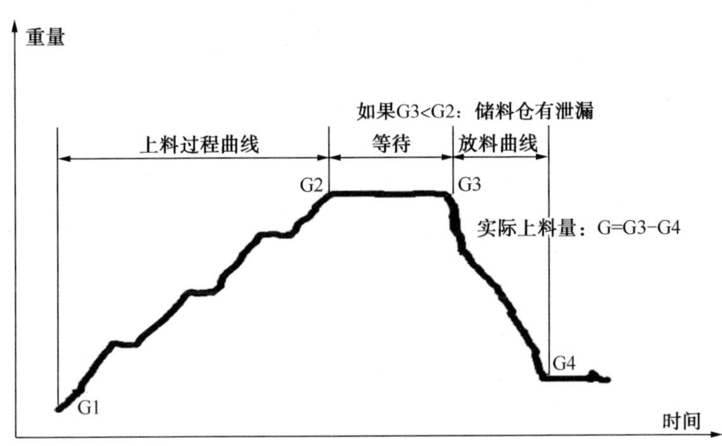

图5　上料和放料过程曲线分析

(五)系统工作原理

在施工过程中,如原材料进场、混合料生产、混合料出场、试验检测等关键环节,采用传感、图像识别、RFID等物联网技术,实现数据自动采集;采用移动和固定通信互联网技术,实现数据的远程传输;采用云计算技术,对数据进行挖掘、融合和展示(即依据建设工程技术质量标准,通过数据对比、分析等信息分析方法,发现质量问题;以电子邮件、手机短信、视频等信息展现手段,实时、动态地反馈质量信息;借助数据挖掘、经验建模等信息处理工具,分析质量变化趋势及因果关系,为施工质量监管决策提供全方位的信息支持)。

(六)系统特点

(1)组件式、模块化开发,可以根据客户需求,灵活定制产品,总会有一款客户满意的产品;

(2)远程在线;

(3)动态监控;

(4)按规则及时预警;

(5)独立于搅拌及生产设备的计量体系;

(6)将过程数量数据、过程工艺数据、过程试验数据纳入质量管理范畴。

三、应用实例

(一)管控一体化系统应用情况

1.管控一体化系统实施项目数据采集情况

汽车衡子系统应用情况见表2、表3。

2009—2013年各项目汽车衡子系统数据采集情况 表2

序号	项目名称	标段数量	使用时间	入库数据(条数)	出库数据(条数)	备注
1	沈阳绕城	11	2011.3.31—2012.9.20	8527	0	
2	丹海	4	2011.7.3—2011.8.24	404	0	
3	丹通	6	2011.6.23—2011.7.13	6611	0	
4	抚通	3	2011.7.12—2012.5.18	5	7	
5	桓永	2	2011.6.27—2011.9.13	19	1217	
6	皮炮	2	2011.6.27—2011.8.17	6	0	
7	辽开	3	2011.8.3—2011.8.25	5	2	
8	彰通	2	2011.8.5—2011.9.5	12	31	
9	新铁	2	2012.3.26—2012.7.30	3	108	
10	阜盘	3	2012.3.26—2012.7.21	192	13	
11	庄盖	3	2012.3.23—2012.7.2	23	0	
12	阜盘北延	6	2012.4.22—2013.8.14	3918	2	

2014年在建项目和新建项目汽车衡子系统数据采集情况 表3

序号	项目名称	标段数量	使用时间	入库数据(条数)	出库数据(条数)	备注
1	建兴	4	2013.7.11—2014.8.23	577	0	
2	灯辽	1	2013.7.11—20149.18	0	0	
3	沈康三期	2	2013.8.26—2014.9.18	166	2044	
4	盘锦辽滨疏港	1	2014.8.8—2014.8.23	0	96	
5	沈平	16	2014.10.21—2014.11.30	827	328	新建

拌和站管控系统应用情况见表4、表5。

2009—2013 年各项目拌和站数据采集情况 表 4

序号	项目名称	标段数量	使用时间	水泥混凝土拌和站生产数据(条数)	沥青混凝土拌和站生产数据(条数)	备注
1	沈阳绕城	11	2011.1.30—2013.5.29	208924	835	
2	丹海	4	2011.5.30—2011.9.8	0	65324	
3	丹通	6	2011.7.14—2012.8.26	0	54532	
4	抚通	3	2012.6.5—2012.9.28	0	61800	
5	桓永	2	2011.6.26—2011.9.28	0	67924	
6	皮炮	2	2011.6.27—2011.10.22	0	21696	
7	辽开	3	2011.6.27—2011.8.25	0	35914	
8	彰通	2	2011.6.9—2011.9.7	0	55992	
9	新铁	2	2012.6.7—2012.8.20	0	58487	
10	阜盘	3	2012.6.19—2013.7.18	0	18293	
11	庄盖	3	2012.4.17—2012.8.30	0	44194	
12	阜盘北延	6	2012.6.22—2013.8.11	48423	0	

2014 年在建项目和新建项目拌和站数据采集情况 表 5

序号	项目名称	标段数量	使用时间	水泥混凝土拌和站生产数据(条数)	沥青混凝土拌和站生产数据(条数)	备注
1	建兴	4	2013.5.1—2014.10.10	28681	62685	
2	灯辽	1	2013.2.22—2014.10.07	不涉及	48992	
3	沈康三期	2	2013.5.4—2014.11.25	18090	19763	
4	辽滨疏港	1	2014.1.13—2014.8.31	0	19868	
5	沈平	16	2014.7.2—2015.1.7	5178	0	新建

试验室管控系统应用情况见表 6、表 7。

2009—2013 年各项目试验室数据采集情况 表 6

序号	项目名称	单位数量	使用时间	试验数量(条数)	自动采集试验数量(条数)	备注
1	绕城	14	2010.12.17—2013.6.16	76097		
2	丹海	4	2010.8.14—2011.5.15	33238		
3	丹通	10	2009.5.25—2012.10.14	44535		
4	抚通	4	2010.9.19—2012.9.13	1900		
5	桓永	2	2011.6.19—2012.10.25	844		
6	皮炮	2	2010.9.28—2011.10.24	7034		
7	辽开	5	2009.10.14—2011.11.8	27901		

续上表

序号	项目名称	单位数量	使用时间	试验数量（条数）	自动采集试验数量（条数）	备注
8	彰通	2	2011.3.13—2011.9.2	54		
9	新铁	3	2009.11.13—2012.9.16	5716		
10	阜盘	5	2009.9.30—2013.8.1	40782		
11	庄盖	4	2009.11.11—2012.9.3	27162		
12	阜盘北延	6	2012.4.1—2013.4.2	5795		

2014年在建项目和新建项目试验室数据采集情况 表7

序号	项目名称	标段数量	使用时间	试验数量（条数）	自动采集试验数量（条数）	备注
1	建兴	4	2013.5.1—2014.10.10	56201	1733	
2	灯辽	1	2013.2.22—2014.10.07	22972	1316	
3	沈康三期	2	2013.5.4—2014.11.25	15429	4602	
4	盘锦辽滨疏港	1	2014.1.13—2014.8.31	4624	238	
5	沈铁	16	2014.7.2—2015.1.7	16738	2239	

2.管控一体化系统实施项目应用情况

（1）历史工程项目系统应用情况（2009—2013年）

系统通过2011、2012、2013年的全面推广使用和信息化理念的宣传贯彻，无论在系统调研、实施、运行，还是对采集数据的分析、利用等方面都积累了大量的经验。

2009年，在丹通、桓永、抚通高速等项目中利用系统对水泥混凝土拌和站的配合比、试验过程进行监控，共安装了18套水泥混凝土拌和站“管控一体化系统”，获得了基础数据，积累了一定经验。

2010年，在沈吉项目的沥青混凝土拌和站安装了沥青拌和站“管控一体化系统”，对沥青拌和站的管理和监控进一步开展探索。通过两年20余个项目的反复试验和论证，逐渐使“拌和站管控一体化系统”和“交通建设工程试验监控系统”发展、成熟起来。

2011年，构建完成了以局为中心、各指挥部为“触手”、各合同段为监控点的管理体系，在全省的高速建设项目中开始推广应用。

（2）2014年拌和站应用情况

2014年，项目管理部门、监理单位、施工单位和系统服务单位在各工程开工之前进行了更充足的准备工作，使系统的安装速度大幅度提高，使用过程更加简便，数据上传数量较往年也有明显增加，违规操作和预警情况发现得更及时。

同时各相关单位在质安处2014年出台的《管理细则》的要求和倡导下,将系统整体使用落实得更具体。特别是在工程施工工作量紧密的几个月里,持续不断地以"周报"的形式督促、通报各单位系统使用情况,使系统发挥了预期的监控效果。通过质量检查发现,在多措并举提高质量的前提下,实体工程质量合格率有了较大的提高。

2014年,各项目的项目指挥部和总监办在管控一体化系统实施和运行中给予了大力支持和帮助,为管控一体化系统的稳定运行扫清了障碍,提供了便利条件。通过各单位共同努力,通力配合,管控一体化系统在2014年各项目实施过程中起到了积极的、有效的监控作用。2013年6个项目(绕城、阜盘北延、灯辽路基、疏港路、沈康三期路基、建兴路基)采集的数据总和为199682条,2014年共有4个在建项目(建兴、灯辽、疏港路、沈康三期)采集的数据总和为313438条,只从采集数据量来看就已提高了36.3%。管控一体化系统的整体作用正在逐步提升,并已开始显现。

拌和站管控一体化系统在2014年2月16日开始有生产数据上传,主要应用的项目有建兴路基路面工程、灯辽路基路面工程、沈康三期路基路面工程、辽滨疏港路面工程(具体数据见表8)。截至2014年年末,共采集沥青混合料150917盘、水泥混凝土55492盘。为使管控一体化系统的监控作用提升,2014年局质安处转变了管理思路,在录入配合比的环节上不再迁就施工单位,所有生产配合比都要求施工单位自行录入,未按要求及时录入配合比的一律按预警处理,因此2014年拌和站的预警率看起来要比往年高。但也正因为如此,我们才能看到更多生产过程中难以发现的问题。

拌和站数据监控表　　表8

项目名称	水泥混凝土数据采集盘数(盘)	水泥混凝土预警率(%)	沥青混凝土采集盘数(盘)	沥青混凝土预警率(%)
建兴路基路面工程	28681	91.66	62687	15.64
灯辽路基路面工程	8721	0	48809	20.5
沈康三期路基路面工程	18090	64.76	19731	27.79
辽滨疏港路面工程	未安装	不涉及	19690	9.7
总体合计	55492		150917	

表8数据为管控一体化系统平台统计的数据。建兴、灯辽、沈康三期、辽滨疏港等项目在进入2014年后,路基工程陆续进入收尾阶段,因为水泥混凝土生产量不多且不连续,施工单位在系统运行过程中未予重视,没有及时录入配合比,导致报警率偏高,沥青混合料的生产数据相对较多。表8的预警率是实际

采集的数据中扣除无效数据后("无效数据"是指调试期间采集的数据)的预警率,真实客观地反映了实际生产情况。

(3)2014年试验室应用情况

2014年各试验室监控系统使用情况比往年要好。总体上看,删除试验相对较少,删除百分率在2.29%以内,说明操作失误率大幅度降低;试验违规操作较少,只占总体的4.57%,证明多数试验员都能够按照试验规程中的要求进行试验;在水泥混凝土抗压强度自动采集试验中,针对混凝土的强度大于设计值150%或小于设计值115%的百分率也都低于1%,与往年比较,强度不合格率进一步下降,证明混凝土质量有所提高。

截至2014年1月24日,系统平台共收到上传试验数据128965条,各项目数据如表9所示。

试验室监控数据统计表(单位:条)　　表9

项 目 名 称	试验数量	自动采集试验数量	应自动采集但手动填写的试验数量	删除试验数量	自动采集试验操作不规范试件数量
建兴路基路面工程	59040	1694	24847	825	131
灯辽路基路面工程	27041	1303	10320	415	108
沈康三期路基路面工程	15141	4583	1622	288	228
辽滨疏港路面工程	5807	238	306	70	0
总体合计	107029	7818	37095	1598	467

2014年新建项目"沈平高速改扩建工程管控一体化系统"当前已完成全部20个试验室、16个汽车衡的系统实施工作,水泥混凝土拌和站除综合1标(北京城建)除2台拌和机接口为新型数据接口未能完成改造外,其余25台水泥混凝土拌和机均已完成改造和系统安装,可正常采集数据。

视频监控系统分为指挥部监控中心、拌和站视频监控、施工现场定点监控以及移动车载视频监控等4个部分。截至目前,沈平项目3个指挥部监控中心、16个水泥混凝土拌和站视频监控系统及3台移动车载视频监控系统已全部安装完成,路基路面施工现场定点视频监控因受供电及网络传输条件限制,建议取消,改为鼓励各施工单位自行安装维护。

(二)项目应用中体现的实际效果

1."偷油、造假"等违规行为得到有效遏制

利用路面拌和站与试验室"管控一体化"系统对沥青混合料、改性沥青、现场试验、水泥混凝土的生产进行全过程监控,试验数据自动采集上传生成试验报告并且不可人为进行更改,对施工自检体系起到了强大的震慑作用,基本杜

绝了以往沥青和改性剂用量不足、试验数据造假等违规行为。

2.工程实体质量水平逐年提高

系统使用以来,工程质量问题预警率逐年下降,对质量控制起到了较好的作用。累计监控试验数据29万项,路面混合料196万吨,水泥混凝土70万吨。通过逐渐规范和管理,试验不规范操作率由2009年的26.0%降至4.57%。其中,水泥混凝土试件强度试验的不合格率由2009年的15.8%降至目前的1.9%,成品混合料合格率由83.2%提高至92.4%。

3.有效服务于现场质量管理

通过构建由高建局与各指挥部、总监办、施工单位、拌和站及试验室组成的完整的实时管控体系,各级管理部门能实时掌控现场拌和料质量情况,监督质量问题的整改情况。如预警了辽滨项目2014年7月出现的油石比偏差及8月中旬路面拌和站冷料仓5号料斗故障等,通过及时纠偏,确保了每锅料按设计标准生产。

4.提升试验操作水平

通过对试验室报表的监控,直观地反映了各单位试验抽检频率;通过数据自动采集,排除了人为干扰,遏制了生产及试验数据造假行为;通过对操作错误、试验违规的预警,促使操作人员不断提升技能水平,达到提升成品质量的根本目的。

5.震慑偷工减料行为

管控系统建立了从原材料进场到成品出场的完整流转监控体系,对施工过程中的偷工减料、以次充好等严重违规行为形成了一定震慑作用。复工后结合已经实施的汽车衡视频监控,更有效地发挥原材料监控功能,打击沥青、改性剂投量不足,碎石级配不合格等行为。

(三)经验和教训

1.保障工程质量首先要抓好设备生产能力和技术性能管理

设备生产能力和技术性能是保障工程质量的首要前提条件。在公路建设工程项目招标过程中,业主明确要求各投标单位在该工程项目中使用符合技术性能要求的设备。但在实际过程中,各中标单位并没有严格按照要求准备设备。反映在管控一体化系统上,主要表现为施工单位所准备的生产设备不具备或无法提供符合要求的接口,或施工单位所准备的生产设备在技术性能上无法满足招标文件相关要求。

例如,路面项目的沥青混凝土拌和站中用于生产改性沥青的生产设备,绝大多数施工单位所准备的均不具备称量装置(或有称量装置,但其功能不能满足改性剂投料流程)。在实际生产过程中,多是采用人工投料的方式进行投料,改性剂投多投少根本无法判断，直接影响改性沥青的成品质量。

为了提高产成品的生产质量，保障工程质量，首先要做的就是抓好设备生产能力和技术性能管理。

2.材料监管是抓好工程质量的前提条件

交通建设工程项目中，保障工程质量的另一个前提条件就是材料的监管。材料的监管主要分为“质量”和“数量”的监管，对于甲供原材料则更需要严加管控。首先在原材料入场数量和质量方面应确保符合工程设计要求。作为业主，需要采集原材料入场的实际数量和产成品的出场混合料数量。目前最好的方法就是通过管控系统平台的汽车衡称重系统来实现。在实践中，施工单位不愿将材料的质量信息和数量信息上传给业主（有实际数据可以参考）。越是如此，我们越是应该加强材料的监管。

3.生产前做好混合料搅拌设备标定工作至关重要

在多年的数据采集过程中，管控一体化系统有一个至关重要的前提条件一直准备不够充分，以至于对于系统采集得到的数据存在质疑，这就是设备标定的问题。设备标定工作应在第三方标定单位的参与下展开。如果需要管控一体化系统采集该设备的生产数据，则需要业主、施工单位和管控系统共同对设备的称重传感器进行标定，标定结果需大家共同认证。在工程施工生产过程中，未经业主同意私自重新标定已认证设备的施工单位，业主可按照相关条例给予重罚。管控系统同样不允许私自重新标定采集设备，一经发现，同样严肃处理。

4.生产设定配合比应与施工配合比保持一致

根据历史监控数据分析发现，混合料生产时所用的实际生产配合比与试验室下发的施工配合比不一致的情况较多，产生这种情况的原因比较复杂。但是，无论如何都应保持实际生产配合比与施工配合比高度一致，这样才能保证最终生产出来的混合料无限靠近该混合料的设计要求，才能最大限度地保证工程质量。

5.保证生产过程质量是保证工程质量的关键

工程质量的关键在于生产过程质量。现场生产过程的质量通过原有的现场检查的单一监管手段难以得到全面控制，应结合视频监控、管控系统和现场巡查的方式，全方位对生产过程进行监控。通过视频监控可以实时看到现场生产状态、生产持续时间及现场的天气情况等可视的生产基本情况；通过管控系统采集的生产数据进一步掌握现场生产的详细情况；通过现场巡查、质量抽检等手段验证工程质量。如此多措并举的立体式管理，可确保工程质量达到标准要求。

6.应加强混合料生产数量闭环管理

混合料的生产数量是保证工程质量的重要指标之一。保证生产数量，最直观的是汽车衡称重获取到的称重数据，辅以现场实时的视频监控和拌和机生产数据的采集，以形成混合料生产数量闭环管理的业务流程。执行的难点在于汽车衡系统是否能够有效使用，这就需要加强这方面的管理。

四、结论与建议

（一）结论

系统的应用对工程质量管理具有不可替代的作用。系统的应用降低了人为干扰因素，保证了过程数据真实、及时、可靠，能够反应过程工艺数据的实际情况。

系统的应用可以对工程施工设备的好坏起到鉴别、监督作用，促进设备制造行业的进步。

系统的应用可以帮助项目管理部门实时了解一线施工现场的情况，强化项目管理部门对工程施工过程的管理。

（二）建议

1.产品与服务研发方面的建议

随着产品与服务的理念和需求不断提高，技术不断进步，该系统要继续开发、完善、升级，不断的推进，提高智能水平，使操作更加便捷，并进一步完善辅助分析决策功能。

2.产品与服务应用方面的建议

建设单位、施工单位、监理单位的各级管理人员要统一认识，在思想上足够重视，这是系统推广应用的先决条件。

管理手段的配套。任何一种技术手段都需要管理措施的配套。对于管控措施而言，要从下述几个方面明确管理管控措施：招标阶段，在招标文件中进一步明确本项目采用该系统进行管理，要作为承包商履约的必要条件；施工阶段，将过程数据作为施工原始记录的重要组成部分，过程数据分析结果作为计量支付的重要依据。

该系统产品与服务应用覆盖范围要逐渐增加。

3.标准与评价方法方面的建议

行业主管部门要加强施工过程的工艺参数标准、评价方法的研究。

（执笔人：辽宁省高等级公路建设局　褚冰纯；
辽宁省高速公路管理局　周　骁；
中朝鸭绿江界河大桥管理处　刘志远；
沈阳新一代信息技术有限公司　周钰涵　于再清）